地相家相大全

小林白龍子

著者白龍子

地相家相大全

乾

地相家相大全　乾

目次

以《い》下《か》

坤《こん》之《の》部《よ》

目次終

地相家相附言

上古は宅舍を造營事なく人民盡く土穴の中に住し或は野邊に處る繫辭傳に曰上古は穴居し野處すとは是也。冬は營窟に居り。夏は橧巢に居る。地を掘て居を營窟と謂。柴有を橧と謂、樹木有を巢と謂草木の實。鳥獸の肉を食ふと。後聖之に易に王は宮室に居し人民字に因る字は家を謂堂舍。家宅。書室。大門等を造營するに逮て吉凶の斷交起り地理風水をトし方位を占て宮室。宅舍を造營す然るに考原。通書。宗鏡。神樞經。廣聖歷。蠡海集。歸原錄。地理全書。

風水錄等の諸書出てよりトを用ずして龍氣を寮し占を考ずして方道を選み其學德の大略定る。

孟子曰仁は人の安宅なり。義とは人の正道なり又曰仁なれば榮ふ。不仁。凶宅を謂。なれば辱らる今辱を恐れて不仁に居は濕地を惡で低地に居が如し故に人々恐る所の貧賤を避け。欲する所の富貴を求んとならば其道を以て其報を得べし。其道とは天の時に順ひ。地の因とは恰も季節を考ず。又地質を選まず。妄に種を下し苗を植るに似て。何ぞ良果を得る事あらんや人事一代の幸不幸は其人により吉方の來る所に向て萬般の事業を始るは則ち天の時に順の理なれば富貴萬倍に至る凶方に向て事を成ば地の理に因を知らず。天下の正道に反き不仁となりて子孫迄を辱む故に凶地を避て吉所を求め。凶宅を改正て吉相となし仁と義とを行へば富貴にして子孫無窮に光榮する事疑なし。然るに凶相を避て吉宅を修營なすとも天の時に順はず不仁不義を行ふ人は忽ちに地の理を失ひ。富貴を保ち難く子孫榮久する事能はず。司馬溫公之家訓に金を積で子孫に殘す子孫之を守る事能はず。書を積て子孫に殘す子孫事を讀事能はず然ば如何則ち陰德を積にしかずとは是也。

故に此書は余の先代白龍子の多年苦辛なし實地經驗の祕書を悉く開陳なす者なれば萬方の諸士に熟讀あらん事を希望す。

大正十四年乙丑年　月　日

白　龍　子　撰

地相家相大全乾之巻

東京　小林白龍子著

○宅《たく》地《ち》總《そう》論《ろん》

○宅地《たくち》は一戸《こ》の地面《ちめん》を論《ろん》ずる者《もの》にして山嶽《さんがく》。峰巒《ほうらん》。龍《りう》の來脈《らいみやく》。都市《とし》。村里《そんり》を守護《しゆご》する地理《ちり》風水《ふうすゐ》の一隊《たい》に之《これ》を觀者《みるもの》と異《こと》なり。總《すべ》て宅地《たくち》は缺張《かけはり》なきを無事《ぶじ》の上相《じやうさう》とす若《も》し缺張《かけはり》ある時《とき》は吉凶《きつきよう》の斷大《だんおほい》に起《おこ》ると知《し》るべし。所以《ゆゑん》九星《せい》の先天《せんてん》河圖《かと》は圓形《ゑんけい》にして後天《こうてん》洛書《らくしよ》は方形《はうけい》の内《うち》に九星《せい》悉《ことごと》く本位《ほんゐ》を定《さだ》め。三元《げん》是《これ》より起《おこ》る。三元《げん》とは萬物《ばんぶつ》を生《しやう》ずる自然《しぜん》の數《すう》にして造化《ざうくわ》功用《こうよう》極《きはま》りなきの稱《となへ》たり故《ゆゑ》に正方形《せいはうけい》の宅地《たくち》は尊《たつと》く俗家《ぞくか》には凶《きよう》なり貴人《きじん》は差支《さしつかへ》なし。長方形《ちやうはうけい》の宅地《たくち》は何人《なんびと》にも大吉相《だいきつさう》とす。

○宅地《たくち》の中央《ちうあう》高《たか》く四方《はう》に丘陵《きうりやう》の抱《かゝへ》なく土地《とち》次第《しだい》々々下《さが》りたるは常《つね》に爭《あらそ》ひ多《おほ》く不《ふ》時《じ》の災難《さいなん》に遇《あ》ひ又《また》子孫《しそん》永續《えいぞく》する事《こと》難《かた》く終《つひ》に滅亡《めつぼう》に及《およ》ぶ宅地《たくち》なり。

○宅地《たくち》の後高《うしろたか》く前平地《まへへいち》にして陽氣《やうき》を程能《ほどよ》く納《をさむ》るを上相《じやうさう》となす。總《すべ》て西《にし》より北《きた》に高《かう》山《ざん》ありて前平地《まへへいち》なるを大吉相《だいきちさう》とす。若《も》し餘有《よいう》の地《ち》なく山《やま》に添《そふ》て嶮《けは》しく坂《さか》あるは大《だい》凶相《きようさう》にして災害《さいがい》多《おほ》く來《きた》ると知《し》るべし。

○宅地《たくち》の中央凹《ちうあうくぼ》み後左右《うしろさいう》三方《はう》高《たか》く陽氣《やうき》を十分《ぶん》に納《をさむ》る地《ち》は繁榮《はんえい》の所《ところ》なりと雖《いへど》も火災《くわさい》多《おほ》しと知《し》るべし。

○宅地《たくち》前高《まへたか》く後低《うしろひくき》は福分長《ふくぶんなが》く保《たも》ち難《がた》く但《たゞ》し建家《たていへ》の備《そなへ》よきは富《とむ》ことありと雖《いへど》も子《し》孫永續《そんえいぞく》する事能《ことあた》はず。

○宅地《たくち》の☱西高《にしたか》きは福力厚《ふくりよくあつ》く。☵北高《きたたか》きは遠福《ゑんふく》を招《まね》く。☴巽《たつみ》より☲離《みなみ》の方少《かたすこ》し低《ひく》く打開《うちひらけ》たるは主人《しゆじん》の心廣《こゝろひろ》く活潑《くわつはつ》にして幸福入《かうふくい》り來《きた》る大吉相《だいきちさう》なりと知《し》るべし。

○☴巽《たつみ》より☲離《みなみ》の方高《かたたか》く閉塞《とぢふさがり》て陽氣通《やうきかよ》はざる宅地《たくち》は主人《しゆじん》の心狹《こゝろせま》く吝嗇《りんしよく》にして義《ぎ》理《り》を缺《か》き人格劣等《じんかくれつとう》。他《た》の誘《そしり》を受《うけ》。諸事陰氣《しよじいんき》にして更《さら》に繁榮《はんえい》なさず。又山嶽《またさんがく》にて陽氣《やうき》を塞《ふさ》ぐも或《あるひ》は樹木《じゆもく》。林《はやし》。森等《もりとう》にて陽氣《やうき》を塞《ふさ》ぐも同論《どうろん》にして邪魅妖怪其家《じやみえうくわいそのいへ》を窺《ちかず》ひ犯《をか》す故《ゆゑ》に血液不順《けつえきふじゆん》。神經病《しんけいびやう》の者《もの》を出《いだ》す大凶相《だいきようさう》なり。

〇四神之備《しじんのそなへ》最大吉相《さいだいきつさう》

〇四神とは玄武《げんぶ》〇青龍《せいりう》〇朱雀《しゆじやく》〇白虎《びやくこ》と云《い》ふ〇宅地《たくち》の北《きた》より☰乾《いぬゐ》に高山《たかやま》あるを玄武《げんぶ》の備《そなへ》とす〇☳震《ひがし》に流水《りうすゐ》あるを青龍《せいりう》の備《そなへ》とす〇☲離《みなみ》に田野《でんや》あるを朱雀《しゆじやく》の備《そなへ》とす〇☱兌《にし》に大道《だいだう》あるを白虎《びやつこ》の備《そなへ》と云《い》ふ之《これ》を四神守護《しじんしゆご》の地《ち》と名《なづ》く最大吉相《さいだいきつさう》となすなり。

〇宅地《たくち》の四方晝夜《はうちうや》流《なが》る河水《かすゐ》は吉凶《きつきよう》を論《ろん》ぜず。井《ゐ》〇泉《せん》〇池《いけ》〇堀等《ほりとう》其水氣《そのすゐき》其所《そのところ》に停滞《ていたい》するが故《ゆゑ》に吉凶《きつきよう》の斷《だん》大《おほい》に起《おこ》るなり中《なか》にも☷坤《こん》☶艮《ごん》の水氣《すゐき》を大《おほい》に忌《いむ》なり坤《こん》に大《だい》なる池《いけ》。堀《ほり》ある宅地《たくち》は住主家業《ぢうしゆかげふ》を治《をさめ》ず人《ひと》の頼《たのま》ざる事《こと》に力《ちから》を費《つひや》し吾家《わがいへ》を失《うしな》ふか或《あるひ》は中風《ちうふう》。身體不具《しんたいふぐ》。神經痛《しんけいつう》。血液不順《けつえきふじゆん》の難病《なんびやう》を主《つかさ》どる又溺死《またできし》する者數人《ものすうにん》に及《およ》ぶ小《せう》の水氣《すゐき》と雖《いへど》も短命或《たんめいあるひ》は種々《しゆじゆ》の凶事《きようじ》を招《まね》く〇☶艮《こん》に大《だい》なる池《いけ》。堀《ほり》ある宅地《たくち》は住主永住《ぢうしゆえいぢう》する事能《ことあたは》ず何人《なんびと》替《かは》り住《すむ》も終《つひ》に家《いへ》を絶《たや》し子孫斷絶《しそんだんぜつ》なすか或《あるひ》は脳溢血《なういつけつ》。胃癌《ゐがん》。脊髓《せきずゐ》。血液不順《けつえきふじゆん》。癩病等《らいびやうとう》總《すべ》ての難病《なんびやう》。變死《へんし》。女難《ぢよなん》。劍難《けんなん》。發狂《はつきよう》。不忠不孝《ふちうふかう》の者《もの》を出《いだ》す。少《すこし》の水氣《すゐき》と雖《いへど》も病毒最《びやうどくもつと》も甚《はなはだ》しと知《し》るべし。

〇參考井水《さんかうゐすゐ》〇泉《せん》〇池《いけ》〇堀等《ほりとう》の斷《だん》。宅地《たくち》を離《はな》る事《こと》四十五歩《ほ》。或《あるひ》は四十五間《けん》の外《そと》は論《ろん》ぜず。四十五歩以内《ほいない》にある水氣《すゐき》は悉《ことごと》く右《みぎ》の災害《さいがい》ある者《もの》と知《し》るべし。
○宅地《たくち》の地中《ちちう》に石炭殻《せきたんがら》○灰《はい》○塵《ごみ》○焼石《やけいし》○瓦等《かわらとう》の埋《うづも》れ或《あるひ》は井水《ゐすゐ》○池《いけ》○堀埋《ほりうづめ》れあるは最《もつと》も大凶《だいきやう》なり又《また》神社《じんじや》○寺《じ》院《ゐん》○墓地《はち》等《とう》の廢地《はいち》を宅地《たくち》となすは同論《どうろん》にして家人《かじん》發《はつ》狂《きやう》。神經病《しんけいびやう》。白痴《はくち》。不具者《ふぐしや》。名醫《めいい》の斷定《だんてい》に困《くるし》む難病《なんびやう》に罹《か》り破産《はさん》なすか又火災《またくわさい》を招《まね》くに至《いた》る大凶地《だいきやうち》なりと知《し》るべし試見《ためしみ》よ。
○宅地《たくち》の前《まへ》廣《ひろ》くして後斜《うしろなゝめ》に狹《せま》きは次《し》第《だい》に困窮《こんきう》して家人《かじん》を絶《たや》す凶相《きやうさう》なり。
○宅地《たくち》狹《せま》く納屋《なや》。湯殿《ゆどの》。物置等《ものおきとう》多《おほ》く建込《たてこみ》あるは火災《くわさい》を招《まね》く。宅地《たくち》の中央《ちうあう》に大石《たいせき》あれば啞《おし》又《また》は聾《つんぼ》の者《もの》を出《いだ》す。
○土地《とち》に瓢箪《ひやうたん》なりの砂多《すなおほ》くあれば必《かなら》ず名醫《めいい》を出《いだ》すなり。黃《き》赤《あか》の砂《すな》ある地《ち》は肺病《はいびやう》の者《もの》を出《いだ》す大凶地《だいきやうち》なりと知《し》るべし。
○凡《およ》そ宅地《たくち》を選《えら》ぶに能《よ》く地理《ちり》の法《はふ》に協《かなふ》て吉所《きつしよ》を得《え》る時《とき》は其宅地《そのたくち》に凶事《きやうじ》なし若《も》し聊《いさゝ》かにても凶事《きやうじ》あらば其住主《そのぢうしゆ》の宅相《たくさう》。調《とゝの》はざるか或《あるひ》は修營《しうえい》する時《とき》に方位《はうゐ》を犯《をか》したるか又《また》は家族《かぞく》宅命《たくめい》混《こん》じて。五鬼《ごき》。廉貞《れんてい》。文曲《ぶんきよく》。祿存《ろくぞん》。破軍星《はぐんせい》の凶殺《きやうさつ》の祟《たゝり》にして忽《たちま》ち心氣《しんき》鬱悶《うつもん》し身體《しんたい》終《つひ》に衰弱《すゐじやく》なし疾病《しつぺい》に罹《かゝ》り多《おほ》くの眚害《さいがい》を發《はつ》し家財《かざい》を失《うしな》ひ子《し》孫《そん》滅亡《めつばう》に及《およ》ぶ恐《おそ》るべし故《ゆゑ》に九星術《せいじゆつ》を研究《けんきう》し盡《こと〴〵》く其《その》理《り》を得《え》其《その》要《えう》を醸《かも》す時《とき》は吉方《きつはう》に向《むか》つて普請《ふしん》。修繕《しうぜん》。造作《ざうさく》。移轉《ゐてん》。開業《かいげふ》。轉地《てんち》等《とう》をなせば自《おのづ》から神氣《しんき》爽快《さうくわい》となりて身體《しんたい》益《ます〳〵》健康《けんかう》となり幸福《かうふく》を重《かさ》ね富貴《ふうき》繁榮《はんえい》長壽《ちやうじゆ》を保《たも》ち子孫《しそん》永昌《えいしやう》なす事疑《ことうたがひ》なし。猶《なほ》其《その》上《うへ》に忠孝《ちうかう》仁義《じんぎ》道德《だうとく》を守《まも》るは人道《じんだう》にして上《かみ》。天《てん》の道《みち》に合《あ》ひ下《しも》。人《ひと》の化《くわ》を得《え》ば。世《よ》に遺失《ゐしつ》聊《いさゝか》もなし則《すなは》ち先祖《せんぞ》の祀《まつり》を長《なが》く絕《たやさ》ざる樣子孫《やうしそん》に傳《つたへ》よ又《また》吉方《きつはう》とは天《てん》の賦《よ》を言《い》ふ天道《てんだう》の妙用《めうよう》能《よ》く變化《へんくわ》し草木《さうもく》禽獸《きんじゆう》蟲《ちう》魚《ぎよ》の微物《びぶつ》に至《いた》る迄《まで》各々《おの〳〵》其所《そのところ》を得《え》て天賦《てんよ》の性命《せいめい》を正《たゞ》し天地《てんち》和合《わがふ》して萬物《ばんぶつ》を生育《せいいく》するの功德《こうとく》と知《し》るべし研究《けんきう》を要《えう》す。

○萬方《ばんはう》の諸士《しよし》に注意《ちうい》を乞《こ》ふ世《よ》には眞理《しんり》を研究《けんきう》せず其《その》妙用《めうよう》を云《い》ふ狐《こ》。狸《り》の所爲《しよゐ》に近《ちか》き賣卜的《ばいぼくてき》の者《もの》多《おほ》くして重《おも》きは人命《じんめい》を失《うしな》はせ或《あるひ》は貧困《ひんこん》に迫《せま》らせ又《また》は難病《なんびやう》。破財《はざい》に至《いた》らしむる者少《ものすくな》からず不仁《ふじん》とや謂《いは》ん。不學《ふがく》とや云《いは》ん恐《おそ》るべし故《ゆゑ》に余地相《よちさう》。家相《かさう》の蘊《うん》奥《おく》を顯《あらは》す者《もの》なれば見學《けんがく》ありて理論《りろん》の不明《ふめい》なる者《もの》に迷《まよは》ざる樣《やう》。孔子《こうし》曰《いはく》君子《くんし》は食《しよく》を終《をはる》の間《ま》も仁《じん》に違事《たがふこと》なしと此心《このこゝろ》を常《つね》にして九星《せい》。易《えき》。人相《にんさう》を熟《じゆく》し短命《たんめい》を扶《たす》け。貧困《ひんこん》を救《すく》ひ其子孫《そのしそん》長《なが》く富貴《ふうき》を保《たも》たしなるは國家《こくか》に忠《ちう》なり則《すなは》ち仁術《じんじゆつ》の尊《たつと》き事《こと》を知《し》るべし。

○參考左圖に示す

○先天河圖之圖

○伏義八卦之圖

○後天洛書之圖

○文王八卦之圖

先天河圖之圖

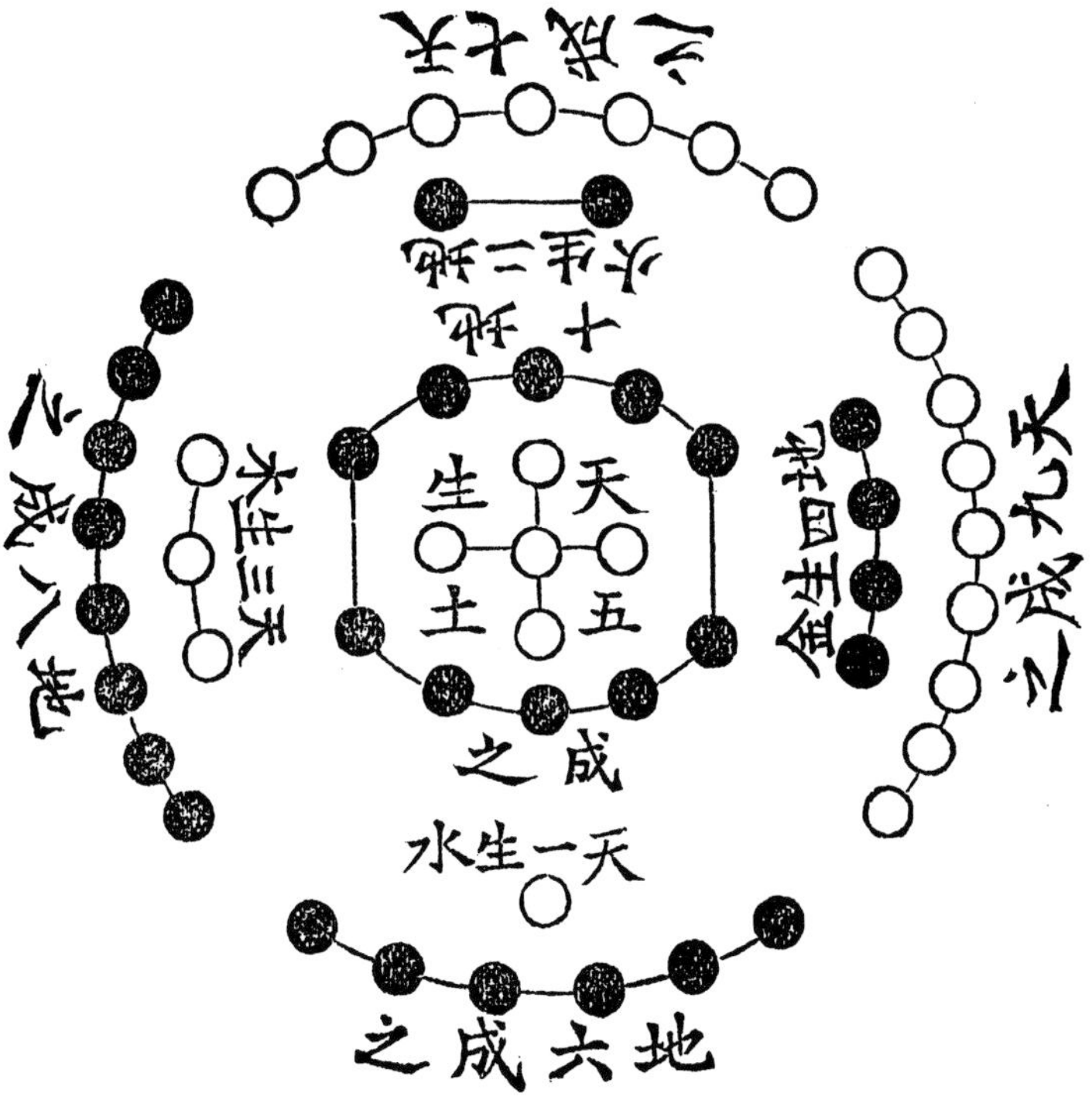

伏羲八卦之圖

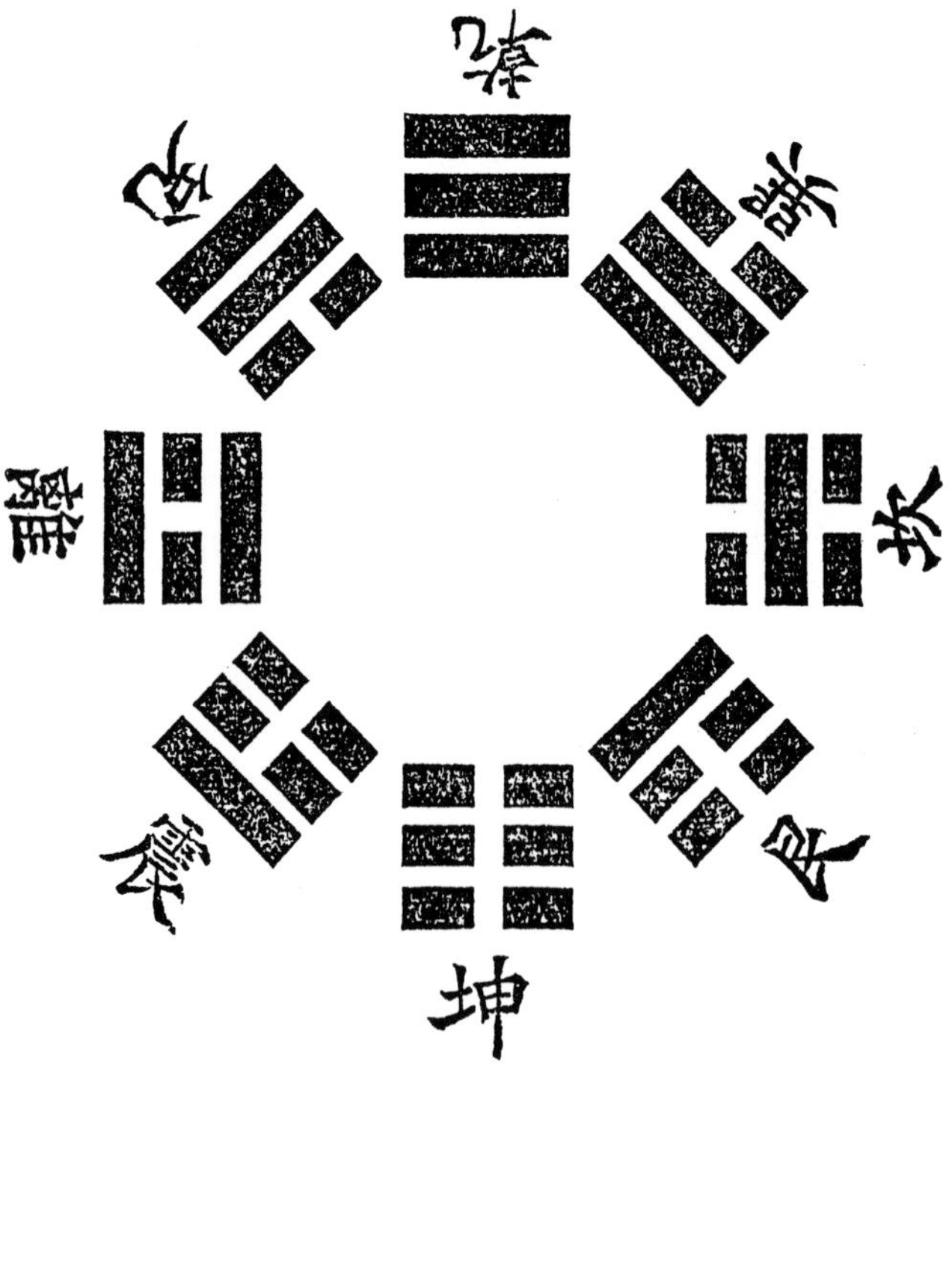

後天洛書之圖

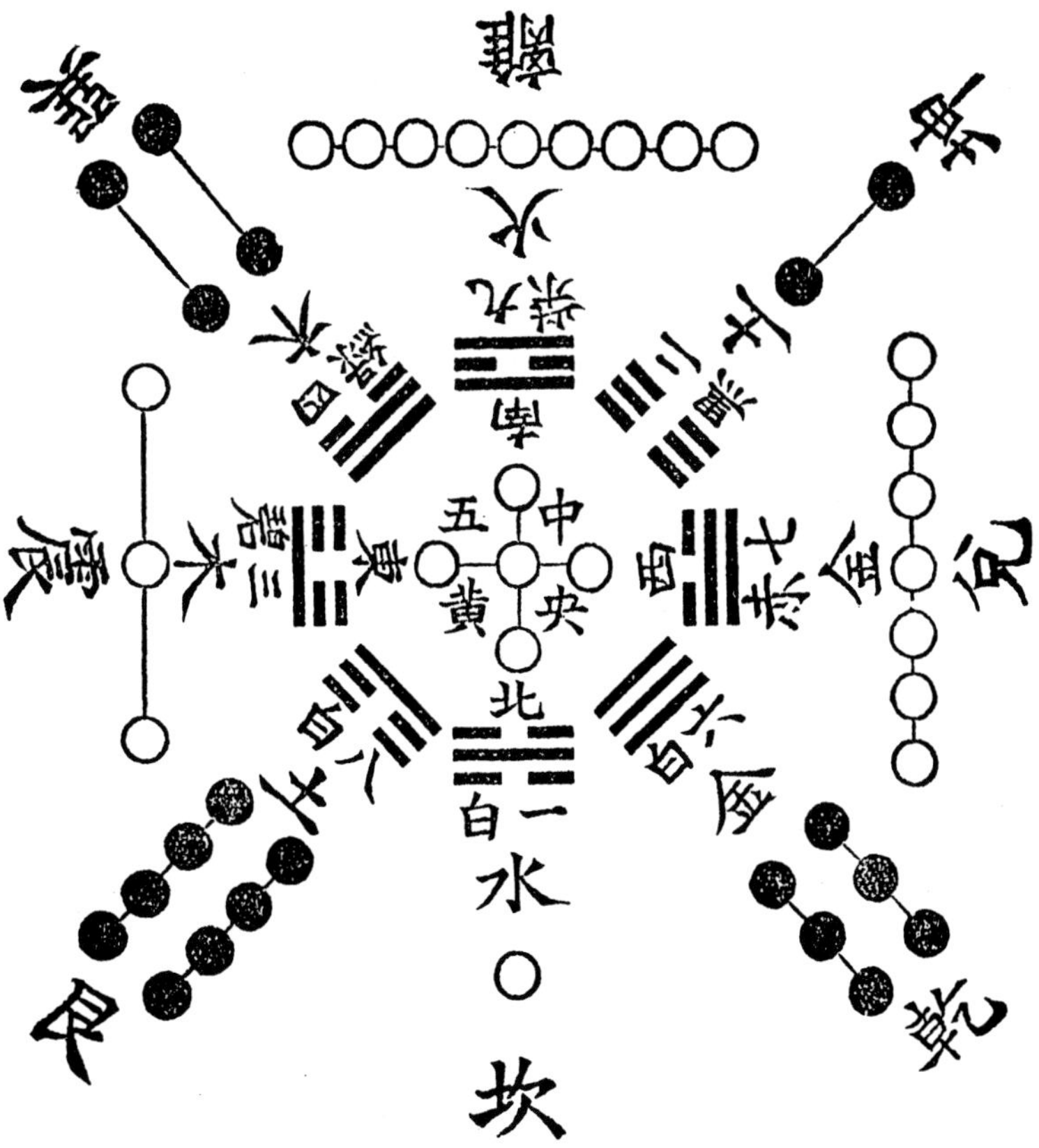

文王八卦之圖

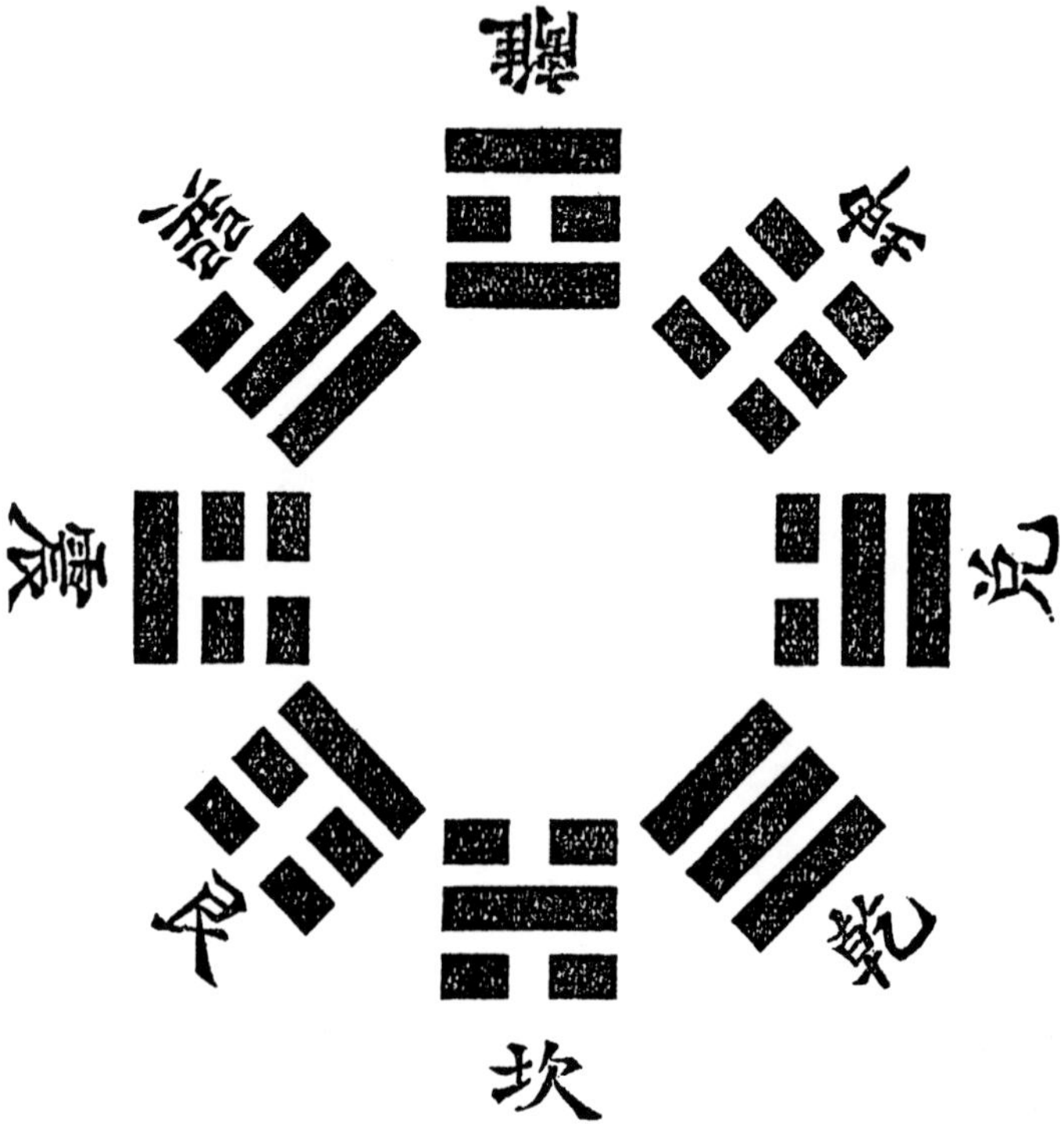

○乾《いぬゐ》之《の》地《ち》形《けい》張《はり》缺《かけ》を論《ろん》ず

○☰乾《いぬゐ》の方程《かたほど》能《よ》く張《はり》たる地相《ちさう》。家相《かさう》は官祿《くわんろく》に進《すゝ》む。財帛《ざいはく》。田畑《でんはた》。眷屬《けんぞく》多《おほ》く家業《かげふ》日《ひ》に榮昌《えいしやう》にして子孫長久《しそんちやうきう》の大吉相《だいきちさう》なり。

○☰乾爲天之卦《けんゐてんのけい》○繋辭傳《けいじでん》に曰《いはく》。乾《けん》は大始《だいし》を主《つかさ》どる故《ゆゑ》に先祖《せんぞ》となす○說卦傳《せつくわでん》に曰《いはく》乾《けん》を天《てん》となす。君《きみ》とす。父《ちゝ》とす。尊貴《そんき》とす。圓《まる》とす。西北《にしきた》に位《くらゐ》す又彖辭《またたんじ》に。

乾《けん》　元《げん》　亨《こう》　利《り》　貞《てい》

とは天《てん》の四德《しとく》を稱《しよう》す易《えき》六十四卦《けい》人道《じんだう》の首《はじめ》。春《はる》。夏《なつ》。秋《あき》。冬《ふゆ》。仁《じん》。義《ぎ》。禮《れい》。智《ち》となし天下萬般《てんかばんはん》の事業《じげふ》の進《すゝむ》の始《はじめ》なれば○乾《いぬゐ》の地面《ちめん》竝《ならび》に建家《たてや》の大小《だいせう》に應《おう》じ。倉庫《さうこ》。傍屋《はうをく》。間數《けんすう》も合《あ》ひ程能《ほどよ》く張《はる》ときは。

彖《たん》　傳《でん》ニ　曰《いはく》　大《おほい》　哉《なるかな》

とは乾《けん》の功德《こうとく》の至大《しだい》にして比類《ひるゐ》なきを謂《い》ふ則《すなは》ち天《てん》の賦《ほどこし》を得《え》て萬物《ばんぶつ》各《おの〳〵》生命《せいめい》を正《たゞす》は陰陽《いんやう》二氣《き》和合《わがふ》して百物《ひやくぶつ》を生育《せいいく》し收藏《しうざう》す故《ゆゑ》に本文《ほんもん》の如《ごと》き幸福《かうふく》を招《まね》く大吉相《だいきちさう》なり第《だい》一圖《づ》を參考《さんかう》にせよ。

○乾《いぬゐ》大《おほい》に張出《はりいで》の地《ち》形《けい》を論《ろん》ず

○☰乾《いぬゐ》の地《ち》形《けい》大《おほい》に張出《はりいで》る出《とき》は初《はじめ》。富《とん》で後《のち》大《おほい》に衰《おとろ》へ主人《しゆじん》剛慢《がうまん》にして不法《ふはふ》を行《おこな》へ子孫《しそん》に不忠不孝《ふちうふかう》の者《もの》を出《いだ》し家名《かめい》を穢《けが》す凶相《きようさう》なり第《だい》二圖《づ》を參考《さんかう》にせよ。

○乾大《けんおほい》に張《はる》は君《きみ》。父《ち、》を蔑《ないがしろ》にし狂人或《きやうじんあるひ》は白痴《はくち》。不具者《ふぐしや》を出《いだ》す其理《そのり》は。

上九亢《こう》龍《りう》有《あり》レ悔《くい》

とは上《じやう》は最上《さいじやう》。☰乾《けん》爲《ゐ》天《てん》六《りく》爻《かう》の上《うへ》。一爻《かう》の名《な》。亢《かう》とは上《のぼ》るに過《すぎ》て下《くだ》る事《こと》を知《しら》ず龍《りう》の高《たか》く空天《くうてん》に上《のぼ》り雲《くも》を失《うしな》ひ雨《あめ》を施《ほどこ》す事能《ことあた》はずして退《しりぞ》き守《まも》る道《みち》を知《しら》ず故《ゆゑ》に主《しゆ》人剛慢《じんがうまん》となり不法《ふはふ》を行《おこな》ひ子孫《しそん》に不忠不孝《ふちうふかう》の者《もの》を出《いだ》す則《すなは》ち天《てん》道盈《だうみつる》を虧《かく》の意《い》にして本文《ほんもん》の如《ごと》き眚害《さいがい》を招《まね》く凶相《きやうさう》なり。

○第《だい》二圖《づ》の如《ごと》く☰乾《けん》の地《ち》形《けい》大《おほい》に張《は》る時《とき》は。主人《しゆじん》婢女《げぢよ》に婬《いん》し。妻女《さいぢよ》の嫉妬《しつと》強《つよ》く爭論《さうろん》絕《たへ》ず妻女《さいぢよ》發狂《はつきやう》なすか。神經衰弱《しんけいすゐじやく》。肺病《はいびやう》となりて死亡《しばう》なすか。

○其理《そのり》は乾大《いぬゐおほい》に張《は》る時《とき》は☵坎《きた》☱兌《にし》の缺《かけ》となる妻女☵婢女坎卦《かんくわ》の一陽《やう》。上下《じやうげ》の二陰《いん》を弄《もてあそ》ぶ上《うへ》の妻女《さいぢよ》は坎《かん》の險《けん》に苦《くろし》み。下《しも》の婢女《げぢよ》☱兌《だ》の婬欲《いんよく》に進《すゝ》み爭論《さうろん》絕《たへ》ず。妻女柔和《さいぢよにうわ》な

第一圖　乾張吉相之圖

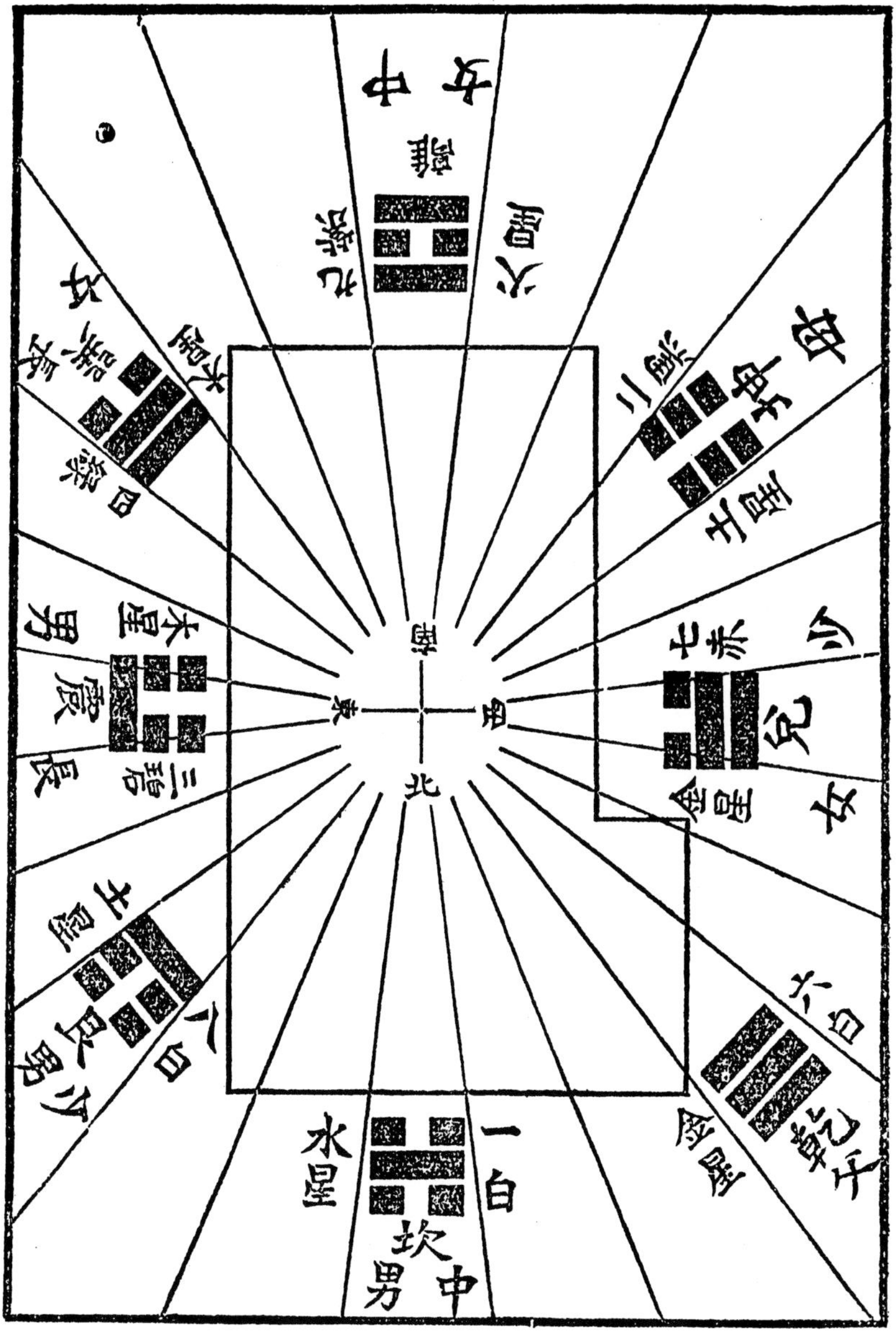

南
東
西
北
離
九紫
火星
中女
坤
二黑
土星
母
兌
七赤
金星
少女
乾
六白
金星
坎
一白
水星
中男
艮
八白
土星
少男
震
三碧
木星
長男
巽
四綠
木星
長女

第二圖　乾張大凶相之圖

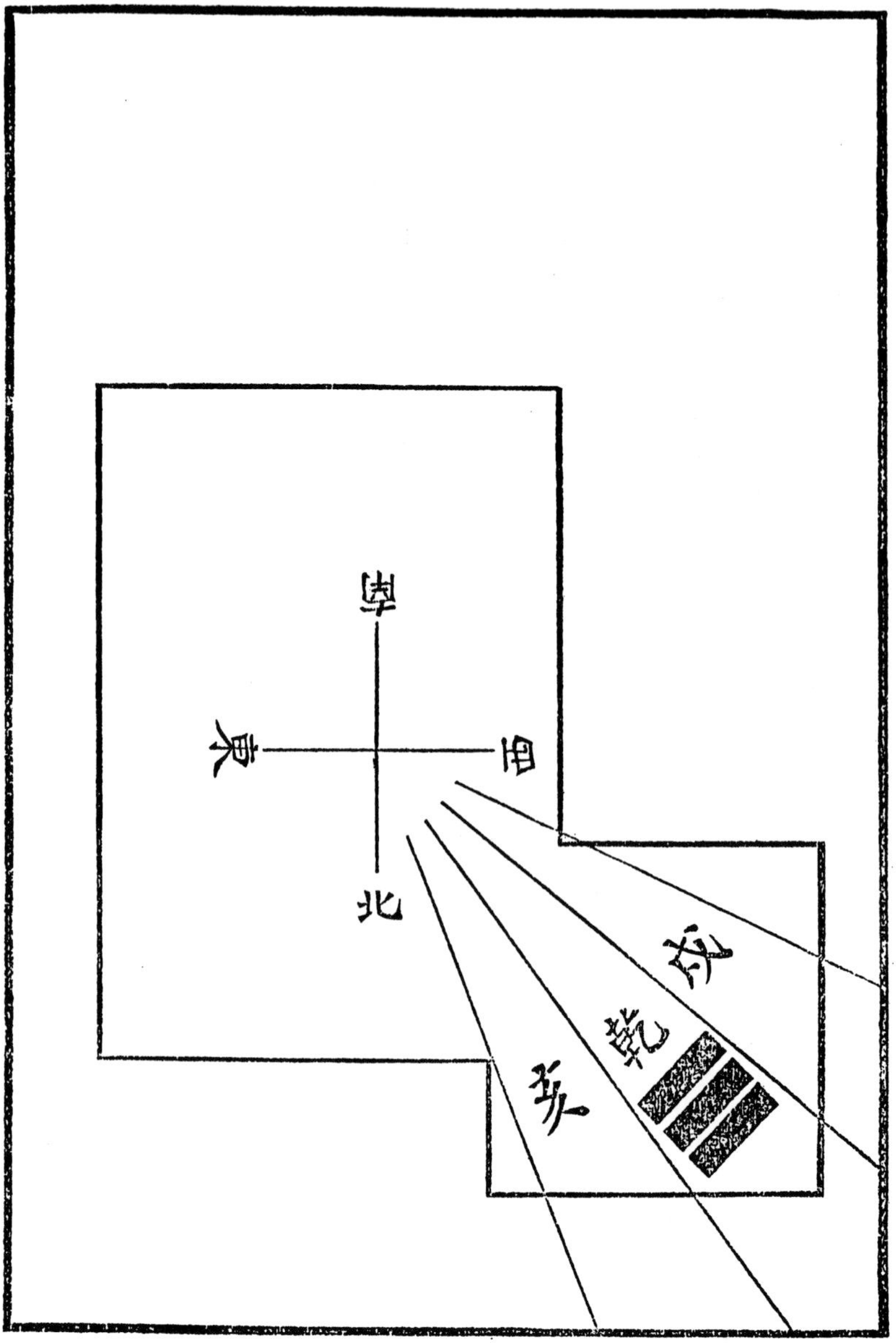

れば婢女《けちよ》猛烈《もうれつ》にして家《いへ》を亂《みだ》す。妻女《さいちよ》神經衰弱《しんけいすゐじやく》。或《あるひ》は發狂《はつきやう》。肺病《はいびやう》となりて死亡《しはう》す

○☰乾大《けんおほい》に張《はる》は養子《やうし》。或《あるひ》は妻《さい》を剋《こく》し。婢女妻《けちよさい》となるか。遊女《いうちよ》。藝妓宅《けいぎたく》に入《いり》て妻《さい》となる故《ゆゑ》に奴婢《ぬひ》服《ふく》せず家業《かげふ》是《これ》より衰《おとろ》ひ破財《はざい》なす。

○其理《そのり》は乾大《いぬゐおほい》に張《はる》ときは自然《しぜん》に☷坤惱《こんなやみ》あり則《すなは》ち乾盈《けんみち》て德《とく》を失《うしな》ひ。子《ね》の水《みづ》を生《しやう》ずる事能《ことあた》はず故《ゆゑ》に其家子《そのいへこ》なく養子《やうし》を招《まね》く。☷坤缺《こんかけ》て妻女《さいちよ》の位《くらゐ》を失《うしな》ふ故《ゆゑ》に婢女妻《けちよさい》となるか遊女藝子等《いうちよけいことう》の賤《いやし》き勉《つとめ》をなす女《ちよ》其家《そのいへ》の妻君《さいくん》となる則《すなは》ち女德《ちよとく》なき坤缺《こんかけ》なるが故《ゆゑ》なり因《よつ》て奴婢《ぬひ》從《したが》はず家業《かげふ》衰《おとろ》ひ破財《はざい》なす。

○☰乾《けん》の地形大《ちけいおほい》に張《はる》。建家《たてや》の戌亥大《いぬゐおほい》に張《はる》も同論《どうろん》なり此家《このいへ》必《かなら》ず先祖《せんぞ》より傳《つたは》る銘劍《めいけん》あり若《も》し劍《けん》の燒刃《やきは》に疵《きず》あれば家族《かぞく》に神經病《しんけいびやう》。狂人《きやうじん》。頭面瘡等《づめんさうとう》の病《やまひ》を招《まね》く又古筆《またこひつ》の類《るゐ》あるべし此家《このいへ》の遠祖《ゑんそ》は。高官《かつくわん》。封祿《ほうろく》を受《うけ》し英雄《えいゆう》の後胤《こういん》と斷定《だんてい》すべし多《おほ》くは遠祖必《ゑんそかなら》ず戰死《せんし》の人《ひと》遠國《ゑんこく》に古塚《ふるつか》あり又梵字《またぼんじ》あるか鑪上刀目《あげものめ》釘穴《くぎあな》二ツ三ツある刀《かたな》なり。

○其理《そのり》は繫辭傳《けいじでん》に曰《いはく》乾《けん》は大始《だいし》を知《し》ると故《ゆゑ》に遠祖《ゑんそ》の斷是《だんこれ》より起《おこ》る說卦傳《せつくわでん》に曰乾《いはくけん》を天《てん》となす。君《きみ》とす又曰乾《またいはくけん》に戰《たゝか》ふとある故《ゆゑ》に遠祖《ゑんそ》は尊《たつと》き人《ひと》とす又戰死《またせんし》の象《かたち》あり○

此家《このいへ》に蛇《へび》。喰合事《くひあひごと》あれば必《かなら》ず劒難血《けんなんち》を濺《そゝ》ぐ患《うれひ》あり注意《ちうい》を要《えう》す。或《あるひ》は變《へん》じて輕《かるき》は癩病《らいびやう》を招《まね》く所以《ゆゑん》乾《けん》を龍《りう》となす。刀《かたな》となす☰乾爲天《けんゐてん》の裏《うら》は☷坤爲地《こんゐち》の卦《けい》なり坤缺《こんかけ》て上六《じやう》の爻辭《かうじ》に曰《いはく》。

上六龍戰《りうたゝかふ》二干野《かんや》一其血玄黄《そのちげんくわう》ナリ

○本義《ほんぎ》に曰陰盛《いはくいんさかん》なれば極陽《ごくやう》と戰《たゝかふ》て。兩方《りうはう》なら敗《やぶ》れ倶《とゝ》に負《ふ》傷《しやう》するに至《いた》るなり。

○參考銘劍《さんかうめいけん》にして家《いへ》に種々《しゆく》の災害《さいがい》を招《まね》く時《とき》は棒鞘《ぼうさや》と成《な》せば如何《いか》なる障《さわり》ある刀《かたな》にても祟《たゝ》る事《こと》なし所以《ゆゑん》造《つく》り取除《とりのぞ》けは刀《かたな》の位《くらゐ》を失《うしな》ひ用《よう》をなさず故《ゆゑ》に祟《たゝ》を除《のぞ》く秘法是《ひはふこれ》なり

○附言銘劍《ふげんめいけん》と雖《いへ》ども時《とき》に變化《へんくわ》し殺氣《さつき》を含事《ふくむこと》あり備前國守恒《びぜんくにもりつね》と云《い》ふ名人《めいじん》の鍛《きたえ》た銘《めい》刀《たう》あり天文年中美濃《てんぶんねんちうみの》の齋藤道三《さいとうだうざん》。織田信長《おだのぶなが》と戰《たゝか》ふ時《とき》。軍中《ぐんちう》に陰山掃部助《かげやまかもんのすけ》と云《い》ふ人《ひと》。諸兵《しよへい》を下知《げち》してある時《とき》に流矢《ながれや》の爲《ため》に左眼《さがん》を失《うしな》ひ其矢《そのや》を拔捨《ぬきすつ》るに又飛來《またとびきた》る矢《や》に右眼《うがん》を失《うしな》ふ是唯事《これたゞごと》ならず然《しか》るに掃部助《かもんのすけ》の太刀《たち》は。平家《へいけ》の武士《よし》惡《あく》七兵衞景淸《ひやうゑかげきよ》の愛劍《あいけん》にして𪐷丸《あざまる》と稱《しよう》す守恒《もりつね》の太刀《たち》なりと知《し》る。其後丹羽《そののちには》五郎左衞門長秀《ろうざゑもんながひで》が手《て》に渡《わた》り帶刀《たいたう》となせしに立所《たちどころ》に大《おほい》に眼《め》を病故《やみゆゑ》に此太刀《このたち》の歷史《れきし》。其初《そのはじ》め景淸《かげきよ》の太刀《たち》にして眼《め》を失《うしな》ひ又《また》陰山《かげやま》も眼《め》に祟《たゝ》る所持《しよち》する者《もの》。眼《め》に祟《たゝ》る事《こと》を恐《おそ》れ尾張國《をはりのくに》熱田《あつた》神宮《じんぐう》へ奉納《ほうなふ》せしに忽《たちま》ち眼病《がんびやう》平癒《へいゆ》なしたるとある其他《そのた》の武將《ぶしやう》銘劔《めいけん》を得《え》て高名《かうめい》を輝《かゞや》かし或《あるひ》は凶劔《きようけん》の爲《ため》に災害《さいがい》を招《まね》き家《か》名《めい》斷《だん》絶《ぜつ》の者《もの》も數多《かずおほ》き例《ためし》あれば前《まへ》に論《ろん》ずる如《ごと》く宅地《たくち》並《ならび》に建家《たていへ》の備《そなへ》に顯《あらは》れ符合《ふがふ》する程《ほど》の太刀《たち》を其儘《そのまゝ》にして所持《しよち》なす時《とき》は代々《たいく》災厄《さいやく》を招《まね》き家《か》名《めい》斷《だん》絶《ぜつ》の恐《おそ》れあれば注意《ちうい》を要《えう》す但《たゞ》し先祖《せんぞ》重代《ぢうだい》の劔《けん》にして家《いへ》を出《いだ》し難《がた》き場合《ばあひ》は棒鞘《ほうざや》になし置《おく》べしなるべくは殺氣《さつき》なきともかぎらず故《ゆゑ》に神社等《じんじやとう》に奉納《ほうなふ》して安《あん》全《ぜん》の道《みち》に入《いる》べし。

○又《また》☰乾《けん》の張《はり》たるは此家《このいへ》より出《いで》たる僧《そう》ありて祕《ひ》佛《よつ》或《あるひ》は珍器《ちんき》物等《よつとう》を贈《おく》り持傳《もちつた》ふるか或《あるひ》は僧《そう》。武士《よし》となり家《いへ》に歸《かへ》る人《ひと》も有《あ》るべし其家《そのいへ》必《かなち》ず☶艮《うしとら》の方《かた》に倉庫《さうこ》あり其武士《そのよし》の帶《たい》したる劔《けん》を納《をさめ》あるべし。

○其理《そのり》は乾《けん》を天《てん》となし。頭《あたま》とす。天《てん》の形《かたち》は圓《まる》とす故《ゆゑ》に僧侶《そうりよう》となす又乾《またけん》を高貴《かうき》となす。武士《よし》とす又姿《またすがた》を替《かへ》る意《い》あれば右《みぎ》の判斷《はんだん》起《おこ》るなり。

○第《だい》三圖《づ》の如《ごと》く☰乾《けん》より☱兌《にし》迄《まで》。大《おほい》に張《は》る時《とき》は☷坤《こん》の缺《かけ》となる故《ゆゑ》妻女《さいちよ》を離別《りべつ》なす

第三乾兌坎張之圖

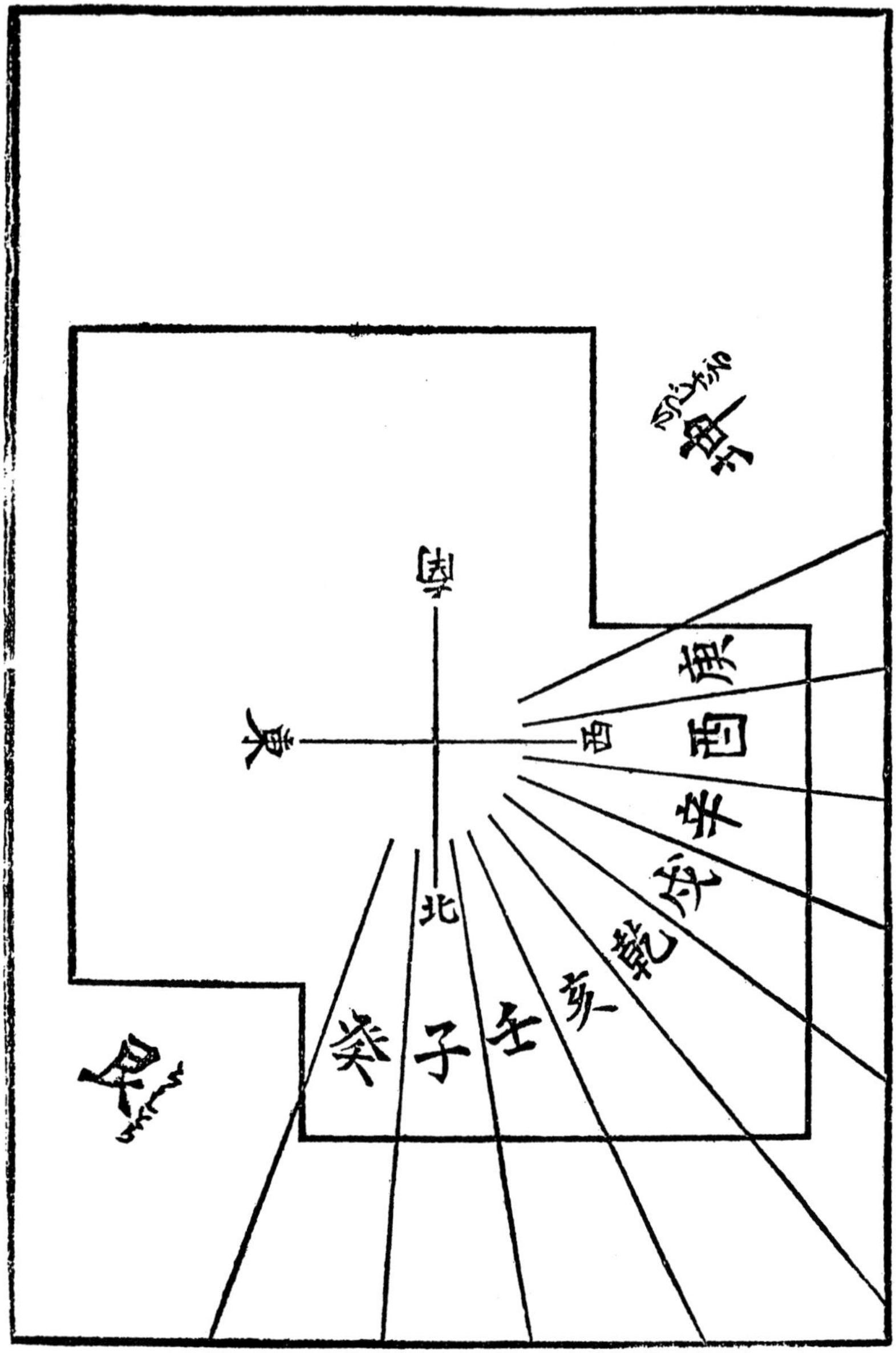

か或《あるひ》は死亡《しはう》す。主人《しゆじん》婢女《げぢよ》と亡命《かけみち》すれば妻女《さいぢよ》殘《のこり》て家事《かじ》を主《つかさ》ごる事《こと》あり。

○☰乾《けん》。兌張《だはれ》は☷坤缺《こんかけ》となる。妻君《さいくん》の位《くらゐ》を失《うしな》ふ故《ゆゑ》に離別《りべつ》或《あるひ》は死亡《しはう》なす。然《しか》らざれば乾《けん》の主人《しゆじん》婢《げ》女《ぢよ》を愛《あい》して出奔《かけおち》す。是《これ》乾《けん》陽《やう》増長《ぞうちやう》して守《まもり》を失《うしな》ふ☷坤《こん》の妻女《さいぢよ》變《へん》じて☰乾《けん》の主人《しゆじん》となりて妻君《さいくん》家事《かじ》を主《つかさ》どるなり。

○父子《ふし》大《おほい》に不和《ふわ》なる所以《ゆゑん》☰乾《けん》大《おほい》に張時《はるとき》は父《ちゝ》の徳《とく》盈《みち》て☷坤《こん》となる☷坤《こん》は母《はゝ》なり孔安《こうあん》國《こく》に曰《いはく》。母《はゝ》は至親《ししん》にして尊《たつと》からず尊嚴《そんげん》すべき父《ちゝ》の徳《とく》缺《かけ》るが故《ゆゑ》に子《こ》父《ちゝ》に反《そむ》き不和《ふわ》なり。

○第《だい》三圖《づ》の如《ごと》く☰乾《けん》より☵坎《かん》大《おほい》に張《はる》ときは長男《ちやうなん》死亡《しはう》なすか或《あるひ》は亡命《しゆつほん》なす。妻女《さいぢよ》死《し》亡《はう》なし後妻《ごさい》中男《ちうなん》を愛《あい》し長男《ちやうなん》を惡《にく》む。

○所以《ゆゑん》☰乾《けん》。☵坎張《かんはれ》は☶艮缺《こんかけ》るなり後天《こうてん》の☵坎《かん》は先天《せんてん》の☷坤位《こんゐ》なり坤《こん》は母《はゝ》なり妻女《さいぢよ》なり。妻女《さいぢよ》の位《くらゐ》増長《ぞうちやう》して守《まも》りを失《うしな》ひ死亡《しはう》して後妻《ごさい》。重陰《ぢゆういん》の位《くらゐ》を得《え》て自我《じが》強《つよ》く☵坎《かん》の中男《ちうなん》を愛《あい》す。☶艮位《こんゐ》坎《かけ》るが故《ゆゑ》に長男《ちやうなん》を惡《にく》む。則《すなは》ち後天《こうてん》の☶艮位《こんゐ》先天《せんてん》の☳震位《しんゐ》なり。震《しん》を長男《ちやうなん》とす。長男《ちやうなん》の位缺《くらゐかけ》るか故《ゆゑ》に死亡《しはう》なすか亡命《しゆつほん》なす。

先天伏羲八卦次序之圖

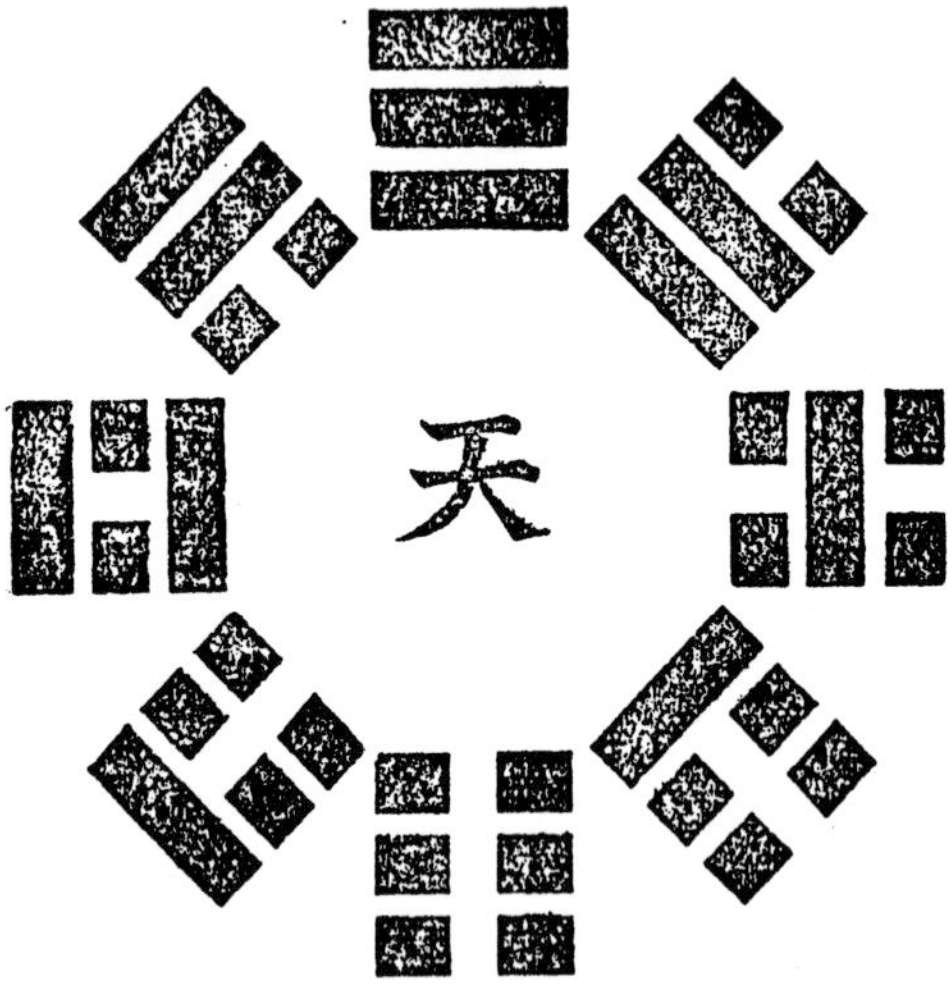

後天洛書次序之圖

天圓く地方形之圖

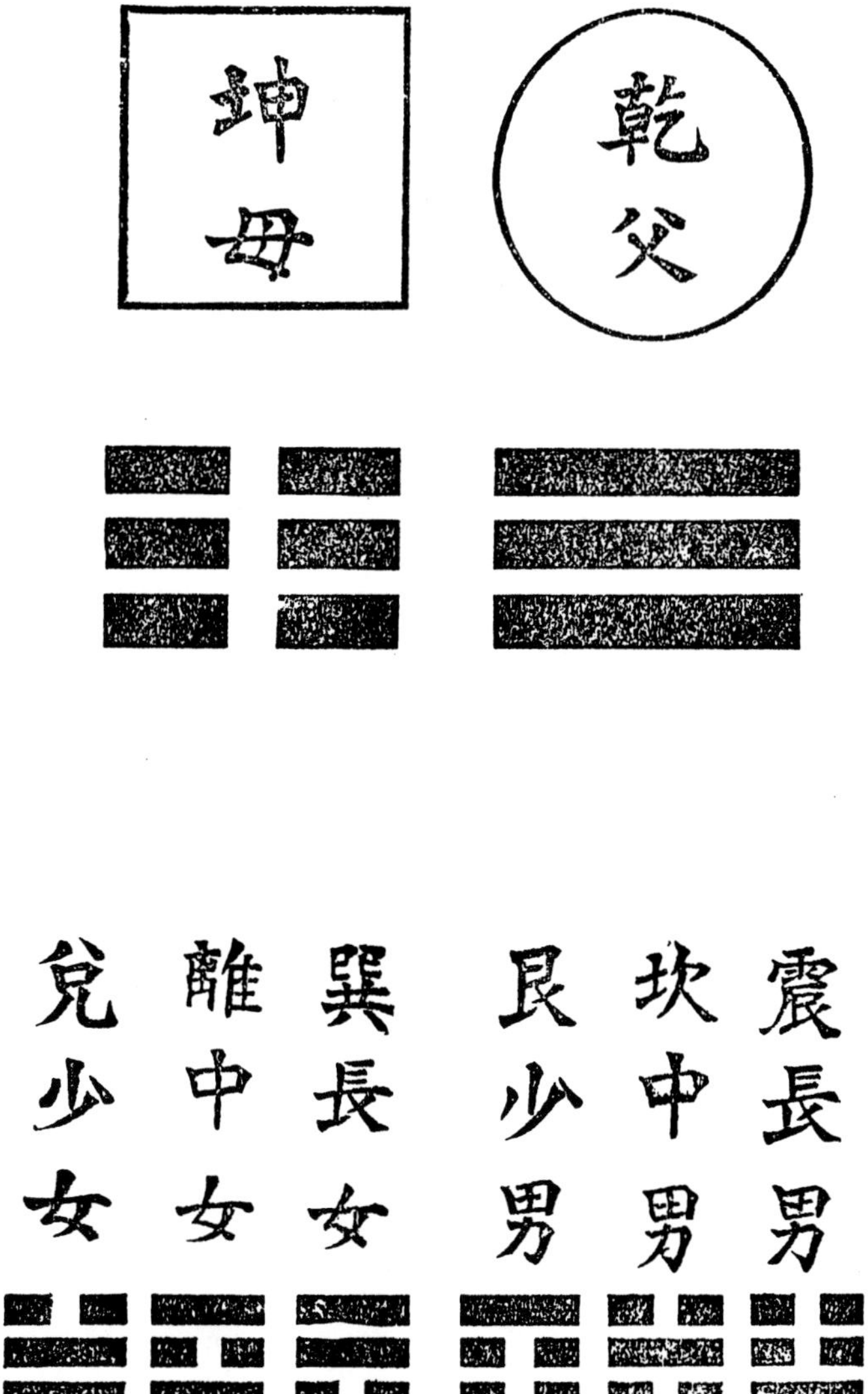
乾父
坤母
震長男
坎中男
艮少男
巽長女
離中女
兌少女

○乾缺《いぬゐかけ》之《の》地形《ちけい》大凶《だいきよう》を論《ろん》ず

○☰乾《いぬゐ》の方《かた》地形《ちけい》大《おほい》に缺《かけ》る時《とき》は先祖《せんぞ》より傳《つたは》る家督《かとく》に離《はな》る○君《きみ》に反《そむ》き○父《ちゝ》を蔑《ないがしろ》にし本家《ほん》を蔑《ないがしろ》にし○忠孝《ちうかう》の道《みち》を虧《かく》○至君《しくん》或《あるひ》は父《ちゝ》を捨《す》て他國《たこく》他郷《たきやう》に走《はし》る早《はや》く父《ちゝ》を剋《こく》す○奴《ぬ》僕《ぼく》不忠《ふちう》○女難《ぢよなん》○病難《びやうなん》○水難《すゐなん》○難産《なんざん》○争論等《さうろんとう》を招《まね》き。長《なが》く富貴《ふうき》を保事《たもつこと》能《あた》はず若《も》し富貴《ふうき》なれば代々《だい〳〵》主人《しゆじん》短命《たんめい》を主《つかさ》どる大凶相《だいきようさう》なりと知《し》るべし

第四乾缺大凶相之圖

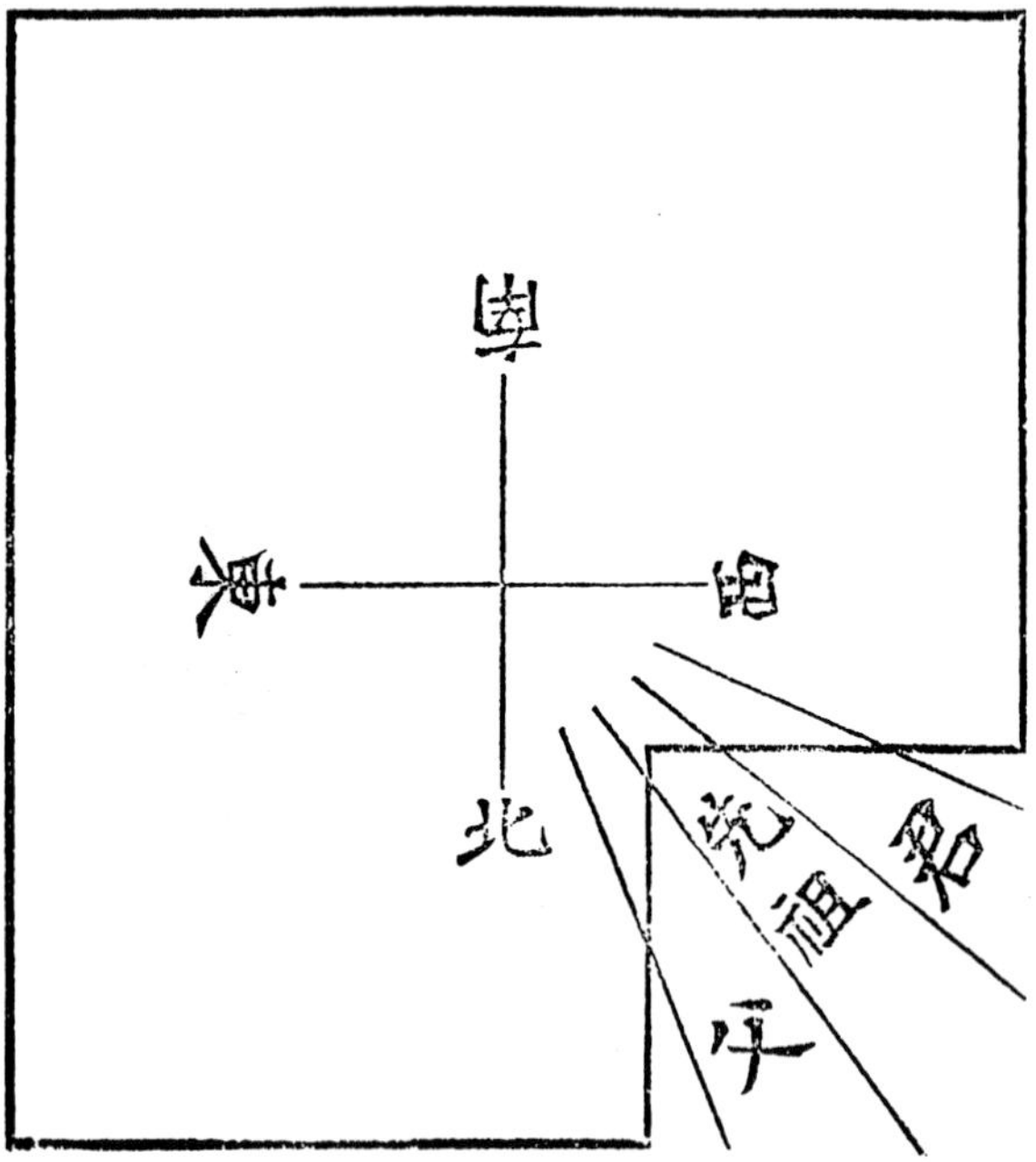

○所以《ゆゑん》☰乾《けん》の地形並《ちけいならび》に建物等大《たてものとうおほい》に缺《かけ》る時《とき》は。元亨利貞《げんこうりてい》の四德《とく》を損《そん》ずる故《ゆゑ》に本文《ほんもん》の如《ごと》き災害《さいがい》を招《まね》く又乾《またけん》を天《てん》となす。君《きみ》とし。父《ちゝ》とす。福《ふく》地《ち》となす故《ゆゑ》に先祖《せんぞ》より傳《つたは》る家督《かとく》に離《はな》れ。不忠不孝《ふちうふかう》を主《つかさ》どる☰乾缺《けんかけ》れ

ば☵坎《かん》の張《はり》となりて水《すゐ》難《なん》を招《まね》く又《また》☱兌《だ》の張《はり》は女《ぢよ》難《なん》となる或《あるひ》は兌《だ》を口《くち》とす。故《ゆゑ》に口《くち》張《はり》て爭《さう》論《ろん》を發《はつ》す○山《さん》法《はふ》地《ち》理《り》全《ぜん》書《しよ》に曰《いはく》。乾《けん》缺《かけ》る時《とき》は主《しゆ》人《じん》短《たん》命《めい》なすか。公《こう》難《なん》を招《まね》く或《あるひ》は家《か》業《げふ》退《たい》散《さん》。住《ちう》主《しゆ》古《こ》郷《きやう》を去《さ》るとあり第《だい》四圖《づ》を參《さん》考《かう》にせよ。

○☰乾《けん》缺《かけ》は眼《がん》病《びやう》の患《うれひ》。盲《まう》人《じん》を出《いだ》すとある○其《その》理《り》は☰乾《けん》は後《こう》天《てん》の☲離《り》位《ゐ》なり。說《せつ》卦《くわ》傳《でん》に曰《いはく》☲離《り》は明《あきら》なり。眼《め》とす離《り》に相《あひ》見《み》るヿ有《あ》る。天《てん》地《ち》萬《はん》物《ぶつ》を觀《くわん》察《さつ》する位《くらゐ》なり其《その》位《くらゐ》を缺《かく》故《ゆゑ》に明《あきらか》を失《うしな》ひ眼《がん》病《びやう》を招《まね》く又《また》離《り》を中《ちう》女《ぢよ》となす因《よつ》て眼《がん》病《びやう》多《おほ》くは中《ちう》女《ぢよ》盲《まう》人《じん》となる。

○夫《ふう》婦《ふ》不《ふ》和《わ》○再《さい》緣《えん》○死《し》亡《ばう》○別《べつ》腹《ぷく》の子《こ》あるべし。

○其《その》理《り》は☰乾《けん》缺《かけ》て陽《やう》氣《き》衰《おとろ》ひ。伏《ふく》卦《くわ》の☷坤《こん》の陰《いん》と。二《に》氣《き》交《まじはり》を虧《かく》故《ゆゑ》に夫《ふう》婦《ふ》不《ふ》和《わ》となるか或《あるひ》は妻《さい》女《ぢよ》死《し》亡《ばう》して後《ご》妻《さい》來《きた》る故《ゆゑ》に別《べつ》腹《ぷく》の子《こ》ありとす。

○或《あるひ》は密《まを》夫《とこ》。婬《いん》婦《ぶ》によりて家《いへ》を破《は》財《ざい》なす恐《おそ》れあり所《ゆ》以《ゑん》䷋天《てん》地《ち》否《ひ》の卦《けい》となる。

否《ひは》之《これ》匪《あらず》レ人《ひとに》不《あらず》レ利《よろしから》ニ君《ずくん》子《しの》貞《ただしきに》一大《だい》往《ゆき》小《せう》來《きたる》

○否《ひ》は塞《ふさがる》。閉《とづ》る陰《いん》陽《やう》交《まじは》らず故《ゆゑ》に密《みつ》夫《ぷ》。婬《いん》婦《ぶ》と變《へん》じ各《おの〳〵》。其《その》守《まも》りを失《うしな》ひ其《その》家《いへ》を敗《やぶ》り先《せん》祖《ぞ》を辱《はづかし》むるに至《いた》ると知《し》るべし。

○斯如《かくのごと》き地形《ちけい》は多《おほ》くは遠祖《ゑんそ》は高貴《かうき》の人職《ひとしよく》を辭《じ》して後大《のちおほい》に困難《こんなん》を重《かさ》ね居住《きよぢう》す。故《ゆゑ》に遠祖《ゑんそ》の古墳《はか》は他國《たこく》にありて先祖《せんぞ》の石碑損《せきひそん》ずるか或《あるひ》は文字《もんじ》に誤《あやまり》あるべし試見《ためしみ》よ又《また》は先代《せんだい》の内《うち》に刑罰《けいばつ》に遇《あひ》たる人《ひと》もあらん。なれども☰乾大始《けんおほいはじま》る則《すなは》ち先祖《せんぞ》の位缺《くらゐかけ》たる理《り》を以《もつ》て判斷《はんだん》なす者《もの》なれば。地形《ちけい》。建物《たてもの》の大小《だいせう》缺込《かけこみ》を見其形勢《みそのけいせい》に因《よつ》て斷定《だんてい》せよ。口《こう》傳《でん》。

○☰乾大《いぬゐおほい》に缺《かけ》る地所《ちしよ》多《おほ》く古墓地《ふるぼち》の跡《あと》なり或《あるひ》は佛堂《ぶつだう》の廢地《はいち》にて。宅地中央《たくちちうあう》に石佛《いしぼとけ》石碑等《せきひとう》の埋《うづも》れあるべし。

○其理《そのり》は乾《けん》は大《おほい》に始《はじま》る先祖《せんぞ》となす。先祖《せんぞ》の位缺《くらゐかけ》るが故《ゆゑ》に墳墓地《はかち》の跡《あと》とす故《ゆゑ》に石《いし》の埋《うづも》れ三尺《しやく》。五尺穿《しやくほれ》ば必《かなら》ず出《いづ》べし。又此家《またこのいへ》に持傳《もちつた》へたる古作銘劍《こさくめいけん》の尖頭《きつさき》に必《かなら》ず傷《きず》あり。此家《このいへ》多《おほ》く武家《ぶけ》にして奴僕不忠《ぬぼくふちう》を懷《いだ》き主人怒《しゆじんいかり》て之《これ》を害《がい》すなり。

☰乾《けん》☴巽《たつみ》の方《かた》に高《たか》き樹木《じゆもく》あれば其樹《そのき》の下《した》にて奴僕《ぬぼく》を殺害《せつがい》せし所《ところ》なり又乾《またいぬゐ》に池堀《いけほり》あれば其害《そのがい》せし場所《ばしよ》とす。

○所以《ゆゑん》☰乾《けん》は君《きみ》なり君《きみ》の位《くらゐ》。缺《かけ》るが故《ゆゑ》に奴僕不忠《ぬぼくふちう》となる又乾《またけん》を劍《けん》となす巽《そん》を木《き》

とす則《すなは》ち金剋木《きんこくもく》の象《かた》にして其殺害《そのせつがい》せし所《ところ》とす又乾缺《またけんかけ》て☷坤《こん》の土《つち》。乾《けん》の金《かね》より生《しやう》ずる水《みづ》を剋《こく》す故《ゆゑ》に池《いけ》。堀《ほり》も害《がい》せし場所《ばしよ》と斷《だん》す

○總《すべ》て缺張《かけはり》は建家《たていへ》も輕重《けいぢゆう》はあれども同論《どうろん》なりと知《し》るべし研究《けんきう》を要《えう》す。

○兌之《にしの》地形《ちけい》張缺《はりかけ》を論《ろん》ず

○☱兌《にし》の方《かた》地形《ちけい》竝《ならび》に建家等《たていへとう》。程能《ほどよ》く張《はり》たるは富貴繁榮《ふうきはんえい》。財福《ざいふく》ありて長壽《ちやうじゆ》を保《たも》ち。良《よ》き友《とも》を得《え》て其身《そのみ》を磨《みが》き其德《そのとく》世《よ》に顯《あらは》れ。夫婦和合《ふうふわがふ》す又女德《またぢよとく》に因《よつ》て富榮《とみさか》え妻緣《さいえん》により財德《ざいとく》を得《え》る吉相《きつさう》なり。

○所以《ゆゑん》說卦傳《せつくわでん》に曰《いにく》☱兌《だ》に說言《せつげん》す。兌《だ》は酉《とり》に位《くらゐ》し舊《きう》八月正秋の氣節《きせつ》にして萬物熟《ばんもつじゆく》し成收《せいしう》の時《とき》を得《え》て福分《ふくぶん》を潤澤《じゆんたく》す故《ゆゑ》に富貴繁榮財福《ふうきはんえいざいふく》ありて長壽《ちやうじゆ》を持《たも》つ。

大象曰麗澤《りたく》兌《はだ》。君子《くんし》以《もつて》朋友講習《ほういうかうしふす》

とは此卦《このくわ》兩澤相麗《りやうたくあひつく》☱☱兌爲澤之卦《だゐたくのけい》。則《すなは》ち相浸潤《あひしんじゆん》し。互《たがひ》に悅《よろこび》あるの象《かたち》あり。君子《くんし》以《もつ》て朋友講習《ほういうかうしふ》と謂《い》ふは。同門《どうもん》を朋《ほう》と謂《い》ひ。同志《どうし》を友《とも》と謂《い》ふ、講《かう》は義理《ぎり》を講明《かうめい》す。講《かう》じて又講《またがう》ずるを習《しふ》と謂《い》ふ故《ゆゑ》に良《よ》き友《とも》を得《え》て修養《しうやう》し其德《そのとく》世《よ》に顯《あらは》る。論語《ろんご》の首章《しゆしやう》

にも。學習《がくしふ》を以《もつ》て悦《よろこび》と爲《な》し。朋《ほう》の遠《とほ》きより來《きた》るを以《もつ》て樂《たのし》みと爲《な》すなり又《また》兌《だ》を少《せう》女《ちよ》とす。人《ひと》に悦《よろこば》る者《もの》は少女《せうちよ》に如《しく》はなし上下《じやうげ》皆《みな》兌《だ》故《ゆゑ》に悦《よろこび》の義《ぎ》となす因《よつ》て前文《ぜんぶん》の如《ごと》き女徳《ちよとく》にて富榮《とみさか》え財徳《ざいとく》を得《え》幸福《かうふく》來《きた》ると知《し》るべし

兌張吉相之圖

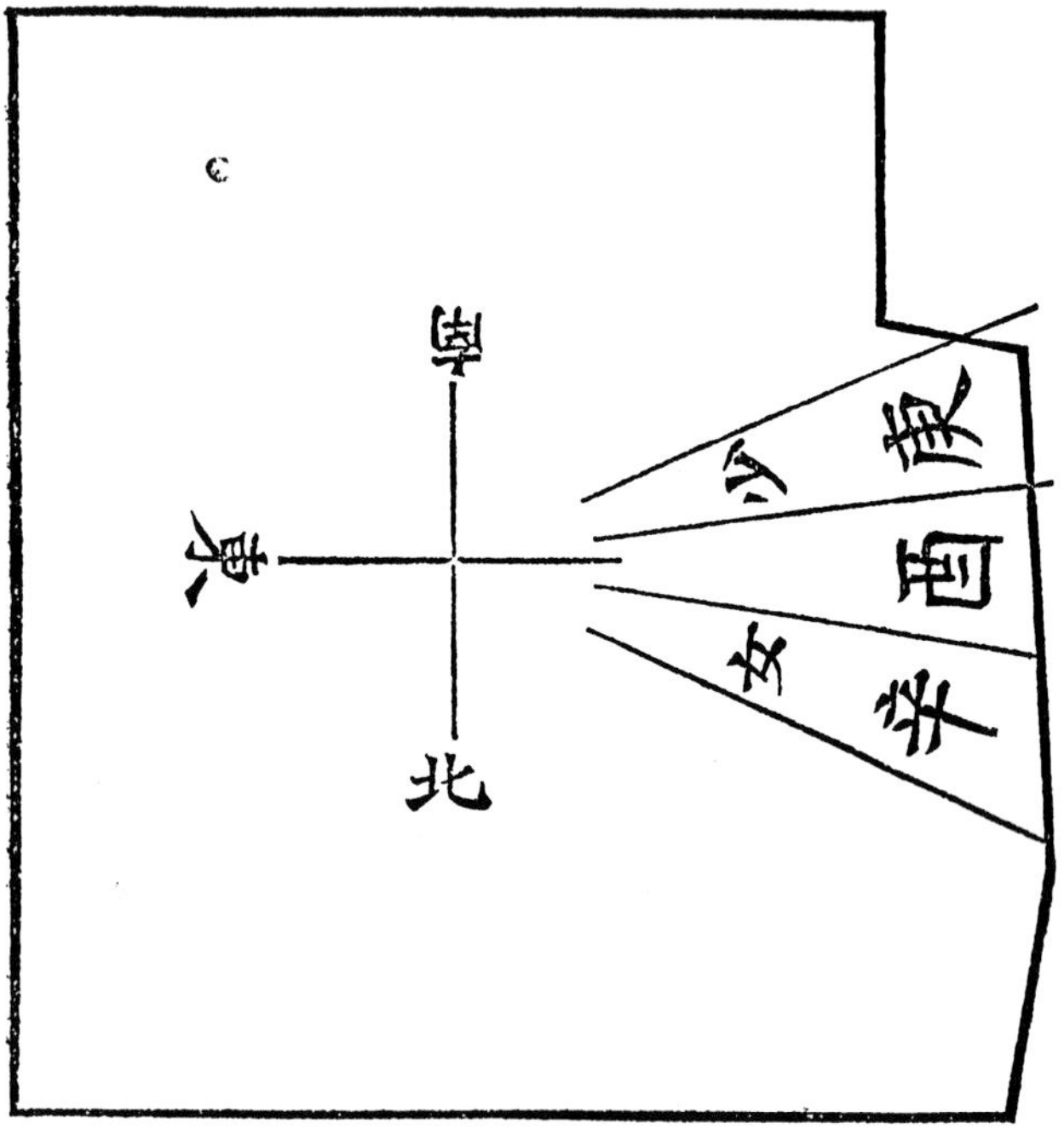

○前理《ぜんり》の如《ごと》く備《そなへ》よき地形或《ちけいあるひ》は家《か》相《さう》にて若《も》し貧困《ひんこん》なれば必《かなら》ず井《ゐ》。堀《ほり》。坑《あな》の類埋《るゐうづも》れあるべし之《これ》を穿《ほり》起《おこ》せば忽《たちま》ち幸福來《かうふくきた》る事疑《ことうたがひ》なし。

○其理《そのり》は☱兌《だ》の伏卦《ふくくわ》☶艮《こん》の卦此卦《けいこのけい》は井《ゐ》。堀《ほり》。坑《あな》を埋《うづめ》て蓋《ふた》をしたる象《かたち》なり說卦傳《せつくわでん》に曰山澤氣《いはくさんたくき》を通《つう》ずとある☶☱山澤損《さんたくそん》の卦《くわ》。埋《うづもれ》たる所《ところ》を穿《ほり》起《おこ》せば忽《たちま》ち幸福《かうふく》に復《かへ》る若《も》し井《ゐ》。池《いけ》。

兌張大凶相之圖

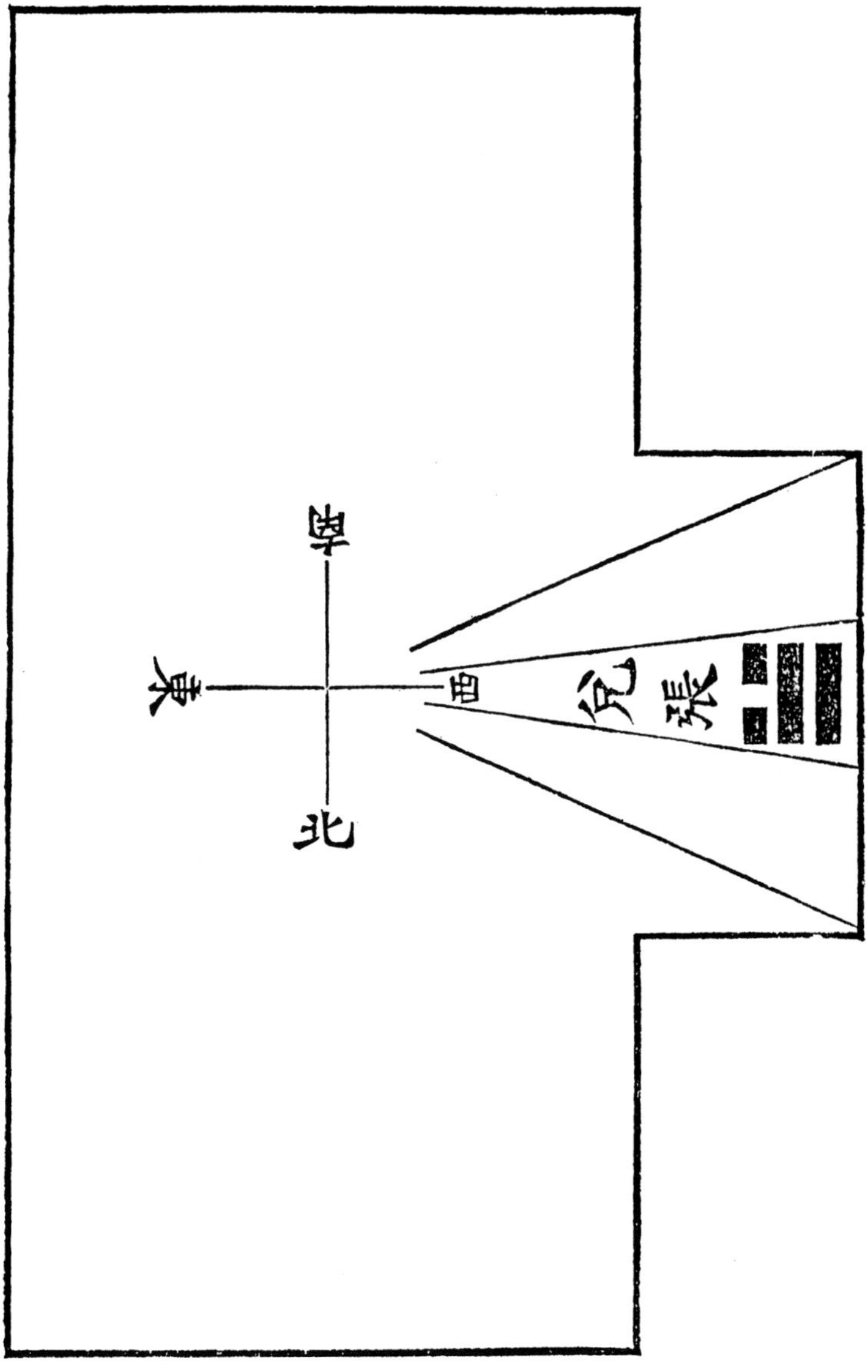

掘《ほり》等《たう》あり所凶《しよきよう》なる時《とき》は修法《しうはふ》に隨《したがつ》て再《ふた》び埋《うづ》れば祟《たゝ》なし。

○兌《にし》大《おほい》に張《はり》出《いで》の地《ち》形《けい》を論《ろん》ず

○☱兌《にし》の方《かた》地《ち》形《けい》竝《ならび》に建《たて》家《いへ》等《とう》不《ふ》相《さう》應《おう》に張《はる》ときは一端《たん》繁《はん》榮《えい》なすと雖《いへど》も後《のち》奢《しや》美《び》を好《この》み次《し》第《だい》に衰《すゐ》微《び》女《ぢよ》子《し》婬《いん》欲《よく》に滿《みち》て不《ふ》貞《てい》となり夫《をつと》を蔑《ないがしろ》にし家《いへ》を亂《みだ》す。又《また》爭《さう》論《ろん》を主《つかさ》どるなり。

○所以《ゆゑん》☱兌《だ》は金《かね》とす其位《そのくらゐ》の地《ち》形《けい》或《あるひ》は建《たて》物《もの》不《ふ》相《さう》應《おう》に張《はり》出《いで》る時《とき》は金《かね》重《かさな》り福《ふく》力《りよく》を得《え》て一端《たん》繁《はん》榮《えい》なすと雖《いへど》も天《てん》道《だう》滿《みつ》るを缺《かく》の理《り》にして奢《おこ》侈《り》を好《この》み衰《すゐ》微《び》に至《いた》るなり☱兌《だ》を少《せう》女《ぢよ》となす故《ゆゑ》に女《ぢよ》子《し》勢《いきほひ》を得《え》金《き》水《すゐ》旺《わう》して淫《いん》欲《よく》を生《しやう》じ不《ふ》義《ぎ》を釀《かも》して夫《をつと》を蔑《ないがしろ》にす說《せつ》卦《くわ》傳《でん》に曰《いはく》兌《だ》を口《くち》となす故《ゆゑ》に口《こう》論《ろん》を招《まね》く兌《だ》張《はり》出《いで》るの象《かたち》なり。

○☱兌《だ》の方《かた》張《はり》て☶艮《うしとら》の方《かた》に倉《さう》庫《こ》あれば初《はじ》め一代《だい》は富《とみ》榮《さか》え此《この》家《いへ》の小《せう》男《なん》出《いで》て僧《そう》となり金《きん》力《りよく》を以《もつ》て實《じつ》家《か》を救《きう》助《じよ》する故《ゆゑ》なり然《しか》るに☶艮《こん》の倉《さう》庫《こ》福《ふく》力《りよく》を得《え》れども男《だん》子《し》を以《もつ》て相《さう》續《ぞく》する事《こと》能《あた》はず衰《すゐ》微《び》して終《つひ》に血《けつ》脈《みやく》を絶《たや》す若《も》し艮《こん》の倉《さう》庫《こ》を取《とり》除《のぞ》けば此《この》家《いへ》忽《たちま》ち破《は》財《ざい》なすと知《し》るべし。

○其《その》理《り》は說《せつ》卦《くわ》傳《でん》に曰《いはく》山《さん》澤《たく》氣《き》を通《つう》ず又《また》☶艮《こん》を閽《こん》寺《じ》、となす又《また》毀《き》折《せつ》とす故《ゆゑ》に本《ほん》文《もん》の如《ごと》き判斷《はんだん》皆《みな》說卦傳《せつくわでん》より論《ろん》ずるなり。

○☱兌《にし》張《はり》て其所《そのところ》に井水《ゐすゐ》。池《いけ》。堀等《ほりとう》の水氣《すゐき》ありて☶艮《こん》に莊麗《さうれい》の建築物《けんちくぶつ》あれば此家《このいへ》の少女僧《せうぢよそう》と姦通《かんつう》なすか或《あるひ》は尼《あま》と或《なり》て戒《かい》を保事能《たもつことあた》はず男數人《をとこすうにん》に姦通《かんつう》して亂婬《らんいん》なし家名《かめい》を穢《けが》す恐《おそ》るべし。

○其理《そのり》は☱兌《だ》を少女《せうぢよ》となす☶艮《こん》を閹寺《こんじ》となす又止《またとゞま》るなり且《か》つ宮殿中門《きうでんなかもん》の番人《ばんにん》を寺人《てらびと》となす。兌《だ》の尼山澤氣《あまさんたくき》を通《つう》じ☱兌《だ》の金旺《かねわう》して水《みづ》を生《しやう》じ色情婬欲盛《しきじやういんよくさかん》となり☶艮《ごん》の僧《そう》と姦通《かんつう》するか或《あるひ》は尼《あま》となり情欲亂淫《じやうよくらんいん》して身《み》を亡《ほろぼ》すに至《いた》るなり。

○☱兌《にし》の地形建物等長《ちけいたてものとうなが》く大《おほい》に張《はり》たるは劍難《けんなん》にて死《し》す者《もの》あり。

○其理《そのり》は兌《だ》を劍《けん》となす此家《このいへ》に持傳《もちつたへ》たる短刀《たんたう》あるべし。先細《さきほそ》く尖頭《きつさき》より三寸目《すんめ》疵《きず》あり近來求《きんらいもと》めたる者《もの》なれば古作《こさく》にて梵字《ぼんじ》を彫《こく》したるか同《おなじ》く尖頭《きつさき》に疵《きず》あるべし兌《だ》は正秋肅殺《せいしうしくさつ》の氣《き》を含《ふく》む所故《ところゆゑ》に劍難《けんなん》にて死《し》する者《もの》を出《いだ》す、若《も》し劍難《けんなん》なければ色情《しきじやう》。爭論訴訟《さうろんそしやう》。破財《はざい》。身體不具《しんたいふぐ》。口《くち》より出《いで》たる災《わざはい》にて家《いへ》を敗《やぶ》るか。兌《だ》の情欲滿《じやうよくみち》て色《しき》難《なん》を招《まね》き身《み》を亡《ほろぼ》す。☱兌《だ》を口《くち》となす口《くち》は則《すなは》ち眚《わざはい》の門《かど》なり愼《つゝしむ》べきなり。

○☱兌《にし》の方《かた》張《はる》時《とき》は☰乾《けん》☷坤《こん》の缺《かけ》となる此《この》家《いへ》少《せう》女《ぢよ》氣《き》隨《ずゐ》自《じ》我《が》強《つよ》く父《ふ》母《ぼ》も之《これ》を制《せい》する事《こと》能《あた》はず家《か》名《めい》を穢《けがす》に至《いた》るべし。

○其《その》理《り》は☱兌《だ》を少《せう》女《ぢよ》となす其《その》位《くらゐ》張《はる》が故《ゆゑ》に娘《むすめ》氣《き》隨《ずゐ》我《わが》儘《まゝ》となる☰乾《けん》は父《ちゝ》の位《くらゐ》なり☷坤《こん》は母《はゝ》の位《くらゐ》なり父《ふ》母《ぼ》の位《くらゐ》缺《かけ》るが故《ゆゑ》に父《ふ》母《ぼ》も之《これ》を制《せい》する事《こと》能《あた》はずと知《し》るべし。

○☱兌《にし》の方《かた》張《はり》て☰乾《いぬゐ》の方《かた》缺《かけ》る時《とき》は末《はつ》子《し》誇《ほこり》て父《ふ》兄《けい》を蔑《ないがしろ》にして放《はう》蕩《たう》無《ぶ》賴《らい》の者《もの》を出《いだ》すなり☰乾《いぬゐ》を父《ちゝ》。兄《あに》となす其《その》位《くらゐ》缺《かけ》るが故《ゆゑ》なり又《また》乾《いぬゐ》缺《かけ》る時《とき》は父《ちゝ》早《はや》く死《し》亡《ばう》す。坤《こん》缺《かけ》る時《とき》は母《はゝ》早《はや》く死《し》亡《ばう》すと知《し》るべし。

○☱兌《にし》に堆《うづたか》く土《つち》山《やま》あれば寺《じ》院《ゐん》の舊《きう》跡《せき》にして貴《き》人《じん》の尸《しかばね》を埋《うづ》む或《あるひ》は記《き》念《ねん》に樹《じゆ》木《もく》を植《うゑ》るもあり此《この》家《いへ》富《とみ》榮《さかえ》る時《とき》は難《なん》危《やく》絶《たへ》ずと知《し》るべし貧《ひん》窮《きう》なれば無《ぶ》事《じ》なり。

○所《ゆ》以《ゑん》☱兌《だ》は後《こう》天《てん》の☴巽《そん》位《ゐ》なり。☱兌《だ》の裏《うら》は☶艮《こん》位《ゐ》なり。艮《ごん》を山《やま》とす。闇《こん》寺《じ》とす故《ゆゑ》に兌《にし》の方《かた》に土《つち》山《やま》あれば說《せつ》卦《くわ》傳《でん》に曰《いはく》☴巽《そん》を髮少《かみすくな》しとす則《すなは》ち僧《そう》の象《しやう》故《ゆゑ》に寺《てら》との跡《あと》とす巽《そん》は萬《ばん》物《もつ》巳《すで》に齊《とゝな》ふ所是尸《ところこれかばね》を埋《うづむ》る所《ところ》となす因《よつ》て其《その》靈《れい》氣《き》家《いへ》に祟《たゝ》るなり。

○兌《にし》の方《かた》程《ほど》能《よ》く缺《かけ》たるは福《ふく》力《りよく》あり

兌缺大凶相之圖

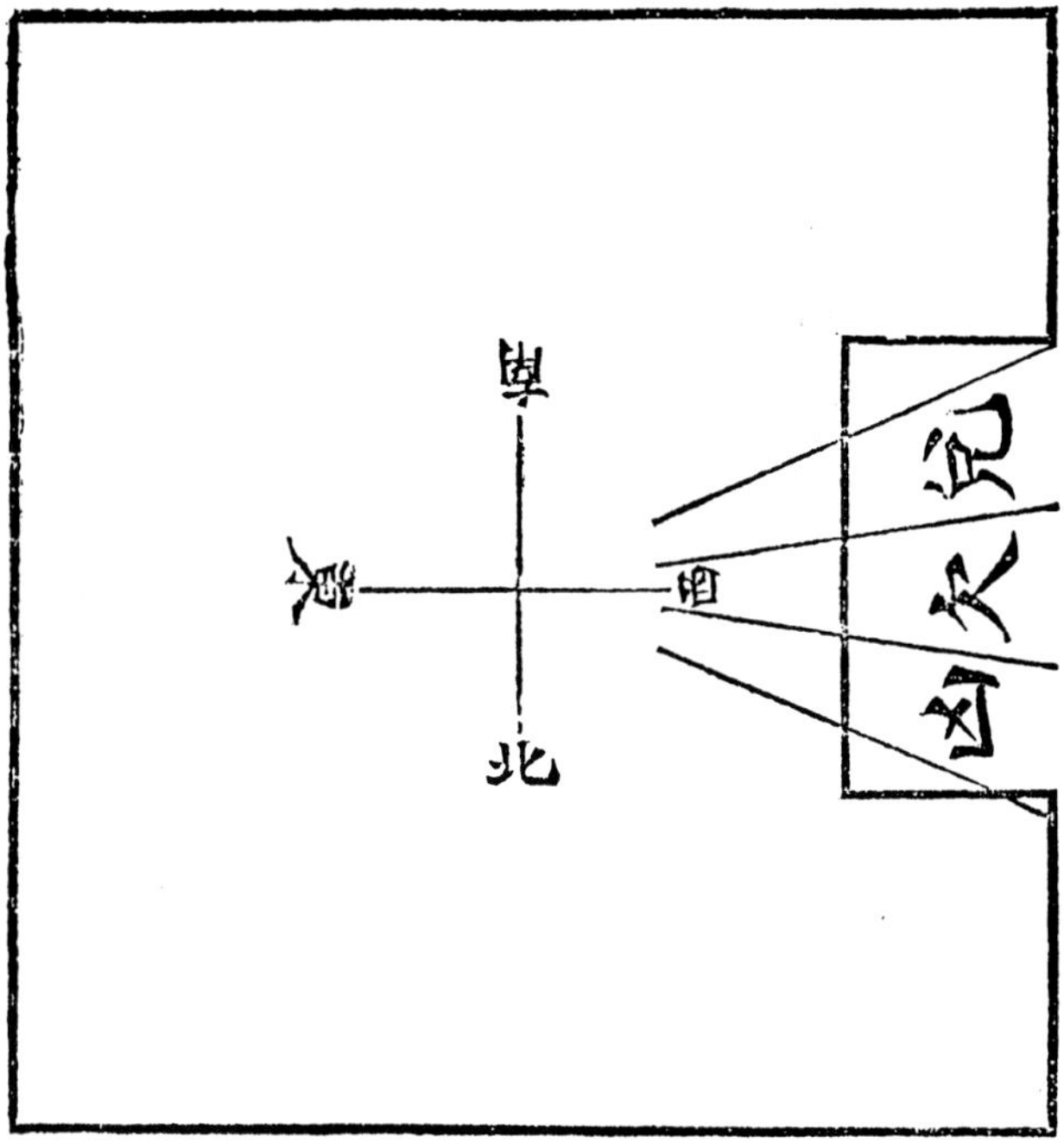

○☱兌《にし》の方《かた》少《すこ》し缺《かけ》たるは却《かへつ》て福力《ふくりよく》ありて妻君《さいくん》美人《びじん》。或《あるひ》は産業盛《さんげふさかん》なるか。妻女《さいぢよ》の實家《じつか》より財《さい》を持來《もちきた》るか

○其理《そのり》は☱兌《にし》の缺《かけ》る時《とき》は☰乾《いぬゐ》の張《はり》となりて女徳柔順《ぢよとくじうじゆん》にして夫《をつと》に服從《ふくじゆう》す又妻《またさい》の實家《じつか》より財《さい》を運《はこ》ぶの理《り》あり。

○兌《にし》缺《かけ》大凶相《だいきようさう》を論《ろん》ず

○☱兌《にし》の方地形竝《かたちけいならび》に建物《たてもの》不相應《ふさうおう》に圖《づ》の如《ごと》く缺《かけ》る時《とき》は姦淫《かんいん》。不義密通《ふぎみつつう》にて産業《さんげふ》を敗《やぶ》り或《あるひ》は出奔《しゆつほん》。夫《をつと》を蔑《ないがしろ》にし争論《さうろん》絶《たへ》ず又代々《またたいだい》肺病《はいびやう》の者《もの》を出《いだ》す大凶相《だいきようさう》なり。

○所以《ゆゑん》☱兌大《たおほい》に缺《かけ》る時《とき》は。兌《だ》は女子《ぢよし》とす。其位缺《そのくらゐかけ》るが故《ゆゑ》に女子《ぢよし》の操《みさほ》を失《うしな》ふ故《ゆゑ》

に夫《をつと》を輕蔑《けいべつ》し爭論《きうろん》絶《たへ》ず或《あるひ》は他《た》に姦通《かんつう》して不義《ふぎ》をなし產業《さんげふ》を敗《やぶ》り又《また》は野心《やしん》を起《おこ》し出奔《しゆつぽん》なす且《か》つ兌《だ》は口《くち》となす。口《くち》の位缺《くらゐかけ》るが故《ゆゑ》により災《わざはい》を招《まね》く又《また》兌《だ》を肺臓《はいざう》となす其位缺《そのくらゐかけ》るが故《ゆゑ》に代々《だい〴〵》肺病《はいびやう》の者《もの》を出《いだ》す大凶相《だいきようさう》なりと知《し》るべし。

○☱兌《にし》缺《かけ》は實子色欲《じつししきよく》の爲《ため》に亡命《はうめい》するか。印書證文等《いんしよしようもんとう》に付《つき》訴訟《そしよう》の損失《そんしつ》或《あるひ》は貧困《ひんこん》に迫《せま》ると知《し》るべし試見《ためしみ》よ。

○其理《そのり》は☱兌《だ》を官訟《くわんしよう》となす其位缺《そのくらゐかけ》るが故《ゆゑ》に訴訟《そしよう》の損害《そんがい》を招《まね》く又《また》兌《だ》は物《もの》の備《そなへ》をなす。正秋百穀熟《せいしうひやくこくじゆく》する時《とき》に當《あた》る位缺《くらゐかけ》るが故《ゆゑ》に貧困《ひんこん》に迫《せま》る又《また》兌《だ》を妾《せう》となす。少女《せうぢよ》となす其位缺《そのくらゐかけ》るが故《ゆゑ》に其家《そのいへ》の子《こ》色欲《しきよく》に因《よつ》て亡命《かけおち》なす。

○☱兌《にし》大《おほい》に缺《かけ》るは☵北《きた》に黑色《こくしよく》の石《いし》或《あるひ》は石塔五輪《せきたふごりん》の古《ふる》き石《いし》あるべし故《ゆゑ》に種々《いろ〳〵》の病難《びやうなん》絶《たへ》ず血液不順《けつえきふじゆん》。神經病《しんけいびやう》の者《もの》あるべし。

○其理《そのり》は☱兌《にし》缺《かけ》る時《とき》は☷坤《こん》の張《はり》となる☷坤《こん》は後天《こうてん》の☵坎位《かんゐ》なり坎《かん》は砂石《しやせき》の象《しやう》あり。北方《ほくはう》は色《いろ》を以《もつ》て論《ろん》ずれば則《すなは》ち黑色《こくしよく》なり又《また》極陰《ごくいん》の位《くらゐ》なれば五輪《ごりん》の石塔《せきたふ》と斷定《だんてい》す然《しか》らざれば黑《くろ》き石《いし》となす。

○☱兌《にし》の缺《かけ》たる所《ところ》に池《いけ》。堀《ほり》等《とう》の水《すゐ》氣《き》ありて又《また》☶艮《こん》に井《ゐ》水《すゐ》あれば二三代《だい》の内《うち》に不行《ふぎやう》跡《せき》の者《もの》ありて難《なん》に迫《せま》り☶艮《うしとら》の井《ゐ》に投《とう》死《し》すとある。

○所以《ゆゑん》☱兌《だ》を口《くち》。咽《のど》となす。其位缺《そのくらゐかけ》るが故《ゆゑ》に飲食《いんしよく》を止《とゞ》む又《また》☶艮《こん》は止《とゞま》るなり故《ゆゑ》に身《み》を投《とう》じ自《じ》殺《さつ》の象《かた》ち又《また》☶艮《こん》は萬《ばん》物《もつ》の始《はじめ》。終《をはり》をなす所《ところ》の氣脈《きみやく》を切《せつ》斷《だん》なす因《よつ》て氣脈《きみやく》通《つう》ぜず故《ゆゑ》に地《ち》中《ちう》の陽《やう》氣《き》の循環《じゆんくわん》を塞《ふさ》ぎ止《とゞ》むが爲《ため》に本《ほん》文《もん》の如《ごと》き災《さい》害《がい》をなすなり總《すべ》て☱兌《にし》の方《かた》缺《かけ》て☶艮《うしとら》に井《ゐ》。池《いけ》。堀《ほり》等《とう》あれば人《ひと》陥《おち》て死《し》する者《もの》なり是《これ》皆《みな》山《さん》澤《たく》氣《き》を通《つう》じて驚《おどろき》を招《まね》くと知《し》るべし。

○☱兌《にし》の方《かた》缺竝《かけならび》に☳震《ひがし》缺《かけ》て☶艮《うしとら》の方《かた》張《はり》出《いで》たる時《とき》は此《この》家《いへ》に必《かなら》ず啞《おし》あり。

○其《その》理《り》は☱兌《だ》を口《くち》とす☳震《しん》を音《おん》聲《せい》となす。口《くち》の位缺《くらゐかけ》て音《おん》聲《せい》出《いで》ず又《また》☶艮《こん》を不《ふ》具《ぐ》者《しや》となす故《ゆゑ》に啞《おし》を出《いだ》す凶相《きようさう》なりと知《し》るべし。

○☱兌《にし》缺《かけ》☶艮《うしとら》の方《かた》も缺《かけ》たる家《いへ》に又《また》☶艮《うしとら》に穢《けがれ》たる溝《みぞ》。堀《ほり》。池《いけ》あれば家《か》内《ない》に鼻《はな》虧《かけ》の者《もの》を出《いだ》す試《ため》し見よ。

○其《その》理《り》は☶艮《こん》を山《やま》となす。鼻《はな》とす。人《にん》相《さう》學《がく》にも鼻《はな》を土《ど》星《せい》となし面《めん》中《ちう》の山《やま》となす其位《そのくらゐ》に溝《みぞ》。池《いけ》。堀等《ほりとう》を置《おき》☱兌《だ》の缺《かけ》と氣《き》を通《つう》じ山《やま》を傷《きず》す故《ゆゑ》に鼻《はな》を傷《やぶる》とす。

○☱兌《にし》の方大《かたおほい》に缺《かけ》る寺院《じゐん》は人《ひと》の尊敬《そんけい》を失《うしな》ふ多《おほ》くは代々《だいだい》色情《しきじやう》破戒《はかい》の僧《そう》となる。

○其理《そのり》は先天《せんてん》の☱兌《だ》は後天《こうてん》の☴巽位《そんゐ》なり。巽《そん》を僧侶《そうりよ》となす其位《そのくらゐ》缺《かけ》て僧《そう》の徳《とく》を失《うしな》ふ因《よつ》て人《ひと》の尊敬《そんけい》を失《うしな》ひ☱兌《だ》の色情《しきじやう》に迷《まよふ》て破戒《はかい》の僧《そう》となるなり。

○☱兌《にし》の方《かた》に紅《こう》。紫《し》の花咲《はなさけ》ば☶艮《ごん》に紅《こう》。赤《せき》。紫《し》の異石《いせき》あるべし。此石《このいし》あれば☵坎《きた》の陰氣《いんき》を呼《よび》て吐血《とけつ》して死亡《しはう》する者《もの》あり。

○所以《ゆゑん》☶☱山澤氣《さんたくき》を通《つう》じ同色《どうしよく》の異石《いせき》を顯《あらは》す又《また》☵坎《かん》を血《ち》となす☱兌《だ》の口《くち》より吐血《とけつ》して死亡《しはう》すとあり。

○總《すべ》て宅地内《たくちない》に紅《こう》。紫《し》の花咲《はなさき》て泉水《せんすゐ》。池等《いけとう》に其影《そのかげ》を寫《うつす》は。必《かなら》ず☱兌《にし》の正當《せいたう》に紅紫《こうし》の石《いし》。埋《うづも》れあり此家《このいへ》必《かなら》ず癩病《らいびやう》の子孫《しそん》なり。

○其理《そのり》は☱兌《だ》を澤《さは》とす泉水《せんすゐ》。池等《いけとう》皆澤《みなさは》なり故《ゆゑ》に兌《だ》の正當《せいたう》に同色《どうしよく》の石《いし》。埋《うづも》れありとす☱兌《だ》の裏《うら》は☶艮則《こんすなは》ち氣血循環《きけつじゆんくわん》の道《みち》を紅紫《こうし》の石《いし》ありて氣脈《きみやく》を壓迫《あつはく》なす故《ゆゑ》に血《ち》腐敗《くされ》て膿《うみ》となる故《ゆゑ》に癩病《らいびやう》を發《はつ》すと知《し》るべし。

䷨山《さん》澤《たく》損《そん》之《の》卦《くわ》參考《さんかう》に示《しめ》す

彖辭曰損有《そんはあれば》孚《まこと》元吉《げんきつなり》元《なし》咎《とが》。可《べし》貞《さだかなるよろし》。利《よろし》有《あるに》攸《ところ》往《ゆく》。曷之用《なにをかこれもちゐん》。二簋《じき》可《べし》用享《もちいてきやうす》

○とは此《この》卦《くわ》山《やま》を上《うへ》にし澤《さは》を下《した》にす則《すなは》ち下《した》を深《ふか》くして高《たか》きを增《ま》す。下《しも》にある者民《ものたみ》の象《かたち》。高《たかき》に在《ある》は君《きみ》の象《かたち》。民《たみ》を損《そん》ずるは乃《すなは》ち國《くに》を損《そん》ずる所以《ゆゑん》なり故《ゆゑ》に損《そん》と名《な》づく君子《くんし》に非《あら》ざれば小人《せうじん》を治《をさむ》る事能《ことあた》はず。小人《せうじん》に非《あら》ざれば君子《くんし》を養《やしな》ふ事《こと》なし。稅《ぜい》を納《をさ》めて國家《こくか》の費用《ひよう》に供《きよう》す。已《やむ》を得《う》るに非《あら》ざるなり。此《こ》の已事《やむこと》を得《え》ざるの心《こゝろ》。天下《てんか》に著《あらは》れて。人皆之《ひとみなこれ》を信《しん》ず故《ゆゑ》に人其愛《ひとそのあい》する所《ところ》を割《さき》て。以《もつ》て其信《そのしん》ずる所《ところ》に趣《おもむ》く故《ゆゑ》に有孚元吉《あれはまことげんきつ》の慶《よろこび》を得《う》る所以《ゆゑん》なり。而《しか》して民《たみ》より規定《きてい》を守《まも》る故《ゆゑ》に无咎可貞《なしとがべしさだかるな》と云《い》ふ。則《すなは》ち民《たみ》を厲《くるしむる》事《こと》なく其道貞正《そのみちていせい》なれば利有攸《よろしあるにところ》往《ゆく》と云《い》ふ。更《さら》に賦《みつぎ》を征定《せいてい》すれば簋《き》を以《もつ》て奉《たてまつ》る簋《き》は頭梁《とうりやう》を盛《も》る器《うつは》なり。是《これ》を曷之用《なにをかこれもちゐん》。二簋可用享《じきべしもちいてきやうす》と謂《い》ふ因《よつ》て地相家相共《ちさうかさうとも》に☶艮《ごん》☱兌《だ》の二箇所《かしよ》は山澤氣《さんたくき》を通《つう》ぜざれば大《おほい》に眚害《さいがい》を招《まね》く恐《おそれ》あるべき所《ところ》。故《ゆゑ》に前文《ぜんぶん》を參考《さんかう》として最《もつと》も注意《ちうい》すべき所《ところ》と知《し》るべし。

○離之地形張缺吉凶《みなみのちけいはりかけきつきよう》を論《ろん》ず

䷝ 離《り》 爲《ゐ》 火《くわ》

大象曰。明《めい》兩《ふたつ》作《をこる》離《はり》。大《だい》人《じん》以《もつて》繼《つぎ》レ明《めいに》照《てらす》レ干《を》二四《し》方《はう》一

○とは離《り》は麗《り》なり日《じつ》月《げつ》は天《てん》に麗《つき》。百《ひやく》穀《こく》は地《ち》に麗《つく》。萬《ばん》物《もつ》各《おの〳〵》麗《つく》所《ところ》あらずと云《い》ふ事《こと》なし天《てん》地《ち》の中《うち》麗《つく》ことなき物《もの》なし重《ぢゆう》明《めい》以《もつ》て正《まさ》に麗《つき》。乃《すなは》ち天《てん》下《か》を化《くわ》生《せい》す。上《じやう》卦《くわ》の離《り》は上《かみ》に明《あきらか》にして。日《ひ》の象《しやう》あり。下《げ》卦《くわ》の離《り》は。下《した》に明《あきらか》にして火《ひ》の象《しやう》あり。是《これ》明《めい》兩《ふたつ》所《をこる》は離《り》なり。離《り》は日《ひ》火《くわ》なり。日《ひ》は晝《ひる》に照《てら》し。火《くわ》は夜《よ》に照《てら》し。繼《けい》續《ぞく》して絶《たへ》ず。故《ゆゑ》に明《めい》兩《ふたつ》作《をこる》離《り》と云《い》ふなり。離《り》は先《せん》天《てん》の☰乾《けん》位《ゐ》。乾《けん》を君《きみ》とす。天《てん》子《し》。王《わう》侯《こう》とす。大《たい》人《じん》とは王《わう》侯《こう》の稱《しよう》。萬《ばん》民《みん》の上《うへ》に立《たつ》て人《ひと》の邪《じや》正《せい》。曲《きよく》直《ちよく》を觀《くわん》察《さつ》し天《てん》下《か》國《こく》家《か》を治《をさむ》ると言《い》ふ故《ゆゑ》に大《たい》人《じん》以テ繼レ明ニ照スレ干ヲ二四方一と云《い》ふ又《また》曰《いはく》☲離《り》を日《ひ》とす。火《くわ》とす。電《でん》とす。中《ちう》女《ちよ》とす。神《じん》社《じや》とす。目《め》上《うへ》とす。公《こう》廳《ちやう》とす。目《め》とす。文《ぶん》章《しやう》とす。心《しん》臓《ざう》となす。

○☲離《みなみ》の方《かた》程《ほど》能《よ》く張《はつ》たる地《ち》形《けい》竝《ならび》に建《たて》家《いへ》は公《こう》廳《ちやう》又《また》は君《くん》上《じやう》の首《しゆ》尾《び》宜《よろしく》敷。家《か》運《うん》繁《はん》榮《えい》別《べつ》家《け》多《おほ》く。文《てん》學《がく》藝《げい》才《さい》に達《たつす》る人《ひと》を出《いだ》し聲《せい》譽《よ》四《し》方《はう》に響《ひゞく》。郷《きやう》人《じん》に尊《そん》敬《けい》せられ。願《ぐわん》望《まう》成《じやう》就《じゆ》。武《ぶ》人《じん》は君《くん》上《じやう》の恩《ひき》遇《たて》に逢《あ》ひ昇《しよう》進《しん》なす。若《も》し地《ち》形《けい》或《あるひ》は倉《さう》庫《こ》。傍《はう》屋《をく》共《とも》に大《おほい》に張《はり》出《いつ》る時《とき》

離《みなみ》張《はり》大凶相之圖

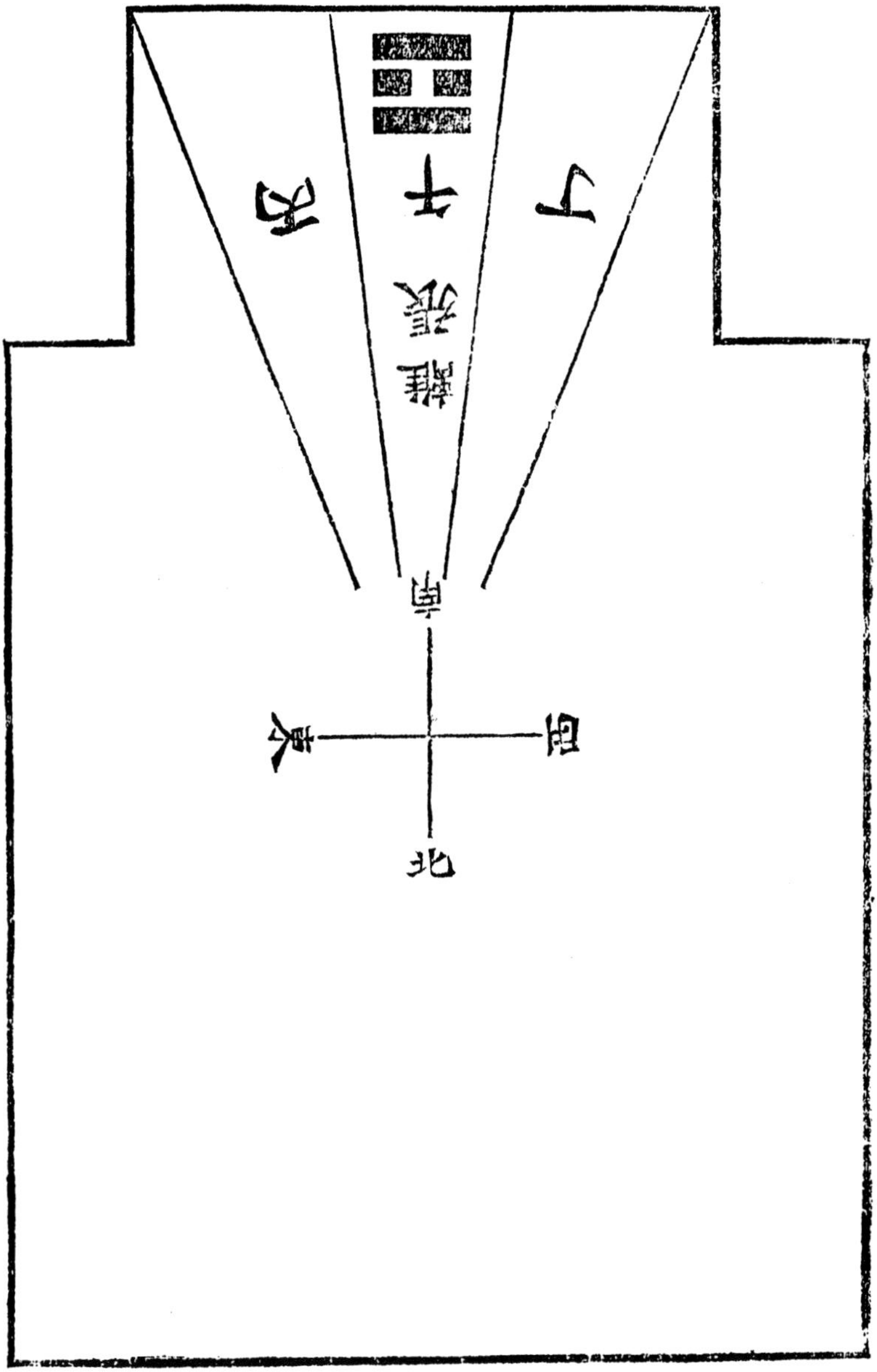

は却《かへつ》て大凶相《だいきようさう》なり○故《ゆゑ》に本宅《ほんたく》の大小《だいせう》に應《おう》じ間數《けんすう》よき倉庫《さうこ》。傍屋等《はうをくとう》總《すべ》て低《ひく》く備《そな》よく建《たて》たる家《いへ》は本文《ほんもん》の如《ごと》き幸福來《かうふくきた》るゝと知《し》るべし○其理《そのり》は☲離《みなみ》は公邊主君《こうへんしゆくん》。文章《ぶんしやう》。明《あきらか》とす。相見《あひみ》る所《ところ》とす。別家《べつけ》とす。別家《べつけ》は本家《ほんけ》に麗《つき》。本家《ほんけ》に麗《つき》て別家《べつけ》も又繁榮《またはんえい》なすと知《し》るべし。

○☲離《みなみ》の方《かた》不相應《ふさうおう》に張出《はりいつ》るか或《あるひ》は高《たか》き倉庫《さうこ》。樓閣等《ろうかくとう》ある家《いへ》は主人《しゆじん》權威《けんゐ》に募《つの》り・主《しゆ》君《くん》。目上《めうへ》の咎目《とがめ》を受《うけ》。公難《こうなん》にて家《いへ》を亡《ほろほ》すか又《また》は日蔭《ひかけ》の身《み》となるか。從者《じうしや》は主人《しゆじん》の眼《め》を晦《くらま》し盜人《ねすびと》となる。不忠不孝《ふちうふかう》の者《もの》を出《いだ》し。花美《くわび》を好《この》み。驕奢《おごり》に長《ちやう》じ。短氣《たんき》。色《しき》情《じやう》に亂《みだ》れ。火災《くわさい》。終《つひ》に貧窮《ひんきう》なす恐《おそ》るべき大凶相《だいきようさう》なり。

○☲離《みなみ》は相見《あひみ》ると云《い》ふ所《ところ》なれば能《よ》く打開《うちひらけ》て陽氣《やうき》を受《うけ》ざれば明《あきらか》の德《とく》を失《うしな》ふ故《ゆゑ》に眷《けん》屬迄《ぞくまで》不常識《ふじやうしき》の者集《ものあつま》り大《おほい》に猜害《さいがい》を招《まね》く。則《すなは》ち四神中朱雀《しじんちうしゆじやく》の守護《しゆご》を失《うしな》ふ因《よつ》て高《たか》き倉庫《さうこ》。樓閣等《ろうかくとう》にて陽氣《やうき》を遮《さへぎる》は主君《しゆくん》。目上《めうへ》の相見《あひみ》る所《ところ》を隔《へだ》る故《ゆゑ》に目《め》上の咎《とが》を受《うけ》るなり。自身高慢《じしんかうまん》。或《あるひ》は花美《くわび》を好《この》み驕奢《おごり》に募《つの》りて終《つひ》に貧困《ひんこん》に迫《せま》り短氣《たんき》となり災《わざはひ》を招《まね》き日蔭《ひかげ》の身《み》となるは。☲離《り》の日《ひ》を遮《さへぎ》るが故《ゆゑ》なり且《か》つ☲離《り》火《くわ》の位張《くらゐはる》が爲《ため》に火災《くわさい》を主《つかさど》るが色情《しきじやう》の難危《なんやく》を招《まね》くと知《し》るべし。

○☲離《みなみ》の方《かた》大《おほい》に張出《はりいづ》るは主人《しゆじん》。妻君《さいくん》ともに情欲《じやうよく》に耽《ふけ》り腎虚《じゆんきよ》して急死《きふし》なす。妻女《さいぢよ》も不日《ふじつ》に死亡《しはう》す恐《おそ》るべし。

○所以《ゆゑん》☲離大《みなみおほい》に張《はる》は火力盛《くわりよくさか》んにして☵坎《きた》の水《みづ》も熱《あたゝ》む☲離《り》の裏《うら》は☵坎《かん》なり物激《ものげき》する時《とき》は必《かなら》ず聲《こゑ》を發《はつ》す☲離《り》大《おほい》に張《はり》て☵坎《かん》の陰《いん》を拒《こば》む☵坎《かん》は先天《せんてん》の☷坤位《こんゐ》にして☲離《り》は先天《せんてん》の☰乾位《けんゐ》なり☰☷乾《けん》。坤《こん》交《まじは》りて☲離《り》の火《ひ》☵坎《かん》の水《みづ》を煎《につめ》る。☵坎《かん》を腎臓《じゆんざう》とす故《ゆゑ》に夫婦《ふうふ》の情欲《じやうよく》旺盛《わうせい》となり腎虚《じゆんきよ》して急死《きふし》すと言《い》ふ則《すなは》ち☰乾《けん》の一卦《いつくわ》亡《にえび》て☷坤《こん》の一卦《くわ》全《まつた》き事《こと》を得《え》ず。表裏同體《へうりどうたい》なる故《ゆゑ》に妻女《さいぢよ》も又日《またひ》あらずして死亡《しはう》すると知《し》るべし。

○☲離《みなみ》の地形《ちけい》竝《ならび》に建物《たてもの》等《とう》大《おほい》に張出《はりいづ》る時《とき》は男女面部《だんぢよめんぶ》に焼傷《やけど》。難痘《なんとう》。腫物《しゆもつ》等《とう》の疵跡《きずあと》を遺《のこ》す事《こと》を主《つかさど》るなり。

○所以《ゆゑん》説卦傳《せつくわでん》に曰《いはく》☲離《り》は萬物《ばんもつ》皆相見《みなあひみ》る南方《なんはう》の卦《くわ》なり。

聖人南面而《せいじんなんめんして》聽《きく》二天下《てんか》一ニ嚮《むかつて》レ明《あきらか》ニ而治蓋取《なさけだしとれり》二諸此《しよこれ》一也《なり》

とは正邪《せいじや》。曲直《きよくちよく》を観察《くわんさつ》し天下《てんか》國家《こくか》を治《をさむ》る徳《とく》を言《い》ふ。其徳《そのとく》滿《みち》て明《あきらか》を失《うしな》ふ故《ゆゑ》に見へる所《ところ》に障《さわり》を起《おこ》し醜《みにく》き疵《きず》。腫物《しゆもつ》。焼傷《やけど》等《とう》の疵跡《きずあと》を遺《のこ》すと知《し》るべし。

○☲離《みなみ》の方《かた》に高《たか》き倉庫《さうこ》。傍屋《はうをく》。樓閣《ろうかく》等《とう》あれば長男《ちやうなん》死亡《しばう》なすか分家《ぶんけ》するか或《あるひ》は放蕩《はうたう》無頼《ぶらい》にして親《おや》を苦《くるし》むるか。二男《なん》又《また》は中女《ちうぢよ》にて家系《かけい》を繼《つぐ》る。

○所以《ゆゑん》先天《せんてん》の☲離《り》は後天《こうてん》の☳震位《しんゐ》。震《しん》を長男《ちやうなん》とす其位《そのくらゐ》に倉庫《さうこ》。樓閣《ろうかく》。傍屋等《はうをくとう》ありて日《ひ》を隔《へだ》て陽氣《やうき》を遮《さへぎ》る故《ゆゑ》に長男死亡《ちやうなんしばう》するか分家《ぶんけ》なすか或《あるひ》は無頼《ぶらい》の者《もの》を出《いだ》す☲離《り》の裏《うら》は☵坎《かん》。坎《かん》を中男《ちうなん》とす又離《またり》を中女《ちうぢよ》とす故《ゆゑ》に中男《ちうなん》。或《あるひ》は中女《ちうぢよ》にて家系《かけい》を繼《つぐ》。且《か》つ長男分家《ちやうなんぶんけ》するは則《すなは》ち離《り》の象《しやう》なり。

○又此家《またこのいへ》の父《ちゝ》。我子《わがこ》の嫁《よめ》に姦通《かんつう》せんとして終《をはり》に破縁《はえん》に及《およ》ぶ。

○其理《そのり》は後天《こうてん》の☲離《り》は先天《せんてん》の☰乾位《けんゐ》なり。乾《けん》を父《ちゝ》とす☲離《り》の裏《うら》は☵坎《かん》。坎《かん》は中男《ちうなん》。離《り》は中女《ちうぢよ》に配偶《はいぐう》する所重《ところかさな》り張出《はりいづ》に從《したがつ》て☰乾《けん》の父《ちゝ》二心《ごゝろ》を生《しやう》じ我子《わかこ》の嫁《よめ》に姦通《かんつう》せんとす然《しか》るに中男《ちうなん》。中女《ちうぢよ》の配偶《はいぐう》する所《ところ》なれば子《こ》の嫁《よめ》。父《ちゝ》の不義《ふぎ》に隨《したが》はず終《つひ》に破縁《はえん》となると知《し》るべし。

○☲離張《みなみはり》の宅地《たくち》に他姓《たせい》の者《もの》同居《どうきよ》なすは則《すなは》ち南《みなみ》と北《きた》に相對《あひたい》して住居《ぢうきよ》なすは不義《ふぎ》密通《みつつう》して必《かなら》ず家《いへ》を破《やぶ》り家名《かめい》を穢《けが》す。

離缺大凶相之圖

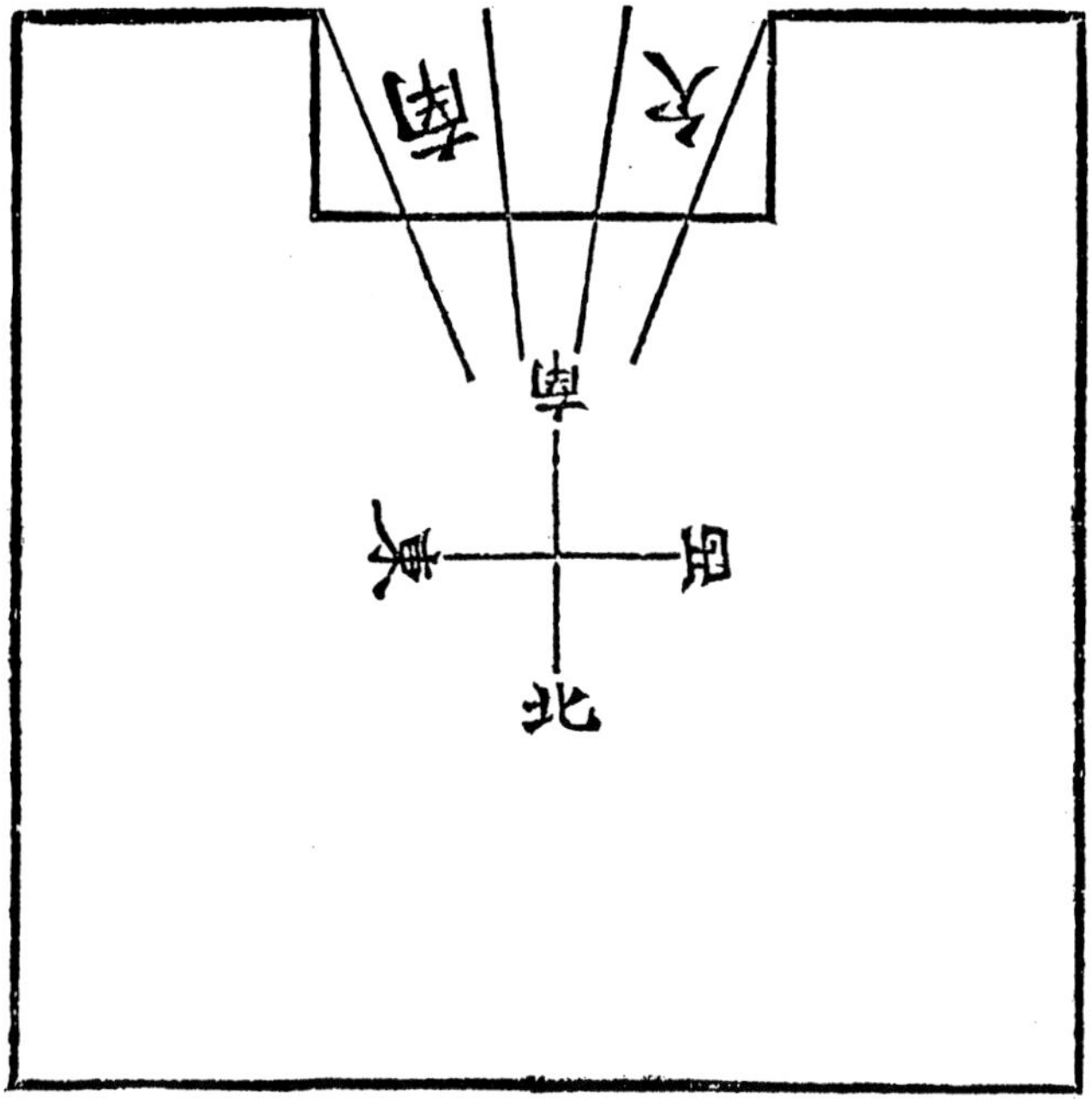

○其理《そのり》は☲離《り》の中爻《ちうこう》は陰《いん》。☵坎《かん》の中爻《ちうこう》の陽《やう》を呼《よび》。淫欲《いんよく》滿《みち》て密通《みつつう》を謀《はか》る因《よつ》て離《り》。坎對衝《かんたいしよう》して家《いへ》を破《やぶ》り家名《かめい》を穢《けが》す。

○☲離《みなみ》の地形《ちけい》大《おほい》に張《はり》たる宅地《たくち》は神社《じんじや》の舊蹟《きうせき》或《あるひ》は寺院《じゐん》の古地《こち》とす。

○其理《そのり》は☰乾《けん》は天《てん》なり。尊《たつ》とし。之《これ》を神佛《しんぶつ》とす先天《せんてん》の☰乾《けん》の位《くらゐ》後天《こうてん》の☲離，なり故《ゆゑ》に前文《ぜんぶん》の如《ごと》き判斷《はんだん》起《おこ》るなり。

○離缺《みなみかけ》の方少《かたすこ》し缺張《かけはり》を論《ろん》ず

○☲離《みなみ》の方《かた》少《すこ》し程能《ほどよ》く缺《かけ》たるは別業《べつげふ》の助《たすけ》ありて思《おもひ》よらざる福祿《ふくろく》を得《う》るなり且《か》つ別《べつ》莊《さう》を處持《しよぢ》するとある。

○其理《そのり》は☲離《り》の少《すこ》し張《はり》たるは別家《べつけ》となす。☲離《り》の少《すこ》し缺《かけ》たるは別莊《べつさう》を處持《しよぢ》す離《みなみ》の缺《かけ》る時《とき》は則《すなは》ち巳《み》の張《はり》となる。巳《み》は丙《ひのえ》の臨官《りんくわん》にして則《すなは》ち祿地《ろくち》なり故《ゆゑ》に我《わ》が身分《みぶん》に過《すぎ》たる祿《ろく》を得《う》る故《ゆゑ》に思《おも》ひ設《まう》けざる家祿《かろく》を得《う》るなり。

○離缺《みなみかけ》大凶相《だいきようさう》を論《ろん》ず

○☲離《みなみ》の地形《ちけい》竝《ならび》に建物《たてもの》等《とう》大《おほい》に缺《かけ》たる時《とき》は火難《くわなん》。兵難《へいなん》を主《つかさど》ると知《し》るべし。

○所以《ゆゑん》五行《ぎやう》を以《もつ》て論《ろん》ずれば東方《とうはう》の木《き》は。南方《なんはう》の火《ひ》を生《しやう》ず。南方《なんはう》の火《ひ》は。中央《ちうあう》の土《つち》を生《しやう》ず。中央《ちうあう》の土《つち》は。西方《さいはう》の金《かね》を生《しやう》ず。西方《せいはう》の金《かみ》は。北方《ほくはう》の水《みづ》を生《しやう》ず因《よつ》て☲離《り》缺《かけ》る時《とき》は☳震《ひがし》の木《き》☲離《みなみ》の火《ひ》を生《しやう》ずる事《こと》過激《くわげき》なり故《ゆゑ》に火難《くわなん》を招《まね》く。說卦傳《せつくわでん》に離《り》戈兵《くわへい》となす。甲冑《かつちう》となす故《ゆゑ》に兵難《へいなん》を主《つかさど》るなり。山法地理全書《さんはふちりぜんしよ》に曰《いはく》。離景風《りけいふう》とす火災《くわさい》。兵亡《へいはう》を主《つかさど》ると言《い》へり。

此《この》家《いへ》の長男短命《ちやうなんたんめい》なす若し生育《せいいく》すれば病者《びやうしや》にて家系《かけい》を繼《つぐ》こと能《あた》はず。

○其理《そのり》は先天《せんてん》の☲離《り》は。後天《こうてん》の☳震位《しんゐ》なり。震《しん》を長男《ちやうなん》とす其位缺《そのくらゐかけ》るが故《ゆゑ》に長男《ちやうなん》夭亡《わかじに》或《あるひ》は病者《びやうしや》にて家名《かけい》を繼《つぐ》こと能《あた》はず。山法地理全書《さんはふちりぜんしよ》に曰《いはく》。離《みなみ》を南極壽星《なんきよくじゆせい》と言ふ。則《すなは》ち其位缺《そのくらゐかけ》るが故《ゆゑ》なりと知《し》るべし。

○此家養子《このいへやうし》相續《さうぞく》す若《も》し二男《じなん》にて家名《かめい》を繼《つぐ》ときは色情《しきじやう》にて家《いへ》を亂《みだ》す。

○其理《そのり》は長男短命《ちやうなんたんめい》なすが故《ゆゑ》に養子相續《やうしさうぞく》す或《あるひ》は次男《じなん》にて家《いへ》を繼《つぐ》ときは☲離《り》の裏《うら》☵坎《かん》。坎《かん》を中男《ちうなん》となす。中男《ちうなん》時《とき》を得《え》て☵坎爲《かんゐ》水《すゐ》の卦《けい》となる則《すなは》ち陽爻《やうこう》陰中《いんちう》に陷《おち》て卦中《くわちう》の一陽《やう》。上下《じやうげ》二陰《いん》を弄《もてあそ》び情欲《じやうよく》深《ふか》く終《つひ》に家《いへ》を亂《みだ》すと知《し》るべし。

○☲離《みなみ》の方缺《かたかけ》たる家《いへ》の南《みなみ》に門戸《もんこ》あれば長男短命《ちやうなんたんめい》なすか。亂心《らんしん》。養子家名《やうしかめい》を繼《つ》ぎ色《しき》欲《よく》にて家《いへ》を破《やぶ》る。

○其理《そのり》は前文《ぜんぶん》に同《おな》じ☲離《り》の缺《かけ》たる所《ところ》に門《もん》あれば不足《ふそく》の氣《き》常《つね》に絶《たへ》ず故《ゆゑ》に發狂《はつきやう》。色《しき》欲《よく》。外誘《ぐわいいう》の爲《ため》に家《いへ》を亂《みだ》すと知《し》られよ。

○右《みぎ》の家《いへ》必《かなら》ず北《きた》に三角《さんかく》の石《いし》あるべし代々《だい〳〵》變死人《へんしにん》を出《いだ》す○其理《そのり》は三角《さんかく》は離《り》の數《すう》☲

離《り》の伏卦《ふくくわ》☵坎《かん》。三角《さんかく》は離《り》の火形門《くわけいもん》の氣《き》。坎《かん》に通《つう》ずる故《ゆゑ》に北《きた》に石《いし》あり坎《かん》は險《けん》なり難《なやみ》なり故《ゆゑ》に變死《へんし》是《これ》より起《おこ》る。

○☲離《みなみ》の缺《かけ》るは血液不順《けつえきふじゆん》。心臓痲痺《しんざうまひ》。身體不具《しんたいふぐ》。眼病《がんびやう》。盲人《もうじん》等《とう》の者《もの》を出《いだ》す。

○其《その》理《り》は☲離《り》を心臓《しんざう》となす。離《り》の火《ひ》缺《かけ》て☷坤《こん》の土《つち》を生《しやう》ずる事能《ことあた》はず氣運循環《きうんじゆんくわん》せざる故《ゆゑ》に心臓痲痺《しんざうまひ》。身體不具《しんたいふぐ》を出《いだ》す又《また》離《り》を明《あきらか》とす其徳《そのとく》缺《かけ》るが故《ゆゑ》に眼病《がんびやう》となる甚《はなはだ》しきは盲人《もうじん》となる。

○此《この》家《いへ》後家《ごけ》家事《かじ》を司《つかさど》るか。妻女《さいぢよ》死亡《しはう》するか。後妻《ごさい》再度《さいど》に及《およ》か其《その》一人《にん》は離《り》別《べつ》。一人《にん》は死《し》亡《はう》し又《また》先妻《せんさい》の子《こ》。後妻《ごさい》に心《こゝろ》を寄《よせ》て醜事《しうじ》を起《おこ》す。

○其《その》理《り》は☲離《り》缺《かけ》るは☷坤《こん》の張《はり》となる坤《こん》の裏《うら》は☰乾《けん》なり。乾《けん》は父《ちゝ》の位故《くらゐゆゑ》に母《はゝ》。父《ちゝ》に替《かは》りて家事《かじ》を主《つかさど》る或《あるひ》は母《はゝ》の位張過《くらゐはりすぎ》て却《かへつ》て死亡《しはう》に及《およ》び後妻來《ごさいきた》る又《また》離《り》缺《かけ》るが故《ゆゑ》に先妻《せんさい》の子《こ》明《あきらか》を失《うしな》ひ從妻《ごさい》に戀慕《れんぼ》する醜事《しうじ》を起《おこ》す。

○☲離《みなみ》の方《かた》大《おほい》に缺《かけ》る時《とき》は一度《いちど》は繁榮《はんえい》すと雖《いへど》も不慮《ふりよ》の災難《さいなん》にて大《おほい》に衰《おとろ》ひ。公難《こうなん》に遇《あ》ふ。又《また》三代《さんだい》も續《つゞき》たる家《いへ》なれば至極貧困《しごくひんこん》に逼《せま》る凶相《きようさう》なり。

○所以《ゆゑん》説卦《せつくわ》傳《でん》に曰《いはく》聖人《せいじん》南面《なんめん》して天下《てんか》に聽明《きくあきらか》に嚮《むかつ》て治《をさ》むとある其位《そのくらゐ》缺《かけ》て明《あきらか》を失《うしな》ふ故《ゆゑ》に公難《こうなん》に遇《あ》ふ。☲離《り》は麗《つく》なり一端《たん》家督《かとく》に麗《つい》て富貴《ふうき》なりと雖《いへど》も其《その》麗所《つくところ》の位缺《くらゐかけ》るが故《ゆゑ》に不慮《ふりよ》の災難《さいなん》に遇《あふ》て大《おほい》に衰《おとろ》ふ。三は則《すなは》ち離《り》の數《すう》なり離《り》缺《かけ》るは三代《だい》に至《いたり》て愈《いよ〳〵》貧困《ひんこん》に逼《せま》ると知《し》るべし。

○此《この》家《いへ》に古筆《こひつ》の書畫《しよぐわ》あるべし書《しよ》は墨色《すみいろ》惡《あし》く。幅物《ふくもの》の畫《ぐわ》は松《まつ》に日月《ひつき》。人物《じんぶつ》なれば邊《へん》孝先《かうせん》の類《るゐ》或《あるひ》は蟹《かに》。龜《かめ》。蛤等《はまぐりとう》の畫《ぐわ》にして書畫《しよぐわ》ともに損《そん》じたる所《ところ》を補《つくろひ》たる者《もの》なり。

○其《その》理《り》は説卦傳《せつくわでん》に曰《いはく》☲離《り》を日《ひ》となす。大《おほい》なる腹《はら》となす。蟹《かに》とす。龜《かめ》とす 蛤《はまぐり》とす。文章《ぶんしやう》となす故《ゆゑ》に邊孝先《へんかうせん》の大《だい》なる腹《はら》の人物《じんぶつ》と判斷《はんだん》す。又《また》墨色《すみいろ》惡《あし》く或《あるひ》は補《つくろ》ひたるは離《り》の缺故《かけゆゑ》に明《あきらか》を失《うしな》ふ所《ところ》より起《おこ》ると知《し》るべし。

○又《また》此《この》家《いへ》に古刀《ことう》あれば必《かなら》ず銘劍《めいけん》なり但《たゞ》し三寸目《すんめ》に疵《きず》あるか刄《は》に損《そん》じあるべし此《この》劍《けん》。家《いへ》に祟《たゝ》り發狂《はつきやう》の者《もの》を出《いだ》す。

○其《その》理《り》は先天《せんてん》の☰乾位《けんゐ》は後天《こうてん》の☲離《り》なり。乾《けん》を劍《つるぎ》となす。三は離《り》の數《すう》なり其數《そのすう》缺《かけ》るが故《ゆゑ》に三寸目《すんめ》に疵《きず》あるか刄《は》の損《そん》じあるべし。

○總《すべ》て☲離《みなみ》の方宅地《かたたくち》竝《ならび》に建物《たてもの》等《とう》の張《はり》。缺《かけ》あるは火《ひ》の燃《もゆる》が如《ごと》く富《とむ》と雖《いへど》も又《また》火《ひ》の消《きゆ》るが如《ごと》く衰《おとろ》ふも目前《もくぜん》に來《きた》ると知《し》るべし試見《ためしみ》よ。

○震之地形張缺吉凶《ひがしのちけいはりかけきつきよう》を論《ろん》ず

○☳震《しん》に說卦傳《せつくわでん》に曰帝震《いはくていしん》に出《いづ》。帝《てい》は天《てん》の主宰《しゆさい》なり。又震《またしん》は東《ひがし》に位《くらゐ》し。木《き》に屬《ぞく》す。木は則《すなは》ち仁《じん》を主《しゆ》として太歲《たいさい》に配《はい》す。太歲《たいさい》は木《き》の精《せい》にして仁《じん》を專《もつはら》とし。萬物《はんもつ》を觀察《くわんさつ》す。人君《じんくん》の象《しやう》。諸神《しよじん》を率《ひき》ゐ萬物生々《はんもつせい〲》の氣《き》。東方《とうはう》より出《いづ》る尊《たつと》き方位《はうゐ》なれば萬般《はんはん》の事《こと》に注意《ちうい》を要《えう》す。

○☳震《ひがし》の地《ち》形《けい》竝《ならび》に建家《たていへ》等程《とうほど》能《よ》く張出《はりいづ》るは家人《かじん》發達《はつたつ》なし子孫《しそん》孝順《かうじゆん》。文學《ぶんがく》を好《この》み聲《せい》名遠《めいとほ》く轟《とゞろ》く。仕官《しくわん》は大官《たいくわん》となり君上《くんじやう》の寵恩《ちようおん》を受《うけ》る大吉相《だいきつさう》なり。

○所以帝震《ゆゑんていしん》に出《い》で。東方發生《とうはうはつせい》の陽氣《やうき》を得《え》て家人《かじん》の發達疑《はつたつうたがひ》なし。震《しん》を長男《ちやうなん》とす。

象辭曰《ク》震亨震來虩虩笑言啞啞《しんハとうルうごききたるにげき〱たれはせうげんあく〱たり》。震驚ニ百里ニ《ふるつておどろかすひやくりヲ》不《ず》レ喪ニ《うしなは》匕鬯《ひちやうを》一

笑言啞啞《せうげんあく〱》とは和樂《わらく》の象故《かたちゆゑ》に子孫孝順《しそんかうじゆん》なり。震《しん》を雷《らい》となす。震驚ニ百里ニ《ふるつておどろかすひやくりを》不《ず》レ喪ニ《うしなは》匕鬯《ひちやうを》一とは長男《ちやうなん》は先祖《せん》の靈《れい》を祭《まつ》り其家《のいへ》を守《まも》り人事《じんじ》の正道《せいだう》に從《したが》ふ龜鑑《きかん》なり、故《ゆゑ》に文學《ぶんがく》を

好《この》んで雷《らい》の震《ふるふ》が如《ごと》く聲譽《せいよ》萬方《はんはう》を驚《おどろか》す。又《また》陽氣《やうき》地中《ちちう》より出《い》で萬物《ばんぶつ》の萠出《はうしつ》するが如《ごと》く百科《ひやくくわ》及第《きふだい》し恩寵《おんちよう》を受《うけ》るなり。

○☳震《ひがし》の方程《かたほど》よく張《はる》は家人《かじん》音曲遊藝《おんぎよくいうげい》に達《たつ》し其名《そのな》萬方《はんはう》に響《ひゞく》と知《し》るべし。

○其理《そのり》は震《しん》を音聲《おんせい》とす。雷《らい》とす。雷《らい》は遠《とほ》きを驚《おどろか》し近《ちか》きを恐《おそ》れしむる意《い》あり故《ゆゑ》に本文《ほんもん》の如《ごと》きを知《し》られよ。

○☳震《ひがし》の地形《ちけい》竝《ならび》に建家《たていへ》等程《とうほど》よく張《はる》は男子《だんし》角力《すまふ》を好《この》み其名《そのな》を天下《てんか》に轟《とゞろか》す。

○其理《そのり》は角力《すまふ》は裸體《らたい》を以《もつ》て行《おこな》ふ。則《すなは》ち甲《きのえ》。卯《う》。乙《きのと》の三方《はう》は東《ひがし》なり又《また》甲《かふ》は甲《きのえ》。拆《せき》。拆《せき》は拆《ひらく》なり。とは立春《りつしゆん》の氣《き》起《おこ》り草木《さうもく》の種《たね》。甲《かふ》を剖《さき》て出《で》る象《かたち》。故《ゆゑ》に角力《すまふ》を好《この》み其《その》名《な》雷《らい》の震《ふるふ》が如《ごと》く天下《てんか》に轟《とゞろ》くなり。

○又《また》此家《このいへ》に名畫《めいぐわ》名筆《めいひつ》あるか或《あるひ》は尊《たつと》き神佛《しんぶつ》の像《ざう》あり。

○其理《そのり》は震百里《しんひやくり》を驚《おどろか》す故《ゆゑ》に名畫《めいぐわ》。名筆《めいひつ》ありて。龍《りう》。馬《うま》。竹《たけ》。葦《ゐ》等《とう》を以《もつ》て斷定《だんてい》す又《また》帝震《ていしん》より出《いづ》とある。帝《てい》は天《てん》の主宰《しゆさい》なり因《よつ》て尊像《そんざう》となす。

○震張大吉相《ひがしはりだいきつさう》を論《ろん》ず

參考東張大吉相之圖

(圖：東張大吉相之圖，標示方位甲、庚、卯、酉、南、北，門戶、張、吉凶等方位關係)

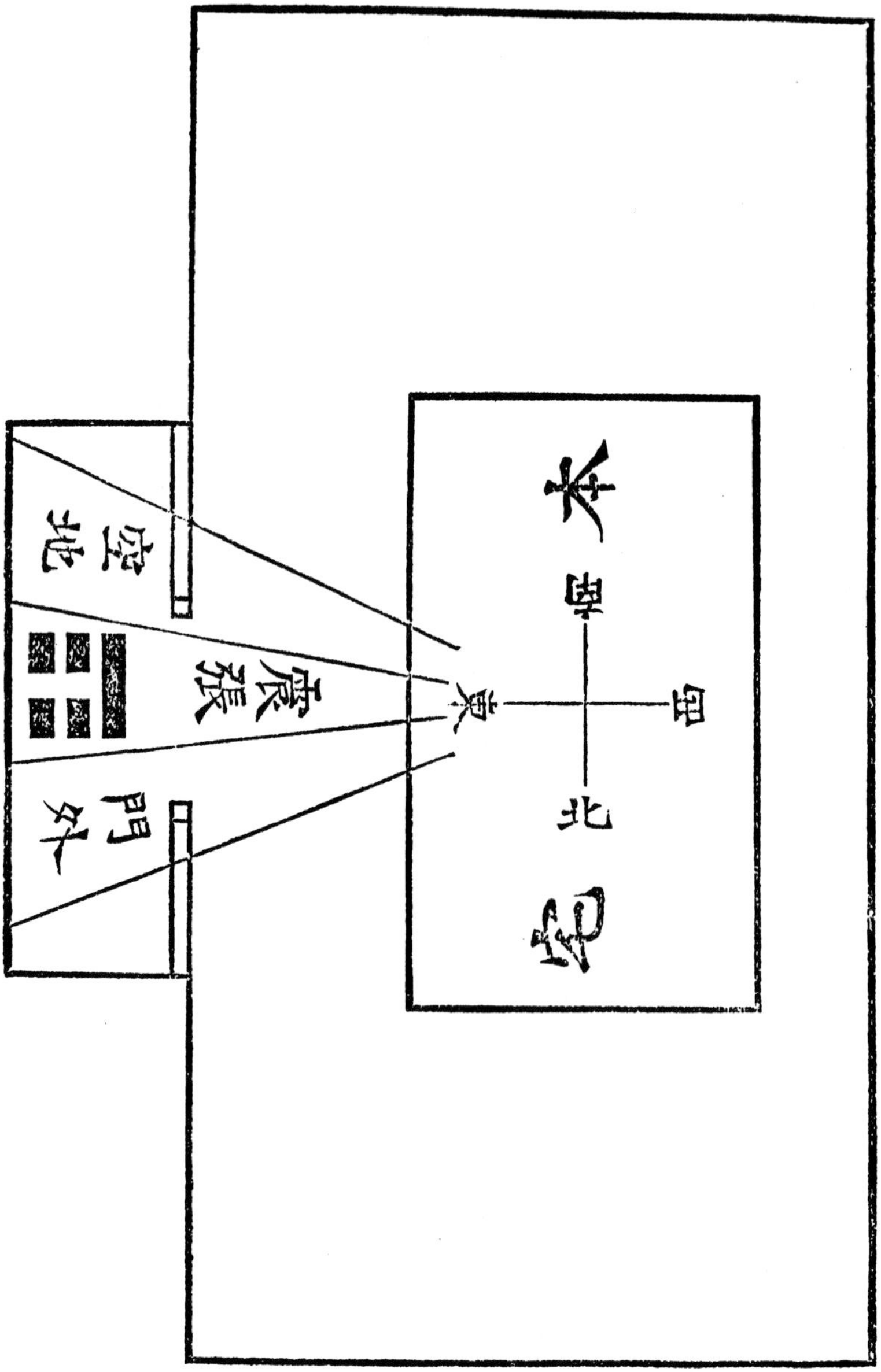

○參《さん》考《かう》☳震《ひがし》の宅《たく》地《ち》左《さ》圖《づ》の如《ごと》く張《はり》出《いづ》る備《そなへ》と雖《いへど》も長《なが》屋《や》或《あるひ》は門《もん》外《ぐわい》の空《くう》地《ち》となる建《けん》築《ちく》は最《さい》大《だい》吉《きち》相《さう》なりと知《し》るべし。

○其《その》理《り》は東《とう》方《はう》。卯《う》の方《かた》は朝《あさ》日《ひ》の昇《のぼ》る所《ところ》にして空《くう》地《ち》餘《よ》裕《ゆう》あれば日《ひ》々《び》に陽《やう》氣《き》を受《うけ》入《いれ》れ萬《ばん》物《よつ》發《はつ》生《せい》の兆《きざし》強《つよ》く草《さう》木《もく》萠動《きざしつ》き芽《め》を出《いだ》す時《じ》候《こう》に當《あた》る故《ゆゑ》に家《か》人《じん》繁《はん》榮《えい》の氣《き》を得《え》て萬《ばん》福《ぶく》の集《しふ》來《らい》を招《まね》き一家《か》和《わ》樂《らく》名《めい》譽《よ》の人《ひと》を代《だい》々《〳〵》出《いだ》し萬《ばん》代《だい》不《ふ》易《えき》の大《だい》吉《きつ》相《さう》なり但《たゞ》し倉《さう》庫《こ》。傍《はう》屋《をく》等《とう》の建《たて》物《もの》を以《もつ》て張《はり》出《いで》たる時《とき》は其《その》甲《か》斐《ひ》なく却《かへつ》て其《たの》剋《こく》害《がい》甚《はなはだ》しく恐《おそ》るべき大《だい》凶《きよう》相《さう》と變《へん》ずるなり若《も》し俗《ぞく》說《せつ》を信《しん》じ戌《いね》亥《ゐ》。辰《たつ》巳《み》等《とう》張《はる》は大《だい》吉《きち》なりと云《う》ふて大《おほい》に張《はり》出《だす》時《とき》は各《かく》部《よ》に論《ろん》ずる如《ごと》く難《なん》危《やく》を招《まね》き家《か》名《めい》斷《だん》絶《ぜつ》の恐《おそれ》あれば注《ちう》意《い》を要《えう》す。

○震張大凶相《ひがしはりだいきようさう》を論《ろん》ず

○☳震《ひがし》の地《ち》形《けい》竝《ならび》に建《たて》物《もの》或《あるひ》は倉《さう》庫《こ》。樓《ろう》閣《かく》等《とう》高《たか》く張《はり》出《いで》たる備《そなへ》は長男《ちやうなん》短《たん》命《めい》なすか放《はう》蕩《たう》無《よ》賴《らい》。大《たい》望《もう》を企《くはだ》て失《しつ》敗《はい》なすか。或《あるひ》は賭《と》博《はく》を好《この》む凶相《きようさう》なり。

○所《ゆ》以《ゑん》☳震《しん》は萬《ばん》物《よつ》發《はつ》生《せい》なす所《ところ》に建《たて》物《もの》竝《ならび》に倉《さう》庫《こ》。樓《ろう》閣《かく》等《とう》を以《もつ》て發《はつ》生《せい》の氣《き》を壓《あつ》迫《はく》なす故《ゆゑ》に長男《ちやうなん》短《たん》命《めい》。放《はう》蕩《たう》無《よ》賴《らい》。大《たい》望《もう》を企《くはだ》て破《は》産《さん》なすか。賭《と》博《はく》を好《この》み家《か》名《めい》を穢《けが》すは則《すなは》ち陽氣《やうき》の發生《はつせい》を閉塞《へいそく》するが故《ゆゑ》なり。
○又《また》此《この》家《いへ》男子《だんし》皆《みな》不《ふ》孝傲《かうがう》慢《まん》にして父《ちゝ》も是《これ》を制《せい》する事能《ことあた》はず○其理《そのり》は☳震《しん》を長男《ちやうなん》とす。震《しん》張《はる》が故《ゆゑ》に男子《だんし》傲慢《がうまん》無禮《ぶれい》父《ちゝ》に隨順《ずゐじゆん》せず遂《つひ》に不孝《ふかう》をなす。

震《ひがし》張《はり》大凶相之圖

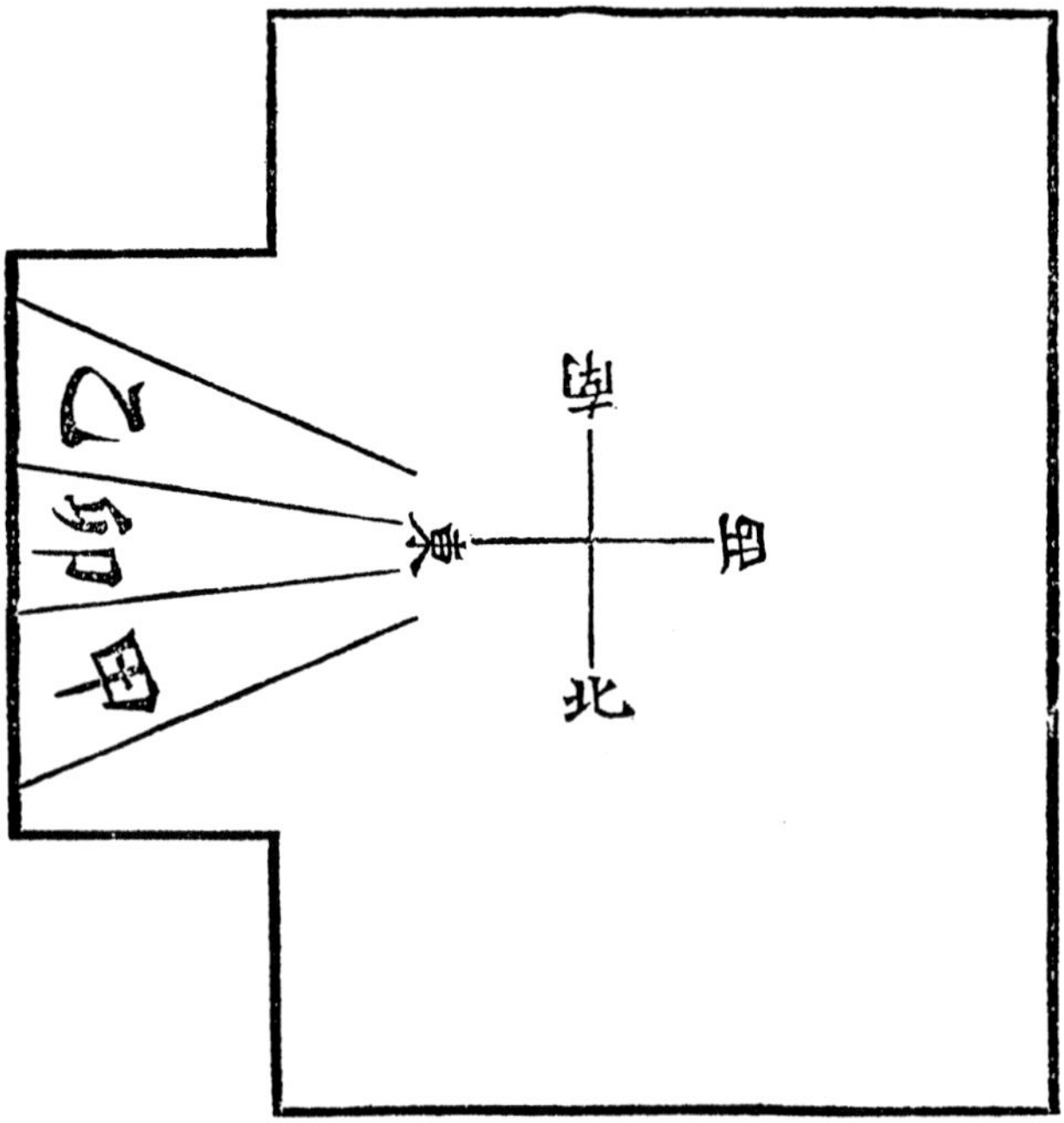

○☳震《ひがし》の大《おほい》に張《はる》は長男《ちやうなん》生育《せいいく》せず次男《じなん》或《あるひ》は養子《やうし》家系《かけい》を繼《つ》ぐ。
○其理《そのり》は☳震《しん》大《おほい》に張《はる》ときは☶艮《こん》の缺《かけ》となる。艮《こん》は先天《せんてん》の☳震位《しんゐ》なり故《ゆゑ》に長男《ちやうなん》生育《せいいく》せず二男《なん》又《また》は養子《やうし》を以《もつ》て相續《さうぞく》をなす。
○☳震《ひがし》の方《かた》大《おほい》に張《はる》は長男《ちやうなん》短命《たんめい》なすか或《あるひ》は身體《しんたい》小《せう》にして長女《ちやうぢよ》

に大人《たいじん》を出《いだ》す。
○其理《そのり》は☳震張《しんはる》は長男成長《ちやうなんせいちやう》せず或《あるひ》は身體《しんたい》小《せう》にして病多《やまひおほ》し。震《しん》を雷《らい》とす。長男《ちやうなん》となす☳震《しん》の裏《うら》は☴巽《そん》なり。巽《そん》を風《かぜ》とす長女《ちやうぢよ》とす説卦傳《せつくわでん》に曰雷風相薄《いはくらいふうあひせまる》とは長男生《ちやうなんせい》育《いく》せず巽《そん》の長女氣《ちやうぢよき》を得《う》る故《ゆゑ》に大人《たいじん》を産《うむ》と云《い》ふ此長女《このちやうぢよ》。長男《ちやうなん》に代《かはつ》て家系《かけい》を繼《つぐ》の理《り》あり因《よつ》て長男短命《ちやうなんたんめい》なすか或《あるひ》は病身《びやうしん》にして相續《さうぞく》なし難《かた》しと知《し》るべし。
○此家《このいへ》の家族《かぞく》に發狂《はつきやう》。癲癇《てんかん》。驚風《きやうふう》。跛《ちんば》。足腰《あしこし》の病《やまひ》。高《たか》き所《ところ》より落《おち》。木《き》に壓《うた》る或《あるひ》は井《ゐ》に投《とう》ず。楷梯《はしご》より落《おつ》る難危《なんやく》に遇《あ》ふ恐《おそ》るべし。
○其理《そのり》は☳震《しん》は恐懼《きやうく》。驚動《きやうどう》の事《こと》を主《つかさど》る所《ところ》。其位張《そのくらゐはる》が故《ゆゑ》に狂人《きやうじん》。癲癇病《てんかんびやう》。驚風高《きやうふうたか》き所《ところ》より落《おち》る驚《おどろ》きを招《まね》く又震《またしん》を足《あし》となす足《あし》の位缺《くらゐかけ》るが故《ゆゑ》に跛《ちんば》。足腰《あしこし》の難病《なんびやう》を主《つかさど》るなり震《しん》は庚《かのえ》を納《なふ》す庚《かのえ》の化氣《くわき》は金《かね》なり。金旺《かねわ》して水《みづ》を生《しやう》ず故《ゆゑ》に水難《するなん》を主《つかさど》ると知《し》るべし。
○☳震大《しんおほい》に張《はる》は䷲震重《しんかさな》りて動《うご》き震《ふる》ふの象《しやう》なれば此家《このいへ》の主人《しゆじん》二心《ふたごゝろ》にして總《すべ》てに變《へん》心《しん》ありて油斷《ゆだん》ならず故《ゆゑ》に協同《けふどう》して大望《たいもう》を企《くはだて》る事能《ことあた》はず終《をはり》に人《ひと》と絶交《ぜつかう》となる又震爲《またしんゐ》

雷《らい》の卦《くわ》は二龍《りう》玉《たま》を競《あらそ》ふの象《かたち》ありて大望《たいもう》を企《くはだ》て爭《あらそひ》を生《しやう》じ虩虩《げき〳〵》として安《やす》からず決斷《けつだん》に乏《とぼ》しく終《つひ》に人《ひと》と絶交《ぜつかう》なすに至《いた》る。

○此家《このいへ》兄弟《きやうだい》必《かなら》ず家《いへ》を爭《あらそ》ふ○其理《そのり》は震《しん》張《はる》が故《ゆゑ》に長男《ちやうなん》多病《たびやう》或《あるひ》は薄弱《はくじやく》。故《ゆゑ》に次男《じなん》兄《あに》に代《かは》らんとすれども長男《ちやうなん》應《おう》ぜず終《つひ》に家《いへ》を爭《あらそ》ふに至《いた》る則《すなは》ち二龍《りう》玉《たま》を競《あらそ》ふの象《かたち》。

○或《あるひ》は此家《このいへ》の男子《だんし》附近《ふきん》の女子《ぢよし》に姦通《かんつう》して騷動《さうどう》に及《およ》ぶ或《あるひ》は出奔《かけおち》なすか。

○其理《そのり》は雷風《らいふう》相薄《あひせまる》とは☳震《しん》の長男《ちやうなん》。☴巽《そん》の長女《ちやうぢよ》に逼《せま》り姦通《かんつう》して騷動《さうどう》に及《およ》び又《また》は甲《かふ》を剖《わつ》て出《で》るの象《かた》ち終《つひ》に出奔《しゆつほん》するに至《いた》るなり。

○☳震大《しんおほい》に張出《はりいづ》るは夫婦《ふうふ》の情欲《じやうよく》猛烈《もうれつ》となり衰弱《すゐじやく》なす或《あるひ》は肺病《はいびやう》を發《はつ》し主人《しゆじん》先《さき》に死亡《しばう》して妻《さい》も不日《ふじつ》必《かなら》ず死亡《しばう》なす。

○所以《ゆゑん》震大《しんおほい》に張《はる》は帝震《ていしん》より出《いづ》とある大陽《たいやう》の地《ち》なり故《ゆゑ》に☳震張《しんはり》て☰乾《けん》の位《くらゐ》を得《え》☰乾《けん》の裏《うら》は☷坤《こん》なり則《すなは》ち☰☷乾《けん》。坤夫婦《こんふうふ》の卦《くわ》となる。根元《こんげん》は☳震《しん》の張《はう》より變動《へんどう》したる夫婦《ふうふ》なれば情欲《じやうよく》猛烈《もうれつ》となり衰弱《すゐじやく》なし發生《はつせい》の氣《き》を塞《ふさぎ》て肺病《はいびやう》となり夫婦《ふうふ》全《まつた》きを得《え》ず陽先《やうさき》に死亡《しばう》して☷陰《いん》次《つぎ》に亡《ほろぶ》ると知《し》るべし。

○☳震《ひがし》の方《かた》大《おほい》に張《はる》る時《とき》は此《この》宅地《たくち》の中央《ちうあう》に劍《けん》。甲冑《かつちう》。鐵砲《てつぱう》等《とう》の武器《ぶき》の埋《うづも》れありて家《か》人《じん》に祟《たゝ》る恐《おそ》るべし。

○其理《そのり》は☳震大《ひがしおほい》に張《はる》とき時《とき》は☴巽《そん》。☶艮《こん》の缺《かけ》となる巽《そん》は先天《せんてん》の☱兌《だ》なり兌《だ》を備《そなへ》となす又劍《またけん》。甲冑《かつちう》。鐵砲等《てつぱうとう》の武器《ぶき》となす。☶艮《こん》を止《とゞま》るなり故《ゆゑ》に本文《ほんもん》の武器《ぶき》の埋《うづも》れありと斷定《だんてい》なす。

○☳震《ひがし》の地形《ちけい》竝《ならび》に倉庫《さうこ》。傍屋等《はうをくとう》。大《おほい》に張《はる》時《とき》は必《かなら》ず☴巽《そん》。☶艮《こん》の缺《かけ》となりて甚《はなは》だ大《だい》凶《きやう》なり總《すべ》て住宅《ぢうたく》は陽氣《やうき》を遮《さへぎ》らざる樣注意《やうちうい》を要《えう》す。巽《そん》。艮《こん》の部《ぶ》にて理論《りろん》を研究《けんきう》あれ

○震缺大凶相《ひがしかけだいきやうさう》を論《ろん》ず

○☳震《ひがし》の地形大《ちけいおほい》に缺《かけ》たるは舊寺院廢滅《もとじゐんはいめつ》の地《ち》にして住主他所《ぢうしゆたしよ》より轉《てん》じて二代又《だいまた》は三代目《だいめ》に斷絶《だんぜつ》なし又他人《まただにん》。入替《いりかはり》て住主《ぢうしゆ》となる大凶相《だいきやうさう》なり。

○其理《そのり》は☳震缺《しんかけ》て其氣《そのき》☴巽《そん》に通《つう》ず巽《そん》を寺地《てらち》とす又僧尼《またそうに》の象《しやう》あり故《ゆゑ》に元寺院《もとじゐん》の舊《きう》跡《せき》となす。則《すなは》ち東方萬物發生《とうはうばんぶつはつせい》の氣缺《きかけ》るが故《ゆゑ》に代々《だい〲》廢滅《はいめつ》となるなり。

○☳震大《ひがしおほい》に缺込《かけこみ》たる宅地《たくち》は四家《しか》の地《ち》を一家敷《ひとやしき》に合《あは》せたる者《もの》なり。若《も》し少《せう》なる時《とき》は

大家《たいけ》の家數《やしき》を四家《しか》に分配《ぶんはい》して住居《ちうきよ》なしたる者《もの》と斷定《だんてい》せよ。

○其理《そのり》は☳震《しん》の數《すう》は四なり其地《そのち》缺《かけ》たる故《ゆゑ》に四家《しか》の地《ち》或《あるひ》は四家《か》に分割《ぶんかつ》したる者《もの》なりと知《し》るべし。

震缺大凶之圖

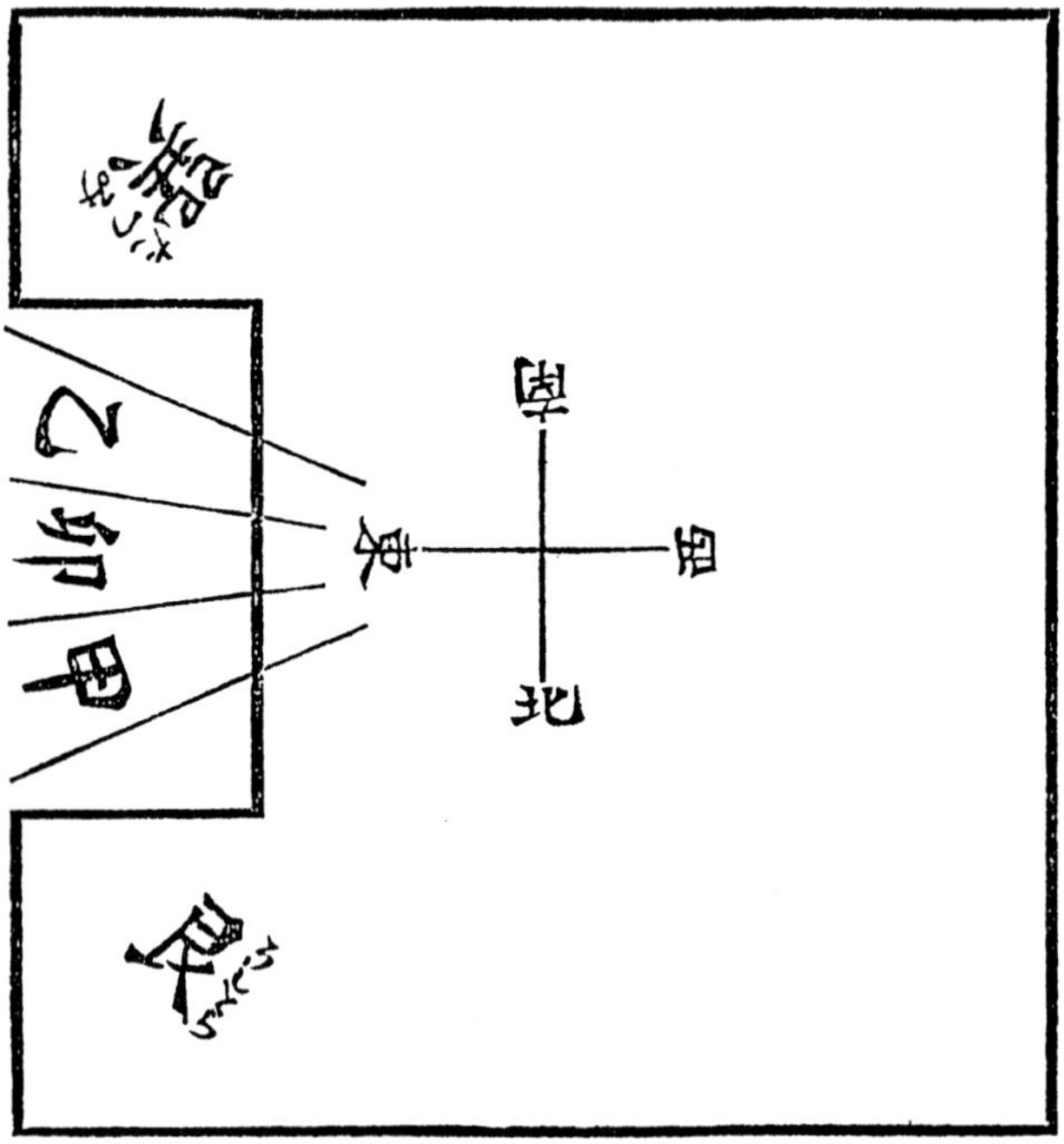

○此家《このいへ》長男《ちやうなん》生育《せいいく》せず若し生成《せいいく》すれば放蕩無頼《はつたうよらい》にして他出《たしゆつ》なし家系《かけい》を繼《つぐ》こと能《あた》はず或《あるひ》は親《おや》の勘氣《かんき》を受《う》け又《また》は他家《たけ》へ養子《やうし》と成《なり》て素行《そかう》佳《よろし》からず又實家《またじつか》に歸《かへ》りて親戚《しんせき》を繼《つぐ》も母《はゝ》と不和《ふわ》を主《つかさど》るなり。

○其理《そのり》は☳震《しん》を長男《ちやうなん》とす其位《そのくらゐ》缺《かけ》るが故《ゆゑ》に長男生育《ちやうなんせいいく》せず。生長《せいちやう》なれば放蕩無頼《はうたうにらい》にして他出《たしゆつ》なし他家養子《たけやうし》となるも行跡惡《ぎやうせきあし》く實家《じつか》に歸《かへ》りて親《しん》跡《せき》を繼《つ》ぐと雖《いへど》も母《はゝ》と不和《ふわ》則《すなは》ち發生《はつせい》の氣《き》を損《そん》ずるが故《ゆゑ》なり又震大《またしんおほい》に缺《かけ》る時《とき》は☷坤《こん》に變《へん》ず坤《こん》を母《はゝ》とす因《よつ》て母《はゝ》と不和《ふわ》なりと知《し》るべし。

○又此家《またこのいへ》の奴婢主人《ぬひしゆじん》を蔑《ないがしろ》にするか或《あるひ》は木《き》に打《うた》れ或《あるひ》は高《たか》き所《ところ》より落《おち》て死亡《しばう》し後嗣《よつぎ》を絶《たや》す恐《おそ》れあり。

○其理《そのり》は木《き》に打《うた》れ或《あるひ》は高《たか》き所《ところ》より落《おち》るは☳震《しん》の驚《おどろ》を主《つかさど》る所以《ゆゑん》なり又地理全書曰《またちりぜんしよいはく》震《しん》を明庶風《めいしよふう》とす奴婢主人《ぬひしゆじん》を凌《しの》ぎ。樹《き》と死《し》して後《あと》を絶《たや》すとある。

○此家《このいへ》の人功名《ひとこうめい》顯《あらは》れず。又萬事遲滯《またばんじちたい》を主《つかさど》り。或《あるひ》は眼病又《がんびやうまた》は盲人《もうじん》を出《いだ》す。

○其理《そのり》は☳震《しん》は名譽百里《めいよひやくり》を驚《おどろか》す所缺《ところかけ》るが故《ゆゑ》に素行惡《そかうあし》き人《ひと》を出《いだ》す偶《たま》には行跡《ぎやうせき》よき人《ひと》あるも功名外《こうみやうそと》に顯《あらは》れず功業成就《こうげふじやうじゆ》する事《こと》なし○又說卦傳《またせつくわでん》に曰萬物《いはくばんぶつ》☳震《しん》に出震《いづしん》は東方《とうはう》なり其位缺《そのくらゐかけ》るが故《ゆゑ》に百事進《ひやくじすゝ》まず遲滯《ちたい》に及《およ》ぶと知《し》るべし○又震《またしん》を肝臟《かんぞう》となす目《め》は肝臟《かんぞう》を主《つかさど》る。肝《かん》は木《き》に屬《ぞく》す。木《き》は則《すなは》ち震《しん》に旺《わう》す其位缺《そのくらゐかけ》るが故《ゆゑ》に肝《かん》の不足《ふそく》となる因《よつ》て眼病《がんびやう》を招《まね》く。缺《かけ》の甚《はなはだ》しきは盲人《もうじん》となる。

○☳震《ひがし》の地形《ちけい》竝《ならび》に建家等大《たていへとうおほい》に缺《かけ》る時《とき》は住者音曲遊藝《ぢつしやおんぎよくいうげい》に耽《ふけ》り家業《かげふ》を治《をさめ》ず。色欲《しきよく》に亂《みだ》れ。後妻《ごさい》を迎《むか》ひ。難産《なんざん》。食毒《しよくどく》にて急死《きふし》す。争論《さうろん》。訴訟《そしよう》。奴僕《ぬぼく》盗《ぬすみ》をなすか。異母《はらかはり》の兄弟《きやうだい》あり。寡婦《くわふ》男子《だんし》を連《つれ》て此家《このいへ》に嫁《か》す。異母《はらかはり》の姉妹《しまい》に娶《めやはす》ことあり。

○所以《ゆゑん》☳震《しん》を音聲《おんせい》とす。遊藝《いうげい》を習《なら》ひ得《う》ると雖《いへど》も其位《そのくらゐ》缺《かけ》るが故《ゆゑ》に家業《かげふ》を治《をさめ》ず、春《しゆん》情《じやう》に耽《ふけ》り家内《かない》不和《ふわ》驚動《きやうどう》して亂心《らんしん》となる。☳震缺《しんかけ》て☷坤《こん》となる坤《こん》を母《はゝ》となす土《つち》となす。震《しん》の木《き》。坤《こん》の土《つち》を剋《こく》す故《ゆゑ》に妻女《さいぢよ》死亡《しばう》して後妻《ごさい》を迎《むか》ひ又《また》東方《とうはう》發生《はつせい》の氣《き》缺《かけ》るが故《ゆゑ》に難産《なんざん》あり。食毒《しよくどく》は東作《とうさく》の缺《かけ》より起《おこ》る。後天《こうてん》の☳震位《しんゐ》は先天《せんてん》の☲離位《りゐ》。離《り》を法廷《はふてい》となす因《よつ》て訴訟《そしよう》を招《まね》く。後天《こうてん》の☲離位《りゐ》は先天《せんてん》の☰乾位《けんゐ》。其位《そのくらゐ》缺《かけ》るが故《ゆゑ》に奴僕《ぬぼく》不忠《ふちう》となりて盗《ぬすみ》をなす。後天《こうてん》の☶艮位《ごんゐ》は先天《せんてん》の☳震位《しんゐ》因《よつ》て長男小男《ちやうなんせうなん》。異母《はらかはり》の兄弟《きやうだい》あり或《あるひ》は寡婦《くわふ》は☳震《しん》の長男《ちやうなん》を連《つれ》て嫁《か》す。卯《う》は茂《しげる》なり。冒《ばう》なり冒《をかす》なり滿《みつ》るは缺《かけ》る天理《てんり》全《まつた》く斯如《かくのごと》し。

○此家《このいへ》の主人《しゆじん》大望《たいもう》を企《くはだ》て事《こと》成《なら》ず大《おほい》に困難《こんなん》する時《とき》は東方《とうはう》に赤色《あかいろ》の花《はな》さく草木《さうもく》あるべし其下《そのした》に必《かなら》ず青色《せいしよく》の石《いし》あり其石《そのいし》を穿出《ほりだせ》ば願望忽《ぐわんもうたちま》ち成就《じやうじゆ》すべし。

○所以《ゆゑん》願望《ぐわんもう》は一陽下《やうした》に動《うご》く☳震《しん》の卦《くわ》なり。青《あを》は東方《とうはう》の色《いろ》。東方《とうはう》の木《き》南方《なんはう》の火《ひ》を生《しやう》じて氣《き》を洩《もら》すが故《ゆゑ》に軋《あつ》々として輾《てん》ずる事《こと》能《あた》はず則《すなは》ち甲《かふ》を割《わり》て出《で》る事《こと》能《あた》はず人《じん》力《りよく》を以《もつ》て之《これ》を穿出《ほりだ》せば陽氣《やうき》地中《ちちう》より發《はつ》す因《よつ》て忽《たちま》ち願望成就《ぐわんもうじやうじゆ》するなり則《すなは》ち☳☰雷《らい》天大壯《てんたいさう》の卦《くわ》。總《すべ》て人事《じんじ》は東《ひがし》の故障《こしやう》を見出《みだ》せば運氣發展《うんきはつてん》なす事疑《ことうたがひ》なし。

○此家《このいへ》に傳來《でんらい》の古刀《こたう》ありて銘《めい》に國《くに》の字《じ》か。光《みつ》の字《じ》あれば白痴《はくち》の者《もの》を出《いだ》す。

○其理《そのり》は先天《せんてん》の☲離《り》は後天《こうてん》の☳震位《しんゐ》なり。後天《こうてん》の☲離《り》は先天《せんてん》の☰乾位《けんゐ》なり。乾《けん》を劍《つるぎ》とす此劍《このけん》☳震《しん》の木《き》を剋《こく》すが故《ゆゑ》に白痴《はくち》の者《もの》を出《いだ》す則《すなは》ち國《くに》の字《じ》は扶桑《ふさう》の義《ぎ》を取《こ》り。光《みつ》の字《じ》は日《ひ》の出《で》の光《ひかり》を取《とる》が故《ゆゑ》なり。

○☳震《ひがし》の方《かた》地形《ちけい》程能《ほどよ》く缺《かけ》て☷坤《こん》の地形《ちけい》張《はり》たる家《いへ》には家傳《かでん》の妙藥《めうやく》一端埋《たんうづも》れ又世《またよ》に流行《りうかう》して家業《かげふ》となるか。醫士《いし》は非凡《ひはん》の天才《てんさい》ありて世《よ》に用《もちゐ》られ福分《ふくぶん》を得《え》て博士《はかせ》の學位《がくゐ》を得《う》ると知《し》るべし。

○其理《そのり》は☷坤《こん》を藥《くすり》となす☳震《しん》の裏《うら》は☴巽《そん》の卦《くわ》。物埋《ものうづも》れたる象《かたち》。說卦傳《せつくわでん》に曰《いは》く☳☴雷風相薄《らいふうあひせまる》とは是《これ》なり。坤藥《こんやく》の地《ち》張《はる》が故《ゆゑ》に埋《うづも》れたる者再《ものふた》び世《よ》に用《もちゐ》られ醫士《いし》も同《どう》論地德《ろんちとく》に依《より》て福《ふく》を得《え》博士《はかせ》の學位《がくゐ》を招《まね》くと知《し》るべし。

○巽《たつみ》之《の》地《ち》形《けい》張《はり》缺《かけ》吉《きつ》凶《きよう》を論《ろん》ず

○☴巽《たつみ》の地《ち》形《けい》並《ならび》に建《たて》家《いへ》等《とう》大《おほい》に張《はる》ときは☳震《ひがし》。☲離《みなみ》の缺《かけ》となりて大凶《だいきよう》なり且《か》つ倉庫《さうこ》傍《はう》屋《をく》總《すべ》て低《ひく》く建《たつ》るを吉《きち》とす。高《たか》きは陽《やう》氣《き》を塞《ふせ》ぐ故《ゆゑ》に凶《きよう》なりと知《し》るべし。

○☴巽《たつみ》の地《ち》形《けい》大《おほい》に張《はり》。倉庫《さうこ》。傍屋《はうをく》等《とう》高《たか》く大《だい》なる時《とき》は最《もつと》も大凶《だいきよう》相《さう》なり。

○☴巽《たつみ》の地《ち》形《けい》並《ならび》に建《たて》家《いへ》少《すこ》し張《はり》て間《けん》數《すう》のよき倉庫《さうこ》。傍屋《はうをく》。本《ほん》宅《たく》の大《だい》小《せう》に應《おう》じて斜《なゝめ》ならず備《そなへ》よく建《たつ》る時《とき》は世《せ》上《じやう》の人《にん》氣《き》よく。遠方《ゑんはう》の驅《かけ》引《ひき》能《よ》く齊《とゝの》ひ。他《た》所《しよ》。他《た》國《こく》に貸《かし》家《や》。出《で》店《みせ》を持《も》ち家《いへ》富《とみ》榮《さか》え。文官《ぶんくわん》。武官《ぶくわん》は遠方《ゑんはう》に旅行《りよかう》して俸給《ほうきふ》を増《ま》す。士《し》農《のう》工《こう》商《しやう》共《とも》に百《ひやく》靈《れい》守《しゆ》護《ご》の大《だい》吉《きち》相《さう》なり○然《しか》れども☵坎《きた》。乾《いぬゐ》の方《かた》に倉庫《さうこ》。傍屋《はうをく》なく唯《た》だ巽《たつみ》のみに倉庫《さうこ》。傍屋《はうをく》等《とう》あるは一端《たん》富《とみ》榮《さかえ》ると雖《いへど》も又《また》衰《すゐ》微《び》する事《こと》早《はや》し則《すなは》ち一代《だい》富《とん》で一代《だい》衰《おとろ》ふ者《もの》と知《し》るべし試《ため》し見《み》よ。

○所《ゆ》以《ゑん》☴巽《そん》を世《せ》間《けん》となす。他《た》所《しよ》。他《た》國《こく》とす。遠方《ゑんはう》とす。福《ふく》地《ち》とす。風《かぜ》となす萬《ばん》物《ぶつ》齊《とゝの》ふ所《ところ》。故《ゆゑ》に間《けん》數《すう》よき倉庫《さうこ》。傍屋《はうをく》等《とう》備《そなへ》よく建《たつ》るは天《てん》の惠《みぐみ》を得《え》て百《ひやく》靈《れい》之《これ》を守《しゆ》護《ご》し富《とみ》榮《さかえ》るなり。なれども☰乾《いぬゐ》又《また》は☵坎《きた》に建《たて》物《もの》なきは其《その》宅《たく》地《ち》に納《をさむ》る陽《やう》氣《き》の受《け》なく

巽張大吉相之圖

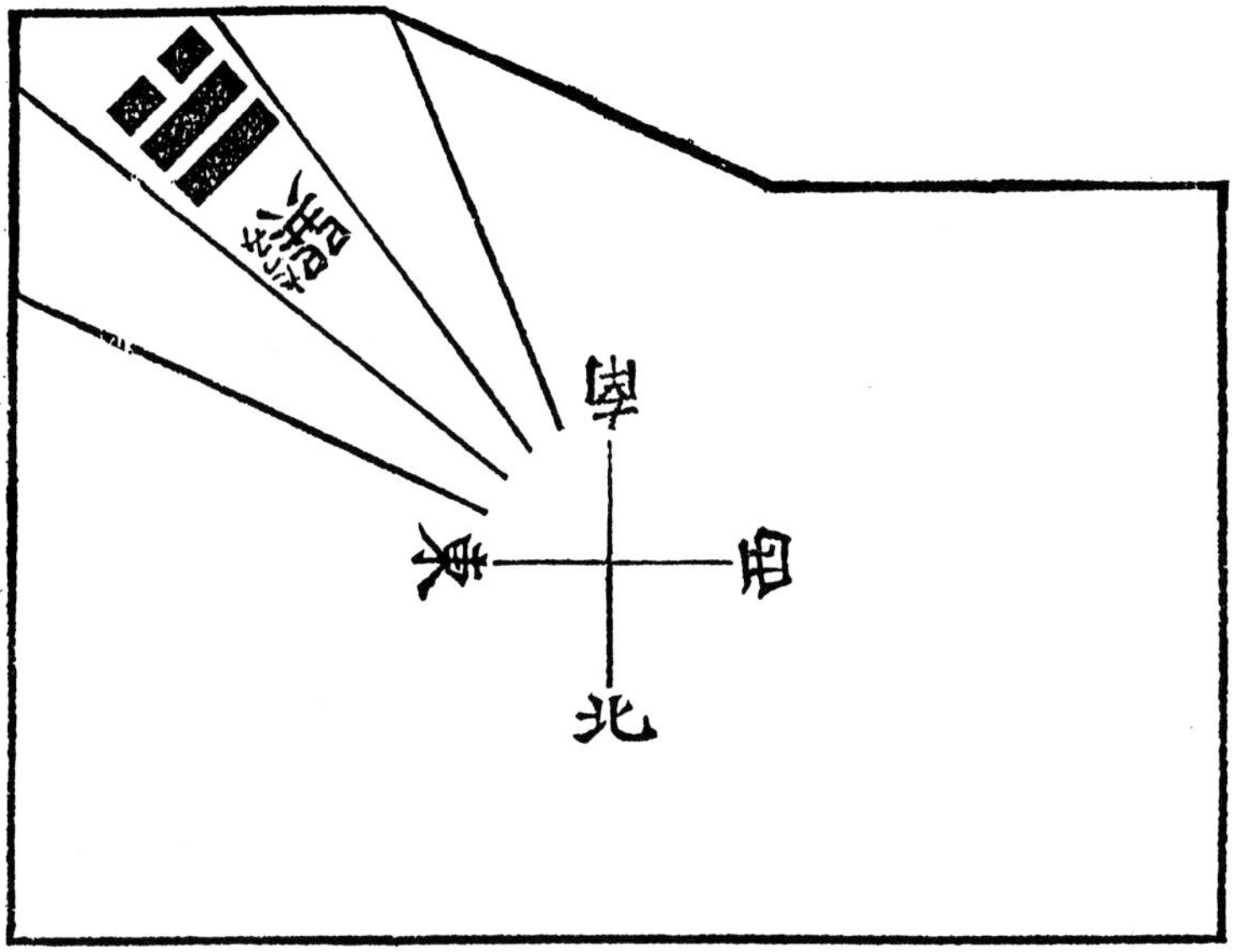

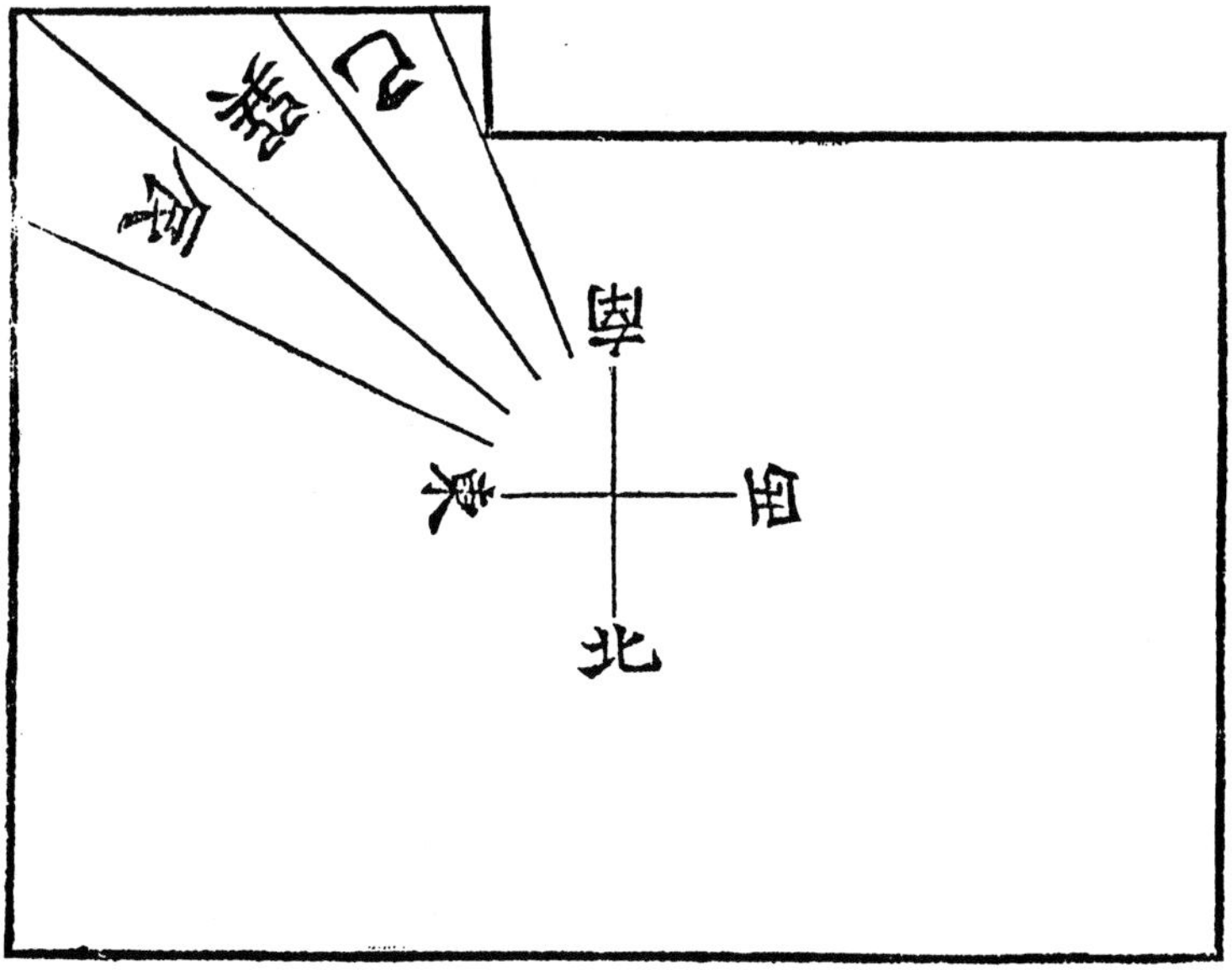

却《かへつ》て巽《たつみ》の倉庫《さうこ》。傍屋《ばうをく》陽氣《やうき》を閉塞《へいそく》す。故《ゆゑ》に始《はじめ》は福地《ふくち》の力《ちから》に因《よつ》て繁榮《はんえい》なすと雖《いへど》も後《のち》大《おほい》に衰《おとろ》ふ一代《だい》富《とん》で一代《だい》衰《おとろ》ふ者《もの》と知《し》るべし。

○右圖之如《うづのごと》き巽張《たつみはり》は大吉《だいきち》なり

○巽張大凶相《たつみはりだいきやうさう》を論《ろん》ず

○☴巽《たつみ》の地形《ちけい》大《おほい》に張《はる》か或《あるひ》は建家《たていへ》と不相應《ふさうおう》の倉庫《さうこ》。傍屋《ばうをく》あれば一時《じ》繁榮《はんえい》なすと雖《いへど》も終《つひ》に不圖《はからず》る大難《だいなん》を發《はつ》し。商業《しやうげふ》手廣《てびろ》く進《すゝん》で損害《そんがい》多《おほ》く。遠方《ゑんはう》の驅引《かけひき》盡《ことごと》く喰違《くひちがひ》。家財《かざい》を敗《やぶ》る。武人《ぶじん》は我意《わがい》に募《つの》り他所《たしよ》重役《ぢうやく》を仕損《しそん》じ退職《たいしよく》となり家運《かうん》次第《しだい》に傾《かたむ》き大凶相《だいきやうさう》なりと知《し》るべし注意《ちうい》を要《えう》す。

○其理《そのり》は説卦傳《せつくわでん》に曰《いは》く雷風相薄《らいふうあひせまる》と☴巽《そん》の氣《き》。☳震《しん》に通《つう》じ驚《おどろき》を主《つかさど》る故《ゆゑ》に不圖《はからざ》る大難《だいなん》を發《はつ》し。商業《しやうげふ》の驅引《かけひき》喰違《くひちが》ひ家財《かざい》を敗《やぶ》る。巽《そん》は柔《じう》なり柔順《じうじゆん》の位《くらゐ》。不相應《ふさうおう》の建物《たてもの》地形《ちけい》張《はる》が故《ゆゑ》に陽氣《やうき》を閉塞《へいそく》す因《よつ》て遠方《ゑんはう》の氣《き》通《つう》ぜず家運《かうん》次第《しだい》に傾《かたむ》く大凶相《だいきやうさう》なり。

○☴巽《たつみ》の方《かた》大《おほい》に張《はる》は家人《かじん》旅行中《りよかうちう》。風波《ふうは》の難《なん》に遇《あ》ひ溺死《できし》。或《あるひ》は變死《へんし》。變病《へんびやう》の難厄《なんやく》を主《つかさど》ると知《し》るべし。

巽張大凶相之圖

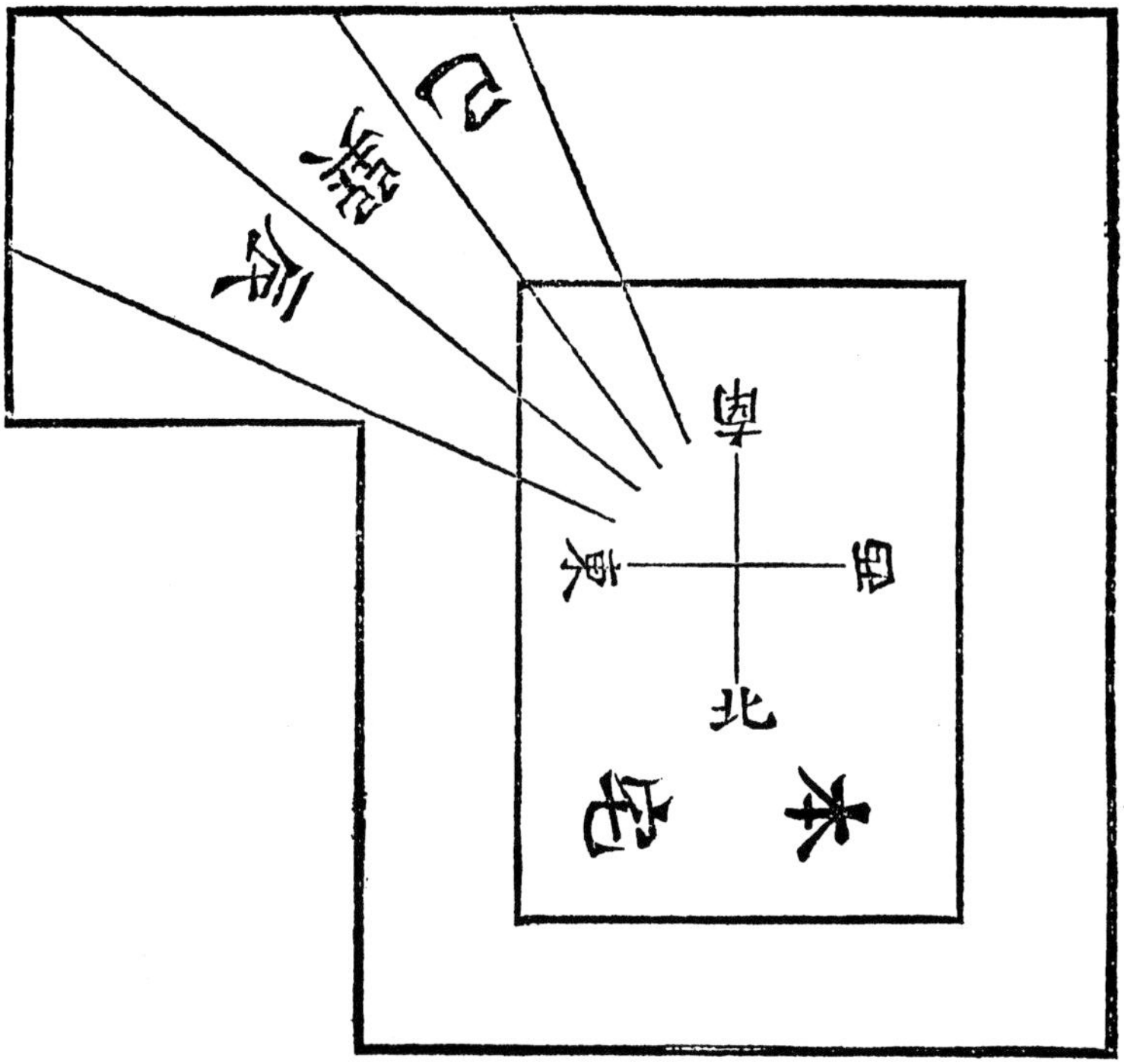

○其理《そのり》は☴巽《そん》を遠方《ゑんぱう》とす。河《かは》。海《うみ》とす。風《かぜ》とす故《ゆゑ》に旅中風波《りよちうふうは》の難《なん》に遇《あ》ひ溺死變死《できしへんし》。變病等《へんびやうとう》の難厄《なんやく》を主《つかさど》るなり則《すなは》ち巽《そん》の氣《き》。震《しん》に通《つう》じて驚《おどろ》きを招《まね》く故《ゆゑ》に變死《へんし》の恐《おそ》れあり又上《またじやう》圖《づ》の如《ごと》きは東北《とうほく》より禍《わざはひ》を導《みちび》く大凶《だいきよう》相《さう》なり。

○☴巽《たつみ》の方張《かたはり》て☰乾《いぬゐ》に倉庫《さうこ》。傍屋《はうをく》等《とう》なき家《いへ》は長男必《ちやうなんかなら》ず死亡《しばう》すと知《し》るべし。

○其理《そのり》は小陽旺《せうやうわう》して太陽《たいやう》の氣薄《きうす》く☳震《しん》の一策《さく》を得《え》ざるが故《ゆゑ》なり。然《しか》るに☰乾《いぬゐ》。☱兌向《にしむき》の家《いへ》なれば其限《そのかぎり》にあらず又《また》理論《りろん》あり研究《けんきう》を要《えう》す。口傳《くでん》あり。

巽之地貸凶相之圖

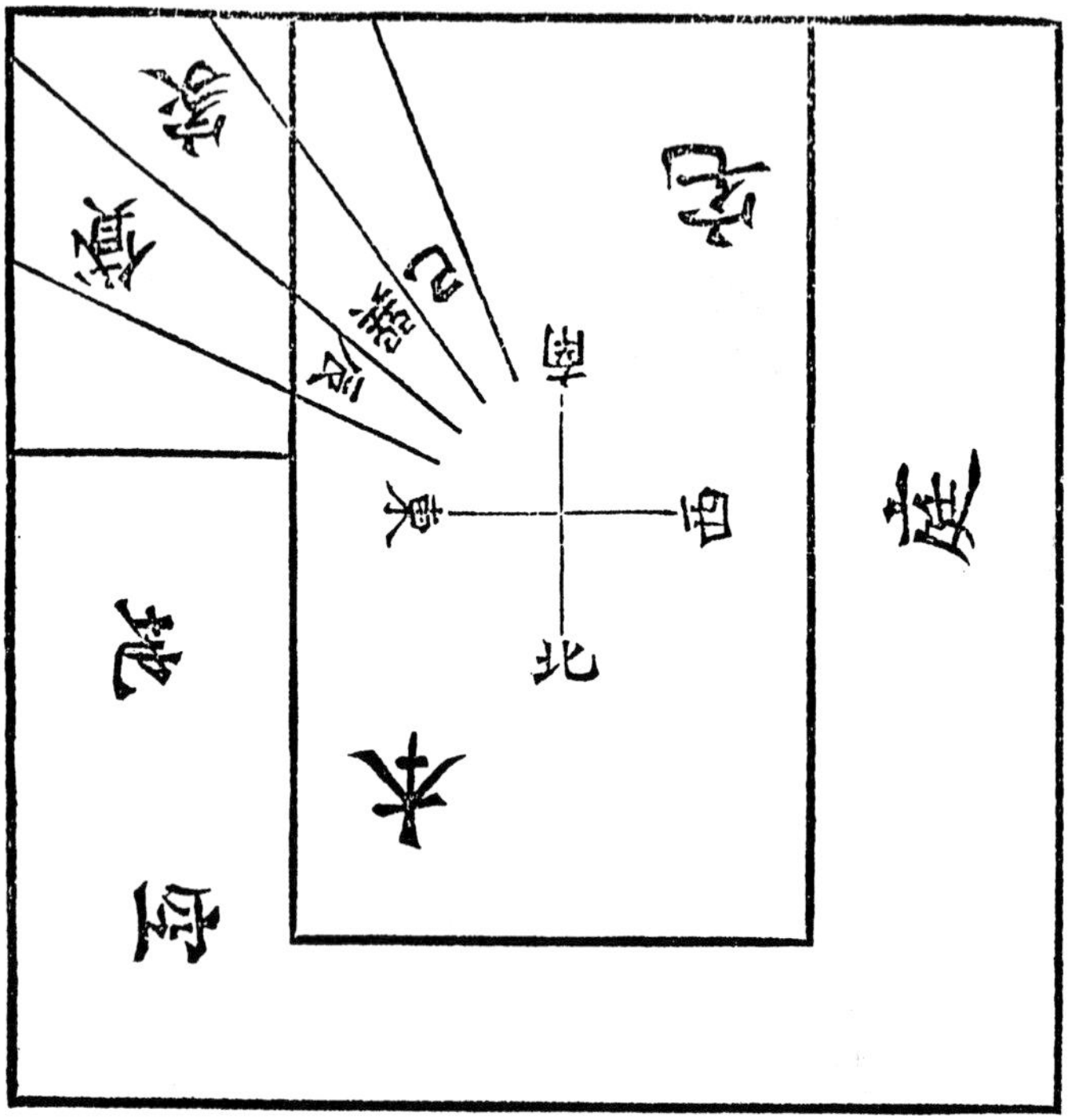

○同《どう》宅《たく》地《ち》巽《たつみ》之《の》貸家《かしや》大凶《だいきよう》を論《ろん》ず

○同《どう》宅《たく》地《ち》内《ない》☴巽《たつみ》の地《ち》を貸《か》し或《あるひ》は貸《かし》家《や》となす時《とき》は。地《ち》持《もち》。家《や》主《ぬし》。借家《しやくか》人《にん》倶《とも》に大《おほい》に貧困《ひんこん》に迫《せま》ると知《し》るべし上圖《じやうづ》を參考《さんかう》にせよ○所以《ゆゑん》☴巽缺《たつみかけ》となる巽《そん》は萬物《ばんよつ》の齊《とゝの》ふ所《ところ》。福地《ふくち》とす其位《そのくらゐ》を割《わる》故《ゆゑ》に家地《いへち》主《ぬし》困窮《こんきう》す又日《またひ》の天上《てんじやう》に滿《みつ》る所《ところ》の陽氣《やうき》を受《うけ》る事能《ことあた》はず且《か》つ巽《そん》は柔順《じうじゆん》の位《くらゐ》なり其《それ》を失《うしな》ふ故《ゆゑ》に天理《てんり》に背《そむ》き雙方《さうはう》ともに大《おほい》に貧《ひん》困《こん》に迫《せま》るなり。

○☴巽《たつみ》の方大《かたおほい》に張《はる》は寺院《じゐん》は他所《たしよ》。他國《たこく》に寺《てら》を兼帶《けんたい》すと雖《いへど》も僧道《そうだう》にあらざる金錢《きんせん》を取扱《とりあつか》ひ損失多《そんしつおほ》く。剛欲非道《がうよくひだう》。訴訟《そしよう》。色慾《しきよく》。世上《せじやう》の風聲《ふうせい》惡《あし》く公難《こうなん》を主《つかさど》る。

○所以《ゆゑん》☴巽《そん》を髮寡《かみすくなし》とす。僧《そう》とす。潔齊《けつさい》とす。福地《ふくち》とす其位大《そのくらゐおほい》に張《はる》が故《ゆゑ》に僧道《そうだう》にあらざる金錢《きんせん》を取扱《とりあつか》ひ貪慾《どんよく》に迷《まよ》ひ損失《そんしつ》。訴訟《そしよう》を招《まね》き又巽《またそん》を長女《ちやうぢよ》となす又齊《ととの》ふ所《ところ》とす其位不相應《そのくらゐふさうおう》に張《はる》が故《ゆゑ》に齊《ととの》ふ所《ところ》を失《うしな》ひ色情《しきじやう》に迷《まよ》ひ世間《せけん》の風評惡《ふうひやうあし》く損失多《そんしつおほ》し○九星《せい》は星《ほし》の動《うごき》☴巽《たつみ》より中央《ちうあう》に入《い》り☰乾《いぬゐ》に出《で》る者《もの》なれば☴巽張《たつみはり》ときは☰乾《けん》の位《くらゐ》を得《う》る。先天《せんてん》の☰乾《けん》は則《すなは》ち後天《こうてん》の☲離位《りゐ》なり離《り》を法廷《はふてい》となす其潔齊《そのけつさい》を失《うしな》ふ故《ゆゑ》に公《こう》難《なん》を招《まね》くと知《し》るべし。

○☴巽《たつみ》の地形《ちけい》又《また》は建家大《たていへおほい》に張《は》りたる家《いへ》より僧尼《そうに》を出《いだ》す。然《しか》るに僧尼《そうに》戒《かい》を保《たも》ち難《がた》く必《かなら》ず脱落《だらく》なすと知《し》るべし。

○其理《そのり》は☴巽《そん》は髮寡《かみすくな》し是僧尼《これそうに》の象《しやう》。故《ゆゑ》に此家《このいへ》より僧尼《そうに》を出《いだ》す或《あるひ》は其俗縁《そのぞくえん》なり則《すなは》ち巽張《そんはり》て長女《ちやうぢよ》の位《くらゐ》を犯《なか》す☴巽《そん》の裏《うら》は☳震《しん》なり故《ゆゑ》に長男《ちやうなん》より犯《なか》すか又僧尼《またそうに》も戒《かい》を保《たも》ち難《がた》し。

○此家《このいへ》長女家系《ちやうぢよかけい》を繼《つぐ》ことあり。

○其理《そのり》は☴巽張《たつみは》る時《とき》は☰乾《けん》の位《くらゐ》を得《え》る乾《けん》を父《ちゝ》とす則《すなは》ち長女《ちやうぢよ》。父《ちゝ》に代《かはり》て家系《かけい》を相續《ぞく》の象《かたち》あり。

○此家《このいへ》は長男死亡《ちやうなんしばう》して次男家系《じなんかけい》を繼事《つぐこと》あり。然《しか》る時《とき》は長女河《ちやうぢよかは》。海《うみ》を隔《へだて》て他家《たけ》に嫁《か》す或《あるひ》は我家《わがいへ》に來《きた》りたる娶《よめ》の實家《じつか》に嫁《か》す。

○其理《そのり》は☴巽大《たつみおほい》に張《はる》は長女《ちやうぢよ》の位滿《くらゐみつ》るが故《ゆゑ》に長男生育《ちやうなんせいいく》せず巽《そん》の氣《き》☳震《しん》に通《つう》じて二男家《なんいへ》を繼《つぐ》ことあり。長女《ちやうぢよ》も旺氣《わうき》を得《え》て遠方《ゑんはう》に嫁《か》すか或《あるひ》は我家《わがいへ》に來《きた》る娶《よめ》の實家《じつか》に嫁《か》すか其旺氣《そのわうき》に順《したがつ》て家《いへ》を繼事入《つぐこといり》かはりたるは理論《りろん》なり。

○☴巽張《たつみはり》に建《たて》たる家《いへ》の邊《へん》に古《ふる》き樹木《じゆもく》あれば尾《を》の切《きれ》たる蛇《へび》二頭必《とうかなら》ず右《みぎ》の古木《こぼく》に棲《すむ》。

○其理《そのり》は考原《かうげん》に曰《いは》く辰《たつ》の宮《きう》は亢《かう》。中宮《ちうきう》に近《ちか》し故《ゆゑ》に龍《りう》の本象《ほんしやう》とす。巳《み》の宮《きう》は翼中《よくちう》宮《きう》に近《ちか》し故《ゆゑ》に蛇《へび》の本象《ほんしやう》とす。蛇《へび》は亢《かう》。翼《よく》二星《せい》の司《つかさど》る者《もの》故《ゆゑ》に二有《いう》と云《い》ふ。俗説《ぞくせつ》に以前女子《いぜんぢよし》の怨恨《うらみ》にて尾切《おきれ》て怒氣《どき》を殘《のこ》すとある都市《とし》には守宮《やもり》二頭棲《とうすむ》。口傳《くでん》。

○☴巽張《たつみはり》と雖《いへど》も左圖《さづ》の如《ごと》く川《かは》。或《あるひ》は道路《だうろ》を隔《へだて》て離地所《はなれちしよ》ある備《そなへ》は住者《ぢうしや》の職業繁昌《しよくげふはんじやう》し

參考離地所吉相之圖

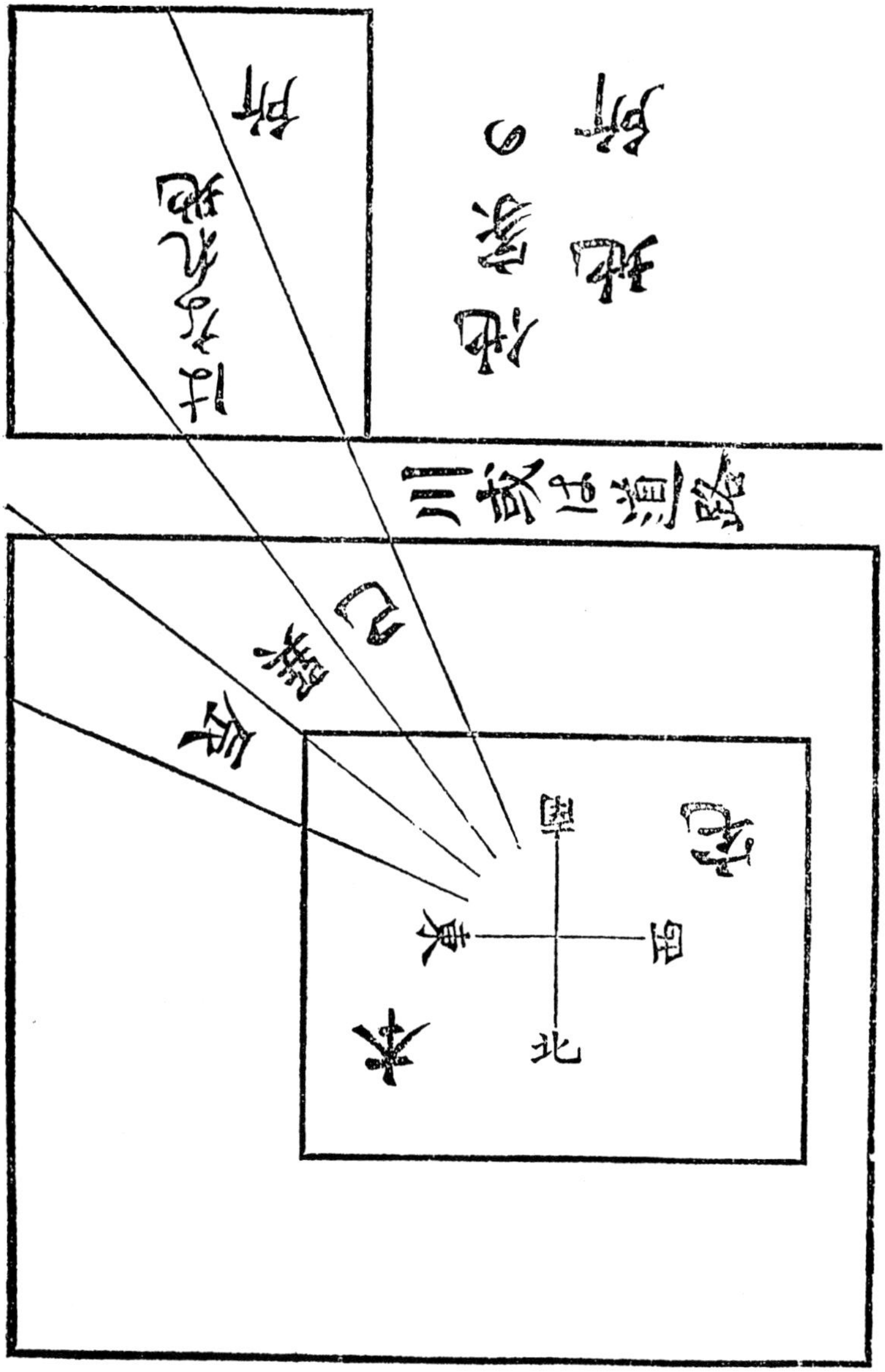

○福力強《ふくりよくつよ》く又《また》從者忠實《じゆうしやちうじつ》にして遠方《ゑんはう》より幸來《さいはひきた》る吉相《きつさう》なり●

○其理《そのり》は☴巽《たつみ》を遠方《ゑんはう》とす。他所《たしよ》。他國《たこく》とす。福地《ふくち》とす。貸家《かしや》。出店《でみせ》とす故《ゆゑ》に川《かは》。道《みち》を隔《へだて》ある地所《ちしよ》。出店《でみせ》。貸家等《かしやとう》福力強《ふくりよくつよ》く遠方《ゑんはう》より幸福來《かうふくきた》る大吉相《だいきつさう》なりと知《し》るべし試見《ためしみ》よ。

○☴巽《たつみ》の張《はり》たる家《いへ》より射術《しやじゆつ》の名人《めいじん》を出《いだ》す其人《そのひと》は左手《ゆんで》は太《ふと》く右手《めて》は細《ほそ》し試見《ためしみ》よ。

○所以《ゆゑん》說卦傳《せつくわでん》に曰《いは》く☴巽《そん》を木《き》とす。繩《なは》とす。直《ちよく》となす。弓《ゆみ》の象《しやう》。又《また》☴巽張《そんは》る時《とき》ぱ乾《けん》となる。乾《けん》は金《かね》。武器《ぶき》とす。鐵砲《てつはう》とす左手《ゆんで》は陽《やう》に進《す》んで乾《けん》となり故《ゆゑ》に太《ふと》し。右手《めて》は陰《いん》に控《ひかへ》て☷坤《こん》となり故《ゆゑ》に細《ほそ》しと云《い》ふ☴☴重巽則《ちゆうそんすなは》ち巽爲風《そんゐふう》の卦《くわ》陰陽分《いんやうわか》れて前理《ぜんり》を含《ふく》む故《ゆゑ》に射術《しやじゆつ》の名人《めいじん》を出《いだ》すと知《し》るべし。

○巽缺大凶相《たつみかけだいきようさう》を論《ろん》ず

○☴巽《たつみ》の地形《ちけい》又《また》は建家等大《たていへとうおほい》に缺《かけ》たるは甚《はなは》だ大凶相《だいきようさう》なり●程能《ほどよ》く少《すこ》し缺《かけ》たるは却《かへつ》て福力《ふくりよく》あり下賤《げせん》は貴人《きじん》に愛《あい》せられ。人《ひと》に巽《したが》ふ家業《かげふ》の者《もの》には最《もつと》も宜敷《よろし》く藝妓《げいぎ》。藝人《げいにん》。遊女屋等《いうぢよやとう》。女《をんな》は人《ひと》の寵愛《ちようあい》に逢《あふ》て幸福《かうふく》を得《え》るなり其所以《そのゆゑん》。

象辭曰

䷸巽《そんは》小《すこしく》亨《とほる》利《よろし》レ有《あるに》レ攸《ところ》レ往《ゆく》。利《よろし》レ見《みるに》ニ大《たい》人《じんを》一

○とは巽《そん》の卦《くわ》は一陰《いん》二陽《やう》の下《した》にあり必《かなら》ず遜《したが》ふ。故《ゆゑ》に其《その》德《とく》を入《いる》と爲《な》し。又伏《またふく》すとす則《すなは》ち巽順恭服《そんじゆんきやうふく》の意《い》なり。二巽《そん》相重《あひかさな》れば内《うち》も外《そと》も皆順《みな・たがふ》。故《ゆゑ》に巽《そん》と名《な》つく凡《およ》そ天《てん》下《か》百般《ひやくはん》の事《こと》。一に巽從《そんじゆう》する時《とき》は亨通《こうつう》するの理《り》あり。然共巽從《しかれどもそんじゆう》の道《みち》は己《おのれ》を屈《くつ》して他《た》に由《よ》る者《もの》にして自《みづか》ら主宰《しゆさい》となりて義《ぎ》を制《せい》する者《もの》にあらず是《これ》を以《もつ》て。小亨《すこしとほる》を得《う》れ共《ども》。元亨《おほいにとほる》を得《え》ず。故《ゆゑ》に小亨《すこしくとほる》と云《い》ふ。而《しか》して從《したが》ひなす道《みち》は大人《だいじん》を擇《えら》みて從《したが》はん事《こと》を要《えう》す。否《しから》ざれば。從《したがふ》と雖《いへど》も功《こう》なきを以《もつ》て。利シレ有ニ攸レ往ク。利シレ見ニ大人ヲ一と云《い》ふなり故《ゆゑ》に少《すこ》しく缺《かけ》たる時《とき》は却《かへつ》て福力《ふくりよく》ありとす因《よつ》て人《ひと》の上《うへ》に立《たゝ》んと欲《ほつ》する者《もの》は

☴巽《そん》を少《すこ》しも虧事《かくこと》なかれ注意《ちうい》を要《えう》す。

○☴巽《たつみ》の地形《ちけい》竝《ならび》に建物《たてもの》等大《とうおほい》に缺《かけ》る時《とき》は。第《だい》一生產力衰《せいさんりよくおとろ》ひ。女難《ぢよなん》。變死《へんし》。變病《へんびやう》。短《たん》命《めい》。妻緣薄《さいえんうす》く。住主他國《ぢうしゆたこく》に亡命《はうめい》す。爭論《さうろん》。訴訟《そしよう》。養子家系《やうしかけい》を繼《つぐ》の恐《おそ》れあり。

○其理《そのり》は☴巽《そん》は萬物《ばんぶつ》の齊《とゝの》ふ所市《ところし》の利《り》三倍《ばい》する所缺《ところかけ》るが故《ゆゑ》に生產力衰《せいさんりよくおとろ》ふなり又柔《またじう》

順《じゆん》の位《くらゐ》缺《かけ》るが故《ゆゑ》に女難《ぢよなん》。訴訟《そしよう》を招《まね》く。巽《そん》の福地《ふくち》缺《かけ》て産業《さんげふ》衰《おとろ》ひ。住主《ぢうしゆ》他國《たこく》に亡命《ばうめい》す。釋名《しやくめい》に曰《いは》く辰《たつ》は伸《のぶる》なり又漢書《またかんしよ》に曰《いは》く巳《み》は姑洗《こせん》を旅助《りよじよ》して氣《き》を宣《のたま》へ物《もの》を齊《とゝの》ふ

巽缺大凶相之圖

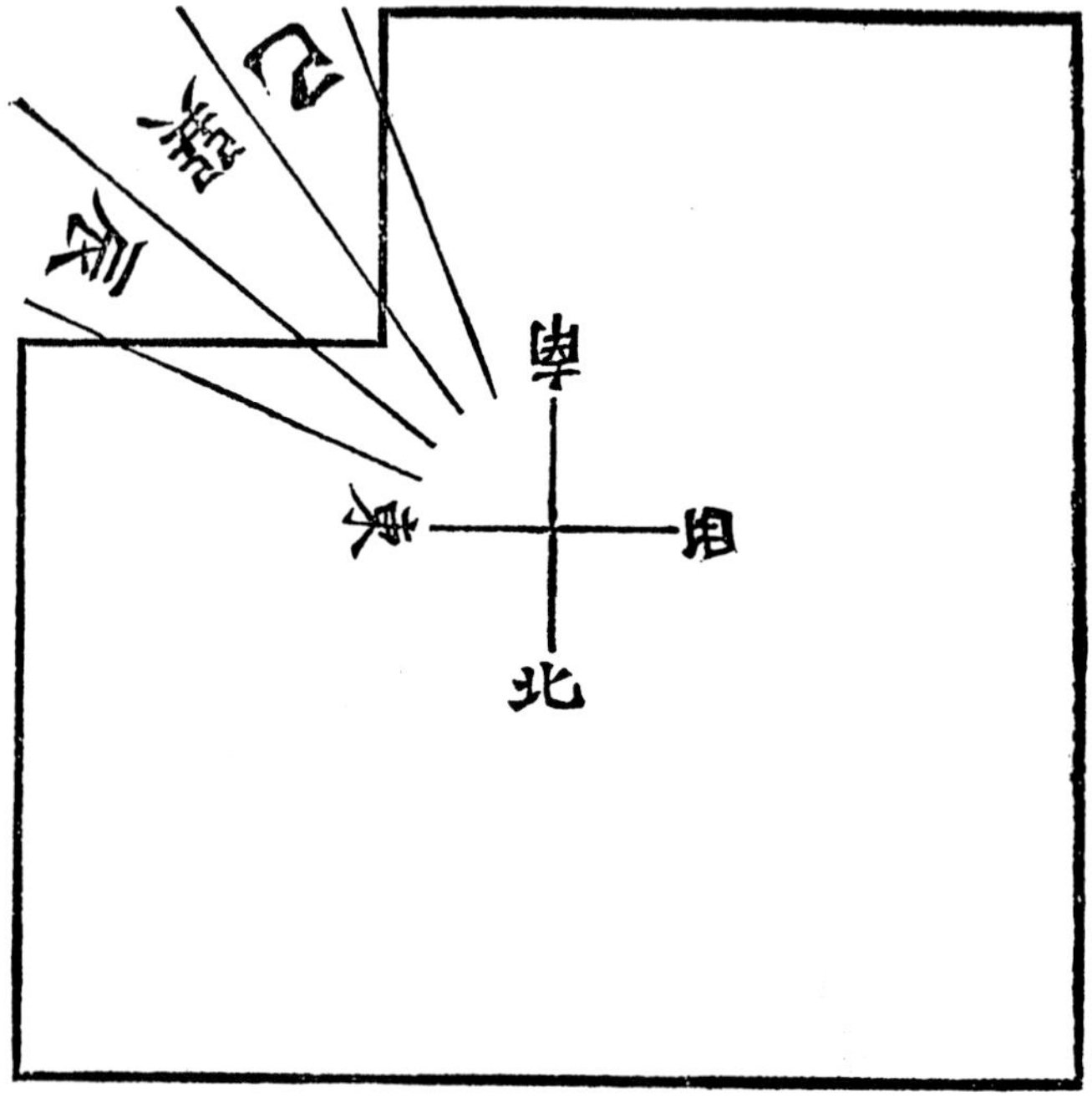

とある其位《そのくらゐ》缺《かけ》るが故《ゆゑ》に變死《へんし》。變《へん》病《びやう》。或《あるひ》は主人《しゆじん》短命《たんめい》なす說卦傳《せつくわでん》に曰《いは》く☴巽《そん》の氣《き》☳震《しん》に通《つう》じて長男《ちやうなん》の位《くらゐ》を失《うしな》ふ因《よつ》て養子《やうし》を以《もつ》て相續《さうぞく》なす又長女《またちやうぢよ》。長男《ちやうなん》の位缺《くらゐかけ》て配偶《はいぐう》を失《うしな》ふが爲《ため》に妻緣《さいえん》に故障《こしやう》ありと知《し》るべし。

○☴巽《たつみ》の方大《かたおほい》に缺《かけ》るは訴訟《そしよう》。牢獄《らうごく》の難《なん》。發狂《はつきやう》。或《あるひ》は樹《き》に壓《うた》れて死亡《しばう》す。

○其理《そのり》は地理《ちり》全書《ぜんしよ》に曰《いは》く巽《そん》を淸《せい》

明風《めいふう》とす。訴訟《そしやう》。牢獄《らうごく》の難《なん》。狂人《きやうじん》。樹《き》に壓《うた》れる事《こと》を主《つかさど》ると云《い》ふ又曰《またいは》く巽《たつみ》。辛《かのえ》の方低《かたひく》く陷《おちい》るは傳《たつと》くして其家《そのいへ》。其宅地《そのたくち》に祿《ろく》なきを主《つかさど》るとあり注意《ちうい》を要《えう》す。

○☴巽大《たつみおほい》に缺《かけ》るは長男幼年《ちやうなんえうねん》にして親《おや》に離《はな》れ或《あるひ》は他國《たこく》に行《ゆく》か。長女緣遠《ちやうぢよえんとほ》く或《あるひ》は死亡《しばう》す。死《し》せざれば暗愚《ばか》と知《し》られよ。

○其理《そのり》は☴巽《そん》の伏卦《ふくくわ》は☳震《しん》。雷風薄《らいふうせまる》の理《り》にして長女《ちやうぢよ》。長男《ちやうなん》の二位缺《ゐかけ》るか故《ゆゑ》に親《おや》に緣薄《えんうす》く或《あるひ》は他國《たこく》に離《はなる》ると知《し》るべし。

○或《あるひ》は此家《このいへ》に住人《すむひと》は手足《てあし》の難病《なんびやう》。胸腹《むねはら》の痛《いたみ》。中年《ちうねん》にして中風病《ちうふうびやう》。女《をんな》は月血不順《げつけいふじゆん》。神經病《しんけいびやう》。血液不順《けつえきふじゆん》の難病《なんびやう》を主《つかさど》るなり。

○其理《そのり》は☴巽《そん》を肱《ひぢ》。股《もゝ》。胸《むね》とす其位缺《そのくらゐかけ》るが故《ゆゑ》に手足《てあし》。胸《むね》の病《やまひ》を招《まね》く。辰巳《たつみ》は日未《いま》だ中《ちう》せず故《ゆゑ》に中年《ちうねん》にして巽《そん》の風《かぜ》に遇《あ》ひ中風病《ちうふうびやう》となる又巽《またそん》は順《じゆん》なり。萬物齊《ばんぶつとゝの》ふ所其位缺《ところそのくらゐかけ》るが故《ゆゑ》に循環《じゆんくわん》の氣《き》を失《うしな》ふ因《よつ》て血液不順《けつえきふじゆん》の難病《なんびやう》を招《まね》く。

○☴巽《たつみ》の地形缺《ちけいかけ》たる所《ところ》の大樹《だいじゆ》を伐《きり》たる家《いへ》は。巽《たつみ》の缺《かけ》たる所《ところ》に古墓《ふるはか》の埋《うづも》れ二《ふたつ》あるべし或《あるひ》は☰乾《いぬゐ》の樹《き》を伐《きる》も同論《どうろん》なり。前文《ぜんぶん》の如《ごと》きは尾《お》の切《きれ》たる蛇《へび》二頭《とう》。家敷《やしき》に棲《すむ》。此《この》家《いへ》の主人《しゆじん》。妻女《さいぢよ》代々《だい〳〵》短命《たんめい》にして憂絶《うれひたへ》ず。

○所以《ゆゑん》☴巽《たつみ》は後天《こうてん》☰乾《いぬゐ》の對冲《たいちう》。衝破《しようは》の位《くらゐ》なれば☴巽《そん》の木《き》。☰乾《けん》の金《かね》に衝破《しようは》せられて其地《そのち》缺《かけ》たる所《ところ》に古墳《ふるつか》の埋《うづも》れあり蠡海集《れいかいしふ》に曰《いは》く辰巳《たつみ》は陽起《やうおこり》て變化《へんくわ》す其地《そのち》缺《かけ》たるの象《しやう》。古墳《ふるつか》の埋《うづも》れは☰☴天風姤《てんふうこう》の卦《くわ》。蛇《へび》二頭《とう》は☴☴重巽《ちうそん》則《すなは》ち巽爲風《そんゐふう》の卦《くわ》なり。古墳《ふるつか》の幽鬼崇《ゆうきたゝり》をなして主人《しゆじん》。妻室《さいしつ》。長男《ちやうなん》。長女《ちやうぢよ》死亡《しばう》する大凶相《だいきようさう》なり。

○☴巽《たつみ》の方大《かたおほい》に缺《かけ》たる宅地《たくち》は寺院廢地《じゐんはいち》の舊跡《きうせき》にして多《おほ》くは僧尼《そうに》の住《すみ》たる所《ところ》となす或《あるひ》は墓地《はち》の跡《あと》にして家敷内《やしきない》に石塔《せきたふ》。五輪《ごりん》の埋《うづも》れあるべし。

○其理《そのり》は説卦傳《せつくわでん》に曰《いは》く☴巽《そん》を髮寡《かみすくなし》とす則《すなは》ち僧尼《そうに》の象《かたち》なり。其位缺《そのくらゐかけ》るが故《ゆゑ》に寺院《じゐん》の廢地《はいち》となす又曰《またいは》く萬物《ばんもつ》巽《そん》に齊《とゝな》ふとは。帝《てい》☳震《しん》に出《いで》て巽《そん》に齊《とゝな》ふ尊《たつと》き所《ところ》なり其位《そのくらゐ》缺《かけ》て陰氣《いんき》是《これ》を司《つかさど》る故《ゆゑ》に墓地《はち》の跡《あと》とす☴巽《そん》の卦《くわ》は物《もの》の埋《うづも》れたる象《かたち》。因《よつ》て石塔《せきたふ》。五《ご》輪《りん》の陰物《いんもつ》。或《あるひ》は樹木《じゆもく》の根《ね》。瓦《かはら》。焼土《やけつち》。鐵屑等《てつくずとう》の埋《うづも》れあるなり。

○坎之地形張缺吉凶《きたのちけいはりかけきつきよう》を論《ろん》ず

○☵坎《きた》の地形《ちけい》に倉庫《さうこ》。傍屋等《はうをくとう》。本宅《ほんたく》に應《おう》じ備《そな》ひ。程能《ほどよ》く建《たつ》る時《とき》は。天幸福《てんかうふく》を降《くだ》し日々《ひゞ》に富《とみ》。月々《つき〴〵》に榮《さか》ひ。農家《のうか》は他郷《たきやう》。他國《たこく》に迄《まで》。田宅《でんたく》。山林《さんりん》を所有《しよいう》す。商家《しやうか》は他《た》市《し》。他國《たこく》に出店《でみせ》を構《かま》ひ遠方《ゑんはう》取引《とりひき》。商業《しやうげふ》に利益《りえき》を得《え》。軍人《ぐんじん》。文官《ぶんくわん》は他所《たしよ》。他國《たこく》に赴《ふ》任《にん》して昇給《しようきふ》なす。神官《しんくわん》。僧侶《そうりよ》は他所《たしよ》。他國《たこく》に分靈《ぶんれい》。末寺等《まつじとう》を得《え》。官職《くわんしよく》に昇《のぼ》る。士《し》農工商《のうこうしやう》。寺《じ》。社《しや》共《とも》に衆人《しゆうじん》の上《うへ》に位《くらゐ》し幸福《かうふく》を招《まね》く大吉相《だいきつさう》なりと知《し》るべし。

○所以《ゆゑん》☵坎張《かんはる》ときは☴巽《そん》となる。巽《そん》を世間《せけん》となす。遠方《ゑんはう》とす。福地《ふくち》とす☵坎《かん》は先天《せんてん》の☷坤位《こんゐ》なり後天《こうてん》の坤《こん》は先天《せんてん》の☴巽位《そんゐ》にして説卦傳《せつくわでん》に曰《いは》く☵坎《かん》は勞卦《らうくわ》にして萬物《ばんもつ》の歸《き》する所《ところ》。又曰《またいは》く巽《そん》に齊《とゝな》ふとある☵坎張《かんはる》ときは☴巽《さん》に變《へん》ず巽《そん》は則《すなは》ち萬《ばん》物《もつ》の齊《とゝな》ふ所《ところ》。高明《かうめい》なり故《ゆゑ》に士《し》。農《のう》。工《こう》。商《しやう》。寺《じ》。社《しや》ともに本文《ほんもん》の如《ごと》き他所《たしよ》。他《た》國《こく》。世上《せじやう》。遠方《ゑんはう》の福祿《ふくろく》を招《まね》く大吉相《だいきつさう》なり。

○又此家《またこのいへ》より文筆《ぶんぴつ》を好《この》む名士《めいし》を出《いだ》す○其理《そのり》は説卦傳《せつくわでん》に曰《いは》く水火相射《すゐくわあひゐず》とは☵坎《かん》の裏《うら》は☲離《り》。離《り》を文章《ぶんしやう》となす故《ゆゑ》に文筆《ぶんぴつ》を好《この》む名士《めいし》を出《いだ》すと知《し》るべし。

○☵坎《きた》の地形《ちけい》並《ならび》に建家《たていへ》。倉庫《さうこ》。傍屋等《はうをくとう》大《おほい》に張《はる》ときは☰乾《けん》。☶艮《こん》の缺《かけ》となる故《ゆゑ》に大凶相《だいきようさう》なり注意《ちうい》を要《えう》す○☵坎《きた》の地形《ちけい》。建家《たてや》。倉庫《さうこ》。傍屋等《はうをくとう》不相應《ふさうおう》に張出《はりいで》たるは長男《ちやうなん》生育《せいいく》せず。養子《やうし》を迎《むか》ひ。主人位《しゆじんくらゐ》を失《うしな》ひ奴僕《ぬぼく》主人《しゆじん》の財《さい》を盗《ぬす》む。

○其理《そのり》は☵坎張《かんはる》ときは☶艮《こん》の欠《かけ》となる艮は先天《せんてん》の☳震位《しんゐ》なり震《しん》を長男《ちやうなん》となす其位欠《そのくらゐかけ》るが故《ゆゑ》に長男成長《ちやうなんせいちやう》せず養子《やうし》を招《まね》く又《また》☵坎張《かんはる》ときは☰乾《けん》の欠《かけ》となる。乾《けん》を君《きみ》とす。主人《しゆじん》とす。其位欠《そのくらゐかけ》るが故《ゆゑ》に主人位《しゆじんくらゐ》を失《うしな》ひ又坎《またかん》を奴僕《ぬぼく》とす。盗《ぬすみ》とす。其《その》

坎張大凶相之圖

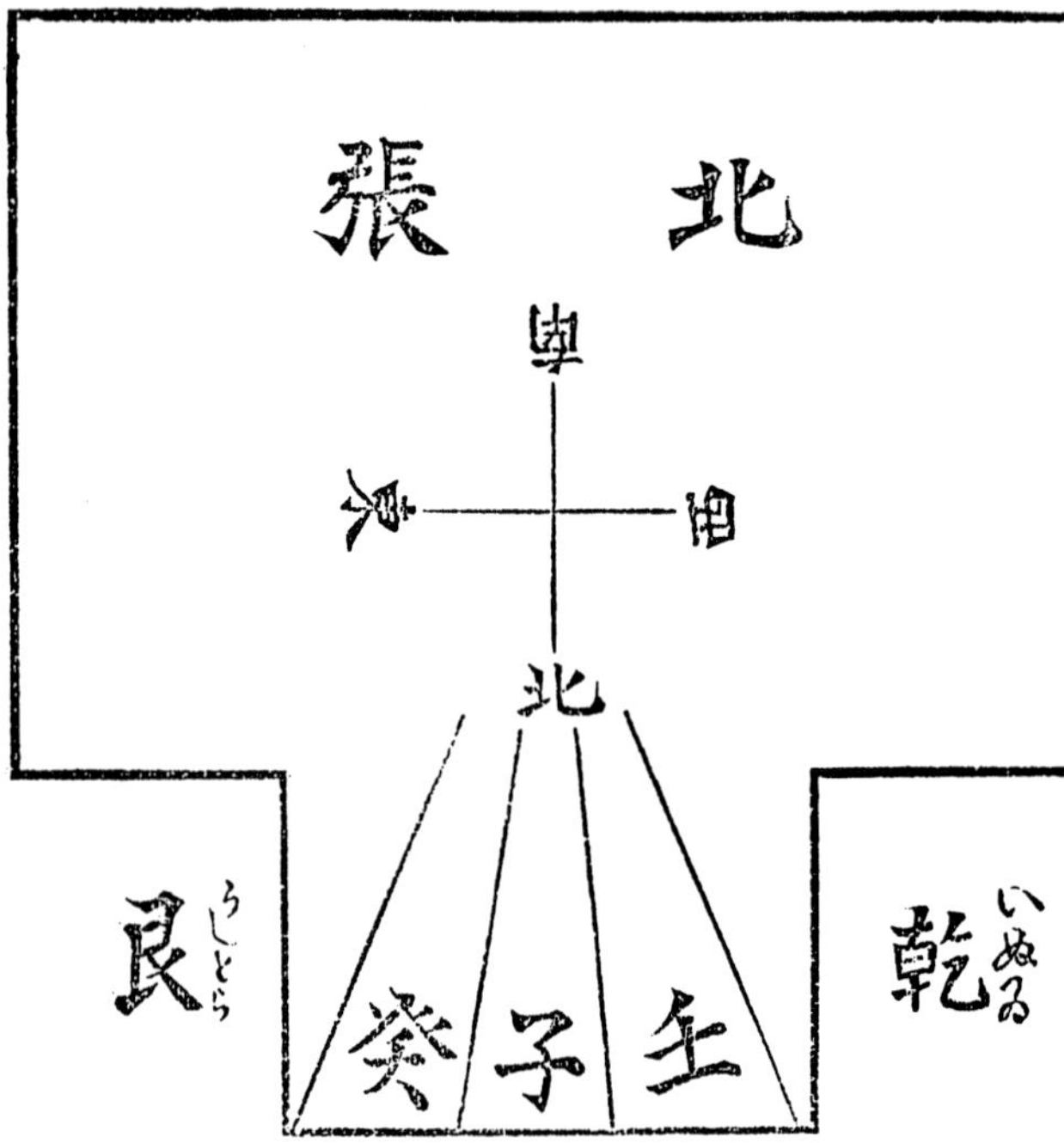

位張《くらゐはる》が故《ゆゑ》に守《まもり》を失《うしな》ひ主人《しゆじん》の財《さい》を盗《ねすむ》とす。

○☵坎《きた》の方大《かたおほい》に張《はる》は母方《はゝかた》に費用多《ひようおほ》く。遠方《ゑんはう》の損失《そんしつ》。溺死《できし》。難船《なんせん》。貧窮《ひんきう》なす。

○其理《そのり》は後天《こうてん》の☵坎位《かんゐ》は先天《せんてん》の☷坤位《こんゐ》なり坤《こん》を母《はゝ》とす其位張《そのくらゐはる》が故《ゆゑ》に母方《はゝかた》に費用《ひよう》多《おほ》し☷坤《こん》は先天《せんてん》の☴巽位《そんゐ》なり巽《そん》を他所《たしよ》。他國《たこく》。遠方《ゑんはう》とす其位不相應《そのくらゐふさうおう》に張《はる》が故《ゆゑ》に大《おほい》に損害《そんがい》を招《まね》く又《また》☵坎《かん》は水《みづ》なり其位張《そのくらゐはる》が故《ゆゑ》に破船《はせん》。溺死《できし》。貧困《ひんこん》を主《つかさど》ると知《し》るべし。

○此家《このいへ》の先祖《せんぞ》は他國《たこく》より來《きた》る者《もの》とす。

○所以《ゆゑん》☵坎《かん》を血《ち》とす先祖《せんぞ》とす☵坎張《かんはり》て☴巽《そん》に變《へん》ず巽《そん》を遠方《ゑんはう》とす故《ゆゑ》に遠祖《ゑんそ》は他所《たしよ》。他國《たこく》より來《きた》る人《ひと》と知《し》るべし。

○又此家《またこのいへ》は流產《りうざん》を招《まね》く或《あるひ》は女難《ぢよなん》。淫婦《いんぷ》を出《いだ》す。

○其理《そのり》は☵坎《かん》は子《ね》に位《くらゐ》す。子《ね》は子《こ》なり舊《きう》十一月冬至《ぐわつとうじ》の節《せつ》一陽來《やうきた》り萬物《ばんもつ》の氣《き》地下《ちか》に子《こ》を生《しやう》ず其位《そのくらゐ》を壓迫《あつはく》するが故《ゆゑ》に流產《りうざん》を招《まね》く又坎《またかん》を中男《ちうなん》とす☵坎張《かんはり》て☴巽《そん》に變《へん》ず巽《そん》を長女《ちやうぢよ》となす故《ゆゑ》に坎《かん》の水氣《すゐき》旺《わう》して女難《ぢよなん》。姦淫《かんいん》を招《まね》く。

○又此家《またこのいへ》に男子《だんし》あれば他家《たけ》を相續《さうぞく》なすか或《あるひ》は家《いへ》を出《いで》て歸《かへ》らず。他所《たしよ》。他國《たこく》の母親《はゝおや》の緣《えん》によりて水邊《すゐへん》に住居《ぢうきよ》するなり。

○其理《そのり》は一陽地下《やうちか》に子《こ》を生《しやう》ずる位《くらゐ》を壓迫《あつはく》するが故《ゆゑ》に他家《たけ》を繼《つぐ》か又《また》は家出《いへて》なすか母親《はゝおや》の緣《えん》により☵坎《かん》の水邊《すゐへん》に住居《ぢうきよ》す。

○☵坎《きた》の地形《ちけい》又《また》は建物《たてもの》大《おほい》に張《はる》は住人大酒《ぢうにんたいしゆ》を好《この》み。發狂《はつきやう》なすか。産業《さんげふ》を敗《やぶ》り大《おほい》に貧《ひん》窮《きう》に及《およ》ぶと知《し》るべし。

○其理《そのり》は☵坎《かん》を酒《さけ》とす。險《なやむ》とす。不足《ふそく》とす先天《せんてん》の☵坎位《かんゐ》は後天《こうてん》の☱兌位《だゐ》なり兌《だ》を口《くち》とす。口《くち》を以《もつ》て坎《かん》の酒《さけ》を呑《のみ》。發狂《はつきやう》。險《なやむ》。不足《ふそく》を招《まね》く☵坎張《かんはり》て☰乾缺《けんかけ》る乾《けん》を福地《ふくち》とす其位缺《そのくらゐかけ》るが故《ゆゑ》に生産力《せいさんりよく》を失《うしな》ひ貧窮《ひんきう》を主《つかさど》るなり。

○☵坎大《きたおほい》に張《はる》は妻女夫《さいぢよをつと》を蔑《ないがしろ》にして世間《せけん》の惡評《あくひやう》を招《まね》き且《か》つ奴僕《ぬぼく》と不義姦通《ふぎかんつう》の恐《おそれ》あり

○所以《ゆゑん》☵坎《かん》は先天《せんてん》の☷坤位《こんゐ》なり坤《こん》を母《はゝ》とす。妻女《さいぢよ》とす。坎張《かんはる》が故《ゆゑ》に妻女我意《さいぢよがい》に誇《ほこり》。總《すべ》てに發言《はつげん》して夫《をつと》を蔑《ないがしろ》にす又坎《またかん》を奴僕《ぬぼく》とす☰乾《けん》を主人《しゆじん》とす其位缺《そのくらゐかけ》るが故《ゆゑ》に主人《しゆじん》の權威《けんゐ》を失《うしな》ふ因《よつ》て妻女主人《さいぢよしゆじん》を蔑《ないがしろ》にして奴僕《ぬぼく》と不義密通《ふぎみつつう》をなすか或《あるひ》は主人大《しゆじんおほい》に墮落《だらく》をなすか恐《おそる》べき凶相《きようさう》なり。

○☵坎《きた》の地形倉庫《ちけいさうこ》。傍屋《はうをく》建張《たてはり》て物《もの》に蓋《ふた》をしたる如《こと》く見《み》へる家《いへ》は必《かなら》ず聾《つんぼ》の者《もの》を出《いだ》す。

○其理《そのり》は說卦傳《せつくわでん》に曰《いは》く坎《かん》を耳《みゝ》とす。倉庫《さうこ》。傍屋《はうをく》。建張《たてはり》て坎《かん》の耳《みゝ》を塞《ふさぐ》が故《ゆゑ》に艱《なんぎ》の者《もの》を出《いだ》すと知《し》るべし。

○坎張《かんはる》ときは坎《かん》。險《けん》を重《かさね》るを以《もつ》て習坎《しふかん》と云《い》ふ則《すなは》ち。

䷜ 坎《かん》爲《ゐ》水《すゐ》之《の》卦《くわ》

彖辭ニ曰《く》習坎《しふかん》。有《ありて》レ孚《まこと》維《つなぐ》心《こゝろ》亨《とほる》行《ゆけは》有《あり》レ尚《たつとぶこと》

とは兩坎相重《りやうかんあひかさな》るは重險《ちうけん》なり是《これ》を處《しよ》するは最《もつと》も難《かた》し。坎《かん》は水《みづ》なり。水《みづ》の流《なが》るゝや千轉萬折《せんてんはんせつ》して種々《しゆぐ》の險難《けんなん》を經《へ》るも終《をはり》に大海《たいかい》に歸《き》するを謂《い》ひ。人事《じんじ》も亦《また》如此《かくのごと》く千《せん》轉萬折《てんはんせつ》の困苦《こんく》あるも其誠實《そのせいじつ》を失《うしな》はざるべしとの訓戒《くんかい》なり。有《テ》レ孚《ト》維《ゲ》。心亨《ル》とは水《みづ》は停《とゞま》りて行《ゆか》ざれば則《すなは》ち滿《み》つ。滿《み》つれば則《すなは》ち終《つひ》に坎《あな》に陷《おちい》る。唯《た》だ流《なが》るゝ故《ゆゑ》に百折《ひやくせつ》して海《うみ》に入《い》る。人事《じんじ》に於《おけ》るも險《けん》に處《しよ》するを以《もつ》て患《うれひ》と爲《な》さず。柔《じう》にして能《よ》く物《もの》に勝《かつ》ものは力《ちから》を以《もつ》て爭《あらそ》はずして誠心《まことこゝろ》を以《もつ》て通《つう》ずるを謂《い》ふ。行有《テリ》尚《フ》とは。行《ゆき》て尚往《なほゆけ》ば則《すなは》ち能《よ》く險《なやみ》を出《いで》て功《こう》あり則《すなは》ち大海《たいかい》に至《いた》るを謂《い》ふ又《また》。

彖傳曰《たんでんにいはく》。天險《てんのけんは》不《す》レ可《べから》レ昇《のぼる》也《なり》。地險《ちのけんは》山川《さんせん》丘陵《きうりよう》也《なり》。王《わう》公設《こうまうけて》レ險以守《けんをもつてまもる》ニ其國《そのくにを》一。險《けん》之《の》時《じ》

用《よう》。大《だい》矣《なる》哉《かな》

とある夫《そ》れ天《てん》の險《けん》たるや。階《かい》して昇《のぼ》る可《べか》らず。地《ち》の險《けん》たるや山《さん》川《せん》丘陵《きうりよう》ありて亦《また》昇《のぼ》り難《がた》く。渉《わた》るに易《やす》からず。王《わう》公《こう》外侮《ぐわいぶ》の來《きた》らんことを畏《おそ》れ。此《この》險《けん》を見《み》て以《もつ》て城《じやう》郭溝池《くわくこうち》の險《けん》を作《つく》り。以《もつ》て其國《そのくに》を守《まも》る。是《こ》れ險《けん》を以《もつ》て險《けん》を御《ぎよ》するなり。是《これ》に由《よ》りて觀《み》れば。險《けん》の用《よう》たる亦《また》大《だい》なるを謂《い》ふ故《ゆゑ》に坎《きた》の張《はり》を取《と》り除《のぞ》き國家《こくか》を守《まも》る道《みち》を以《もつ》て萬代不易《はんだいふいさ》の家相《かさう》を造《つく》り子孫《しそん》無窮《むきう》に光榮《くわうえい》なす家福《かふく》を遺《のこ》す事《こと》を研究《けんきう》せよ又《また》缺《かけ》たるも同論《どうろん》なり。

○坎《きた》缺《かけ》大凶《だいきよう》相《さう》を論《ろん》ず

○☵坎《きた》の地形《ちけい》又《また》は建物《たてもの》少《すこ》し缺《かけ》たはる凶《きよう》も又少《またすくな》し。大《おほい》に缺《かけ》たるは最《もつと》も大凶《だいきよう》なり第一《だいいち》長男《ちやうなん》。中男《ちうなん》生育《せいいく》せず若《も》し生長《せいちやう》すれば放蕩《はうたう》無頼《ぶらい》或《あるひ》は不具者《ふぐしや》にして家名《かめい》を穢《けが》す。不忠《ふちう》不孝《ふかう》の者《もの》を出《いだ》すと知《し》るべし。

○所以《ゆゑん》☵坎大《かんおほい》に缺《かけ》るときは☶艮《こん》の張《はり》となる後天《こうてん》の艮位《こんゐ》は先天《せんてん》の☳震位《しんゐ》なり震《しん》を長男《ちやうなん》とす又《また》☵坎《かん》を中男《ちうなん》とす其位張《そのくらゐはり》。缺《かけ》あるに由《よつ》て長男《ちやうなん》。中男生育《ちうなんせいいく》せず又坎《またかん》を奴《ね》僕《ぼく》とす。盗《ぬすみ》とす其位《そのくらゐ》缺《かけ》るが故《ゆゑ》に不忠《ふちう》。盗《ぬすみ》をなす又《また》坎《かん》缺《かけ》る時《とき》は必《かなら》ず☰乾《けん》の張《はり》となる乾《けん》張《はり》て不孝《ふかう》の者《もの》を出《いだ》す。

坎缺大凶相之圖

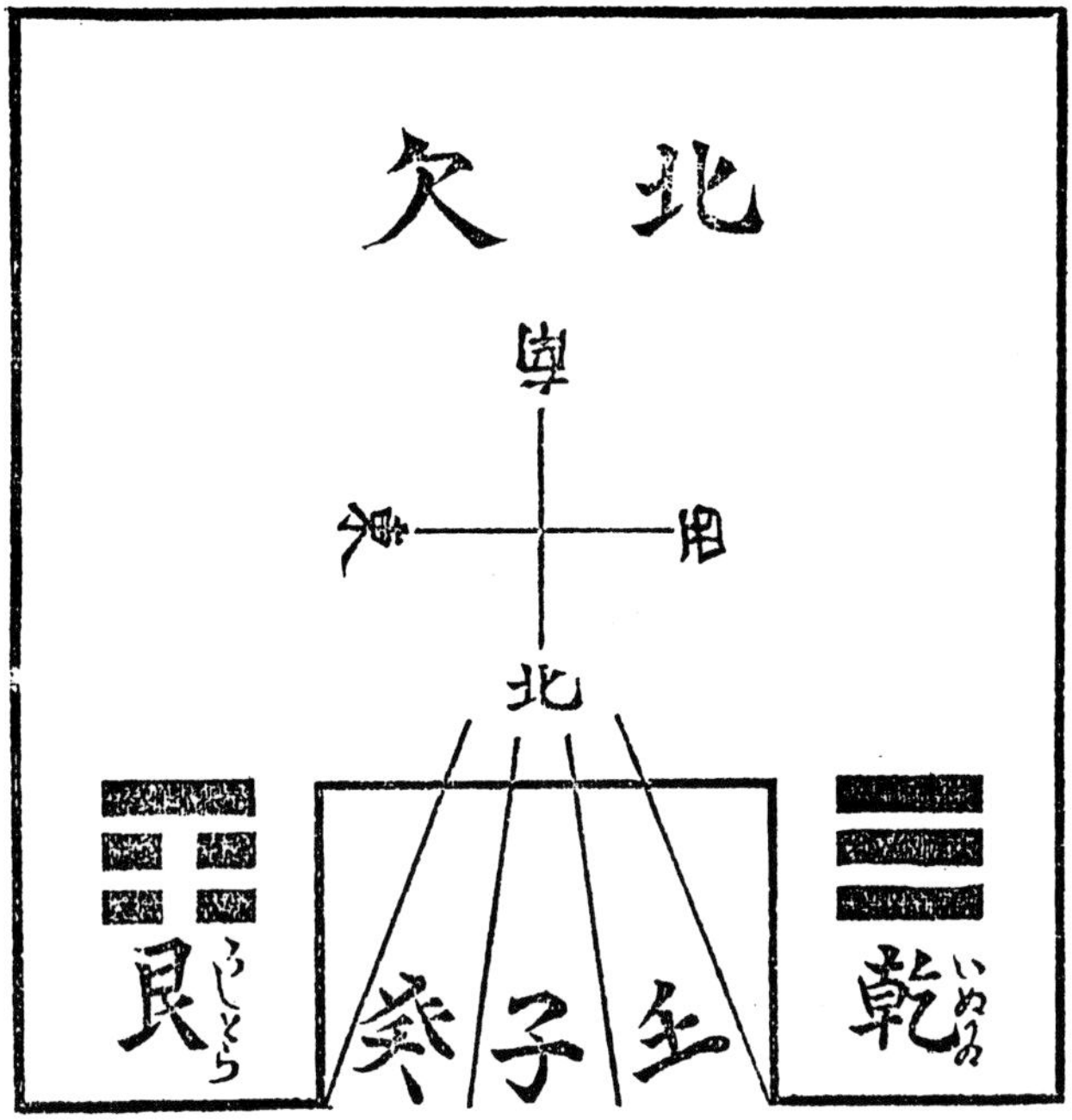

○☵坎《きた》の方《かた》缺《かけ》るは神經衰弱《しんけいすゐじやく》重《おもき》は發狂《はつきよう》なすか。腎臟炎《じんざうえん》。腎臟《じんざう》病《びやう》。糖尿病《たうねうびやう》。神經痛《しんけいつう》。身《み》の病《やまひ》。眼病《がんびやう》を主《つかさ》どる。

○其理《そのり》は☵坎《かん》は子《ね》に位《くらゐ》す冬《とう》至《じ》の節《せつ》一陽《やう》來《きた》り萬物《ばんもつ》の氣《き》。地下《ちか》に子《こ》を生《しやう》ず其位《そのくらゐ》缺《かけ》るが故《ゆゑ》に生產《せいさん》の氣《き》を失《うしな》ひ神經衰《しんけいすゐ》弱《じやく》。重《おもき》は發狂《はつきよう》なす。又《また》坎《かん》を腎臟《じんざう》とす。耳《み》とす其位《そのくらゐ》缺《かけ》るが故《ゆゑ》に腎臟病《じんざうびやう》。糖尿病《たうねうびやう》。耳《み》の病《やまひ》を發《はつ》す○☵坎《かん》は先天《せんてん》の☷坤位《こんゐ》なり坤《こん》は土《つち》。坎《かん》の水《みづ》を剋《こく》す因《よつ》て神經痛《しんけいつう》。總《すべ》て血液不順《けつえきふじゆん》の難《なん》を招《まね》く則《すなは》ち坎《かん》を血《ち》とす其位缺《そのくらゐかけ》るが故《ゆゑ》なり。

○又法廷《またはふてい》の難《なん》。水難《すゐなん》。破船等《はせんとう》の損害《そんがい》を招《まね》くなり○其理《そのり》は☵坎《かん》の裏《うら》は☲離《り》。離《り》を法廷《はふてい》とす其位缺《そのくらゐかけ》るが故《ゆゑ》に法廷《はふてい》の爭《あらそひ》を招《まね》く又坎《またかん》は水《みづ》なり水流《みづなが》れて停《とゞま》らず行《ゆき》て大海《だいかい》に至《いた》る其徳缺《そのとくかけ》て。坎《かん》の險《なやみ》を主《つかさど》る故《ゆゑ》に水難《すゐなん》となりて破船《はせん》。田宅《でんたく》。流失《りうしつ》の難《なん》を招《まね》くと知《し》るべし。

○☵坎《かん》の方大《かたおほい》に缺《かけ》る時《とき》は此家《このいへ》一端《たん》富榮《とみさかえ》ると雖《いへど》も先祖《せんぞ》の遺業《ゐげふ》を守《まも》る事能《ことあた》はず遂《つひ》に困《こん》窮《きう》に迫《せま》り祖先《そせん》を辱《はづかし》む。

○其理《そのり》は☵坎缺《かんかけ》る時《とき》は☰乾《けん》の張《はり》となる故《ゆゑ》に一端繁榮《たんはんえい》なすと雖《いへど》も坎《かん》を先祖《せんぞ》とす其《その》位缺《くらゐかけ》るが故《ゆゑ》に遺業《ゐげふ》を守《まも》る事能《ことあた》はず困窮《こんきう》して先祖《せんぞ》を辱《はづか》しむ。

○又此家《またこのいへ》女主人《をんなしゆじん》となりて家業《かげふ》を治《をさむ》る時《とき》は親屬不和《しんぞくふわ》となるなり。

○其理《そのり》は☵坎缺《かんかけ》るは☷坤《こん》となる坤《こん》を妻女《さいぢよ》とす故《ゆゑ》に女主人《ぢよしゆじん》となる象《かたち》☷坤《こん》は先天《せんてん》の☵坎位《かんゐ》なればなり又《また》☷坤《こん》は先天《せんてん》の☴巽位《そんゐ》なり巽《そん》を遠方《ゑんはう》とす其位缺《そのくらゐかけ》るが故《ゆゑ》に母方《はゝかた》

の親族《しんぞく》又《また》は遠方《ゑんはう》の親戚《しんせき》悉《ことごと》く不和《ふわ》を主《つかさど》ると知《し》るべし。

○☵坎大《きたおほい》に缺《かけ》るは家人《かじん》道路《だうろ》にて死亡《しはう》す或《あるひ》は水《みづ》の災害《さいがい》。内亂《ないらん》を招《まね》く

○其理《そのり》は地理全書《ちりぜんしよ》に曰《いは》く坎《かん》を廣莫風《くわうばくふう》とす路死《ろし》。水《みづ》の災害《さいがい》。内亂《ないらん》を主《つかさど》るとある。

○☵坎《きた》の方大《かたおほい》に缺《かけ》るは家人《かじん》に溺死《できし》する者《もの》あり。農家《のうか》は水論《するろん》に利《り》を失《うしな》ひ大《だい》なる災害《さいがい》を招《まね》くと知《し》るべし。

○所以《ゆゑん》☵坎缺《かんかけ》るは☷坤《こん》となる坤《こん》は先天《せんてん》の☴巽位《そんゐ》なり巽《そん》を風《かぜ》とす因《よつ》て風波《ふうは》の難《なん》にて水《みづ》に溺《おぼ》れ死亡《しはう》なすか又坎水《またかんすゐ》を論《ろん》じて險難《けんなん》に陥《おちゐ》り大《だい》なる災害《さいがい》を主《つかさど》るは水《みづ》の位缺《くらゐかけ》るが故《ゆゑ》なり。

○☵坎缺《きたかけ》て☰乾張《いぬゐはる》は戌《いぬ》の日《ひ》亥《ゐ》の日《ひ》衣服《いふく》を鼠《ねづみ》に喰《くは》る然《しか》る時《とき》は最《じつと》も大凶《だいきよう》なり必《かなら》ず親屬《しんぞく》に欺《あざむか》れ産業《さんげふ》を失《うしな》ふ程《ほど》の大損害《だいそんがい》に及《およ》ぶと知《し》られよ。

○其理《そのり》は考原《かうげん》に曰《いは》く子《ね》の宮《きう》は女《ぢよ》。虚《きよ》。危《やく》の三宿《さんしゆく》なり。虚宿星《きよしゆくせい》を以《もつ》て中《ちう》に位《くらゐ》す鼠《ねづみ》の本象《ほんしやう》とす☵坎缺《きたかけ》て鼠《ねづみ》の隠伏《いんぷく》するに所《ところ》なく☰乾《けん》の張《はり》に付《つい》て人《ひと》の衣服《いふく》を嚙《か》み災《わざはい》をなす。乾《けん》を福地《ふくち》とす戌《いぬ》の日《ひ》亥《ゐ》の日《ひ》に福地《ふくち》を嚙《か》む故《ゆゑ》に産業《さんげふ》を失《うしな》ふ程《ほど》の大損害《だいそんがい》を招《まね》

く多《おほ》くは親族《しんぞく》の爲《ため》に來《きた》ると知《し》るべし。

○此家《このいへ》に傳來《でんらい》の劍《つるぎ》あれば必《かなら》ず目釘穴《めくぎあな》二ツあるべし多《おほ》くは關家《せきけ》の打《うち》し者《もの》と斷定《だんてい》す。大《おほい》に祟《たゝり》をなすと知《し》られよ。

○其理《そのり》は劍《けん》の色《いろ》は北方《ほくはう》の黑色《こくしよく》に屬《ぞく》す。穴《あな》二ツあるは☵坎《かん》の象《しやう》則《すなは》ち重坎《ちうかん》の義《ぎ》なり關《せき》は北《きた》なり關門《くわんもん》の義《ぎ》を取《と》る斷易《だんえき》の法《はふ》なり北《きた》缺《かけ》て劍《けん》の色《いろ》を失《うしな》ふ故《ゆゑ》に祟《たゝり》をなす恐《おそ》るべし注意《ちうい》を要《えう》す。

○艮《うしとら》の地形《ちけい》張《はり》缺《かけ》吉凶《きつきよう》を論《ろん》ず

○☶艮《うしとら》の方《かた》地形《ちけい》建物《たてもの》總《すべ》て張缺《はりかけ》を大《おほい》に忌《いむ》。況《いはん》や倉庫《さうこ》。傍屋《はうをく》。物置《ものおき》等《とう》大《おほい》に張《はる》ときは其《その》主《しゆ》一代《だい》富《とむ》と雖《いへど》も短命《たんめい》なす又《また》張《はり》の大小《だいせう》に因《よつ》て二代《だい》三代《だい》にして大《おほい》に衰《おとろ》ふ。

○所以《ゆゑん》☶艮《こん》は止《とゞま》る。一陽《やう》上《かみ》に止《とゞま》り復《また》進《すゝ》み上《のぼる》べき所《ところ》なし故《ゆゑ》に自《おのづか》ら止《とゞま》る因《よつ》て初代《しよだい》富《とみ》と雖《いへど》も短命《たんめい》なすか胃癌《ゐがん》の難病《なんびやう》を招《まね》き。二代《だい》三代《だい》大《おほい》に衰《おとろ》ひ家名《かめい》斷絶《だんぜつ》なす。艮《こん》は始《はじめ》終《をはり》を主《つかさど》る。寅《とら》は立春《りつしゆん》の氣《き》起《おこ》りて萬物《ばんもつ》始《はじめ》て地上《ちじやう》に出《いで》て伸《のぶ》る所《ところ》なり。丑《うし》は萬物《ばんもつ》の終《をはり》を成所《なすところ》。一月《ぐわつ》より十二月《ぐわつ》迄《まで》一箇年間《かねんかん》を紐所《むすぶところ》とす故《ゆゑ》に其地形《そのちけい》張缺《はりかけ》或《あるひ》は倉庫《さうこ》。傍《はう》屋《かく》。物《もの》置《おき》等《とう》ある時《とき》は始《はじめ》。終《をはり》をなす氣脈《きみやく》を壓迫《おつはく》なすが故《ゆゑ》に其《その》氣《き》滞《とゞこほ》りて循環《じゆんくわん》せず自《じ》然《ぜん》に生育《せいいく》の徳《とく》を失《うしな》ひ大《おほい》に困窮《こんきう》衰微《すゐび》家名《かめい》斷絶《だんぜつ》なすと知《し》るべしなれども寅《とら》の方程《かたほど》能《よ》く張《はる》は吉相《きつさう》なり寅《とら》は立春《りつしゆん》の氣《き》起《おこ》る所《ところ》なればなり。

○☶艮《うしとら》の張《はり》。缺《かけ》は第一《だいいち》男子《だんし》生育《そだ》ず養子《やうし》家名《かけい》を繼《つ》ぐ。

○其《その》理《り》は☶艮《こん》は先天《せんてん》の☳震《しん》位《ゐ》なり震《しん》を長男《ちやうなん》とす又《また》艮《こん》を小男《せうなん》とす故《ゆゑ》に☶艮《こん》の張缺《はりかけ》供始終循環《ともしゆじゆうじゆんくわん》する氣脈《きみやく》を妨《さまたぐ》る故《ゆゑ》に長男《ちやうなん》。次男《じなん》生成《せいちやう》せず但《たゞ》し☶艮《こん》の張缺《はりかけ》小《せう》なる時《とき》は三男《なん》。四男《なん》育《そだつ》こともあれども長男《ちやうなん》決《けつ》して生育《せいいく》せず三男《なん》。四男《なん》にて家《いへ》を繼《つ》ぐも又《また》養子《やうし》を招《まね》く理《り》あり。

○胃癌《ゐがん》○神經痛《しんけいつう》○血液《けつえき》不順《ふじゆん》○中風病《ちうふうびやう》○不具者《ふぐしや》○手足牽引《てあしひきつる》○目口喎斜《めくちゆがむ》○癩病《らいびやう》○癈疾《はいしつ》等《とう》の難病《なんびやう》を主《つかさど》るなり。

○所以《ゆゑん》☶艮《こん》を手《て》とす。趾《あし》となす。胃《ゐ》とす。背《はい》とす則《すなは》ち背《はい》は背《そむく》なり。

彖傳曰艮止也《たんでんにいはくごんはとゞまるなり》。時止則止《ときにとゞまればすなはちとゞまる》。動靜《どうせい》不《ず》失《うしなは》其時《そのときな》其道光明《そのみちくわうめいなり》

とあるは人《ひと》無病《むびやう》なれば氣血《きけつ》よく循環《じゆんくわん》なせばなり☶艮《こん》の張缺《はりかけ》は行止《ぎやうし》。動靜《どうせい》其時《そのとき》を

失《うしな》ひ始《はじめ》。終《をはり》の氣脈循環《きみやくじゆんくわん》せざる故《ゆゑ》に本文《ほんぶん》の如《ごと》き難病《なんびやう》を發《はつ》するなり。

○前文《ぜんぶん》の如《ごと》き凶相《きようさう》の地相《ちさう》。家相《かさう》は男子《だんし》決《けつ》して生育《せいいく》せずとあり養子《やうし》家《いへ》を繼《つ》ぐ若《も》し男《だん》あるも短命《たんめい》なり是《これ》を救《すくは》んと欲《ほつ》せば速《すみやか》に其家《そのいへ》より他家《たけ》へ其人《そのひと》の年月日時《ねんぐわつひとき》の吉方《きつはう》を余《よ》の著作《ちよさく》九星秘訣大集《きうせいひけつだいしふ》を見《み》。選定《せんてい》し他《た》へあづけ置《お》き凶相《きようさう》を改築《かいちく》して後《のち》。吉方《きつはう》の來《きた》るを待《まち》て其男子《そのだんし》を迎《むか》ひ返《かへ》せば累代男子《るゐだいだんし》血脈續《けつみやくつゞき》て長久《ちやうきう》する事疑《ことうたがひ》なし。

○☶艮《うしとら》の方張《かたはる》と雖《いへど》も☰乾《いぬゐ》の倉庫間數《さうこけんすう》よく又《また》は疊《たゝみ》の間取《まどり》より扶助《ふじよ》ある家《いへ》は一代《だい》は養子《やうし》一代《だい》は實子《じつし》にて相續《さうぞく》すべし其餘《そのよ》の禍害《さいがい》は張《はり》。缺《かけ》の大小《だいせう》に因《よ》り其地形《そのちけい》に準《じゆん》じて祟《たゝり》の厚薄《こうはく》を斷定《だんてい》すべし。

○☶艮《うしとら》の隅尖《すみとが》り張《はり》て倉庫《さうこ》。傍屋《はうをく》。物置等《ものおきとう》あれば主人剛慾《しゆじんがうよく》にして不義《ふぎ》の財《ざい》を貪《むさは》り不法《はふ》を言募《いゝつの》り遂《つひ》に公難《こうなん》を招《まね》く。

○其理《そのり》は☶艮《こん》を虎《とら》とす。狗《いぬ》とす艮《こん》は先天《せんてん》の☰乾位《けんゐ》なり乾《けん》を君《きみ》とし又官廳《またくわんちやう》とす乾《けん》は後天《こうてん》の☲離位《りゐ》。離《り》は又法廷《またはふてい》とす。訴訟《そしよう》なり。故《ゆゑ》に艮《こん》の隅尖《すみとが》り張《はる》は主人剛慾《しゆじんがうよく》にして虎狼《こらう》の食《しよく》を貪《むさは》るが如《ごと》く則《すなは》ち艮《こん》の進退《しんたい》する事《こと》を忘却《ばうきやく》して理《り》不盡《ふじゆん》に募《つの》り君位《くんゐ》を

寅張吉相之圖

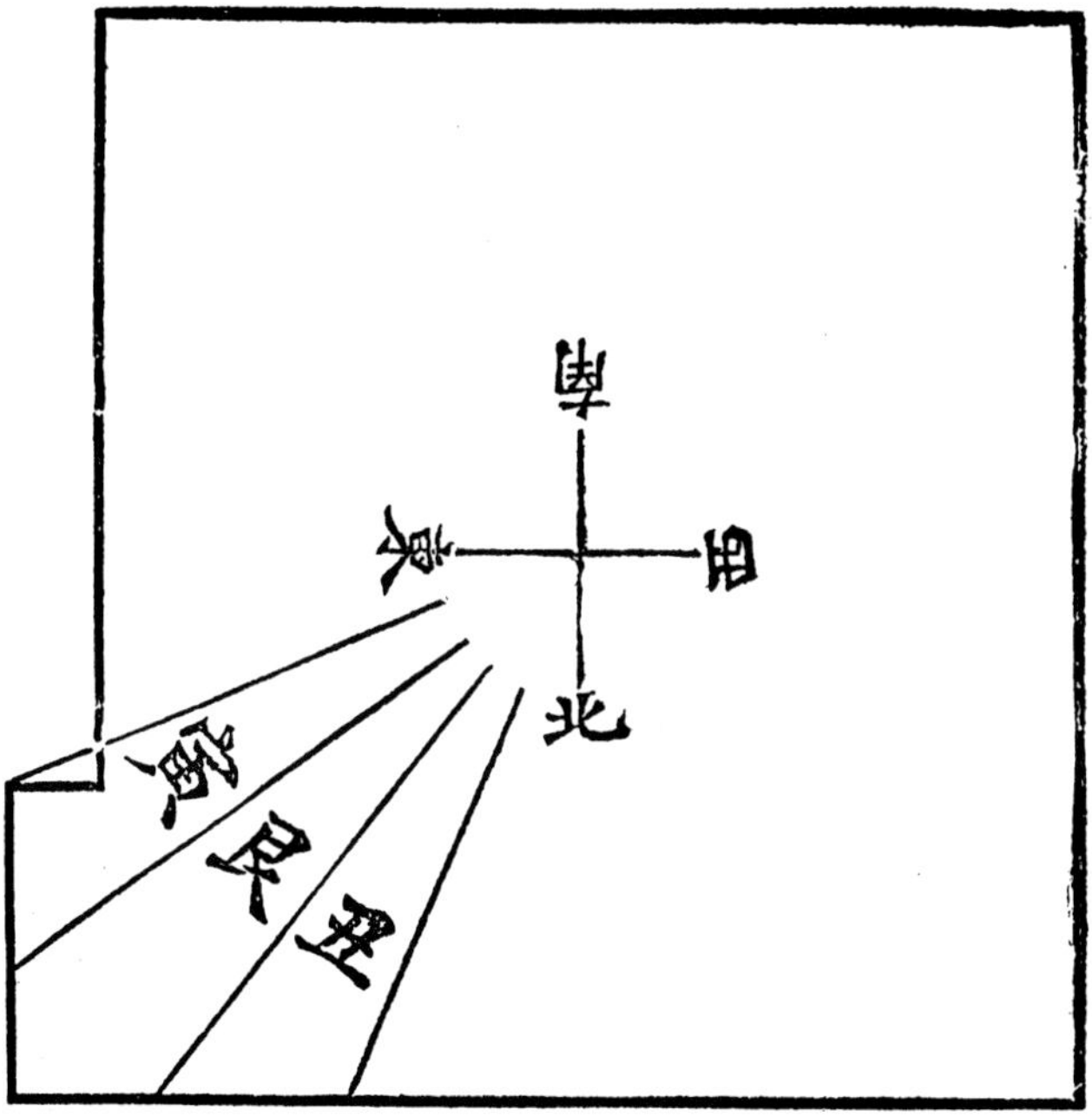

犯《をか》して公難《こうなん》に遇《あ》ふ注意《ちうい》を要《えう》す試見《ためしみ》よ。

○☶艮《うしとら》の方大《かたおほい》に張《はる》は主人《しゆじん》夭亡《たんめい》後家《ごけ》家事《かじ》を主《つかさど》り非道《ひだう》に富《とん》で公《こう》難《なん》。争論《さうろん》。不義《ふぎ》密夫《みつぷ》。姦淫《かんいん》にして家名《かめい》を穢《けが》す。

○所以《ゆゑん》☶艮大《こんおほい》に張《はれ》ば☵坎《きた》も自《じ》然《ぜん》に張《はつ》て☰乾《いぬゐ》の缺《かけ》となる乾《けん》を父《ちゝ》とす。主人《しゆじん》とす其位《そのくらゐ》缺《かけ》るが故《ゆゑ》に主人《しゆじん》短命《たんめい》なす後天《こうてん》の☵坎《かん》は先天《せんてん》の☷坤《こん》位《ゐ》ともに張《はる》が爲《ため》に☷坤《こん》の妻女《さいぢよ》後家《ごけ》となりて家事《かじ》を治《をさ》め非道《ひだう》に富《と》む☶艮《こん》の伏卦《ふくくわ》は☱兌《だ》。故《ゆゑ》に山澤《さんたく》氣《き》を通《つう》じて不義《ふぎ》密夫《みつぷ》姦淫《かんいん》して家名《かめい》を汚《けが》す。又争論《またさうろん》多《おほ》く☱兌《だ》の口《くち》より災起《わざはひおこ》ると知るべし。

○艮缺《うしとらかけ》大凶《だいきよう》相《さう》を論《ろん》ず

○☶艮《うしとら》の地形《ちけい》又《また》は建物《たても》等《の》大《とうおほい》に缺《かけ》るは男子《だんし》生育《せいいく》せず養子《やうし》を招《まね》く○胃《ゐ》癌《がん》○中風病《ちうふうびやう》○不《ふ》具者《ぐしや》○血液《けつえき》不順《ふじゆん》○不仁《しびれ》○手足《てあし》牽引《ひきつる》○癩病《らいびやう》○癈疾《はいしつ》等《とう》の難病《なんびやう》を發《はつ》す○一端《たん》富《とむ》と雖《いへど》も後《のち》大《おほい》に衰《おとろ》ふ○農家《のうか》は田宅《でんたく》牛馬《ぎうは》を失《うしな》ふ○仕官《しくわん》は職《しよく》に離《はな》れ浪人《らうにん》となる或《あるひ》は帶劍《たいけん》を失《しな》ひ家《か》名《めい》を穢《けが》し祖先《そせん》を辱《はづかし》む。

○其《その》理《り》は前文《ぜんよん》の如《こと》く始《はじめ》。終《をはり》の氣脈循環《きみやくじゆんくわん》せざるが爲《ため》なり又《また》☶艮《こん》は止《とゞま》る。其位缺《そのくらゐかけ》て止《とゞま》る所《ところ》を失《うしな》ふ故《ゆゑ》に農家《のうか》は田宅《でんたく》牛馬《ぎうは》を失《うしな》ひ。仕官《しくわん》は職《しよく》を失《うしな》ひ或《あるひ》は帶劍《たいけん》を失《うしな》ひ家名《かめい》を穢《けが》し祖先《そせん》を辱《はづかし》む。

○☶艮《うしとら》の方大《かたおほい》に缺《かけ》るは脊髓《せきずゐ》○鼻虧《はなかけ》○盲人《まうじん》等《とう》を出《いだ》す恐《おそ》れあり。

○所以《ゆゑん》彖辭《たんじ》曰《にいはく》。

☶艮《とゞまる》其背《そのはいに》二不《ず》レ獲《ゑ》二其身《そのみを》一行《ゆきて》二其庭《そのていに》二不《ず》レ見《み》二其人《そのひとを》一无《なし》レ咎《とが》

とある其背《そのはい》に艮《とゞま》り其身《そのみ》を獲《はづかし》むとす又《また》艮《ごん》を鼻《はな》とす其位缺《そのくらゐかけ》るが故《ゆゑ》に脊髓《せきずゐ》。鼻虧等《はなかけとう》の

丑寅缺大凶相之圖

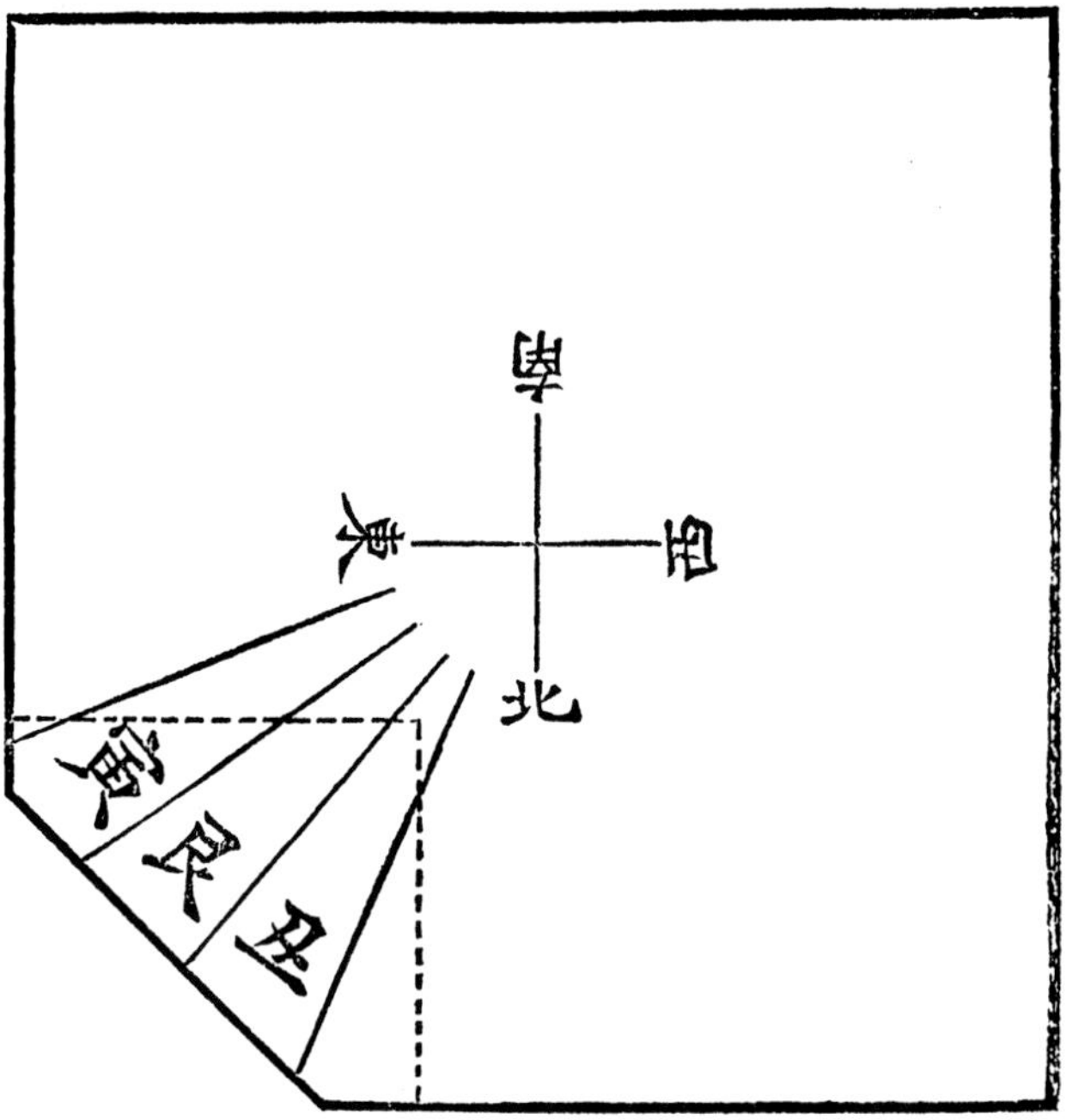

病《やまひ》を招《まね》き其身《そのみ》を獲《はつかし》むるに至《いた》るなり又曰《またいはく》其庭《そのてい》に行《ゆき》て其人《そのひと》を見《み》づ。其庭《そのてい》とは近《ちか》きを言《い》ふ。近《ちか》き所《ところ》も見《み》へず故《ゆゑ》に眼病《がんびやう》とし盲《めく》人《ら》となす。

○此家《このいへ》は狐狸《こり》妖怪《えうくわい》の眚《わざはひ》あり。

○其理《そのり》は☶艮《こん》を狐《きつね》とす其位缺《そのくらゐかけ》て氣血循環《きけつじゆんくわん》の道《みち》を失《うしな》ふ故《ゆゑ》に神《しん》經病《けいびやう》。邪魅妖怪《じやみえうくわい》の眚害《さいがい》を招《まね》く

○丑《うし》の方缺《かたかけ》るは劍難《けんなん》○刀劍紛失《たうけんふんしつ》

○或《あるひ》は七寸《すん》又《また》は七寸《すん》三《よ》分の短劍《たんけん》ありて子孫《しそん》に祟《たゝ》る。

○其理《そのり》は☶艮《こん》は七の數《すう》。艮《こん》の七に三を合《あは》せ十是又《これまた》艮《こん》の數《すう》又《また》艮《こん》の子孫宮《しそんきう》となす又《また》

艮《こん》を山《やま》とす百物《ひやくもつ》を生《しやう》ずる所《ところ》なり其位《そのくらゐ》缺《かけ》るが故《ゆゑ》に生育《せいいく》の徳《とく》を失《うしな》ひ子孫《しそん》に祟《たゝ》ると知《し》るべし。

○寅《とら》の方缺《かたかけ》るは長男生長《ちやうなんせいちやう》せず。或《あるひ》は不具者《ふぐしや》を出《いだ》す。

○其理《そのり》は寅《とら》は百物《ひやくもつ》演生《のびしやう》ずる所缺《ところかけ》るが故《ゆゑ》に長男生育《ちやうなんせいいく》せず若《も》し育《そだて》は不具者《ふぐしや》なり。

○坤《ひつじさる》の地形張缺吉凶《ちけいはりかけきつきよう》を論《ろん》ず

○☷坤《ひつじさる》は☰乾《いぬゐ》の伏卦《ふくくわ》にして地《ち》なり。地《ち》は萬物《ばんもつ》を資養《たすけやしな》ふ所《ところ》。且《か》つ後天《こうてん》☶艮《うしとら》の對位《たいゐ》なり艮《こん》を生門《せいもん》と云《い》ひ。坤《こん》を死門《しもん》と云《い》ひ最《もつと》も理論《りろん》多《おほ》き所《ところ》なれば地相《ちさう》。家相共《かさうとも》に缺張《かけはり》なく又倉庫《またさうこ》。傍屋《はうをく》。物置等《ものおきとう》。唯《た》だ一物《もつ》も無《な》く空地《くうち》を大吉相《だいきちさう》となす。若《も》し大《おほい》に張《はる》ときは一端大《たんおほい》に富榮《とみさか》え或《あるひ》は一國《こく》の富豪《ふがう》となると雖《いへど》も忽《たちま》ち大《おほい》に衰《おとろ》ひ生産滅亡《せいさんめつばう》。血脈迄《ちみやくまで》を絶《たや》し家名斷絶《かめいだんぜつ》なす大凶相《だいきようさう》なり恐《おそ》るべし。

○所以《ゆゑん》☷坤《こん》は地徳厚《ちとくあつ》く能《よ》く萬物《ばんもつ》を載《の》せ能《よ》く萬物《ばんもつ》を生育《せいいく》す故《ゆゑ》に一端富《たんとむ》と雖《いへど》も。未《ひつじ》は日中《ひちう》して則《すなは》ち傾《かたむ》き幽昧《ゆうまい》に向《なか》ふ。申《さる》は日去《ひさり》て西《にし》に傾《かたむ》く位《くらゐ》なれば忽《たちま》ち産業滅亡遂《さんげふめつぼうつゐ》に血脈《ちみやく》を絶《たや》し家各斷絶《かめいだんぜつ》なすと知《し》るべし。

坤張大凶相之圖

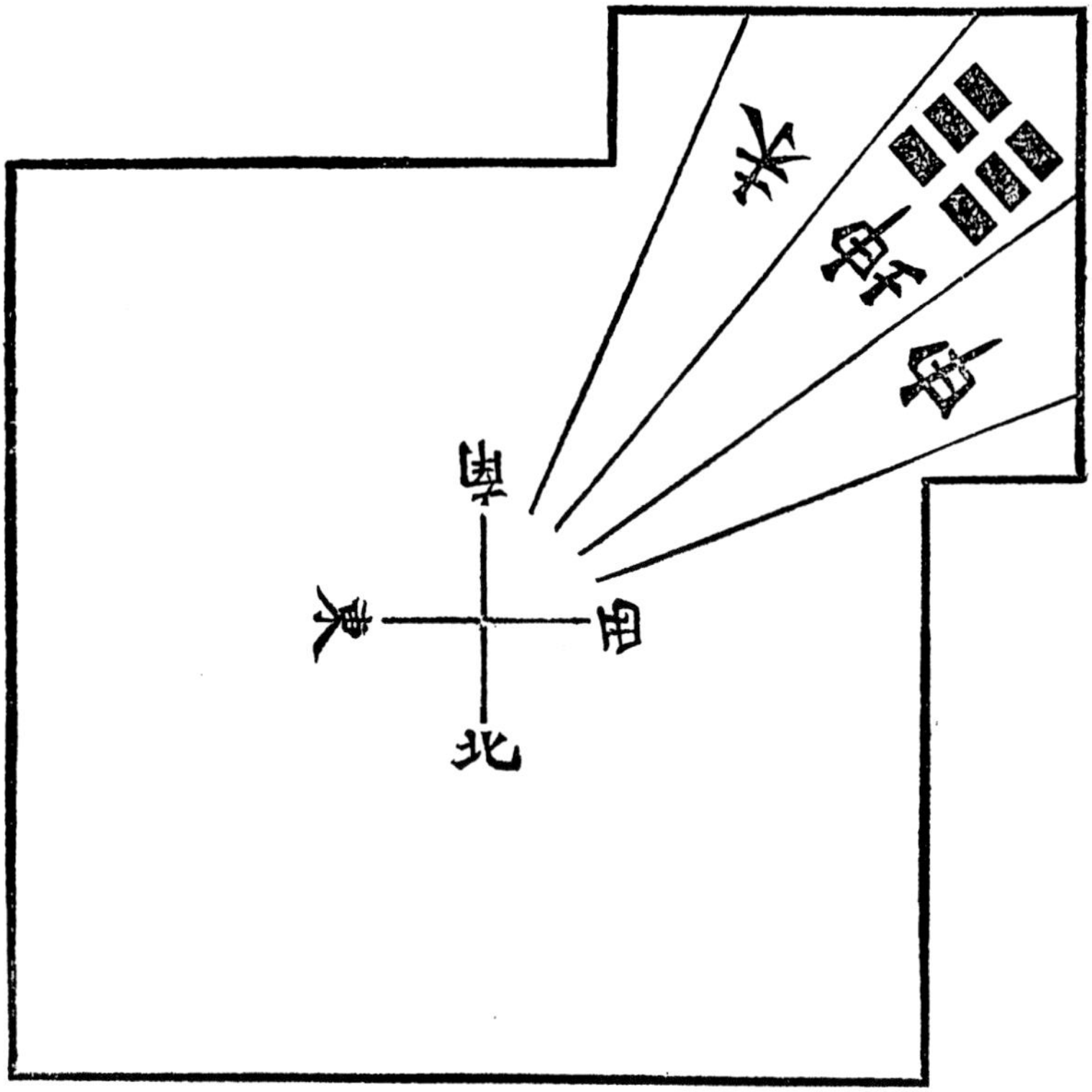

○俗說《ぞくせつ》に神佛《しんぶつ》に祈願《きぐわん》して子孫《しそん》七代《だい》の家福《かふく》を其《その》身《み》一代《だい》に招《まね》き其子孫《そのしそん》七代《だい》大《おほい》に困窮《こんきう》すと云《い》ふも一理《り》あり又《また》人《ひと》盛《さかん》なる時《とき》は天《てん》に勝《かつ》と云《い》ふ予《よ》多年《たねん》實驗《じつけん》するに凶方《きようはう》に向《むか》て普請《ふしん》。移轉《ゐてん》。事業《じげふ》なし大發展《だいはつてん》なす者《もの》あり然《しか》るに九星《せい》は十箇《か》年間《ねんかん》に元《もと》に返《かへ》り九星悉《せいこと〴〵》く本位《ほんゐ》を定《さだ》む其年《そのとし》其主人《そのしゆじん》必《かなら》ず死《し》亡《はう》し忽《たちま》ち眚害《せいがい》重《かさな》りて子《し》

孫《そん》迄《まで》を辱《はづか》しむ恐《おそ》るべし疑《うたが》ふべからず試見《ためしみ》よ。

○☷坤《ひつじさる》の地形《ちけい》大《おほい》に張《はり》或《あるひ》は建家《たていへ》等《とう》張《はる》か又《また》は倉庫《さうこ》。傍屋《はうをく》。物置《ものおき》等《とう》大《だい》なる者《もの》ある家《いへ》は主《しゆ》人代々《じんだい〳〵》短命《たんめい》にして後家《こけ》家事《かじ》を主《つかさど》る建張《たてはり》たる事至《こといたつ》て甚《はなはだ》しきは一家《か》の内《うち》。父子《ふし》。養子《やうし》孫《まご》。皆《みな》短命《たんめい》にして後室《ごけ》三五人《にん》に及《およ》ぶ。

○其理《そのり》は☷坤《こん》大《おほい》に張《はる》ときは☰乾《けん》の缺《かけ》となる。乾《けん》は父《ちゝ》なり。父《ちゝ》の位缺《くらゐかけ》るが故《ゆゑ》に主《しゆ》人短命《じんたんめい》なす☷坤《こん》は母《はゝ》。妻女《さいぢよ》の位《くらゐ》。張《はる》か故《ゆゑ》に主人《しゆじん》に代《かは》りて家事《かじ》を治《をさ》む終《をはり》に後室《こけ》三五人《にん》に及《およ》ぶと知るべし。

○☷坤《こん》の地形《けい》張《はり》て厠《かはや》或《あるひ》は濁水《だくすゐ》又《また》は不淨《ふじやう》の建物《たてもの》ある家《いへ》は妻女《さいぢよ》死亡《しばう》に及《およ》ぶ事《こと》二。三人《にん》或《あるひ》は離《り》別《べつ》等《とう》を主《つかさど》る。

○其理《そのり》は☷坤《こん》は母《はゝ》なり妻女《さいぢよ》なり其位《そのくらゐ》汚《けがる》るが故《ゆゑ》に死亡《しばう》。離別《りべつ》又《また》は不具者《ふぐしや》となる。

○☷坤《ひつじさる》の方《かた》大《おほい》に張《はる》は男子《だんし》生育《せいいく》せず。養子《やうし》家系《かけい》を繼《つ》ぐ。狂人《きやうじん》。頓死《とんし》。變死《へんし》。中風病《ちうふうびやう》神經痛《しんけいつう》。不具者《ふぐしや》。胃腸病《ゐちやうびやう》。子宮病《しきうびやう》。足腰《あしこし》の病《やまひ》。妻子《さいし》眷屬《けんぞく》年々《ねん〳〵》死亡《しばう》し終《つひ》に家名《かめい》斷絶《だんぜつ》なす大凶相《だいきようさう》なり恐《おそ》るべし。

○所以《ゆゑん》☰坤《こん》大《おほい》に張《はる》は☷乾《けん》缺《かけ》るが故《ゆゑ》に天地《てんち》交《まじは》らず則《すなは》ち天地《てんち》否《ひ》の卦《くわ》となる。

☰☷彖辭曰《たんじにいはく》否之匪《ひはこれあらず》レ人不《ひとにからず》レ利《よろし》ニ君子貞《くんしのた・しきに》一大往小來《だいゆきせうきたる》

とは此卦《このくわ》☰乾天上《けんてんかみ》にあり☷坤地下《こんちしも》にあり　天地《てんち》の實體《じつたい》より是《これ》を見《み》れば上下《じやうげ》の位《ゐ》置自然《ちしぜん》宜《よろし》きを得《う》るが如《ごと》しと雖《いへど》も易理上《えきりじやう》より觀《み》れば。天氣《てんき》は上昇《じやうしよう》して下《くだ》らず地氣《ちき》は下《くだ》りて昇《のぼ》らず陰陽呼吸《いんやうこきふ》。否塞《ひそく》して通《つう》ぜざるの象《しやう》、故《ゆゑ》に否《ひ》と名《な》づく。否《ひ》は閉《とじ》て塞《ふさが》る因《よつ》て否之匪《ヒハコレアラズヒトニ》レ人と云《い》ふ。否塞《ひそく》の時《とき》に當《あた》り。否《ひ》を轉《てん》じて泰《たい》となす道《みち》あるべし。若《も》し貞《てい》にして變《へん》ぜざれば否《ひ》に終《をは》るは勿論《もちろん》なり故《ゆゑ》に不《カラズ》レ利《ヨロシク》ニ君子貞《ンシノタヾシキニ》一と云《い》ふ因《よつ》て地相《ちそう》家相《かさう》ともに吉方《きつはう》の來《きた》るを待《まつ》て改革《かいかく》すれば小往《せうゆき》。大來《だいきた》り泰《たい》となる則《すなは》ち天地交《てんちまじは》ればなり故《ゆゑ》に泰《たい》の道《みち》を研究《けんきう》して前文《ぜんぶん》の如《ごと》き祟《たゝり》を防《ふせぐ》べし。

☷☰地《ち》　天《てん》　泰《たい》　之《の》　卦《くわ》

彖辭曰《たんじにいはく》泰《たいは》。小往大來《せうゆきだいきたる》。吉亨《きつとほる》

とは古《いにし》へ大禹《たいう》洪水《こうずゐ》を治《をさ》め民《たみ》。居《きよ》を定《さだ》め萬民《ばんみん》其間《そのあひだ》に生活《せいくわつ》して永《なが》く泰平《たいへい》の福《さいはひ》を享《う》く是泰《これたい》の義《ぎ》なり。夫《そ》れ天《てん》を上《かみ》にし地《ち》を下《した》にするは常《つね》なり然《しか》るに是《これ》を天地否《てんちひ》と云《い》ふ地《ち》を上《うへ》にして天《てん》を下《した》にし是《これ》を地《ち》天《てん》泰《たい》と云《い》ふ其故《そのゆゑ》如何《いかん》と云《い》ふに易《えき》は陰陽《いんやう》を云《い》ふ者《もの》なり。天《てん》の氣《き》は降《くだ》り地《ち》の氣《き》は昇《のぼ》り。天地《てんち》の氣《き》交《まじは》る則《すなは》ち泰《たい》と爲《な》し是《これ》に反《はん》すれば則《すなは》ち否《ひ》なり。上坤《かみこん》。下乾《しもけん》と云《い》はずして。乾下《けんか》。坤上《こんじやう》と云《い》ふが如《ごと》し小《せう》とは陰《いん》を云《い》ふ。大《だい》とは陽《やう》を指《さ》す。此卦《このくわ》陰《いん》の小《せう》なる者《もの》往《ゆき》て上卦《じやうくわ》に居《を》るは地《ち》の氣《き》昇《のぼ》るの象《しやう》。陽《やう》の大《だい》なる者《もの》來《きた》りて下卦《げくわ》に居《を》るは天《てん》の氣《き》降《くだ》り萬物《ばんもつ》を生育《せいいく》するの象故《しやうゆゑ》に小往大來《せうゆきだいきた》る吉亨《きつとほる》と云《い》ふなり因《よつ》て☷坤《こん》の方《かた》にかぎり地形《ちけい》竝《ならび》に建物《たてもの》等程《とうほど》能《よ》く左《さ》

坤缺吉相之圖

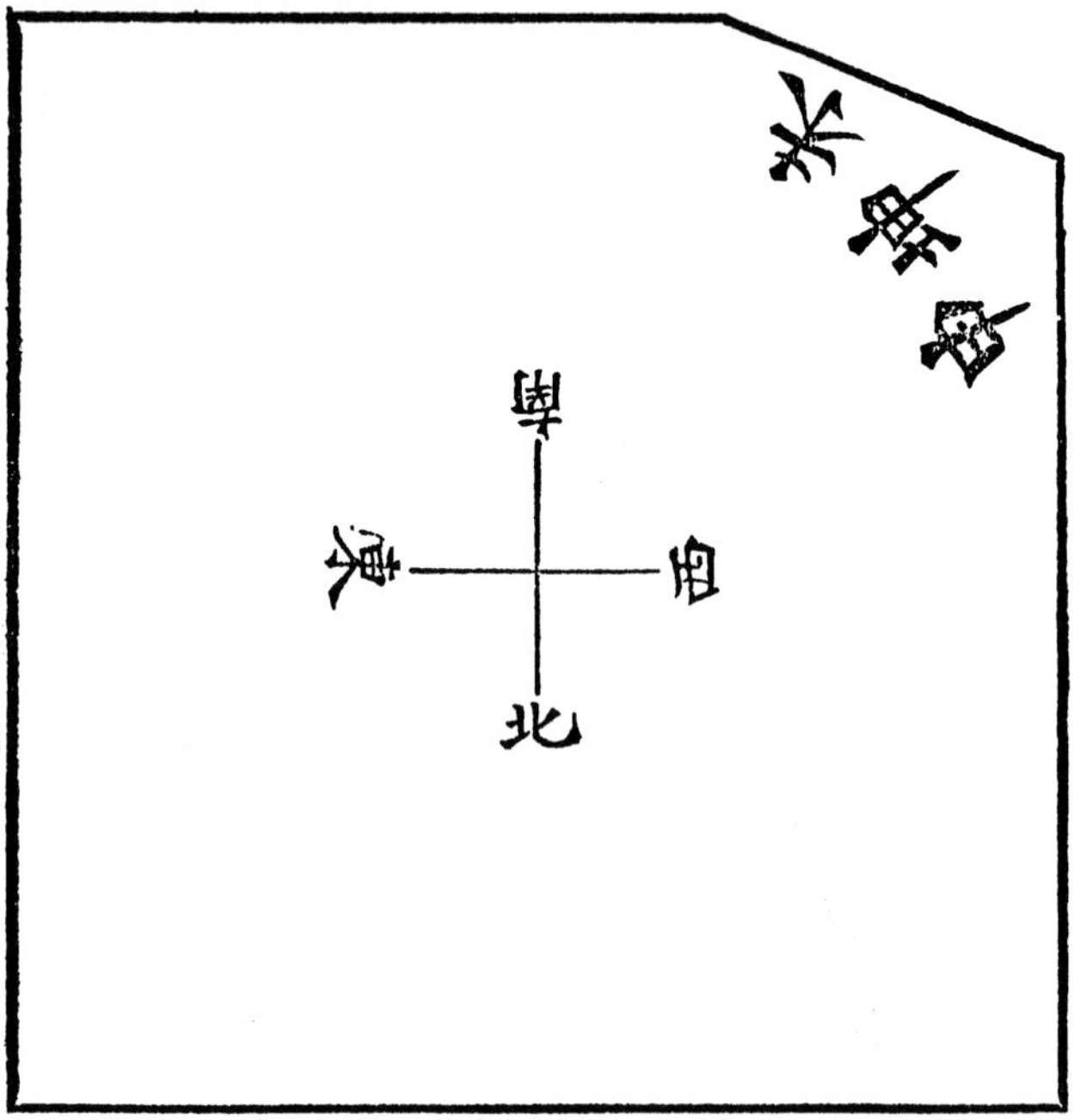

圖《ず》の如《ごと》く地《ち》形《けい》缺《かけ》たるは文《ぶん》言《げん》傳《でん》に曰《いはく》。其《その》徳《とく》方《はう》なりとは陽《やう》氣《き》を受《うけ》。萬《ばん》物《もつ》發《はつ》生《せい》して其《その》形《かたち》を顯《あらは》すと云《い》ふ故《ゆゑ》に少缺《すこしかけ》るは富《ふう》貴《き》安《あん》泰《たい》の吉《きつ》相《さう》と知《し》るべし。

○☷坤《ひつじさる》の方《かた》に倉《さう》庫《こ》。傍《はう》屋《かく》。物《もの》置《おき》等《とう》大《おほい》に建《たて》張《はり》ある家《いへ》は其《その》下《した》に井《ゐ》。池《いけ》。堀《ほり》。坑《あな》等《とう》の水《すゐ》氣《き》の埋《うづも》れありと斷《だん》定《てい》せよ。

○所《ゆ》以《ゑん》☷☷坤《こん》爲《ゐ》地《ち》の卦《くわ》。大《おほい》に坤《こん》の方《かた》建《たて》張《はる》は建《けん》築《ちく》物《もつ》を以《もつ》て坤《こん》を壓《あつ》迫《はく》する象《かたち》。☶☷山《さん》地《ち》剝《はく》の卦《くわ》となる則《すなは》ち水《すゐ》氣《き》埋《うづも》れたる象《かたち》或《あるひ》は墓《はか》地《ち》の跡《あと》とす。剝《はく》は削《けづる》なり。盡《つくる》なり落《おちる》なり。因《よつ》て群《ぐん》陰《いん》一《いち》陽《やう》を消《せう》剝《はく》せんとす故《ゆゑ》に何《なん》ぞ埋《うづ》れの氣《き》ありと知《し》るべし又《また》艮《ごん》を閽《こん》寺《じ》となす。

○☷坤《ひつじさる》の方《かた》に高《たか》き樓《ろう》閣《かく》あれば家《か》人《じん》遠《ゑん》方《はう》に行《ゆき》て山《さん》谷《こく》に落《おち》て死《し》亡《ばう》す。

○其《その》理《り》は☷坤《こん》は地《ち》なり高《たか》き建《たて》物《もの》は山《さん》谷《こく》の形《かた》ちなり建《たて》物《もの》にて坤《こん》の地《ち》を建《たて》塞《ふさ》ぐ故《ゆゑ》に住《すむ》べき地《ち》なきを以《もつ》て遠《ゑん》方《はう》に行《ゆ》く又《また》後《こう》天《てん》の☷坤《こん》位《ゐ》は先《せん》天《てん》の☴巽《そん》位《ゐ》なり。巽《そん》を高《たか》しとす。又《また》遠《ゑん》方《はう》とす故《ゆゑ》に遠《ゑん》方《はう》に行《ゆき》て山《さん》谷《こく》に落《おち》入《いり》て死《し》亡《ばう》す又《また》巽《そん》の氣《き》☳震《しん》に通《つう》じて震《しん》百《ひやく》里《り》を驚《おどろか》すの理《り》なり。

○☷坤《ひつじさる》の方《かた》に荒破《あれやぶれ》たる家屋《かをく》あれば家人《かじん》遠方《ゑんはう》に行《ゆき》て家《いへ》に歸《かへ》らず遂《つひ》に他國《たこく》に死亡《しはう》なす者《もの》ありと知《し》るべし。

○其理《そのり》は說卦傳《せつくわでん》に曰役《いはくやく》を坤《こん》に致《いた》すとは萬物養《ばんもつやしなひ》を致《いた》す故《ゆゑ》に役《やく》を坤《こん》に致《いた》すと云《い》ふ其《その》地《ち》に荒破《あれやぶれ》たる家《いへ》あるは既《すで》に生育《せいいく》の氣《き》を失《うしな》ふ因《よつ》て此地《このち》に住《ぢう》する事能《ことあた》はず。遠行《ゑんかう》して他國《たこく》に死亡《しはう》す。

○坤缺大凶相《ひつじさるかけだいきようさう》を論《ろん》ず

○☷坤《ひつじさる》の地形竝《ちけいならび》に建家等前圖《たていへとうぜんづ》の如《ごと》く斜《なゝめ》に少《すこ》し缺《かけ》たるは家人無病《かじんむびやう》にして福德《ふくとく》ある吉《きつ》相《さう》なり試見《ためしみ》よ。

○其理《そのり》は坤《こん》を藥《くすり》とす。藥《くすり》の位缺《くらゐかけ》て必要《ひつえう》なし無病《むびやう》の象《しやう》。又《また》☷坤缺《こんかけ》るは☱兌《だ》の張《はり》となる兌《だ》を備《そなひ》とす。福地《ふくち》とす故《ゆゑ》に福力《ふくりよく》ありと云《い》ふ所以《ゆゑん》兌《だ》に悅言《えつげん》する意《い》なり。

○☷坤《ひつじさる》の地形又《ちけいまた》は建物《たてもの》の隅大《すみおほい》に缺《かけ》るは宅主家業《たくしゆかげふ》を治《をさめ》ず。剛遊《がういう》。暴食《ばうしよく》。大酒《たいしゆ》。狂人《きやうじん》不忠不孝《ふちうふかう》。色情《しきじやう》。爭論《さうろん》。賭博《とはく》を好《この》み家業衰微《かげふすゐび》を主《つかさど》る。文官《ぶんくわん》。武官《ぶくわん》は職《しよく》を失《うしな》ふ。或《あるひ》は家《いへ》を捨《すて》て他國《たこく》に出《い》で。浪人《らうにん》して醫藥《いやく》の業《げふ》をなすか。寺院《じゐん》。神社《じんじや》の職《しよく》ある者《もの》は訴《そ》訟《しよう》。破《は》財《さい》を招《まね》く大凶相《だいきようさう》なり。
○所以《ゆゑん》☷坤《こん》は萬物《はんもつ》を生育《せいくい》する所《ところ》。其地《そのち》德《とく》缺《かけ》るが故《ゆゑ》に宅主《たくしゆ》家業《かげふ》を怠《おこた》り。賭博《とはく》を好《この》み家運《かうん》衰微《すゐび》なす。文官《ぶんくわん》武官《ぶくわん》は職《しよく》を失《うしな》ひ他國《たこく》にて破財《はざい》す。坤缺《こんかけ》るは☱兌《だ》の張《はり》となる兌《だ》を口《くち》とす。少女《せうぢよ》とす故《ゆゑ》に女難《ぢよなん》。放蕩無賴《はうたうぶらい》。暴食大酒《はうしよくたいしゆ》。狂人《きようじん》。爭論等《さうろんとう》を主《つかさど》る。
☷坤《こん》の氣《き》は☰乾《けん》に通《つう》じて天地《てんち》の位《くらゐ》を定《さだ》め萬物生育《はんもつせいいく》する德《とく》を失《うしな》ひば則《すなは》ち天地《てんち》否《ひ》の象《かたち》。故《ゆゑ》に不忠《ぶちう》。不孝《ふかう》。不具者《ふぐしや》。狂人《きようじん》。神經痛《しんけいつう》。胃癌《ゐがん》。子宮病等《しきうびやうとう》の難病《なんびやう》の者《もの》を出《いだ》す恐《おそ》るべし又坤《またひつじさる》を藥《くすり》とす醫藥《いやく》の業《げふ》をなす人《ひと》は家《いへ》に醫藥《いやく》の業《げふ》を營《いとな》む事《こと》能《あた》はず浪人《らうにん》して他國《たこく》に出《い》で業《げー》を治《なさ》む又坤缺《またこんかけ》る時《とき》は☲離《り》の張《はり》となる離《り》を法廷《はふてい》とす故《ゆゑ》に訴訟《そしよう》の難《なん》を招《まねく》と知《し》るべし。
○此地相家相《このちさうかさう》は母《はゝ》。妻女《さいぢよ》。女子《ぢよし》。死亡《しはう》する者《もの》多《おほ》く家系斷絕《かけいだんぜつ》の恐《おそ》れあり。
○其理《そのり》は☷坤《こん》を母《はゝ》とし。妻女《さいぢよ》とす其位缺《そのくらゐかけ》るが故《ゆゑ》に死亡《しはう》する者《もの》多《おほ》し☷坤缺《こんかけ》る時《とき》は☲離《みなみ》と。☱兌《にし》の張《はり》となる。兌《にし》を少女《せうぢよ》とす。離《みなみ》を中女《ちうぢよ》とす☱兌《だ》は☷坤《こん》の上爻《じやうこう》なり☲離《り》は☷坤《こん》の中爻《ちうこう》なり故《ゆゑ》に坤缺《こんかけ》るは女子死亡《ぢよししはつ》する者多《ものおほ》しと知《し》るべし。

○又《また》此地《このち》相家相《さつかさう》は兄弟家《きやうだいいへ》を爭《あらそ》ひ又家督田宅《またかとくでんたく》を爭《あらそ》ふ。或《あるひ》は他《た》人《にん》と土地山林《とちさんりん》を爭《あらそ》ふて法廷《はふてい》の難《なん》を招《まね》く。

○其理《そのり》は☷坤《こん》は萬物《ばんもつ》を載《のせ》て生育《せいいく》する所《ところ》なり其位缺《そのくらゐかけ》て致《ち》養生育《やうせいいく》の氣《き》を失《うしな》ふ故《ゆゑ》に兄弟《きやうだい》家《いへ》を爭《あらそ》ひ家督《かとく》。田宅《でんたく》。土地《とち》山林《さんりん》の訴訟《そしやう》を招《まね》く坤缺《こんかけ》る時《とき》は☲離張《みなみはる》が故《ゆゑ》なり○又脾臓《またひざう》○痢疾《りしつ》○子宮病《しきうびやう》○胃癌《ゐがん》○盲《まう》

坤缺大凶相之圖

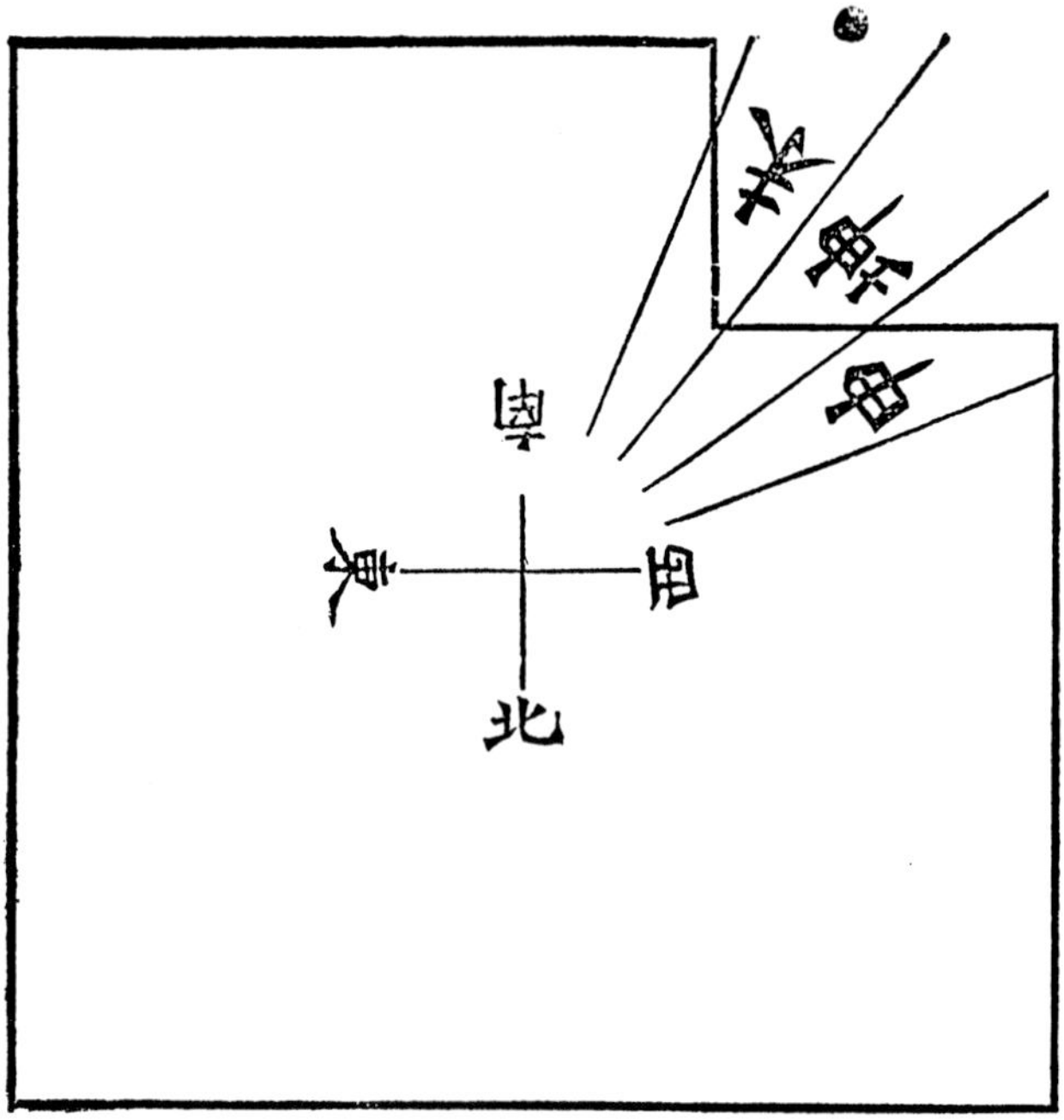

腸《ちやう》○飲食停滞《いんしよくていたい》○食氣化《しよくきくわ》せず總《すべ》て腹部《ふくぶ》の難病《なんびやう》を招《まね》くと知《し》るべし。

○其理《そのり》は☷坤《こん》を腹《はら》とす。胃《ゐ》とす。脾臓《ひぞう》とす。子宮《しきう》とす其位缺《そのくらゐかけ》るが故《ゆゑ》に本文《ほんぶん》の如《ごと》

き難病《なんびやう》を主《つかさど》るなり。
○☷坤《ひつじさる》の地形《ちけい》大《おほい》に缺《かけ》たるは古代將士陣頭《むかししやうしぢんとう》にて戰死《せんし》したる地《ち》なり或《あるひ》は寺院《じゐん》。又《また》は墓《は》
地等《ちとう》の廢跡《はいせき》なり。
○其理《そのり》は☷坤《こん》は正秋肅殺《せいしうしゆくさつ》の氣《き》を生《しやう》ずる所《ところ》なり故《ゆゑ》に將士《しやうし》戰死《せんし》の地《ち》とす又坤缺《またこんかけ》て陰《いん》
に陰《いん》を重《かさな》る故《ゆゑ》に寺院墳墓《じゐんふんぼ》の廢地《はいち》とす。
○☷坤缺《こんかけ》て☶艮《ごん》の地形張《ちけいはる》ときは必《かならず》石佛《いしほとけ》の埋《うづ》れありとす。
○其理《そのり》は☷坤缺《こんかけ》るは尊在《そんざい》の地《ち》を失《うしな》ふ象《かたち》。艮《ごん》を石《いし》とす。闇寺《こんじ》とす。墓《はか》とす☶艮《ごん》は
物《もの》の埋《うづ》れたる象《かたち》。☷坤《こん》の裏《うら》は☰乾《けん》。☰乾《けん》は尊《たつと》し故《ゆゑ》に石佛《いしほとけ》の埋《うづ》れありとす此家《このいへ》時々《とき〴〵》
神經病《しんけいびやう》の者《もの》を出《いだ》す重《おもき》は狂人《きやうじん》なり。
○參考《さんかう》○方位《はうゐ》は二十四山《ざん》を以《もつ》て論《ろん》ずべし何人《なんびと》も四十五日以上住居《にちいじやうぢうきよ》なせし所《ところ》より
東《ひがし》。西《にし》。南《みなみ》。北《きた》の方自然《はうしぜん》に定《さだ》まる因《よつ》て十干《じつかん》。十二支《し》とともに具備《ぐび》し始《はじめ》て二十四山《ざん》
方位《はうゐ》を適用《てきよう》し萬般《ばんはん》の理論起《りろんおこ》る者《もの》と知《し》るべし故《ゆゑ》に各所《かくしよ》に十日《か》。十五日轉《にちてん》じ住所《ぢうしよ》の
定《さだ》まらざる者《もの》は無東西方位《むとうざいはうゐ》を論《ろん》ずる事《こと》なかれ。

二十四山方位之圖

家相に必要也

方位を見るに用る圖

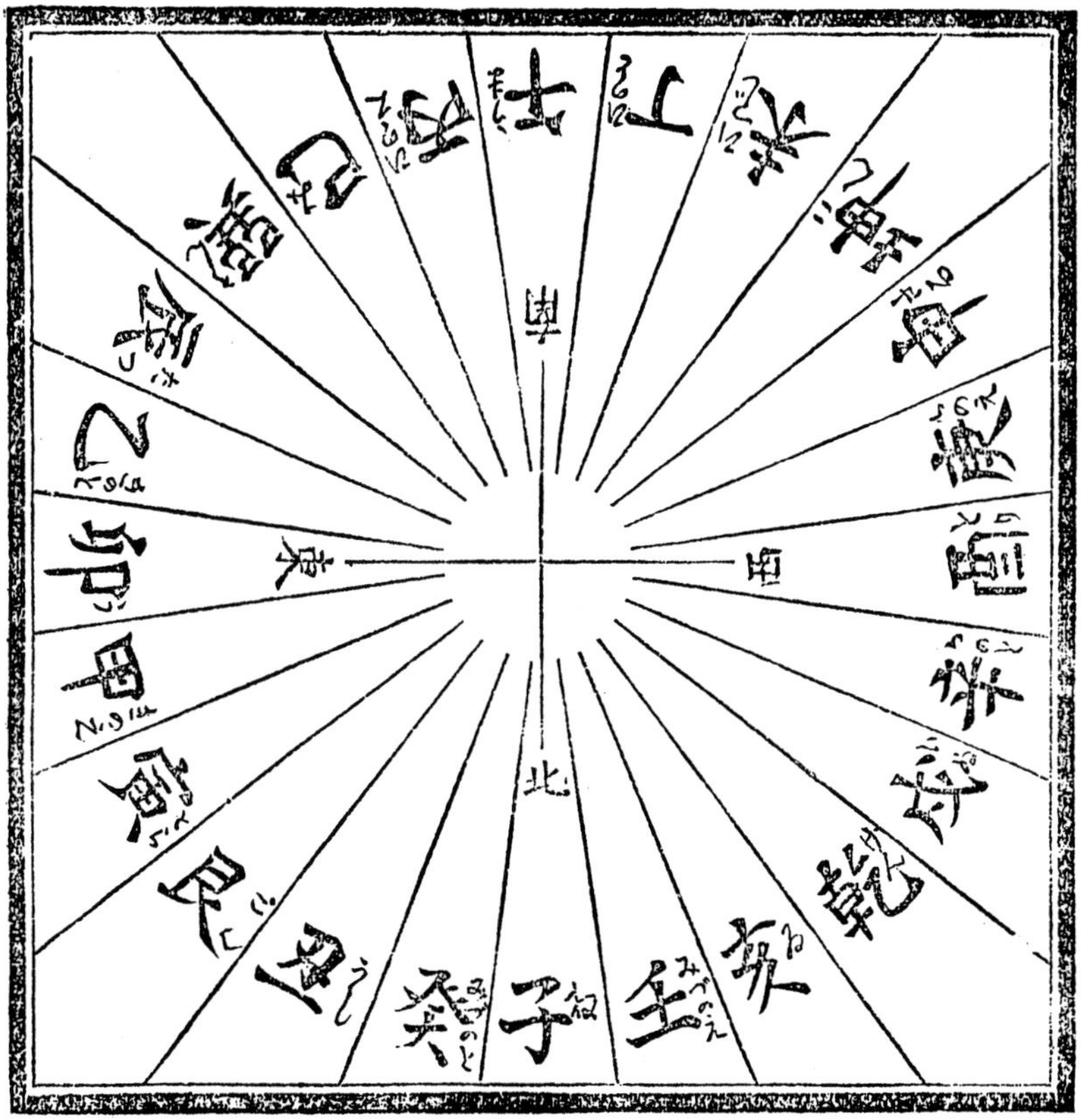

○鎮《ちん》守《じゆ》總《そう》論《ろん》

○我國《わがくに》は天神《てんじん》七代《だい》。地神《ちじん》五代《だい》の神《かみ》を初《はじめ》として。天部《てんよ》の神《かみ》。稲荷大神《いなりだいじん》。八幡大神《はちまんおはかみ》。天満宮《てんまんぐう》八百萬神《やをよろづのかみ》に至《いた》る迄《まで》人々《ひとびと》其信《そのしん》ずる所《ところ》の意《い》に任《まか》せて各宅地《おのおのたくち》の内《うち》に鎮守《ちんじゆ》として祀《まつ》る風俗《ふうぞく》なり因《よつ》て宅地内《たくちない》の鎮守《ちんじゆ》は本宅《ほんたく》を守護《しゆご》する爲《ため》なれば四季《しき》の祀《まつ》り怠《おこたり》なく崇拜《すうはい》する事勿論《ことものろん》なれども子孫《しそん》に至《いた》り其祀《そのまつり》を怠《おこた》る時《とき》は。不敬《ふけい》なれば守護《しゆご》薄《うす》く家運《かうん》衰《おとろ》ふと知《し》るべし總《すべ》て神社《じんじや》は本宅《ほんたく》の地《ち》より少《すこ》し高《たか》き所《ところ》に祀《まつ》り不浄《ふじやう》なき地《ち》を選定《せんてい》すべし若《も》し低地《ひくきち》に置《おく》ときは神徳《しんとく》至《いた》らず却《かへつ》て祟《たゝ》りを受《う》け災害《さいがい》來《きた》るなり。宮《みや》の向《むき》は正《たゞ》しく本宅《ほんたく》に背《そむか》ざる様《やう》に建《たて》るを専要《せんえう》とす。若《も》し本宅《ほんたく》に背《そむ》き斜《なゝめ》に建《たつ》る時《とき》は其家《そのいへ》を守護《しゆご》せざる而已《のみ》に非《あら》ず種々《しゆく》の難危《なんやく》起《おこ》り或《あるひ》は寳物《ほうもつ》。證書類等紛失《しようしよるゐとうふんしつ》なし困難《こんなん》す恐《おそ》るべし故《ゆゑ》に宅地内《たくちない》の鎮守《ちんじゆ》は崇敬《すうけい》を専《もつぱら》にして祀《まつり》を怠《おこた》るべからず注意《ちうい》を要《えう》す。

○乾《いぬゐ》の方神祠《かたじんし》を論《ろん》ず　神祠《じんし》は其家《そのいへ》の鎮守《ちんじゆ》を謂《い》ふ

○☰乾《いぬゐ》に鎮守《ちんじゆ》あれば家運永久子孫繁昌《かうんえいきうしそんはんじやう》する事疑《ことうたがひ》なき吉相《きつさう》なり祭祀神《まつるかみ》は天部《てんよ》の神《かみ》。福神《ふくじん》。水神《すゐじん》。龍神《りうじん》とす

○其理《そのり》は☰乾《けん》を天《てん》とす又《また》福地《ふくち》とす。先祖《せんぞ》とす。先天河圖《せんてんかと》に一は中央《ちうあう》の五《ご》を得《え》て六を成《な》す。一六宗《もと》を共《とも》にして。天《てん》一北方《ほくはう》の水《みづ》を生《しやう》ず因《よつ》て水神《すゐじん》とす又易曰《またえきいは》く龍《りう》とは地中《ちちう》の水氣蒸發《すゐきじようはつ》して霧《きり》となり。空《そら》となり時《とき》を得《え》て雨《あめ》となり地《ち》に下《くだ》りて萬物《ばんぶつ》を生育《せいいく》す其徳《そのとく》を龍《りう》となす故《ゆゑ》に龍神《りうじん》とす。福神《ふくじん》とす右《みぎ》の神《かみ》を四季《しき》式日《しきにち》に祭禮怠《さいれいおこたり》なく尊敬《そんけい》せば其家《そのいへ》を守護《しゆご》して吉事《きちじ》を主《つかさど》る若《も》し祭祀怠慢《まつりたいまん》なれば其家《そのいへ》の不吉《ふきち》と成《な》ると心《こゝろ》得《え》べし。

○妖怪《えうくわい》を神《かみ》とし或《あるひ》は狐狸《こり》を神《かみ》として祀《まつ》る家《いへ》もあり其本宅《そのほんたく》に背《そむ》き斜《なゝめ》に神祠《じんし》建《たて》あるは以前《いぜん》妖怪祟《えうくわいたゝり》をなせし故《ゆゑ》に神《かみ》に祭《まつ》りたる者《もの》と斷定《だんてい》すべし。

○兌《にし》の方《かた》鎭守《ちんじゆ》を論《ろん》ず

○☱兌《にし》の方《かた》に天部《てんぶ》の神《かみ》を鎭守《ちんじゆ》に祀《まつ》れば家内安全《かないあんぜん》を守《まも》り遠福《ゑんぷく》を招《まね》き極《きはめ》て悦《よろこび》を告《つぐ》べし

○所以易曰《ゆゑんえきにいは》く☱兌《だ》の七赤金星《しちせききんせい》の生氣《せいき》は☰乾《けん》の六白金星《りくはくきんせい》にあり乾《けん》は天《てん》なり故《ゆゑ》に天部《よ》の神《かみ》を祭祀《まつる》は大吉《だいきち》とす。先天《せんてん》の☱兌位《だゐ》は後天《こうてん》の☴巽位《そんゐ》なり。巽《そん》を高《たかし》とす遠方《ゑんはう》とす因《よつ》て遠福來《ゑんぷくきた》る。兌《だ》は悦《よろこび》なり故《ゆゑ》に悦《よろこび》を告《つぐ》るとあり。

○☱兌《にし》の缺《かけ》たる地《ち》に本宅《ほんたく》に背《そむ》き斜《なゝめ》に鎭守《ちんじゆ》あるは器物《きぶつ》の口《くち》の張《はり》たる物《もの》を神體《しんたい》とする蛇《へび》を祭《まつ》るか或《あるひ》は下女《げぢよ》を神《かみ》と祀《まつ》るか。

○其理《そのり》は☱兌《だ》は後天《こうてん》の☴巽位《そんゐ》。巽《そん》は一陰《いん》二陽《やう》の下《した》にあり☱口《くち》を張《はり》たる象《かたち》又巽蛇《またそんへび》とす。根元神《こんげんかみ》に非《あら》ざる者《もの》を神《かみ》とするは則《すなは》ち本宅《ほんたく》に背《そむ》き斜《なゝめ》なる所《ところ》より斷定《だんてい》すべし又《また》婢《ね》女《ひ》を神《かみ》と祀《まつ》る理《り》は一陰《いん》上《のは》りて神《かみ》となる。神《かみ》は陽《やう》なり☲離《り》の象故《しやうゆゑ》に變《へん》じて☱☱澤《た》火《くわ》革《かく》之《の》卦《くわ》となる若《も》し丑《うし》の方《かた》に井泉《ゐせん》あるか厠《かはや》あれば其女《そのぢよ》劍難《けんなん》にて死亡《しはう》す後神《のちかみ》に祀《まつ》る者《もの》と斷《だん》すべし。

○總《すべ》て鎭守《ちんじゆ》は本宅《ほんたく》に背《そむ》き斜《なゝめ》に建《たて》あるは其家《そのいへ》を守護《しゆご》せざる者《もの》なり注意《ちうい》を要《えう》す故《ゆゑ》に祟《たゝり》あるを知《し》る時《とき》は其靈《そのれい》に誓《ちか》へ災《わざはい》なき樣《やう》祈念《きねん》すべし。口傳《くでん》あり。

○離《みなみ》の方鎭守《かたちんじゆ》を論《ろん》ず

○☲離《みなみ》の方《かた》に鎭守《ちんじゆ》あるは富貴《ふうき》にして主人《しゆじん》智明《ちめい》なり。なれども四季《しき》の祀《まつり》を怠《おこた》る時《とき》は神徳至《しんとくいたら》ずして却《かへつ》て不孝《ふかう》を招《まね》く。

○其理《そのり》は☲離《り》を日《ひ》とす。明《あきらか》とす。神《かみ》を祭《まつ》るは。象《しやう》に曰《いは》く大人《だいじん》明《あきらか》に繼《つい》で四方《しはう》を照《てら》すとあり此地《このち》の鎮守《ちんじゆ》を尊信《そんしん》すれば自然《しぜん》富貴《ふうき》にして智明《ちめい》の者《もの》を出《いだ》す。若《も》し神祠《じんし》本宅《ほんたく》に背《そむ》き斜《なゝめ》に建《たつ》る時《とき》は神明《しんめい》の加護《かご》なく却《かへつ》て祟《たゝり》をなす○所以《ゆゑん》☲離《り》は萬《ばん》物《ぶつ》各《おの〳〵》麗所《つくところ》あらずと云《い》ふ事《こと》なし然《しか》るに神祠《じんし》斜《なゝめ》にして本宅《ほんたく》に背《そむ》くは萬物《ばんぶつ》皆《みな》離《はなる》るが故《ゆゑ》に不幸《ふかう》を招《まねく》と知《し》るべし。

○附録《ふろく》寺院《じゐん》の論《ろん》

○☲離《みなみ》の方《かた》に大《だい》なる本堂《ほんだう》ある寺院《じゐん》は。本寺《ほんじ》にて子寺《まつじ》多《おほ》し又《また》は國主《こくしゆ》。領主《りやうしゆ》の祈願所《きぐわんじよ》にて尊《たつと》き寺《てら》とす。

○其理《そのり》は俗人《ぞくじん》と違《ちが》ひ本堂《ほんだう》を以《もつ》て大樓《たいろう》とするが故《ゆゑ》なり但《たゞ》し庫裡《くり》を以《もつ》て大樓《たいろう》とする事《こと》あれば其地形《そのちけい》を見《み》て深理《しんり》を研究《けんきう》せよ。

○☲離《みなみ》に本堂《ほんどう》ありて又《また》☵坎《きた》に大なる庫裡《くり》。樓閣《ろうかく》。倉庫《さうこ》あれば愈《いよ〳〵》尊《たつと》き福寺《ふくじ》にして貴人《きじん》或《あるひ》は富豪《ふがう》の菩提所《ぼだいしよ》なりと知《し》るべし○所以《ゆゑん》☲☵水火既濟《すゐくわきせい》に相射《あひい》ざる義《ぎ》を知《し》られよ。

○震《ひがし》の方《かた》鎮守《ちんじゆ》を論《ろん》ず

○☳震《ひがし》の方《かた》に鎮守《ちんじゆ》あるは家人《かじん》遠方《ゑんはう》に意《い》を通《つう》じ願望成就《ぐわんもうじやうじゆ》なす。然《しか》るに劍《けん》を神體《しんたい》として祀《まつ》る神《かみ》なれば他國《たこく》に先祖《せんぞ》の墓《はか》あり。罪《つみ》なくして刑《けい》に遇《あふ》たる人《ひと》則《すなは》ち無實《むじつ》の難《なん》と知《し》るべし調《しらべ》みよ。

○其理《そのり》は☳震《しん》の一陽下《やうしも》に動《うごい》て。震雷百里《しんらいひやくり》を驚《おどろか》す故《ゆゑ》に意《こゝろ》を遠方《ゑんはう》に通《つう》じ。東方發生《とうはうはつせい》の氣《き》を得《う》るに因《よつ》て願望成就《ぐわんもうじやうじゆ》し立身出世《りつしんしゆつせ》するなり。若《も》し劍《つるぎ》を神體《しんたい》に祭《まつ》るは後天《こうてん》の☲離《り》は先天《せんてん》の☰乾位《けんゐ》。乾《けん》を天《てん》とす。先祖《せんぞ》とす。劍《つるぎ》とす故《ゆゑ》に先祖《せんぞ》の廟《びやう》は遠方《ゑんはう》にあり乾《けん》の劍《つるぎ》。東方《とうはう》の木《き》を剋《こく》す因《よつ》て罪《つみ》なくして刑罪《けいざい》に遇《あ》ふ則《すなは》ち無實《むじつ》の難《なん》ありと知《し》るべし。

○本宅《ほんたく》に背《そむ》き斜《なゝめ》に神祠《じんし》あるは無實《むじつ》の難《なん》にて死《し》たる人《ひと》の祟《たゝり》をなすに因《よつ》て神《かみ》に祀《まつ》り或《あるひ》は武器《ぶき》を以《もつ》て神體《しんたい》とし又《また》は社《やしろ》の下《した》に武器埋《ぶきうづも》れたるもあり祭《まつり》を怠《おこた》れば其祟《そのたゝ》り大《おほい》に來《きた》るなり恐《おそろ》べし。此社《このやしろ》を宅主《たくしゆ》の年月日《ねんぐわつひ》の吉方《きつはう》に當《あた》り吉神所在《きちじんしよざい》の時《とき》。☲南《みなみ》に移《うつ》せば神《しん》德大《とくおほい》に顯《あらは》れ此家《このいへ》を守護《しゆご》して幸福來《かうふくきた》るなり。

○所以《ゆゑん》☰☳天雷无妄《てんらいむはう》の象《かたち》。无妄《むはう》は誠《まこと》なり。正直《せいちよく》なれども元來《ぐわんらい》。物《もの》を覆《お》ひ包《つゝ》みたる象《かたち》故《ゆゑ》に無實《むじつ》の難《なん》に遇《あふ》て死《し》たる武士《ぶし》又《また》は正義《せいぎ》の爲《ため》に自殺《じさつ》したる人《ひと》とす。神體《しんたい》を武器《ぶき》とす或《あるひ》は武器《ぶき》の埋《うづも》れたるも皆《みな》无妄《むはう》の象《しやう》なり。故《ゆゑ》に社《やしろ》を☲離《みなみ》に移《うつせ》ば則《すなは》ち䷌天火同人《てんくわどうにん》の卦《くわ》となる此卦《このくわ》は人心同《じんしんおなじ》くして親《したし》み深《ふか》く發達《はつたつ》の理《り》あり因《よつ》て大《おほい》に神徳顯《しんとくあらは》れ幸福立所《かうふくたちどころ》に來《きた》ると知《し》るべし。

○參考人事《さんかうじんじ》を以《もつ》て論《ろん》ずれば天雷无妄《てんらいむはう》の卦《くわ》は東《ひがし》に樹木《じゆもく》の根《ね》。坑《あな》。金物《かなもの》。瓦《かわら》。廢物《はいぶつ》等《とう》の埋《うづも》れあるが故《ゆゑ》に運名《うんめい》に故障《こしやう》ありと斷定《だんてい》すべし。

○巽《たつみ》の方《かた》鎭守《ちんじゆ》を論《ろん》ず

○☴巽《たつみ》の方《かた》に鎭守《ちんじゆ》あるは富貴高明《ふうきかうめい》を主《つかさど》る。龍神辨財天《りうじんべざいてん》を祀《まつ》れば猶以《なほもつ》て吉福《きちふく》を守護《しゆご》し遠方《ゑんはう》より大《おほい》に幸福集《かうふくあつま》るなり。

○其理《そのり》は辰《たつ》は伸《のよる》なり。巳《み》は萬物《ばんもつ》の氣齊《きとゝの》ふ所《ところ》。帝《てい》は☳震《しん》に出《い》で☴巽《そん》に齊《とゝの》ひ漸《やうや》く高《かう》明《めい》なり故《ゆゑ》に富貴高明《ふうきかうめい》を主《つかさど》る。又巽《またそん》は木《き》なり龍神水《りうじんみづ》を以《もつ》て巽木《そんもく》を養《やしな》ふ又辰《またたつ》。巳《み》の日《ひ》辨財天《べざいてん》を祭《まつ》る日《ひ》なれば吉福《きつふく》を守《まも》り幸集《さいはひあつま》ると知《し》るべし。

○參考《さんかう》二十八宿星《しゆくせい》の内《うち》に辰《たつ》の宮《きう》は亢宿星《こうしゆくせい》の本位《ほんゐ》にして龍《りう》の本象《ほんしやう》なり。巳《み》の宮《きう》は翼宿星《よくしゆくせい》の本位《ほんゐ》にして蛇《へび》の本象《ほんしやう》なればなり。

〇☴巽《たつみ》の神祠《じんし》本宅《ほんたく》に背《そむ》き斜《なゝめ》に建《たて》あるは不貞《ふてい》の女《をんな》。剣難《けんなん》にて死亡《しはう》せし者《もの》か或《あるひ》は怨敵《おんてき》の者《もの》を神《かみ》に祭《まつ》る故《ゆゑ》に大《おほい》に祟《たゝり》をなす。

〇其理《そのり》は一陰《いん》五陽《やう》に遇《あふ》の象《しやう》☰☴天風姤《てんぷうこう》の卦《くわ》なり是《これ》を不貞《ふてい》の女《をんな》とす☴巽《そん》の對冲《たいちう》は☰乾《けん》の金《かね》なり乾金《けんきん》。巽木《そんもく》を剋《こく》す故《ゆゑ》に剣難《けんなん》に遇《あふ》て死亡《しはう》せし者《もの》とす。

〇又寳物《またほうもつ》。貴物《きもつ》を失《うしな》ふ〇其理《そのり》は福地《ふくち》の神《かみ》。其家《そのいへ》を守護《しゆご》せず故《ゆゑ》に盗難《たうなん》の災害《さいがい》を招《まね》く則《すなは》ち神祠《じんし》本宅《ほんたく》に背《そむ》き斜《なゝめ》なるが故《ゆゑ》なりと知《し》るべし

〇坎《きた》の方《かた》鎮守《ちんじゆ》を論《ろん》ず

〇☵坎《きた》の鎮守《ちんじゆ》は能《よ》く其家《そのいへ》を守護《しゆご》す。特《とく》に北辰《ほくしん》七星《せい》を祀《まつ》るは最《もつと》も吉《きち》なり則《すなは》ち北辰鎮《ほくしんちん》宅靈符神《たくれいふじん》たるを知《し》るべし。

彖傳ニ曰ク王公《わうこう》設《まうけ》テレ險《けん》ヲ以《もつ》テ守《まもる》二其國《そのくにを》一。險之時用《けんのじよう》。大《だい》矣哉《なるかな》とあり

大象ニ曰ク君子《くんし》以テ常《つねに》シ徳行《とくかう》ヲ習《ならふ》二教事《けうじ》ヲ一

〇故《ゆゑ》に四季《しき》此神《このかみ》を祀《まつ》り敬《けい》すれば能《よ》く此家《このいへ》を守護《しゆご》すべし。

○参考《さんかう》☵坎《きた》の鎮守《ちんじゆ》は多《おほ》く稲荷《いなり》神社《じんじや》とす。

○其理《そのり》は本義《ほんぎ》に☵坎《かん》を狐《きつね》とす。狐《きつね》は稲荷《いなり》神社《じんじや》五柱《ごはしら》の神《かみ》の使《つかへ》として人《ひと》の知《し》る者《もの》にして白狐《びやくこ》を祀《まつ》るなりと知《し》るべし。

○若《も》し癸《みづのと》の方《かた》或《あるひ》は丑《うし》の方《かた》に神祠《じんし》其家《そのいへ》に背《そむ》き斜《なゝめ》に建《たて》あるは其地《そのち》素古塚《もとふるつか》ありて祟《たゝ》る故《ゆゑ》に神《かみ》として祭《まつ》る者《もの》と斷定《だんてい》すべし。

○其理《そのり》は子《ね》。丑《うし》は極陰《ごくいん》暗昧《あんまい》の地《ち》なり故《ゆゑ》に古塚《ふるつか》の象《かたち》。且《か》つ本宅《ほんたく》に背《そむ》きたるは祟《たゝり》をなしたる象《かたち》を自然《しぜん》に顯《あらは》す者《もの》なり。

○艮《うしとら》の方《かた》鎮守《ちんじゆ》を論《ろん》ず

○宅地内《たくちない》☶艮《うしとら》の方《かた》は地相《ちさう》艮《ごん》の部《ぶ》に論《ろん》ずる如《ごと》く始終《はじめをはり》を成《な》す所《ところ》なれば。百物《ひやくもつ》生育《せいいく》の氣《き》脈循環《みやくじゆんくわん》を妨《さまたげ》ざる様《やう》唯《たゞ》一物《もつ》もなく空地《くうち》となし置《おく》を大吉相《だいきつさう》となす故《ゆゑ》に神社《じんじや》と雖《いへど》も建《たつ》る時《とき》は神德《しんとく》至《いた》らずして却《かへつ》て祟《たゝり》あり。若《も》し俗説《ぞくせつ》を信《しん》じ神佛《しんぶつ》を祀《まつ》らば忽《たちま》ち災害《さいがい》を發《はつ》し主《しゆ》人《じん》短命《たんめい》なすか家内《かない》に狂人《きやうじん》を出《いだ》し家名《かめい》斷絶《だんぜつ》の恐《おそれ》あり注意《ちうい》を要《えう》す然《しか》る一國《こく》一郡《ぐん》の大守《たいしゆ》は宮殿《きうでん》又《また》は本宅《ほんたく》より四拾五歩《ほ》並《ならび》に四拾五間《けん》以上《いじやう》去《さり》たる所《ところ》に鬼門除《きもんよけ》として神佛《しんぶつ》を祀《まつ》る時《どき》は代々《だい〲》大守《たいしゆ》の身《み》に災《わざはひ》なき吉相《きつさう》に轉《てん》ずる理《り》あり然共《しかれども》常人《つねびと》には多《おほ》く凶《きよう》なりと知《し》るべし試見《ためしみ》よ研究《けんきう》を要《えう》す。

○所以《ゆゑん》先天《せんてん》河圖《かと》は圓形《ゑんけい》にして中央《ちうあう》に五の數《すう》あり。後天洛書《こうてんらくしよ》は四角《かく》にして中央《ちうあう》に五の數《すう》あり四角《かく》を九に割《わ》れば九星《せい》の本位《ほんゐ》悉《こと〲》く定《さだま》る則《すなは》ち五九四十五の數《すう》となりて先天《せんてん》の圓形《ゑんけい》に返《かへ》る又後天《またこうてん》の☶艮《ごん》は。先天《せんてん》の☰乾位《けんゐ》なればなり故《ゆゑ》に一國《こく》一郡《ぐん》の主《しゆ》は宅地外《たくちぐわい》の大《だい》なる者《もの》を領《りやう》す因《よつ》て前文《ぜんぶん》の如《ごと》き理論《りろん》あり常人《つねびと》は其宅地外《そのたくちぐわい》は他領《たりやう》なれば手《て》を下《くだ》す事能《ことあた》はずと知《し》るべし。

○丑《うし》の方《かた》にある鎮守《ちんじゆ》は劍難《けんなん》に合《あひ》たる者《もの》を祀《まつる》と斷《だん》すべし○其怒殺《そのどさつ》の氣《き》止《とゞ》まる故《ゆゑ》に祟《たゝ》をなす早《はや》く吉方《きつはう》を選《えら》んで他《た》に移《うつ》し殺氣《さつき》を除《のぞ》くべし。

○寅《とら》の方《かた》にある神祠《じんし》は祟薄《たゝりうす》し則《すなは》ち百物生育《ひやくもつせいいく》の氣《き》あればなり。

○坤《ひつじさる》の方鎮守《かたちんじゆ》を論《ろん》ず

○☷坤《ひつじさる》の方《かた》に藥神《やくじん》を祀《まつ》れば其家《そのいへ》に神丹《じんたん》を傳《つたへ》て世《よ》に大《おほい》に弘《ひろま》る但《たゞ》し別腹《べつふく》の子《こ》を出《いだ》す。

○所以《ゆゑん》☷坤《こん》を藥《くすり》とす。母《はゝ》とす。妻女《さいぢよ》とす又坤《またこん》は厚《あつく》して物《もの》を載《の》せ萬物《はんもつ》を養《やしな》ふ徳弘《とくこう》大《だい》なり故《ゆゑ》に神《じん》藥《やく》世《よ》に弘《ひろま》る。坤《こん》の神《じん》祠《し》小《せう》なりと雖《いへど》も神《じん》社《じや》の德《とく》弘《こう》大《だい》なりとす。然《しか》るに神《じん》社《じや》☷坤《こん》地《ち》を壓《あつ》迫《はく》す故《ゆゑ》に妻《さい》女《ぢよ》死《し》亡《ばう》して後《ご》妻《さい》來《きた》る故《ゆゑ》に別《べつ》腹《ぷく》の子《こ》ありとす。

○注《ちう》　意《い》

○☷坤《ひつじさる》の方《かた》に他《た》の神《かみ》を祀《まつ》れば神《しん》德《とく》至《いた》らずして却《かへつ》て祟《たゝり》をなす此《この》家《いへ》の主《しゆ》人《じん》我《わが》親《おや》を敬《けい》せずして他《た》人《にん》或《あるひ》は下《げ》賤《せん》の者《もの》を愛《あい》し錢《せん》財《ざい》を抛《なげうつ》て他《た》人《にん》を助《じよ》力《りよく》し遂《つひ》に家《いへ》を破《は》財《ざい》す恐《おそ》るべし

○其《その》理《り》は地《ち》相《さう》の乾《いぬゐ》缺《かけ》に論《ろん》ずる☰☷天《てん》地《ち》否《ひ》の理《り》なり。

否《ひ》ハ之《これ》匪《あらず》レ人《ひと》ニ不《あらず》レ利《よろしからや》ニ君子《くんしの》貞《たゞしき》ニ大《だい》往《ゆき》小《せう》來《きたる》

○又《また》孝經《かうきやう》に曰其親《いはくそのおや》を愛《あい》せずして他《た》人《にん》を愛《あい》する者《もの》之《これ》を悖《はい》德《とく》と云《い》ふ又《また》其《その》親《しん》を敬《けい》せずして人《ひと》を敬《けい》す之《これ》を悖《はい》禮《れい》と云《い》ふ。否《ひ》の卦《くわ》能《よ》く之《これ》に應《おう》ず參《さん》考《かう》にせよ。

○又《また》☷坤《ひつじさる》の鎭《ちん》守《じゆ》本《ほん》宅《たく》に背《そむ》き建《たて》たるは下《げ》賤《せん》の死《し》靈《りやう》を神《かみ》として祀《まつ》る理《り》あり則《すなは》ち天《てん》地《ち》否《ひ》なり☰☷内《ない》卦《けい》陰《いん》。外《ぐわい》卦《くわ》陽《やう》なり。内《うち》小《せう》人《じん》にして。外《そと》君《くん》子《し》なり。小《せう》人《じん》の道《みち》は長《ちやう》じ。君《くん》子《し》の道《みち》は消《せう》す故《ゆゑ》に下《げ》賤《せん》の死《し》靈《りやう》を神《かみ》に祀《まつ》るとす此《この》神《かみ》必《かなら》ず祟《たゝり》をなす速《すみやか》に家《か》族《ぞく》の年《ねん》月《ぐわつ》日《ひ》の吉《きつ》方《はう》の廻《めぐり》來《きた》るを選《せん》定《てい》して他《た》地《ち》へ遷《せん》宮《ぐう》なし災《わざはひ》を除《のぞく》べし。

○胞衣《えな》埋納《まいなふ》地區《ちく》別《べつ》總論《そうろん》

○乾《いぬゐ》の部《ぶ》

○☰乾《いぬゐ》の方《かた》凶神所在《きようじんしよざい》の時《とき》胞衣《えな》埋納《まいなふ》なす時《とき》は其子《そのこ》必《かなら》ず肺病《はいびやう》となる或《あるひ》は腦病《なうびやう》重《おも》きは發狂《はつきよう》○父《ちゝ》を蔑《ないがしろ》にす○放蕩無頼《はうたうぶらい》にして家名《かめい》を穢《けが》す又産《またさん》の血穢《おりもの》○初産湯《うぶゆ》○不浄物《ふじやうもの》を捨《すつ》べからず同論《どうろん》なり母《はゝ》も必《かなら》ず難病《なんびやう》を招《まね》くと知《し》るべし。

○其理《そのり》は☰乾《けん》を肺《はい》とす。頭《あたま》とす。父《ちゝ》とす。大始《おほいにはじめ》とす其尊《そのたつと》き位《くらゐ》を穢《けが》すが故《ゆゑ》に本文《ほんもん》の如《ごと》き難危《なんやく》を招《まね》くと知《し》るべし故《ゆゑ》に予《よ》の顯《あらは》す九星之祕訣大集《せいのひけつだいしふ》にて吉神所在《きちじんしよざい》を選定《せんてい》して胞衣埋納《えなまいなふ》すべし注意《ちうい》を要《えう》す。

○兌《にし》の部《ぶ》

○☱兌《にし》の方《かた》に凶神所在《きようじんしよざい》の時《とき》に胞衣埋納《えなまいなふ》なす時《とき》は其子肺病《そのこはいびやう》○咽喉《いんこう》の病《やまひ》○喘息《ぜんそく》○口中《こうちう》の病《やまひ》○神經痛《しんけいつう》等《とう》の病《やまひ》を招《まね》き或《あるひ》は女難《ちよなん》にて破財《はざい》なすか短命《たんめい》なすか。

○其理《そのり》は☱兌《だ》を肺《はい》とす○咽喉《いんこう》とす○痰《たん》とす○口《くち》とす○舌《した》とす○少女《せうぢよ》とす○其位《そのくらゐ》を穢《けが》す故《ゆゑ》に本文《ほんもん》の如《ごと》き難病《なんびやう》又《また》は色難《しきなん》を招《まね》き破財《はざい》なすか短命《たんめい》なす又産《またさん》の血穢《おりもの》初産《うぶ》

湯《ゆ》。不浄《ふじやう》の物《もの》を捨《すつ》べからず同論《どうろん》なり母《はゝ》も安産《あんざん》の後《のち》種々《しゆ〴〵》の病《やまひ》を發《はつ》す恐《おそろ》べし。

○離《みなみ》 の 部《よ》

○☲離《みなみ》の方《かた》に凶神《きようじん》所在《しよざい》なす時《とき》に胞衣《えな》埋納《まいなふ》なす時《とき》は明《あきらか》の徳《とく》を汚《けが》す故《ゆゑ》に其子《そのこ》不常識《ふじやうしき》となりて社會主義者《しやくわいしゆぎしや》天下《てんか》に害毒《がいどく》を殘《のこす》か又《また》は心臓病《しんざうびやう》○盲人《まうじん》○盗心《たうしん》○不忠不幸《ふちうふかう》○暗愚《はか》○放蕩無頼《はうたうぶらい》となりて親《おや》に反《そむ》き他人《たにん》に迄《まで》迷惑《めいわく》を掛《かけ》るなり。

○其理《そのり》は☲離《り》を日《ひ》とす○明《あきらか》とす○人物《じんぶつ》とす○心臓《しんざう》とす○眼《め》とす其徳《そのとく》を汚《けが》す故《ゆゑ》に不常識《ふじやうしき》放蕩無頼《はうたうぶらい》○社會主義《しやくわいしゆぎ》天下《てんか》に害毒《がいどく》を殘《のこ》す○親《おや》に反《そむ》き○心臓病《しんざうびやう》○不忠不幸《ふちうふかう》○暗愚《はか》○盲人《まうじん》或《あるひ》は人《ひと》の目《め》を晦《くらま》し盗人《ぬすびと》となりて肉親《にくしん》を辱《はづか》しめ家名《かめい》を穢《けが》すなり恐《おそる》べし注意《ちうい》を要《えう》す故《ゆゑ》に産《さん》の血穢《おりもの》。不浄《ふじやう》の物《もの》を捨《すつ》べからず同論《どうろん》なり母《はゝ》も後《のち》心臓病《しんざうびやう》。眼病《がんびやう》等《とう》を招《まね》き血液不順《けつえきふじゆん》の難病《なんびやう》となるなり。

○震《ひがし》 の 部《よ》

○☳震《ひがし》の方《かた》に凶神《きようじん》の所在《しよざい》なす時《とき》に胞衣《えな》埋納《まいなふ》なせば其子《そのこ》成長《せいちやう》せず若《も》し生育《せいいく》すれば後《のち》必《かなら》ず發狂《はつきやう》なすか癲癇《てんかん》○驚風《きやうふう》○跛《あしなへ》○肝臓《かんざう》○高《たか》き所《ところ》より落《おち》又《また》は木《き》に壓《おさ》れ○井《ゐ》○堀《ほり》○川《かは》

等《とう》に投《とう》ず○楷梯《はしご》より落《おち》る總《すべ》て驚動《きやうどう》の事《こと》を主《つかさど》る又《また》眼病《がんびやう》○盲人《まうじん》となる故《ゆゑ》に産《さん》の血穢《おりもの》。初産湯《うぶゆ》。不淨《ふじやう》の物《もの》を捨《すつ》べからず同論《どうろん》なりと知《し》るべし。

○其理《そのり》は☳震《しん》は東《ひがし》。萬物發生《ばんもつはつせい》なす所《ところ》。長男《ちやうなん》の位《くらゐ》なり其位《そのくらゐ》を穢《けが》す故《ゆゑ》に其子生育《そのこせいいく》せず或《あるひ》は短命《たんめい》なすか發狂《はつきやう》するか癲癇《てんかん》。驚風《きやうふう》。高《たか》き所《ところ》より落《おち》。井《ゐ》。池《いけ》。堀《ほり》。川《かは》等《とう》に投《とう》ず。又楷梯《またはしご》より落《おち》る總《すべ》て驚《おどろ》きを主《つかさど》る。眼病《がんびやう》。盲人《まうじん》を出《いだ》し。血液不順《けつえきふじゆん》の難病《なんびやう》を主《つかさど》る恐《おそる》べし則《すなは》ち震《しん》は百里《ひやくり》を驚《おどろ》かすの理《り》なり。

○巽《たつみ》の部《ぶ》

○☴巽《たつみ》の方《かた》に凶神《きようじん》の廻居《めぐりをる》ときに胞衣《えな》埋納《まいなふ》なす時《とき》は其子《そのこ》忍耐《にんたい》なく業務《げふむ》を治《をさめ》ず無頼《ぶらい》の者《もの》となり終身《しうしん》運氣《うんき》を招《まね》く事《こと》能《あた》はず百事《ひやくじ》齊《とゝの》はず家名《かめい》を穢《けが》す又《また》繩目《なはめ》の羞牢獄《はぢらうごく》の難《なん》○女《ぢよ》難《なん》○訴訟《そしよう》○發狂《はつきやう》○暗愚《はか》○溺死《できし》○變死《へんし》○變病《へんびやう》等《とう》の災害《さいがい》を主《つかさど》る故《ゆゑ》に産《さん》の血穢《おりもの》。初産湯《うぶゆ》不淨《ふじやう》の物《もの》を捨《すつ》べからず母《はゝ》も安産《あんざん》の後《のち》必《かなら》ず病難《びやうなん》を招《まね》く注意《ちうい》を要《えう》す。

○其理《そのり》は☴巽《そん》は萬物齊《ばんもつとゝの》ふ所《ところ》。市《し》の利《り》三倍《ばい》ある所《ところ》。福地《ふくち》とす。世間《せけん》とす。進退《しんたい》とす。肱股《ひぢもゝ》とす。繩《なは》とす故《ゆゑ》に其子《そのこ》忍耐《にんたい》なく無頼《ぶらい》の者《もの》となり業務《げふむ》を治《をさめ》ず百事齊《ひやくじとゝの》はず家名《かめい》を汚《けが》すは萬物《ばんもつ》齊《とゝの》ふ位《くらゐ》を穢《けがす》が故《ゆゑ》なり。縄目《なはめ》の羞《はぢ》。首《くび》くゝり牢獄《らうごく》の難《なん》。女難《ぢよなん》。訴訟《そしよう》。發狂《はつきやう》。暗愚《はか》。溺死《できし》。變死《へんし》等《とう》總《すべ》て齊《とゝの》ふ位《くらゐ》を穢《けが》すが爲《ため》に種々《しゆぐ》の難危《なんやく》を招《まね》き世間《せけん》の悪評《あくひやう》を受《うけ》家名《かめい》を穢《けが》し先祖《せんぞ》を辱《はづかし》むると知《し》るべし。

○坎《きた》の部《ぶ》

○☵坎《きた》の方《かた》に凶神所在《きようじんしよざい》なす時《とき》に胞衣埋納《えなまいなふ》なす時《とき》は。舊《きう》十一月《ぐわつ》一陽《やう》來《きた》り萬物《ばんぶつ》の氣《き》地《ち》下《か》に子《こ》を生《しやう》ずる位《くらゐ》を穢《けが》すが故《ゆゑ》に其子《そのこ》生育《せいいく》せず若《も》し成長《せいちやう》なせば運氣《うんき》發展《はつてん》せず自暴自《じばうじ》棄《き》の放蕩無頼《はうたうぶらい》となる。○女子《ぢよし》は流産《りうざん》を主《つかさど》る○水難《すゐなん》○溺死《できし》○腎臓病《じんざうびやう》○或《あるひ》は盲人《まうじん》○糖《たう》尿病《ねうびやう》○神經衰弱《しんけいすゐじやく》○發狂《はつきやう》等《とう》を主《つかさど》る故《ゆゑ》に産《さん》の血穢《おりもの》○初産湯《うぶゆ》○不浄《ふじやう》の物《もの》を捨《すつ》べからず母《はゝ》も必《かなら》ず難病《なんびやう》を招《まね》くと知《し》るべし。

○其理《そのり》は☵坎《かん》を血《ち》とす。先祖《せんぞ》とす。耳《みゝ》とす舊《きう》十一月冬至《ぐわつとうじ》の節《せつ》一陽《やう》來《きた》り萬物《ばんもつ》地下《ちか》に子《こ》を産《うじ》と所《ところ》の位《くらゐ》を穢《けが》すが故《ゆゑ》に其子《そのこ》成長《せいちやう》せず若《も》し生育《せいいく》すれば薄命《はくめい》にして自暴自《じばうじ》棄《き》の無頼《ぶらい》となる。女子《ぢよし》は流産《りうざん》を主《つかさど》る。水難《すゐなん》。溺死《できし》。腎臓病《じんざうびやう》。盲人《まうじん》。糖尿病《たうねうびやう》。神《しん》經病《けいびやう》。發狂《はつきやう》。血液不順《けつえきふじゆん》。淫婦《いんぷ》を出《いだ》し祖先《そせん》を辱《はづかし》め家名《かめい》を穢《けが》す。

○艮《うしとら》の部《ぶ》

○☶艮《うしとら》の方《かた》に凶神《きようじん》所在《しよざい》の時《とき》に胞衣《えな》埋納《まいなふ》なす時《とき》は其子《そのこ》必《かなら》ず死亡《しばう》す若《も》し生育《せいいく》すれば後《のち》胃癌《ゐがん》○癩病《らいびやう》○脊髓《せさずゐ》○總《すべ》て血液《けつえき》不順《ふじゆん》の難病《なんびやう》を發《はつ》す故《ゆゑ》に產《さん》の血穢《おりもの》○初產湯《うぶゆ》○不淨《ふじやう》の物《もの》一切《さい》捨《すつ》べからず母《はゝ》も安產《あんざん》なすと雖《いへど》も後《のち》必《かなら》ず難病《なんびやう》に罹《かゝ》り不具者《ふぐしや》となる恐《おそ》れあり最《もつと》も注意《ちうい》を要《えう》す。

○其理《そのり》は☶艮《こん》は丑《うし》。寅《とら》なり丑《うし》は一月《ぐわつ》より十二月迄《ぐわつまで》一年間《ねんかん》を紐所《むすぶところ》。寅《とら》は年々《ねんねん》舊《きう》一月立春《ぐわつりつしゆん》の氣《き》起《おこ》り萬物始《ばんもつはじめ》て地上《ちじやう》に出《い》で伸《のぶ》る所故《ところゆゑ》に氣脈循環《きみやくじゆんくわん》する尊《たつと》き道《みち》を穢《けが》すか因《よつ》て身體《しんたい》を以《もつ》て論《ろん》ずれば動脈《どうみやく》を切斷《せつだん》なすに等《ひとし》く其子《そのこ》死亡《しばう》す若《も》し生長《せいちやう》すれば不具者《ふぐしや》胃癌《ゐがん》。癩病《らいびやう》。脊髓《せきずゐ》。總《すべ》て血液《けつえき》不順《ふじゆん》の難病《なんびやう》を發《はつ》す又《また》運名《うんめい》發展《はつてん》せず終《をはり》に神經病《しんけいびやうか》且つ邪魅《じやみ》妖怪《えうくわい》の災害《さいがい》を招《まね》くと知《し》るべし。

○坤《ひつじさる》の部《ぶ》

○☷坤《ひつじさる》の方《かた》に凶神《きようじん》所在《しよざい》の時《とき》に胞衣《えな》埋納《まいなふ》なす時《とき》は其子《そのこ》必《かなら》ず死亡《しばう》す若《も》し生長《せいちやう》なせば後《のち》盲腸炎《まうちやうえん》○窒扶斯《ちよす》○飮食停滯《いんしよくていたい》食氣《しよくき》消化《せうくわ》せず○胃癌《ゐがん》○脾臟《ひざう》○痢疾《りしつ》○子宮病《しきうびやう》○總《すべ》て腹部《ふくぶ》

の難病《なんびやう》を發《はつ》し或《あるひ》は親《おや》を敬《けい》せず放蕩無頼《はうたうぶらい》○不常識《ふじやうしき》の者《もの》を出《いだ》し家名《かめい》を穢《けが》す恐《おそ》るべし故《ゆゑ》に産《さん》の血穢《おりもの》○初産湯《うぶゆ》○不浄《ふじやう》の物《もの》一切《さい》捨《すつ》べからず母《はゝ》も安産《あんざん》なすと雖《いへど》も後必《のちかなら》ず難病《なんびやう》に罹《かゝ》り不具者《ふぐしや》となる恐《おそ》るべし注意《ちうい》を要《えう》す。

○其理《そのり》は☷坤《こん》は純陰《じゆんいん》の地《ち》にして萬物《はんもつ》を資生《たすけしやう》じ養育《やういく》なす尊《たつと》き所《ところ》なり。母《はゝ》とす。妻女《さいぢよ》とす。腹《はら》とす。脾臓《ひざう》とす其位《そのくらゐ》の地脈《ちみやく》を切斷《せつだん》し穢《けが》すが故《ゆゑ》に其子《そのこ》死亡《しばう》す若《も》し生長《せいちやう》なせば盲腸炎《まうちやうえん》。窒扶斯《ちぶす》。食氣消化《しよくきせうくわ》せず。胃癌《ゐがん》。痢疾《りしつ》。女子《ぢよし》は子宮病《しきうびやう》。總《すべ》て腹部《ふくぶ》の難病《なんびやう》を招《まね》く或《あるひ》は親《おや》に反《そむ》き放蕩無頼《はうたうぶらい》。神經痛《しんけいつう》。色難等《しきなんとう》にて先祖《せんぞ》を辱《はづかし》め家名《かめい》を穢《けが》し不具者《ふぐしや》を出《いだ》すなり。

○胞衣《えな》は人事《じんじ》一代《いちだい》の根元《こんげん》なれば最《もつと》も大切《たいせつ》に為《なす》べし本文《ほんもん》の如《こと》き恐《おそ》るべき事《こと》を知《し》り注《ちう》意《い》に注意《ちうい》あるべし多《おほ》くの小兒《せうに》を試見《ためしみ》よ胞衣《えな》納地《なふち》の善悪《よしあし》によりて天壽《てんじゆ》の運名《うんめい》の定《さだ》まる者《もの》と知《し》るべし。

○隱居所方位《いんきよじよはうゐ》の吉凶《きつきよう》を論《ろん》ず

○隱居所《いんきよじよ》は其家《そのいへ》の主人《しゆじん》世《よ》を去《さ》り隱遁《いんとん》する所《ところ》なれば第《だい》一方位《はうゐ》の吉凶則《きつきようすなは》ち五行順逆《ぎやうじゆんぎやく》の

理《り》を研究《けんきう》せず猥《みだり》に隱宅《いんたく》を構《かまえ》る時《とき》は本宅《ほんたく》にも大《おほい》に災害《さいがい》を發《はつ》し互《たがひ》に不幸《ふかう》を招《まね》く者《もの》なればば左《さ》に隱居所《いんきよじよ》の吉凶區別《きつきようくべつ》を論《ろん》ず注意《ちうい》あるべし。

○乾《いぬゐ》の部《ぶ》

○☰乾《いぬゐ》の方《かた》に隱居所《いんきよじよ》ある家《いへ》は隱主《いんしゆ》の心《こゝろ》正《たゞ》しく誠實《せいじつ》にして本宅《ほんたく》の住人《ぢうにん》其他《そのた》の人《ひと》を能《よ》く愛《あい》し權威《けんゐ》ありて從者《じうしや》も能《よ》く勤《つと》め一家《か》平和《へいわ》なり。

○其理《そのり》は☰乾《けん》を天《てん》とす○圓《まろし》とす○先祖《せんぞ》とす○福地《ふくち》とす○大始《だいし》とす○君《きみ》とす○父《ちゝ》とす○老人《らうじん》とす故《ゆゑ》に隱主《いんしゆ》誠實《せいじつ》にして權威《けんゐ》あり家族《かぞく》能《よ》く服從《ふくじゆう》す然《しか》るに下級《かきふ》の者《もの》は隱居《いんきよ》の權《けん》のみ盛《さかん》にして其功《そのこう》なく却《かへつ》て本宅《ほんたく》と不和《ふわ》を主《つかさど》り。父子《ふし》の意志《いし》合《あは》ず災害《さいがい》を招《まね》く則《すなは》ち其人《そのひと》德《とく》なくして乾《けん》の尊《たつと》きに居《をる》事《こと》能《あた》はず因《よつ》て常人《つねびと》には凶《きよう》なりと知《し》るべし試見《ためしみ》よ。

○兌《にし》の部《ぶ》

○☱兌《にし》の方《かた》に隱居所《いんきよじよ》ある家《いへ》は隱主《いんしゆ》奢侈《おごり》に長《ちやう》じ費用《ひよう》多《おほ》く或《あるひ》は婦女子《ふぢよし》を愛《あい》し色慾《しきよく》に亂《みだ》れ剛慾《がうよく》にして暴利《ばうり》を好《この》み失敗《しつぱい》を招《まね》き本宅《ほんたく》に損害迷惑《そんがいめいわく》を掛《かけ》る事再三《ことさいさん》に及《およ》び一家《か》の亂《みだ》

れ大《おほい》に不和《ふわ》を招《まね》く恐《おそ》れあり。

○其理《そのり》は☱兌《だ》を少女《せうぢよ》とす○妾《めかけ》とす○備《そなへ》とす○口《くち》とす○飲食《いんしよく》とす○喜悦《よろこび》とす故《ゆゑ》に人《ひと》の悦《よろこび》は多《おほ》く不正《ふせい》に溺《おぼ》れ易《やす》く。婦女《ふぢよ》を愛《あい》し妾《めかけ》を居《を》き節《せつ》を失《うしな》ひ腎虚《じんきよ》して病氣《びやうき》を爲《な》し。奢侈《おごり》をなし。美食《びしよく》を好《この》み過《すぐ》れば胃《ゐ》を損《そん》ずるは悦《よろこび》の度《ど》に過《すぎ》。又《また》は剛慾《がうよく》にして暴利《ばうり》を好《この》み失敗《しつぱい》を招《まね》き家名《かめい》を穢《けが》し隱居《いんきよ》にあるまじき備《そなへ》を破《やぶ》り終《つひ》に本宅《ほんたく》に迨《ま》で損《そん》害迷惑《がいめいわく》を及《およぼ》すか或《あるひ》は惡疾《あくしつ》の病難《びやうなん》に罹《かゝ》ると知《し》るべし。

○離《みなみ》の部

○☲離《みなみ》の方《かた》に隱居所《いんきよじよ》ある家《いへ》は隱主《いんしゆ》何《なに》か事《こと》ありて若《わか》き時《とき》に隱居《いんきよ》せし者《もの》と斷定《だんてい》すべし故《ゆゑ》に本宅《ほんたく》の主人《しゆじん》萬事《ばんじ》を行《おこな》ふ事能《ことあた》はず總《すべ》て隱居《いんきよ》より支配《しはい》を受《うけ》るなり。

○其理《そのり》は☲離《り》は明《あきら》にして日《ひ》とす○日《ひ》は晝《ひる》に照《てら》し○火《ひ》は夜《よ》に照《てら》し相見《あひみ》る位《くらゐ》なり故《ゆゑ》に明兩作離《めいふたつをころり》と云《い》ふ大人《たいじん》とは王侯《わうこう》の稱《しよう》。萬民《ばんみん》の上《うへ》に立《たつ》て人《ひと》の邪正《じやせい》。曲直《きよくちよく》を觀察《くわんさつ》し天下國家《てんかこくか》を治《をさむ》るを云《い》ふ因《よつ》て大人《たいじん》以繼レ明レ照二于四方一《あつてつぎあきらかにてらすなしはう》と云《い》ふ故《ゆゑ》に隱居《いんきよ》より萬事本宅《ばんじほんたく》の主人支配《しゆじんしはい》を受《うけ》るなりと知《し》るべし。

○震《ひがし》の部《ぶ》

○☳震《ひがし》の方《かた》に隱居所《いんきよじよ》ある家《いへ》は隱主《いんしゆ》色情《しきじやう》強《つよ》く女難《ぢよなん》にて大《おほい》に破財《はざい》を招《まね》くなり。

○其理《そのり》は☳震《しん》の方《かた》に隱居《いんきよ》するは多《おほ》く年老《としおい》て隱遁《いんとん》したるに非《あら》ず。仔細《しさい》ありて世《よ》を去《さり》たる者《もの》なり。則《すなは》ち東《ひがし》は春《はる》を司《つかさど》る故《ゆゑ》に春情《しゆんじやう》を釀《かも》し☳一陽《いちやう》下《しも》に動《うご》き女《をんな》二人《にん》を弄《もてあそ》ぶの象《しやう》情慾《じやうよく》最《もつと》も深《ふか》し則《すなは》ち萬物《ばんもつ》發生《はつせい》の所《ところ》に閑居《かんきよ》なす故《ゆゑ》に豈《あに》不善《ふぜん》を成《なさ》ざらんや因《よつ》て女《ぢよ》難《なん》。破財《はざい》を招《まね》くと知《し》るべし。

○又《また》☳震《しん》の隱宅《いんたく》は音曲《おんぎよく》の遊興《いうきよう》に耽《ふけ》り放逸《はういつ》にして金錢《せんせん》を費《つひや》し酒食《しゆしよく》を貪《むさは》る友人《いうじん》集會《しふくわい》なす或《あるひ》は文學《よんがく》の朋友《ほういう》來《きた》るあり。

○其理《そのり》は☳震《しん》を音聲《おんせい》とす故《ゆゑ》に遊藝《いうげい》音曲《おんきよく》の友《とも》來《きた》りて金錢《きんせん》の費用《ひよう》多《おほ》し又《また》七賢人《けんじん》竹林《ちくりん》に遊《あそび》て酒食《しゆしよく》をなし文學《よんがく》を樂《たのし》む古事《こじ》に判定《はんてい》す。

○且《か》つ☳震《しん》に隱遁《いんとん》なすと雖《いへど》も本宅《ほんたく》の主人《しゆじん》と意志《いし》合《あは》ず○邪意《じやい》を以《もつ》て再《ふた》び本宅《ほんたく》の主《しゆ》に立歸《たちかへ》らん事《こと》を企《くはだつ》るなり。○寺院《じゐん》なれば必《かなら》ず再住職《さいぢうしよく》となる也《なり》恐《おそ》るべし。

○其理《そのり》は☳震《しん》は長男《ちやうなん》の位《くらゐ》なれば本宅《ほんたく》の相續權《さうぞくけん》あり故《ゆゑ》に隱遁《いんとん》なすも本宅《ほんたく》の主人《しゆじん》と

意志合《いしあは》ず不和《ふわ》を主《つかさど》る☳震《しん》は一陽《やう》。二陰《いん》の下《しも》に發生《はつせい》して上昇《じやうしよう》せんとす故《ゆゑ》に其氣《そのき》猛《もう》烈《れつ》にして本宅《ほんたく》の主人《しゆじん》に立歸《たちかへ》らんとするなり○寺院《じゐん》は親《しん》の子《こ》にあらざれば再住職《さいぢうしよく》するに安《あす》き故《ゆゑ》に必《かなら》ず立返《たちかへ》ると知《し》るべし。

○巽《たつみ》の部《ぶ》

○☴巽《たつみ》の方《かた》に隱居所《いんきよじよ》あれば隱主淫亂《いんしゆいんらん》となり本妻《ほんさい》の外《ほか》に妾兩三人《めかけりやうにん》を淫《いん》するか或《あるひ》は他《た》所他國《しよたこく》にて女難損失《ぢよなんそんしつ》を招《まね》くと知《し》るべし。

○所以《ゆゑん》☴巽《そん》を世間《せけん》とす勿論《もちろん》。隱遁《いんとん》の地《ち》にあらず且《か》つ隱居《いんきよ》する者《もの》は多《おほ》くは其家《そのいへ》の父《ち》なり父《ち》は☰乾《けん》なり故《ゆゑ》に☰☴天風姤《てんぷうこう》の卦《くわ》なり。其來《そのきた》る事《こと》を期《き》せずして卒然《そつぜん》との相遇《あひあふ》なり姤《こう》は。

彖辭《たんじ》曰《いはく》姤《こうは》女《ぢよ》壯《さうなり》勿《なかれ》レ用《もちゆること》レ取《めとるに》レ女《ぢよ》

とは姤《こう》は遇《あふ》なり。期《おもはず》して會《あふ》を遇《あふ》と云《い》ふ。故《ゆゑ》に女《をんな》の邂逅《たまさかあつま》りて男《をとこ》に遇《あふ》を姤《こう》と爲《な》す一陰始《いんはじめ》て生《しやう》じ壯《さう》と稱《しよう》する者《もの》は陰《いん》の陽《やう》を侵《をか》す。防《ふせ》ぐべからざる者《もの》あり。家道《かだう》を索《つ》くる皆女子《みなぢよし》に始《はじ》まる。壯《さう》は女《ぢよ》より壯《さかん》なるはなし故《ゆゑ》に之《これ》を戒《いまし》めて女壯《ナリ》勿レ用《コト》取《ニ》レ女《ヲ》と云《い》ふ是《これ》に三ツの義《ぎ》あり一ツは☴巽《そん》を長女《ちやうぢよ》とす之《これ》を本妻《ほんさい》とす。二は柔《じう》にして五陽《やう》に遇之《あふこれ》を外妾卒然《ぐわいせうそつぜん》として來《きたる》とす。三は☰☶天山遯《てんさんとん》。☰☷天地否《てんちひ》。☴☷風地觀《ふうちくわん》次《つぎ》の卦《くわ》を☶☷山地剝《さんちはく》とす故《ゆゑ》に淫女兩三人《いんぢよりやうにん》に及《およん》で女難損害下《ぢよなんそんがいしも》より上《のぼ》るは前卦象《ぜんくわしやう》なり參考《さんかう》にせよ。

又《また》☴巽《そん》の隱主再《いんしゆふた》び本宅《ほんたく》の主人《しゆじん》に立歸《たちかへ》る事《こと》あり。

○其理《そのり》は☴巽《そん》の隱居本宅《いんきよほんたく》の陽氣《やうき》を閉塞《へいそく》なすが故《ゆゑ》に本宅《ほんたく》の主人發生《しゆじんはつせい》する事能《ことあた》はず短命《たんめい》なすか。病難《びやうなん》に罹《かゝ》るか。失敗《しつはい》なすか因《よつ》て隱遁《いんとん》の父之《ちゝこれ》を疎《うとん》じて再《ふた》び本宅《ほんたく》に立歸《たちかへ》るか。然《しから》ざれば別《べつ》に商賣《しやうばい》を思《おも》ひ付《つく》か又《また》は遠方《ゑんはう》に別家《べつけ》をなすか則《すなは》ち巽《そん》を遠方《ゑんはう》とするが故《ゆゑ》なりと知《し》るべし。

○坎《きた》の部《ぶ》

○☵坎《きた》の方《かた》に離家《はなれや》あるは女權猛烈《ぢよけんもうれつ》となりて夫《をつと》を蔑《ないがしろ》にし。不義密通《ふぎみつつう》を主《つかさど》る。

○其理《そのり》は☵坎《きた》の離家《はなれや》を妻女《さいぢよ》とする理《り》あり。古《むかし》より北《きた》の方《かた》と唱《とな》ふるは此義《このぎ》を取《とる》なり說卦傳《せつくわでん》に坎《かん》を隱伏《いんぷく》とす。素《もと》より靜《しづか》なるを尊《たつと》ぶ所《ところ》。然《しか》るに座敷《ざしき》ある時《とき》は他人必《たにんかなら》ず出入《でいり》して隱伏《いんぷく》の坎《かん》の位《くらゐ》を訐《あば》く故《ゆゑ》に內《うち》を治《をさむ》る妻女《さいぢよ》發展《はつてん》して。夫《をつと》を蔑《ないがしろ》にし遂《つひ》に不《ふ》義《ぎ》をなす注意《ちうい》を要《えう》す。

○☵坎《きた》の方《かた》の隱居所《いんきよじよ》は隱主老翁《いんしゆらうをう》。老婆《らうは》なれば差支《さしつかへ》なし。若《も》し中年《ちうねん》の男女《だんぢよ》なれば他《た》へ轉居《てんきよ》せず他人《たにん》繁《しげ》く出入《でいり》すれば必《かなら》ず不義姦淫《ふぎかんいん》を主《つかさど》ると知《し》るべし。

○其理《そのり》は隱主老翁《いんしゆらうをう》。老婆《らうは》なれば隱伏《いんぷく》の位《くらゐ》を得《え》て差支《さしつかへ》なし若《も》し中年《ちうねん》の男女住居《だんぢよぢうきよ》する時《とき》は隱伏《いんぷく》する事能《ことあた》はず故《ゆゑ》に移轉《いてん》するなり。☵坎《かん》の水流《みづなが》れて止《とゞま》らざるが如《ごと》く因《よつ》て轉居《てんきよ》せざれば他人《たにん》繁《しげ》く出入《でいり》して不義姦淫《ふぎかんいん》を招《まね》くと知《し》るべし。

○艮《うしとら》の部《ぶ》

○☶艮《うしとら》の方《かた》に隱居所《いんきよじよ》ある家《いへ》は本宅《ほんたく》に養子《やうし》○中風病《ちうふうびやう》○不具者《ふぐしや》或《あるひ》は隱主偏屈《いんしゆへんくつ》にして本《ほん》宅《たく》の家族《かぞく》と不和《ふわ》を主《つかさど》る。

○其理《そのり》は家相地相《かさうちさう》の缺張《かけはり》の部《ぶ》に論《ろん》ずる如《ごと》く養子《やうし》。血液不順《けつえきふじゆん》。中風病《ちうふうびやう》。不具者《ふぐしや》。偏屈《へんくつ》。家族不和《かぞくふわ》を主《つかさど》る☶艮《こん》は陽爻《やうかう》上《うへ》に止《とゞ》まり思《おもふ》こと通《つう》じ難《がた》く實《み》ありて時《とき》に塞《ふさが》るの象《かたち》なり。

○☶艮《うしとら》に隠居所《いんきよじよ》あれば實子《じつし》を以《もつ》て相續《さうぞく》すれば親子《ふし》大《おほい》に不和《ふわ》○又《また》養子《やうし》相續《さうぞく》すれば之《これ》に配偶《はいぐう》したる實《じつ》の娘《むすめ》と不和《ふわ》を招《まね》き或《あるひ》は本宅《ほんたく》の主人《しゆじん》の行《おこな》ふ事《こと》。意《い》に合《あは》ず再《ふた》び本宅《ほんたく》の家事《かじ》を司《つかさど》らんとす又《また》實子《じつし》相續《さうぞく》すれば隠主《いんしゆ》其嫁《そのよめ》を愛《あい》して姦通《かんつう》せんとす。

○其理《そのり》は☶艮《ごん》の隠居所《いんきよじよ》は養子《やうし》を迎《むかへ》るの相《さう》。若《も》し實子《じつし》相續《さうぞく》すれば五行《ぎやう》の理《り》に違《たが》ふ故《ゆゑ》に大《おほい》に不和《ふわ》となる☶艮《ごん》は先天《せんてん》の☳震位《しんゐ》にして説卦傳《せつくわでん》に曰《いは》く帝《てい》震《しん》に出《いづ》と則《すなは》ち東《とう》方發生《はうはつせい》の位《くらゐ》なり其所《そのところ》に隠居《いんきよ》する故《ゆゑ》本宅《ほんたく》の主人《しゆじん》の行《おこな》ふ事《こと》。意《い》に合《あは》ず再《ふた》び本宅《ほんたく》に立《たち》歸《かへ》り家事《かじ》を司《つかさど》らんとなす又《また》☶艮《ごん》の裏《うら》は☱兌《だ》。兌《だ》を澤《たく》とす則《すなは》ち䷨山澤損《さんたくそん》の卦《くわ》となる因《よつ》て山澤氣《さんたくき》を通《つう》じ色情《しきじやう》の氣《き》猛烈《もうれつ》となり我子《わがこ》の嫁《よめ》を愛《あい》し姦淫《かんいん》の念《ねん》を發《はつ》するに至《いた》る注意《ちうい》を要《えう》す。

○丑《うし》の隠居所《いんきよじよ》は血液《けつえき》不順《ふじゆん》○神經痛《しんけいつう》○中風病《ちうふうびやう》等《とう》の難病《なんびやう》を招《まね》く知《し》るべし。

○其理《そのり》は丑《うし》は極陰《ごくいん》の所《ところ》なれば陰《いん》に重《かさな》り則《すなは》ち重陰《ちういん》にして種々《しゆ〳〵》の難危《なんやく》本宅《ほんたく》に迄《まで》て絶《たへ》ず終《をはり》に血脈《けつみやく》を絶《たや》す恐《おそ》れあり。

○寅《とら》の方《かた》隠居所《いんきよじよ》は最《もつと》も大凶《だいきよう》なり其理《そのり》は寅《とら》は萬物《ばんもつ》發生《はつせい》の所《ところ》なれば總《すべ》てに凶《きよう》なり。

○坤《ひつじさる》の部《ぶ》

○☷坤《ひつじさる》の方《かた》に隱居所《いんきよじよ》ある家《いへ》は本宅《ほんたく》に災害多《さいがいおほ》く第一男子《だいいちなんし》生育《せいいく》せず若し成長《せいちやう》すれば不《ふ》具者《ぐしや》又《また》は暗愚《はか》○放蕩無頼《はうたうぶらい》の者《もの》を出《いだ》す○狂人《きやうじん》○頓死《とんし》○中風病《ちうふうびやう》○總《すべ》て血液不順《けつえきふじゆん》の難病《なんびやう》を招《まね》くと知《し》るべし。

○其理《そのり》は☷坤《こん》は萬物《ばんもつ》資《とつ》て養《やしなひ》を爲《な》す所《ところ》に隱居所《いんきよじよ》を置《お》き地脈《ちみやく》を壓迫《あつはく》なす故《ゆゑ》男子《だんし》成育《せいいく》せず成長《せいちやう》すれば不具者《ふぐしや》或《あるひ》は暗愚《はか》。放蕩無頼《はうたうぶらい》の者《もの》を出《いだ》す。狂人《きやうじん》。頓死《とんし》。中風病《ちうふうびやう》。總《すべ》て血液不順《けつえきふじゆん》の難病《なんびやう》を發《はつ》す則《すなは》ち地脈循環《ちみやくじゆんくわん》の道《みち》を壓迫《あつはく》なすが故《ゆゑ》なり隱居《いんきよ》の身《み》にも災害多《さいがいおほ》しと知《し》るべし其他種々《そのたいろ／＼》の難危《なんやく》。艮《ごん》の理論《りろん》に等《ひと》し注意《ちうい》を要《えう》す。

○墓地《はち》の在所吉凶《ありしよきつきよう》を論《ろん》ず

○墓地《はち》は其家《そのいへ》の先祖《せんぞ》を埋葬《まいさう》する所《ところ》なれば本宅《ほんたく》より最《もつと》も吉方《きつはう》を選定《せんてい》せざれば子孫《じそん》を守護《しゆご》せず却《かへつ》て祟《たゝり》をなす恐《おそ》れあれば注意《ちうい》を要《えう》す但《たゞ》し宅地《たくち》より四十五歩《ほ》或《あるひ》は四十五間《けん》以上《いじやう》を隔《へだ》つ所《ところ》に埋葬《まいさう》なせば其限《そのかぎ》りにあらず。

○乾《いぬゐ》の部《ぶ》

○☰乾《いぬゐ》の方《かた》に墓地《ち》あるは大《おほい》に吉《きち》。子《し》孫《そん》繁《はん》榮《えい》すべしなれども祭《まつ》祀《り》を怠《おこた》る時《とき》は不《ふ》敬《けい》なり却《かへつ》て祟《たゝ》りを招《まね》き神《しん》經《けい》病《びやう》重《おもき》は狂人《きやうじん》○窒《ち》扶《ふ》斯《す》○瘧《おこり》○色《しき》情《じやう》にて家《か》名《めい》を穢《けが》す。

○其《その》理《り》は☰乾《けん》を大《だい》始《しゆ》とす。先《せん》祖《ぞ》とす。福《ふく》地《ち》とす故《ゆゑ》に墓《は》地《ち》は其《その》家《いへ》の先《せん》祖《ぞ》を埋《まい》葬《さう》なすは代《だい》々《ぐ》子《し》孫《そん》長《ちやう》久《きう》にして繁《はん》榮《えい》すべし然《しか》るに祭《まつり》を怠《おこた》るは尊《たつと》き位《くらゐ》を失《うしな》ふ因《よつ》て不《ふ》敬《けい》となり先《せん》祖《ぞ》の靈《れい》家《いへ》を守《しゆ》護《ご》せず却《かへつ》て祟《たゝ》りなし神《しん》經《けい》病《びやう》。發《はつ》狂《きやう》。窒《ち》扶《よ》斯《す》。瘧《おこり》の病《やまひ》淫《いん》亂《らん》の者《もの》を出《いだ》し家《か》名《めい》を汚《けが》すと知《し》るべし。

○若《も》し☰乾《いぬゐ》の方《かた》四十五歩《ほ》以《い》内《ない》に他《た》家《け》の墓《はか》ある時《とき》は其《その》家《いへ》に種《いろ》々《く》の災《さい》害《がい》來《きた》り變《へん》死《し》。發《はつ》狂《きやう》。不《ふ》具《ぐ》者《しや》。神《しん》經《けい》病《びやう》。瘧《おこり》の病《やまひ》又《また》は破《は》財《ざい》して貧《ひん》困《こん》に迫《せま》る。

○其《その》理《り》は大《おほい》に始《はじま》る所《ところ》。先《せん》祖《ぞ》とす。福《ふく》地《ち》なり其《その》位《くらゐ》を他《た》家《け》より壓《あつ》迫《はく》さるる故《ゆゑ》に前《ぜん》文《ぶん》の如《ごと》き災《さい》危《やく》絶《たへ》ず破《は》産《さん》貧《ひん》困《こん》なし自《じ》分《よん》の權《けん》利《り》を侵《しん》害《がい》され家《か》名《めい》を穢《けが》す恐《おそれ》あり故《ゆゑ》に住《ぢう》宅《たく》の近《ちか》きに墓《はか》地《ち》あるは不《ふ》時《じ》の災《さい》危《やく》を招《まね》き困《こん》難《なん》する者《もの》多《おほ》く注《ちう》意《い》を要《えう》す試《ためし》見《み》よ。

○兌《にし》の部《よ》

○☱兌《にし》の方《かた》に墓《は》地《ち》あるは大《だい》體《たい》吉《きち》とす。

○其理《そのり》は☱兌《だ》は太陽《たいやう》傾《かたむき》て西《にし》に入《い》る又《また》西《にし》は正秋《せいしう》の季節《きせつ》にして萬物《ばんもつ》熟《じゆく》し老《おひ》て整頓《せいとん》なす位《くらゐ》なり○人《ひと》は沒《ぼつ》して土《ち》に歸《き》す素肅殺《そしゆくさつ》の氣に因《よつ》て收《をさま》る所《ところ》なれば吉《きち》と云《い》ふなり其《その》大略《たいりやく》を示《しめ》す。

○離《みなみ》の部《よ》

○☲離《みなみ》の方《かた》に墓地《はち》ある家《いへ》は最《もつと》も不吉《ふきち》を招《まね》く此家《このいへ》遂《つひ》に發展《はつてん》する事《こと》能《あた》はず又《また》死人《しにん》數拾《すうじふ》を出《いだ》し死絶《しにたへ》の恐《おそ》れあり。

○所以《ゆゑん》☲離《り》は相見《あひみ》る所《ところ》○日《ひ》とす○明《あきらか》とす其位《そのくらゐ》に墓《はか》は陰《いん》なり則《すなは》ち陰《いん》を以《もつ》て陽《やう》を壓《あつ》迫《はく》なす故《ゆゑ》に家運發展《かうんはつてん》せず。死人《しにん》多《おほ》く死絶《しにたへ》の不吉《ふきつ》を招《まね》くと知《し》るべし但《たゞ》し本宅《ほんたく》より四十五步以上《ほいじやう》を隔《へだ》つ所《ところ》は其限《そのかぎ》りにあらず。

○震《ひがし》の部《よ》

○☳震《ひがし》に墓地《はち》ある家《いへ》は子孫《しそん》に祟《たゝ》り災害《さいがい》多《おほ》く貧困《ひんこん》して終《をはり》に家名《かめい》斷絶《だんぜつ》なすと知《し》るべし

○所以《ゆゑん》☳震《しん》は說卦傳《せつくわでん》に曰《いは》く○帝《てい》震《しん》に出《いづ》○帝《てい》は天《てん》の主宰《しゆさい》なり○又震《またしん》は東《ひがし》に位《くらゐ》し人《じん》君《くん》の象《しやう》○諸神《しよじん》を率《ひき》ゐる萬物《ばんもつ》生《せい》々《く》の氣《き》充滿《じうまん》なす尊《たつと》き所《ところ》へ死者《ししや》を埋葬《まいさう》なし陰《いん》を以《もつ》て壓《あつ》

迫《はく》し穢《けが》す故《ゆゑ》に祟《たゝ》り猛烈《もうれつ》にし子孫《しそん》發達《はつたつ》せず。災害《さいがい》重《かさな》り貧困《ひんこん》して終《をはり》に家名《かめい》斷絶《だんぜつ》なすと知《し》るべし因《よつ》て四十五歩以内《ほいない》に他家《たけ》の墓《はか》あるも祟《たゝ》り多《おほ》く注意《ちうい》を要《えう》す恐《おそ》るべし試《ため》見《み》よ。

○巽《たつみ》の部《よ》

○☴巽《たつみ》に墓地《ぼち》ある家《いへ》は災害《さいがい》多《おほ》く神經病《しんけいびやう》○發狂《はつきやう》○不具者《ふぐしや》○放蕩無頼《はうたうぶらい》の者《もの》を出《いだ》し代々《だい〳〵》子孫《しそん》に祟《たゝ》り恐《おそ》るべき鬼陰本宅《きいんほんたく》を襲《おそふ》と知《し》るべし。

○其理《そのり》は☴巽《そん》を萬物《ばんぶつ》の齊《とゝな》ふ所《ところ》。福地《ふくち》とす。遠方《ゑんはう》とす。世間《せけん》とす。高《たかし》とす。風《かぜ》とす風《かぜ》は物《もの》に觸《ふれ》て形《かたち》を顯《あらは》す其位《そのくらゐ》に死者《しや》を埋葬《まいさう》なし陰地《いんち》となす故《ゆゑ》に總《すべ》て物事《ものこと》齊《とゝの》はず幽陰《ゆういん》。鬼陰本宅《きいんほんたく》を襲《おそふ》て神經衰弱《しんけいすゐじやく》。狂人《きやうじん》。不具者《ふぐしや》。放蕩無頼《はうたうぶらい》。窒扶斯《ちぶす》。瘧《おこり》の病等《やまひとう》の者《もの》絶《たへ》ず貧困《ひんこん》に迫《せま》り子孫難危《しそんなんやく》に罹《かゝる》と知《し》るべし。

○坎《きた》の部《よ》

○☵坎《きた》の方《かた》に墓地《ぼち》ある家《いへ》は其家《そのいへ》の主人《しゆじん》忍耐強《にんたいつよ》く子孫《しそん》に家福《かふく》を傳《つたへ》る事《こと》に努《つと》め次第《しだい》に繁榮《はんえい》なす則《すなは》ち先祖《せんぞ》の靈子孫《れいしそん》を守護《しゆご》す故《ゆゑ》に祭《まつり》を怠《おこた》るなかれ。

○所以《ゆゑん》☵坎《かん》は易《えき》の勞卦《らうくわ》なり家《いへ》を興《おこ》し子孫《しそん》に家福《かふく》を傳《つたへ》る人《ひと》は皆勞働《みならうどう》を厭《いと》はず險勞《けんらう》多《おほ》き義《ぎ》を以《もつ》て☵坎《かん》を先祖《せんぞ》とす。血《ち》とす故《ゆゑ》に我先祖《わがせんぞ》の墓《はか》を祭《まつる》は本宅《しんたく》の主人《しゆじん》險勞《けんらう》を恐《おそ》れず子孫《しそん》に家福《かふく》を傳《つたへ》る事《こと》に努《つとめ》て繁榮《はんえい》なすと知《し》るべし因《よつ》て四十五歩《ほ》以内《いない》に他家《たけ》の墓《はか》ある時《とき》は家名《かめい》斷絶《だんぜつ》の恐《おそ》れあり則《すなは》ち先祖《せんぞ》の位《くらゐ》を他人《たにん》に壓迫《あつはく》さるゝ故《ゆゑ》に其家《そのいへ》の血脈《ちみやく》を切斷《せつだん》さるゝ理《り》なれば何人《たんびと》も北方《ほくはう》に寺院《じゐん》の墓地《ぼち》あるも不吉《ふきつ》なりと知《し》り注意《ちうい》を要《えう》す試見《ためしみ》よ。

○艮《うしとら》の部《よ》

○☶艮《うしとら》の方《かた》に墓地《ぼち》ある家《いへ》は發展《はつてん》なす事能《ことあた》はず。然《しか》るに丑《うし》の方《かた》にある墓地《ぼち》は差支《さしつかへ》なし但《たゞ》し四拾五歩《ほ》以内《いない》は其限《そのかぎり》にあらず。

○所以《ゆゑん》丑《うし》は年々《ねん〳〵》正月《しやうぐわつ》より十二月《ぐわつ》迄《ま》での終《をはり》を紐所《むすぶところ》なれば死者《ししや》の埋葬《まいさう》なすと雖《いへど》も差支《さしつかへ》なし○寅《とら》は立春《りつしゆん》の氣《き》を迎《むかへ》て萬物《はんもつ》發生《はつせい》をなす所《ところ》なれば墓《はか》の陰《いん》を以《もつ》て穢《けが》す時《とき》は本宅《ほんたく》に災危《さいやく》多《おほ》く發達《はつたつ》する事能《ことあた》はずと知《し》るべし。

○坤《ひつじさる》の部《よ》

○☷坤《ひつじさる》の方《かた》に墓地《はち》あるは大槩《おほむね》○☶艮《うしとら》に同《おな》じ。なれども坤《こん》は萬物《ばんもつ》を資《とつ》て養《やしな》ふ所《ところ》なれば本宅《ほんたく》より四十五歩《ほ》又《また》は四十五間隔《けんへだ》る所《ところ》にあれば差支《さしつかへ》なし以内《いない》は萬物《ばんもつ》養《やしな》ふ位《くらゐ》を妨《さまた》ぐる故《ゆゑ》に子孫《しそん》の發達《はつたつ》に災害《さいがい》ありと知《し》るべし。

○門戸吉凶總論《もんこきつきようそうろん》

○門《もん》は五要奇書《ごえうきしよ》及《およ》び協紀辨方書《けふきべんはうしよ》○通徳類情等《つうとくるゐじやうとう》に大門《だいもん》と稱《しよう》する者是《ものこれ》なり○夫《そ》れ門戸《もんこ》は其家《そのいへ》の吉凶禍福興廢存亡《きつきようくわふくこうはいそんばう》の出入《しゆつにふ》する所《ところ》なれば其家《そのいへ》の判斷《はんだん》○十中《じつちう》の八九は皆門戸《みなもんこ》の所在《しよざい》によりて吉凶《きつきよう》を生《しやう》ずる者《もの》なれば○家相《かさう》に於《おい》ては實《じつ》に緊要《きんえう》の樞機消長《すうきせうちやう》の根元《こんげん》と知《し》るべき所《ところ》なり最《もつと》も研究《けんきう》を要《えう》す。

○八宅明鏡《はつたくめいきやう》に曰《いはく》

○大門《だいもん》は宜敷《よろしく》く本命《ほんめい》の四吉方《きつはう》に安《やす》んずべしとある六白《りくはく》☰乾命《けんめい》は○七赤《しちせき》☱兌命《だめい》を生《せい》とし○二黒《じこく》☷坤命《こんめい》を延年《えんねん》とし○八白《はつはく》☶艮命《こんめい》を天醫《てんい》とし○六白《りくはく》☰乾《けん》を伏位《ふくゐ》とす是則《これすなは》ち本命《ほんめい》の四吉方也《きつはうなり》○本命《ほんめい》の四凶方《きようはう》に安《やす》んずべからずとは○六白金星本命《りくはくきんせいほんめい》には○三碧《べき》☳震命《しんめい》を五鬼《ごき》とし○一白《はく》☵坎命《かんめい》を六殺《りくさつ》とし○四《し》緑《ろく》☴巽命《そんめい》を禍害《くわがい》とし○九紫《きうし》☲離《り》

命《めい》を絶命《ぜつめい》とす是則《これすなは》ち本命《ほんめい》の四凶方《きようはう》なり○又青龍坐山《またせいりうざざん》の吉方《きつはう》に合《あは》せて門《もん》を開《ひらく》べし按《あん》ずるに坐山《ざさん》の吉方《きつはう》に門《もん》を開《ひらく》は理《り》ありと雖《いへど》も○本命《ほんめい》の吉方《きつはう》に安《やす》んずるは數萬人《すうまんにん》に用《もち》ゆる事能《ことあた》はず何《なん》となれば○本命《ほんめい》の四吉方《きつはう》に安《やす》んずる時《とき》は其宅主《そのたくしゆ》の命代《めいかは》る毎《こと》に門《もん》を開替《あけかへ》べきや○此說如何《このせついかん》又坐山《またざさん》と宅《たく》と同《おな》じからざるあり因《よつ》て井田《せいでん》の法《はふ》を以《もつ》て本宅《ほんたく》を定《さだ》むる論左《ろんさ》に辨《べん》ず故《ゆゑ》に今八宅明鏡《いまはつたくめいきやう》の說《せつ》に服《ふく》さず。

○三《さん》白《はく》寶《ほう》海《かいに》曰《いはく》

○三白寶海《さんはくほうかい》には☰乾山宜《けんさんよろ》しく☷坤方《こんはう》に大門《だいもん》を開《ひら》き○☱兌方《だはう》に便門《べんもん》を開《ひら》くべしとある是《これ》も亦《また》○山《やま》と宅《たく》を分別《ふんべつ》せず且《か》つ便所《べんじよ》は其家《そのいへ》の便利《べんり》の爲《ため》に開《ひら》く所《ところ》なれば他人《たにん》の出入《しゆつにふ》する門《もん》に非《あら》ざれば強《しひ》て吉方《きつはう》を選《えらよ》に及《およ》ばず故《ゆゑ》に三白寶海《さんはくほうかい》も亦精密《またせいみつ》ならず應用《おうよう》に苦痛《くつう》なりと知《し》るべし。

○因《よつ》て門戸《もんこ》を相《さう》する者《もの》○大遊年翻卦《だいいうねんほんくわ》の理《り》を知《しら》ざれば何宅《なにたく》は何門《なにもん》に當《あた》るか正神零神《せいじんれいじん》の所在《しよざい》を見《み》留《とめ》ず唯唐尺《たゞたうしやく》を用《もちゐ》て門戸《もんこ》を開《ひら》かせ災害《さいがい》を招《まね》く時《とき》は人《ひと》を迷《まよは》し其《その》一家《か》を滅《ほろば》す大罪《たいざい》なり故《ゆゑ》に輕卒《けいそつ》になす事勿《ことなか》れ總《すべ》て吉門《きつもん》を選《えら》ぶ法《はふ》を左圖《さづ》に示《しめ》す井田《せいでん》の分量《ぶんりやう》

八宅井田本吉宅相之定圖

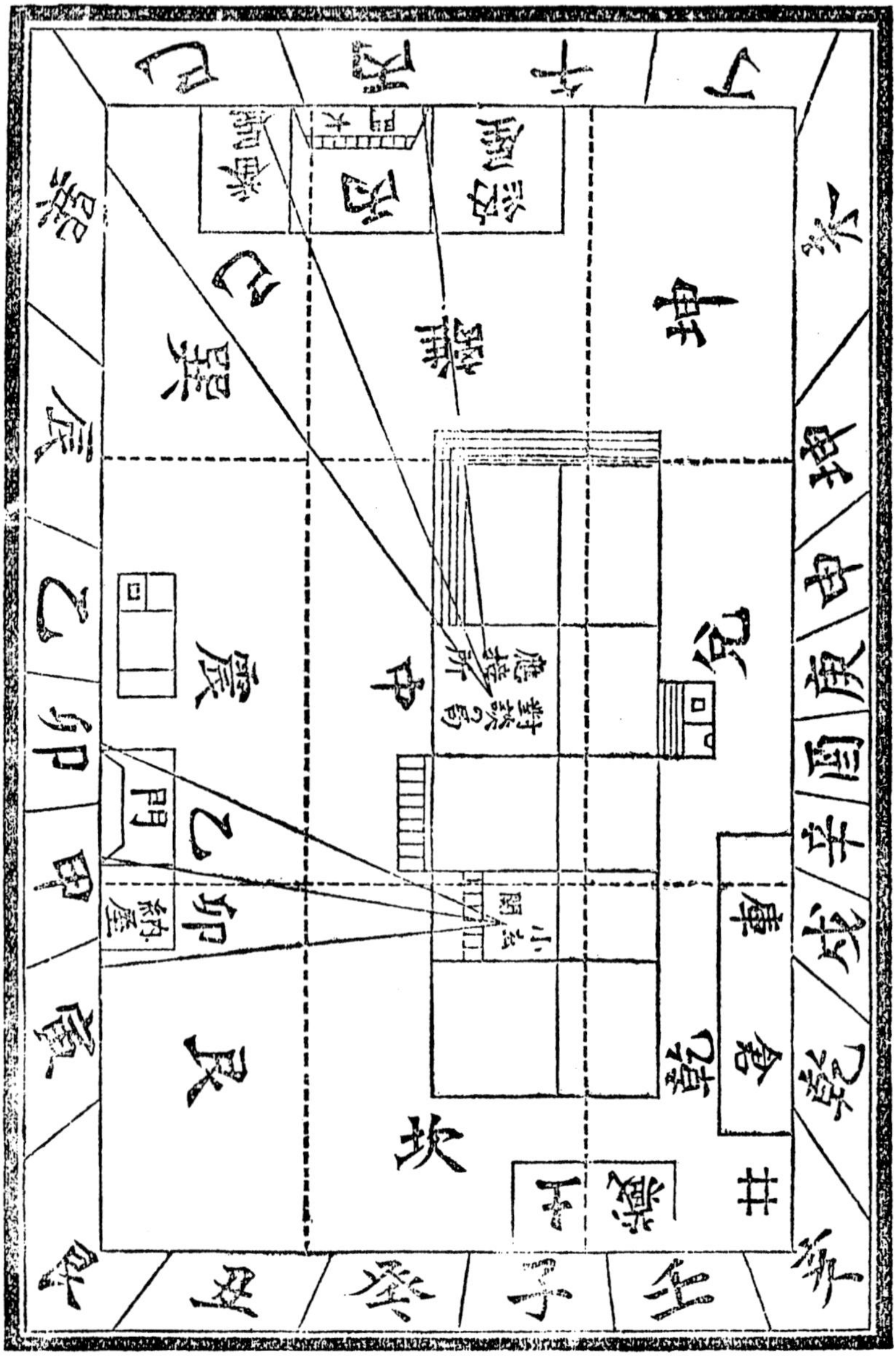

を以《もつ》て○何宅《なにたく》に屬《ぞく》すと云《い》ふを定《さだ》め次《つぎ》に應接所《おうせつじよ》○商家《しやうか》は見世《みせ》に磁石《じしやく》を下《くだ》し大遊年《だいいうねん》翻卦《ほんくわ》の圖《づ》に因《よつ》て其家《そのいへ》の吉門《きつもん》を定《さだ》むべし○此法《このはふ》にて至《いた》る所《ところ》の門《もん》を何門《なにもん》に當《あた》るかを見出《みだ》す時《とき》は吉凶《きつきよう》の判斷《はんだん》百發《ひやくはつ》百中《ひやくちう》的《てき》せずと云《い》ふ事《こと》なし○大遊年《だいいうねん》翻卦《ほんくわ》と磁石《じしやく》の至精《しせい》なるは協紀《けふき》辨方書《べんはうしよ》と○通徳《つうどく》類情書《るゐじやうしよ》に如《しく》はなし○門戸《もんこ》判斷《はんだん》の至微《しび》なるは三才《さんさい》發祕《はつぴ》に如《しく》はなし右《みぎ》の三籍《せき》を本基《ほんき》として門戸《もんこ》の吉凶《きつきよう》を決斷《けつだん》する事《こと》を左《さ》に示《しめ》す研究《けんきう》を要《えう》す。

○何宅《なにたく》と定《さだ》むる祕訣《ひけつ》

○右《みぎ》に示《しめ》す八宅《はつたく》井田《せいでん》本宅《ほんたく》吉相《きつさう》の定圖《ていづ》○二十四山《しさん》方位《はうゐ》にある倉庫《さうこ》○傍屋《はうをく》○井水《ゐすゐ》○湯殿《ゆどの》○厠《かはや》等《とう》は本宅《ほんたく》の中央《ちうあう》に磁石《じしやく》を下《くだ》して定《さだ》むる所《ところ》なり○又《また》八宅《はつたく》を定《さだ》むる法《はふ》は宅地《たくち》を九星《きうせい》の本位《ほんゐ》に割《わり》て其《その》本宅《ほんたく》の偏寄《かたより》たる所《ところ》を以《もつ》て何宅《なにたく》と定《さだ》むるは井田《せいでん》の法《はふ》なり前圖《ぜんづ》は本宅《ほんたく》☰乾《いぬゐ》の方《かた》へ寄《よる》○故《ゆゑ》に乾宅《けんたく》とす○家《いへ》の向《むき》に拘《かゝは》らず☷坤《ひつじさる》へ寄《よる》ときは坤宅《こんたく》とす○☶艮《うしとら》へ寄《よる》は艮宅《ごんたく》とす○本宅《ほんたく》定《さだま》つて後《のち》應接所《おうせつじよ》に磁石《じしやく》を下《くだ》し門戸《もんこ》を相《さう》すべし所謂《いはゆる》大門《だいもん》の如《こと》きは應接所《おうせつじよ》を以《もつ》て中央《ちうあう》とする是《これ》なり圖《づ》に二例《にれい》を示《しめ》す一例《れい》は小玄關《せうげんくわん》より乙《きのと》の門《もん》を

見《み》る是《これ》☰乾《けん》宅《たく》の☷坤《こん》門《もん》に當《あた》るなり又《また》應接所《おうせつじよ》より丙《ひのえ》の門《もん》を見《み》る則《すなは》ち☰乾《けん》宅《たく》の☶艮《こん》門《もん》に當《あた》るを知《し》るべし是大吉相《これだいきつさう》なり。

○若《も》し宅地《たくち》の中央《ちうあう》に本宅《ほんたく》ありて何《いづれ》の方《かた》へも偏寄《かたよら》ざれば其向《そのむき》を以《もつ》て論《ろん》ずべし☳震《ひがし》向《むき》なれば震宅《しんたく》とし○☲離向《みなみむき》なれば離宅《りたく》と定《さだ》め前文《ぜんぶん》の如《ごと》く磁石《じしやく》を下《くだ》し斷定《だんてい》すべし過失《あやまち》なく的中《てきちう》す。

○參考《さんかう》☳震向《ひがしむき》なれば☱兌宅《だたく》と定《さだ》め○☲離向《みなみむき》なれば☵坎宅《かんたく》と定《さだ》むと論《ろん》ずる者《もの》あり然時《しかるとき》は大遊年翻卦《だいいうねんほんくわ》を以《もつ》て論《ろん》ずるも的中《てきちう》せず必《かなら》ず疑問《ぎもん》を生《しやう》ずる事多《ことおほ》し予數年實驗《よすうねんじつけん》あり注意《ちうい》を要《えう》す。

○天定卦之論《てんていくわのろん》

○協紀辨方書《けふきべんはうしよ》に曰《いは》く天定《てんてい》の卦例《くわれい》○乾《けん》。艮《こん》。坎《かん》。震後天之四陽卦《しんこうてんのやうくわ》を以《もつ》て横《よこ》さまに下《しも》に列《つら》ね○離《り》。巽《そん》。坤《こん》。兌後天《だこうてん》の四陰卦《いんくわ》は横《よこ》さまに上《うへ》に列《つら》ね按《あん》ずるに先天生卦《せんてんせいくわ》の序《じよ》☰乾《けん》は☱兌《だ》と對《たい》し☲離《り》は☳震《しん》と對《たい》し☴巽《そん》は☵坎《かん》と對《たい》し☶艮《こん》は坤《こん》と對《たい》す。本宮《ほんきう》の對《たい》卦《くわ》より一上一下《じやうげ》して次第《しだい》に之《これ》を翻《ひるがへ》せば中《ちう》は中《ちう》に起《おこり》て止《とゞま》り。傍《かたはら》は傍《かたはら》に起《おこり》て止《とゞま》る。又

天定卦之圖

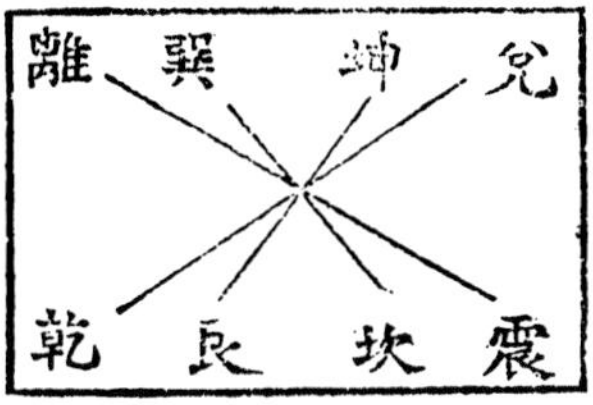

歌

乾山居兌兌居乾
坎巽上爻兩換翻
坤艮二宮皆互起
震離相對紫微天

納甲三合之圖

曰《いは》く天定《てんてい》之《の》卦例《くわれい》止《たゞ》本卦《ほんくわ》の上爻變《じやうこうへん》ずる者《もの》を取《と》て對卦《たいくわ》とす翻轉《ほんてん》して之《これ》を究《きはむ》るに便《べん》なる所以《ゆゑん》なりと知《し》るべし。

○納甲三合《なふかふさんがふ》を論《ろん》ず

○納甲三合協紀辨方書《なふかふさんがふけふきべんはうしよ》に曰《いは》く☰乾《けん》は甲《きのえ》を納《なふ》し○☵坎《かん》は癸《みづのと》。申《さる》。辰《たつ》を納《なふ》し○☶艮《こん》は丙《ひのえ》を納《なふ》し○☳震《しん》は庚《かのえ》。亥《ゐ》。未《ひつじ》を納《なふ》し○☴巽《そん》は辛《かのと》を納《なふ》し○☲離《り》は壬《みづのえ》。寅《とら》。戌《いぬ》を納《なふ》し○☷坤《こん》は乙《きのと》を納《なふ》し○☱兌《だ》は丁《ひのと》。巳《み》。丑《うし》を納《なふ》す○坎《かん》。離《り》。戊巳《つちのえつちのと》を納《なふ》せざる者《もの》は二十四山《さん》にして戊巳《つちのえつちのと》なし故《ゆゑ》に乾《けん》は離《り》の壬《みづのえ》を納《なふ》し○坎《かん》は坤《こん》の癸《みづのと》を納《なふ》す○又《また》啓蒙附論《けいもうふろん》に曰《いはく》火《ひ》の體《たい》は陰也《いんなり》其用《そのよう》は則《すなは》ち陽《やう》にして天之《てんこれ》を用《もち》ゆ故《ゆゑ》に乾《けん》の中畫《ちうぐわ》坤《こん》と交《まじは》り變《へん》じて離《り》となる。水《みづ》の體《たい》は陽《やう》なり其用《そのよう》は則《すなは》ち陰《いん》にして地之《ちこれ》を用《もち》ゆ故《ゆゑ》に坤《こん》の中畫《ちうぐわ》乾《けん》と交《まじは》り變《へん》じて坎《かん》となる然《しか》れば則《すなは》ち坎離戊巳《かんりつちのえつちのと》を納《みさむ》る者《もの》は固《こゝ》に先天《せんてん》の傳《でん》にして離《り》は壬《みづのえ》を納《なふ》し。坎《かん》は癸《みづのと》を納《なふ》するは則《すなは》ち後天《こうてん》の用《よう》なり。

○三合五行之説

○協紀辨方書ニ曰ク申子辰ハ分シ二水局一ニ○亥卯未ハ合シ二木局一ニ○寅午戌ハ合シ二火局一ニ○巳酉丑ハ合ス二金局一ニ

三合五行の圖

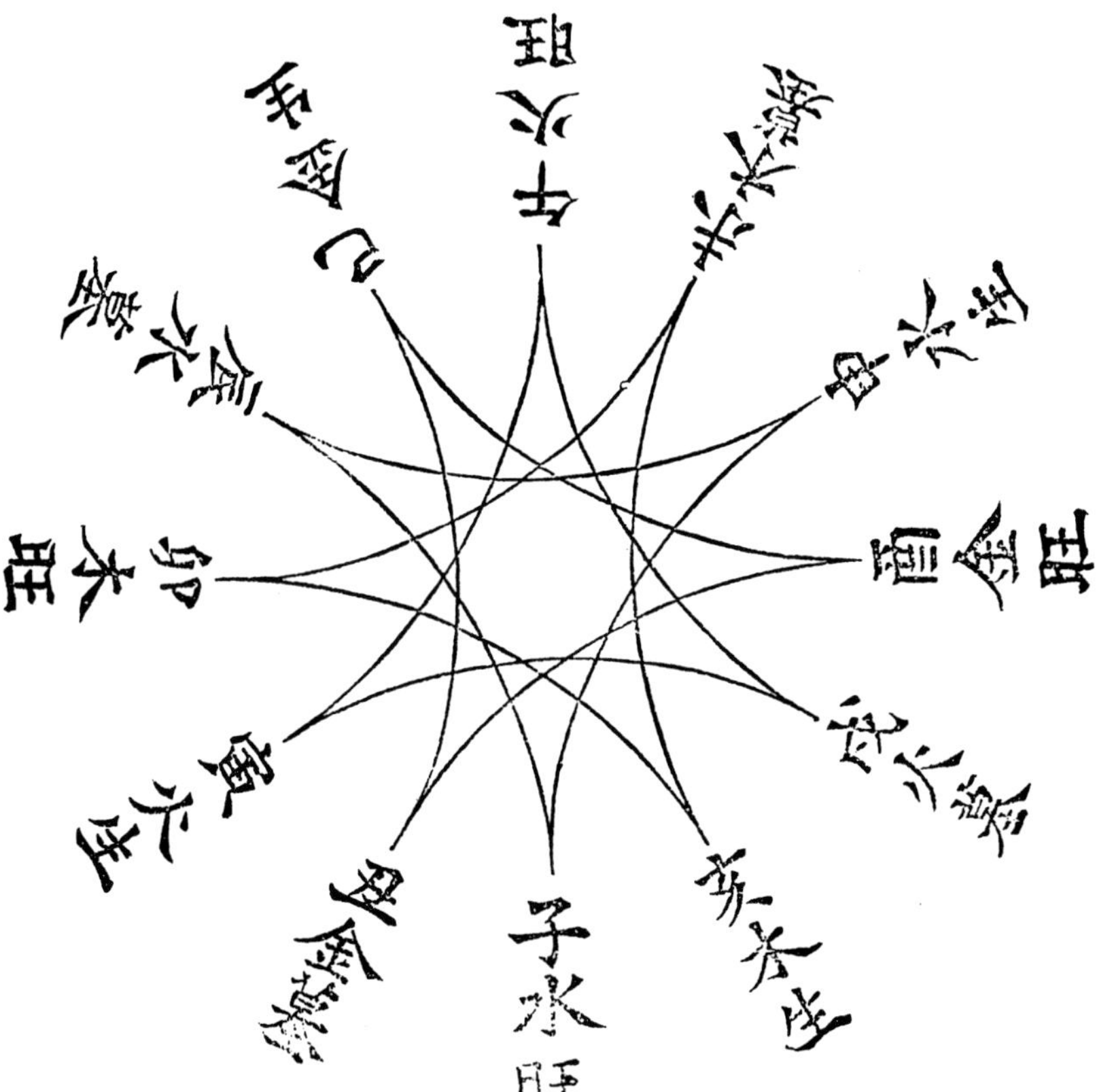
午火旺
未木墓
申水生
酉金旺
戌火墓
亥木生
子水旺
丑金墓
寅火生
卯木旺
辰水墓
巳金生

○考原曰三合者。取生旺墓三者以合局也○水生於申。旺於子。墓於辰○故申子辰合水局也○木生於亥。旺於卯。墓於未○故亥卯未合木局也○火生於寅旺於午。墓於戌○故寅午戌合火局也○金生於巳。旺於酉。墓於丑○故巳酉丑合金局也。

○今按淮南子曰木生於亥。壯於卯。死於未。三辰皆木也○火生於寅。壯於午死於戌三辰皆火也○土生於午。壯於戌。死於寅三辰皆土也○金生於巳。壯於酉。死於丑三辰皆金也○水生於申。壯於子。死於辰三辰皆水也○故五勝。生一壯五終九。五九四十五。故神四十五日而一徙。以三應五。故八徙而歳終。

とある。

○一卦《くわ》三山《さん》を論《ろん》ず

○宅名《たくめい》は一卦《くわ》三山《さん》を統《すべ》るなり前圖《ぜんづ》に示《しめ》す所《ところ》は納甲《なふかふ》三合《がふ》也《なり》○通徳類情《つうとくるゐじやう》に曰《いは》く大遊年《だいいうねん》翻卦《はんくわ》天定《くてんてい》の卦《くわ》○對宮《たいきう》に從《したがつ》て貪狼星《とんらうせい》を起《おこ》す○貪狼星《とんらうせい》○廉貞星《れんていせい》○武曲星《ぶきよくせい》○文曲星《ぶんきよくせい》○祿《ろく》存星《ぞんせい》○巨門星《こもんせい》○破軍星《はいぐんせい》○輔弼《ほひつ》を以《もつ》て序《じよ》とす○生氣《せいき》を貪狼木星《とんらうもくせい》に配《はい》し○五鬼《ごき》を廉貞《れんてい》

火星《くわせい》に配《はい》し○延年《いんねん》を武曲金星《ぶきよくきんせい》に配《はい》し○六殺《りくさつ》を文曲水星《ぶんきよくすゐせい》に配《はい》し○禍害《くわがい》を綠存土星《ろくぜんどせい》に配《はい》し○天醫《てんい》を巨門《こもん》土星《どせい》に配《はい》し○絶命《ぜつめい》を破軍金星《はいぐんきんせい》に配《はい》し○伏位《ふくゐ》を輔弼《はひつ》に配《はい》す。○☰乾《けん》○☷坤《こん》○☶艮《こん》○☱兌《だ》を西《にし》の四宅《したく》とし○☳震《しん》○☴巽《そん》○☵坎《かん》○☲離《り》を東《ひがし》の四《し》宅《たく》とす○凡大門《およそだいもん》の方位《はうゐ》坐山《ざさん》の卦《くわ》と東《ひがし》は西《にし》に雜《まじ》へず○西《にし》は東《ひがし》に雜《まじ》へざるを吉《きち》とす因《よつ》て第山《ていざん》を正神《せいじん》とし。一卦《くわ》三山《さん》を統《すべ》。門《もん》を零神《れいじん》とす。甲乙《きのえきのと》。丙丁《ひのえひのと》。庚辛《かのえかのと》。壬辛《みづのえみづの》。寅《とら》。申《さる》。巳《み》。亥《ゐ》。辰《たつ》。戌《いぬ》。丑《うし》。未共《ひつじとも》に十六位《ゐ》各其納《おの〳〵そのなふ》する所《ところ》の卦《くわ》に從《したが》ふて同氣《どうき》とす此書《このしよ》は予《よ》の先代《せんだい》白龍子《はくりうし》の祕書《ひしよ》により多年實驗《たねんじつけん》する所《ところ》により大遊年翻卦天定《だいいうねんはんくわてんてい》の卦《くわ》及《およ》び納甲三合《なふかふさんがふ》は協紀辨方《けふきべんはう》。通德類情《つうとくろゐじやう》の二書《しよ》に從《したが》ひ斷定《だんてい》の妙用《めうよう》は三才發祕《さいはつぴ》に從《したが》ふて用《よう》を成《な》す者《もの》なれば試見《ためしみ》よ百發百中《ひやくはつひやくちう》なり。

○大遊年《だいいうねん》の圖《づ》

大遊年翻卦	兌丁巳丑	震庚亥未	坤乙	坎癸申辰	巽辛	艮丙	離壬寅戌	乾甲

乾宅	生氣貪狼木	五鬼廉貞火	延年武曲金	六殺文曲水	禍害祿存土	天醫巨門土	絶命破軍金	伏位輔弼
坤宅	天醫巨門土	禍害祿存土	伏位輔弼	絶命破軍金	五鬼廉貞火	生氣貪狼木	六殺文曲水	延年武曲金
艮宅	延年武曲金	六殺文曲水	生氣貪狼木	五鬼廉貞火	絶命破軍金	伏位輔弼	禍害祿存土	天醫巨門土
兌宅	伏位輔弼	絶命破軍金	天醫巨門土	禍害祿存土	六殺文曲水	延年武曲金	五鬼廉貞火	生氣貪狼木
震宅	絶命破軍金	伏位輔弼	禍害祿存土	天醫巨門土	延年武曲金	六殺文曲水	生氣貪狼木	五鬼廉貞火
巽宅	六殺文曲水	延年武曲金	五鬼廉貞火	生氣貪狼木	伏位輔弼	絶命破軍金	天醫巨門土	禍害祿存土
坎宅	禍害祿存土	天醫巨門土	絶命破軍金	伏位輔弼	生氣貪狼木	五鬼廉貞火	延年武曲金	六殺文曲水
離宅	五鬼廉貞火	生氣貪狼木	六殺文曲水	延年武曲金	天醫巨門土	禍害祿存土	伏位輔弼	絶命破軍金

北斗七星

北辰

鎮宅靈符神

○北斗《ほくと》七星《しちせい》異動《いどう》を論《ろん》ず

○北斗《ほくと》七星《せい》は○生氣貪狼木星《せいきとんらうもくせい》○天醫巨門土星《てんいこもんどせい》○延年武曲金星《えんねんぶきよくきんせい》○絶命破軍金星《ぜつめいはぐんきんせい》○方《かた》殺文曲水星《さつぶんきよくすゐせい》○禍害祿存土星《くわがいろくぞんどせい》○五鬼廉貞火星《ごきれんていくわせい》の七星《せい》にして北辰鎭宅靈符神《ほくしんちんたくれいふじん》なり[illegible]配《はい》宅《たく》なれば生氣貪狼木星《せいきとんらうもくせい》は七赤金星《せきゝんせい》を支配《しはい》して西《にし》。丁《ひのと》。巳《み》。丑《うし》の方《かた》を納《なふ》す○天醫巨《てんいこ》門土星《もんどせい》は八白土星《はくどせい》を支配《しはい》して艮《こん》。丙《ひのえ》の方《かた》を納《なふ》す○延年武曲金星《えんねんぶきよくきんせい》は二黑土星《じこくどせい》を支乾《しけん》して坤《こん》。乙《きのと》の方《かた》を納《なふ》す○絶命破軍金星《ぜつめいはぐんきんせい》は九紫火星《きうしくわせい》を支配《しはい》して南《みなみ》。壬《みづのえ》。寅《とら》。戌《いぬ》の六《ろ》を納《なふ》す○六殺文曲水星《りくさつぶんきよくすゐせい》は一白水星《はくすゐせい》を支配《しはい》して北《きた》。癸《みづのと》。申《さる》。辰《たつ》の方《かた》を納《なふ》す○禍害《くわがい》祿存土星《ぞんどせい》は四綠木星《しろくもくせい》を支配《しはい》して巽《そん》。辛《かのと》の方《かた》を納《なふ》す○五鬼廉貞火星《ごきれんていくわせい》は三碧木星《さんぺきもくせい》を支配《しは》して東《ひがし》。庚《かのえ》。亥《ゐ》。未《ひつじ》の方《かた》を納《なふ》す○伏位輔弼《ふくゐほひつ》は六白金星《りくはくきんせい》を支配《しはい》して乾。甲《きのえ》の方《かた》を納《な》し其家《そのいへ》の吉凶禍福興廢存亡《きつきようくわふくこうはいそんばう》。皆是《みなこれ》より起《おこ》る故《ゆゑ》に家相《かさう》に於《おい》ては門戸入口《もんこいりぐち》を最《もつと》も禍福《くわふく》の根元《こんげん》たる事《こと》を知《し》り北斗七星《ほくとしちせい》の異動在位《いどうざいゐ》によりて斷定《だんてい》すべし委《くは》しき事《こと》は門戸《もんこ》の論《ろん》に示《しめ》す見學《けんがく》あれ。

○☰乾宅《けんたく》の門戸吉凶《もんこきつきよう》を論《ろん》ず

○☰乾門《けんもん》は甲《きのえ》にあるも乾門《けんもん》に同《おな》じ則《すなは》ち伏位輔弼《ふくゐほひつ》の門戸《もんこ》なれば☰乾爲天《けんゐてん》の六爻《ろくこう》に位《くらゐ》す○上九亢龍有《こうりうあり》」悔《くひ》とは人《ひと》に取《と》れば位人臣《くらゐじんしん》の極《きよく》に登《のぼり》て將《まさ》に退《しりぞ》くより道《みち》なき意《い》故《ゆゑ》に孤老《こらう》を出《いだ》す○女子死亡《ぢよししばう》多《おほ》しと知《し》るべし。

○所以《ゆゑん》亢龍《こうりう》は化生《くわせい》の氣《き》なし故《ゆゑ》に孤老《こらう》の者《もの》を出《いだ》す。　乾宅《けんたく》に乾門《けんもん》あるは重陽《ちようやう》にして陰衰《いんおとろ》ふ因《よつ》て女子死亡《ぢよししばう》の恐《おそ》れあり。

○☱兌門《だもん》は丁《ひのと》○丑《うし》○巳《み》の方《かた》にあるは兌門《だもん》に同《おな》じ生氣貪狼木星《せいきとんらうもくせい》の門戸《もんこ》なり☱兌《だ》を☰宅《たく》の生氣《せいき》とす故《ゆゑ》に錢財集《せんざいあつま》ると雖《いへど》も少女淫亂或《せうぢよいんらんあるひ》は老翁少女《らうをうせうぢよ》を淫《いん》す○五子《し》の内《うち》三人《にん》は貴《たつと》く二人《にん》は死亡《しばう》す此理論《このりろん》は天地否《てんちひ》の卦《くわ》を參考《さんかう》にせよ。

○所以《ゆゑん》☱兌《だ》を少女《せうぢよ》とす。金《かね》とす。澤《さは》とす。☰乾《けん》の金《かね》と共《とも》に過度《くわど》の水《みづ》を生《しやう》ず故《ゆゑ》に淫亂《いんらん》を主《つかさど》る則《すなは》ち☰☱天澤履《てんたくり》の卦色情《くわしきじやう》を招《まね》く五陽《やう》の内外卦《うちぐわいくわ》の三陽旺《やうわう》し内卦《ないくわ》の二陽《やう》衰《おとろ》ふ況《いはん》や是方肅殺《これはうしゆくさつ》の氣《き》を含《ふく》む故《ゆゑ》に三子《さんし》は貴《たつと》く二子死亡《ししばう》す又外卦《またぐわいくわ》の老陽内卦《らうやうないくわ》の少《せう》陰《いん》に通《つう》ず☰乾《けん》☱兌皆金《だみなかね》なれば錢財集《せんざいあつま》ると雖《いへど》も金水旺《きんすゐわう》して淫亂《いんらん》を主《つかさど》る且《か》つ生氣《せいき》は貪狼《とんらう》の木星《もくせい》なり因《よつ》て木《き》の三合亥《がふゐ》。卯《う》。未《ひつじ》の年月日時《ねんぐわつひとき》に其應《そのおう》あり。

○☳震《しん》門《もん》は庚《かのえ》○亥《ゐ》○未《ひつじ》の方《かた》にあるも震《しん》門《もん》に同《おな》じ五《ご》鬼《き》廉《れん》貞《てい》火《くわ》星《せい》の門《もん》戸《こ》なり☳震《しん》は☰乾《けん》の五《ご》鬼《き》とす☰乾《けん》宅《たく》の金《かね》☳震《しん》門《もん》の木《さ》を剋《こく》す故《ゆゑ》に老《らう》翁《をう》を損《そん》ず○父《ふ》子《し》離《り》散《さん》或《あるひ》は不《ふ》和《わ》○長《ちやう》男《なん》死《し》亡《ばう》す○火《くわ》難《なん》○訴《そ》訟《しよう》○牢《らう》獄《ごく》の難《なん》○流《りう》行《かう》病《びやう》○破《は》財《ざい》○邪《じや》魅《み》妖《えう》怪《くわい》の眚《さい》害《がい》等《とう》を招《まね》く。

○所以《ゆゑん》五《ご》鬼《き》廉《れん》貞《てい》星《せい》の火《ひ》☰乾《けん》の老《らう》翁《をう》を損《そん》ず又《また》☰乾《けん》宅《たく》の金《かね》☳震《しん》木《もく》の長《ちやう》男《なん》を剋《こく》す故《ゆゑ》に父《ふ》子《し》離《り》散《さん》或《あるひ》は長《ちやう》男《なん》死《し》亡《ばう》す五《ご》鬼《き》は七曜《えう》星《せい》中《ちう》の凶《きよう》神《じん》にして火《くわ》星《せい》なり乾《けん》宅《たく》に入《い》り金《かね》を剋《こく》す火《くわ》難《なん》。盗《たう》難《なん》。訴《そ》訟《しよう》。流《りう》行《かう》病《びやう》。破《は》財《ざい》。邪《じや》魅《み》妖《えう》怪《くわい》の眚《さい》害《がい》等《とう》の憂《うれひ》を發《はつ》す則《すなは》ち☳雷《らい》天《てん》大《たい》壮《さう》の卦《くわ》なり五《ご》鬼《き》は廉《れん》貞《てい》の火《くわ》星《せい》なり因《よつ》て火《ひ》の三《さん》合《がふ》寅《とら》。午《うま》。戌《いぬ》の年《ねん》月《ぐわつ》日《ひ》時《とき》に眚《さい》害《がい》を招《まね》くと知《し》るべし。

○☷坤《こん》門《もん》は乙《きのと》の方《かた》にあるも坤《こん》門《もん》に同《おな》じ延《いん》年《ねん》武《ぶ》曲《きよく》金《きん》星《せい》の門《もん》戸《こ》なり☷坤《こん》は☰乾《けん》宅《たく》の延《いん》年《ねん》にして乾《けん》○坤《こん》和《わ》合《がふ》す故《ゆゑ》に夫《ふう》婦《ふ》和《わ》合《がふ》○富《ふう》貴《き》繁《はん》榮《えい》○財《ざい》祿《ろく》日《ひ》々《び》に進《すゝみ》家《か》業《げふ》四《し》方《はう》に弘《ひろ》まり聲《せい》名《めい》他《た》國《こく》に響《ひゞき》幸《かう》福《ふく》來《きた》る大《だい》吉《きつ》相《さう》の門《もん》戸《こ》なり。

○所以《ゆゑん》☷坤《こん》☰乾《けん》は天《てん》地《ち》なり。天《てん》地《ち》定《さだ》まつて萬《ばん》物《もつ》を生《せい》育《いく》す故《ゆゑ》に夫《ふう》婦《ふ》和《わ》合《がふ》し。富《ふう》貴《き》繁《はん》榮《えい》。財《ざい》祿《ろく》日《ひ》々《び》に進《すゝみ》。家《か》業《げふ》發《はつ》展《てん》。聲《せい》名《めい》他《た》方《はう》に轟《とゞろ》き幸《かう》福《ふく》來《きた》るは延《いん》年《ねん》武《ぶ》曲《きよく》星《せい》の金《かね》と

☰乾宅《けんたく》の金《かね》と比和《ひわ》し☷坤土《こんど》の門《もん》より金《かね》を生《しやう》ず是《これ》白蛇宅《はくじやたく》に入《い》る意《い》にして本文《ほんもん》の如《ごと》き幸福《かうふく》を招《まね》くなり則《すなは》ち武曲金星《ぶきよくきんせい》の旺氣《わうき》は酉《とり》にあり因《よつ》て三合《がふ》の生《せい》。旺《わう》。墓《は》の巳《み》。酉《とり》。丑《うし》の年月日時《ねんぐわつひとき》に幸福來《かうふくきた》ると知《し》るべし。

○☵坎門《かんもん》は癸《みづのと》○申《さる》○辰《たつ》の方《かた》にあるも坎門《かんもん》に同《おな》じ六殺文曲水星《りくさつぶんきよくすゐせい》の門戸《もんこ》なり☵坎《かん》は☰乾宅《けんたく》の六殺《りくさつ》とす故《ゆゑ》に男女淫亂《だんぢよいんらん》○二女死《ぢよし》亡或《はうあるひ》は墮胎《だたい》○火難《くわなん》○盜難《たうなん》○官災《くわんざい》○訴訟《そしよう》○耳《み》の病《やまひ》○眼《め》の病《やまひ》○六畜《りくちく》を損《そん》ず。

○所以《ゆゑん》☰乾《けん》の金《かね》☵坎《かん》の水《みづ》を生《しやう》ず金水《きんすゐ》旺《わう》して男女淫亂《だんぢよいんらん》を主《つかさど》る。☵坎《かん》を盜《ぞく》とす。坎《かん》の裏《うら》は☲離《り》。離《り》を火《ひ》とす。眼《め》とす。中女《ちうぢよ》とす又先天《またせんてん》の☵坎《かん》は後天《こうてん》の☱兌位《だゐ》兌《だ》を少女《せうぢよ》とす故《ゆゑ》に二女《ぢよ》六殺《りくさつ》に剋《こく》され死亡或《しはうあるひ》は墮胎《だたい》。火難《くわなん》。盜難《たうなん》。官災《くわんざい》。訴訟《そしよう》。耳《み》の病《やまひ》。眼病《がんびやう》。六畜《りくちく》を損《そん》ず則《すなは》ち䷄水天需《すゐてんじゆ》の卦彖傳《くわたんでん》に曰《いは》く險《けん》在《ある》ㇾ前也《まへになり》と云《い》ふ因《よつ》て種々《いろ〳〵》の難危《なんやく》を招《まね》く六殺《りくさつ》は文曲《ぶんきよく》の水星《すゐせい》なり故《ゆゑ》に水《みづ》の三合申《がふさる》。子《ね》。辰《たつ》の年月日時《ねんぐわつひとき》に其眚《そのさい》害《がい》ありと知《し》るべし。

○☴巽門《そんもん》は辛《かのと》の方《かた》にあるも巽門《そんもん》に同《おな》じ禍害祿存土星《くわがいろくぞんどせい》の門戸《もんこ》にして☴巽《そん》を☰乾宅《けんたく》の

禍害《くわがい》とす故《ゆゑ》に長女《ちやうぢよ》死亡《しはう》す○墮胎《だたい》○難産《なんざん》○神經痛《しんけいつう》○風疾《ふうしつ》○兄弟不和《きやうだいふわ》○縊死《いし》○官災《くわんざい》○爭論《さうろん》○火難《くわなん》○盜難《たうなん》○少年死亡《せうねんしはう》等《とう》の難危《なんやく》を招《まね》く。

○所以《ゆゑん》☰乾宅《けんたく》の金《かね》☴巽木《そんもく》の門《もん》を剋《こく》す。巽《そん》を長女《ちやうぢよ》とす。風《かね》とす。身體《しんたい》とす。故《ゆゑ》に長女《ちやうぢよ》を剋《こく》す。墮胎《だたい》。難産《なんざん》を主《つかさど》る。神經痛《しんけいつう》。風疾《ふうしつ》は說卦傳《せつくわでん》に曰《いは》く巽《たん》の震《しん》に通《つう》ずとは雷風相薄《らいふうあひせまる》を云《い》ふ又驚《またおどろ》きを招《まね》くは變死《へんし》の恐《おそれ》あり。☳震《しん》☴巽《そん》は兄弟《きやうだい》の卦《くわ》なり是《これ》も剋《こく》せられて不和《ふわ》となる。巽《そん》を繩《なは》とす。河海《かはうみ》の難《なん》とす故《ゆゑ》に縊死《いし》。溺死《できし》を主《つかさど》る。官《くわん》災《ざい》は☰乾《けん》の君《きみ》に剋《こく》せらるるが故《ゆゑ》なり。火難《くわなん》は巽《そん》の風《かぜ》より起《おこ》る又巽《またそん》を世間《せけん》とす。萬物《ばんもつ》巽《そん》に齊《とゝな》ふ所《ところ》を剋《こく》せられて爭論《さうろん》を主《つかさど》り。少壯死亡《せうさうしはう》するは禍害《くわがい》の崇《たゝ》りより起《おこ》るなり禍害《くわがい》は祿存土星《ろくぞんどせい》にして。水《みづ》は土《つち》なければ溜《たま》る事能《ことあた》はず因《よつ》て水土同行《すゐどどうかう》の義《ぎ》を取《とう》て水《みづ》の三合申《さんがふさる》。子《ね》。辰《たつ》の年月日時《ねんぐわつひとき》に本文《ほんもん》の如《ごと》き禍害《くわがい》を招《まね》くと知《し》るべし且《か》つ☰風天小畜《ふうてんせうちく》の卦《くわ》にして此卦天上《このくわてんじやう》に風《かぜ》あり雲起《くもおこ》りて雨《あめ》とならんとすと雖《いへど》も風《かぜ》の爲《ため》☴の爲《ため》に吹散《ふきちら》されて雨降《あまふる》こと得《え》ざるを云《い》ふなり。

○☶艮門《こんもん》は丙《ひのえ》の方《かた》にあるも艮門《こんもん》に同《おな》じ天醫巨門土星《てんいこもんどせい》の門戶《もんこ》にして☶艮《こん》を☰乾宅《けんたく》の

天醫《てんい》とす故《ゆゑ》に富貴《ふうき》にして資財《しざい》榮《さか》え○子孫賢《しそんけん》なり○三子《さんし》を生《しやう》じ○家福子孫《かふくしそん》に傳《つたは》る大《だい》吉相《きつさう》と知《し》るべし。

○所以《ゆゑん》巨門《こもん》は土星《どせい》にして☰乾宅《けんたく》の金《かね》を生《しやう》ず。三才發祕《さんざいはつひ》に曰《いは》く乾宅此門《けんたくこのもん》を作《つく》れば家富貴《いへふうき》にして子孫賢《しそんけん》なる事《こと》を主《つかさど》る又先天《またせんてん》の☶艮《ごん》は後天《こうてん》の☰乾位《けんゐ》なれば☶☰山天《さんてん》大畜《たいちく》の卦《くわ》となる☶艮上《ごんかみ》にありて☰乾《けん》の三陽上進《やうじやうしん》するを養畜《やうちく》す故《ゆゑ》に資財榮《しざいさか》三子《さんし》を生《しやう》ず若《も》し長女死亡《ちやうぢよしはう》なす場合《はあひ》は☰☶天山遯《てんさんとん》の卦《くわ》にて互卦《こくわ》を以《もつ》て論《ろん》ずべし☴巽《そん》の長《ちやう》女《ぢよ》を☰乾《けん》より剋《こく》すが故《ゆゑ》なり巨門《こもん》の土《つち》は水《みづ》と同行《どうぎやう》の義《ぎ》を以《もつ》て水《みづ》の三合申《さんがふさる》。子《ね》。辰《たつ》の年月日時《ねんぐわつひとき》に總《すべ》て其應《そのおう》ありと知《し》るべし。

○☲離門《りもん》は壬《みづのえ》○寅《とら》○戌《いぬ》の方《かた》にあるも離門《りもん》に同《おな》じ絶命破軍金星《ぜつめいはいぐんきんせい》の門戸《もんこ》にして☲離《り》を☰乾宅《けんたく》の絶命《ぜつめい》とす☲離火《りくわ》の門《もん》より☰乾宅《けんたく》の金《かね》を剋《こく》す故《ゆゑ》に神經病《しんけいびやう》○肺病《はいびやう》○喘息《ぜんそく》○咽《いん》喉病《こうびやう》にて死亡《しはう》す○火難《くわなん》○盗難《たうなん》○六畜田畠《りくちくでんたく》を損《そん》じ○家族《かぞく》の八九を失《うしな》ひ終《をはり》に血脈《けつみやく》を絶《たや》す恐《おそ》るべき凶相《きようさう》なり。

○所以《ゆゑん》☰乾《けん》を父《ちゝ》とす。先祖《せんぞ》とす。福地《ふくち》とす☲離《り》の火《ひ》☰乾宅《けんたく》の金其他尊《かねそのたたつと》き位《くらゐ》を燒《やき》盡《つくす》が故《ゆゑ》に種々《いろく》の難病《なんびやう》。火難《くわなん》。盗難《たうなん》。六畜田畠《りくちくでんたく》を失《うしな》ひ終《をはり》に家《いへ》を破《やぶ》り子孫滅亡《しそんめつばう》に及《およ》ぶ則《すなは》ち絶命破軍凶星《ぜつめいはいぐんきようせい》の祟《たゝ》りなり星《ほし》は金《かね》なれば金《かね》の三合巳《さんがふみ》。酉《とり》。丑《うし》の年月日時《ねんぐわつひとき》に本文《ほんもん》の如《ごと》き眚害《さいがい》を招《まね》くと知《し》るべし參考《さんかう》☲☰火天大有《くわてんたいいう》の卦《くわ》を以《もつ》て論《ろん》ずれば吉《きつ》なりと雖《いへど》も大有《たいいう》とは有《たも》つ所《ところ》の大《だい》なるを云《い》ふ則《すなは》ち聰明叡知《そうめいえいち》に非《あら》ざれば前《まへ》に賊《ぞく》あり後《うしろ》に讒者《ざんしや》あれども是《これ》を知《し》る能《あた》はず。決斷《けつだん》に非《あら》ざれば賢《けん》を擧《あげ》。不肖《ふせう》を退《しりぞ》くる事能《ことあた》はず威嚴《ゐげん》に非《あら》ざれば衆《しゆう》を威《おど》し民《たみ》を服《ふく》する事能《ことあた》はず此《こ》の三《み》つの者《もの》皆《みな》備《そなは》るを大有《たいいう》と爲《な》す所以《ゆゑん》なり則《すなは》ち小《せう》にして家《いへ》を有《たも》ち。大《だい》にして國《くに》を有《たも》ち。身《み》を有《たも》ち財《さい》を有《たも》つを云《い》ふなり。

○坤宅《こんたく》の門戸吉凶《もんこきつきよう》を論《ろん》ず

○☱兌門《だもん》は丁《ひのと》。巳《み》。丑《うし》の方《かた》にあるも兌門《だもん》に同《おな》じ天醫巨門土星《てんいこもんどせい》の門戸《もんこ》なり☱兌《だ》を☷宅《たく》の天醫《てんい》とす故《ゆゑ》に錢財盛《せんざいさかん》なれども後《のち》には子《こ》を絶《たや》すか或《あるひ》は女子權《ぢよしけん》を專《もつぱら》にして多《おほ》くは寡婦《やもめ》を主《つかさど》るなり。

○所以《ゆゑん》☷坤《こん》は土《つち》なり巨門《こもん》は土星《どせい》にして陰盛《いんさかん》に陽衰《やうおとろ》ひ故《ゆゑ》に女權盛《ぢよけんさかん》にして多《おほ》くは寡《やも》

婦《め》を主《つかさど》る。☷坤《こん》の土《つち》と巨門《こもん》の土《つち》と☱兌《だ》の金《かね》を生《しやう》ずるが故《ゆゑ》に錢財《せんざい》は集《あつま》るなり䷬澤《たく》地《ち》萃《すゐ》の卦上下《くわじやうげ》の四陰《いん》二陽《やう》を壓迫《あつはく》す因《よつ》て始《はじめ》は男子《だんし》二人《にん》あれども二代《だい》三代《だい》の後《のち》は男子《だんし》を絶《たや》す巨門《こもん》土星《どせい》なれば水土同行《すゐどどうかう》の義《ぎ》を取《とり》て水《みづ》の三合申《さんがふさる》。子《ね》。辰《たつ》の年月日時《ねんぐわつひとき》に本文《ほんもん》の如《ごと》き應《おう》ありと知《し》るべし。

○☳震門《しんもん》は庚《かのえ》○亥《ゐ》○未《ひつじ》にあるも震門《しんもん》に同《おな》じ禍害祿存《くわがいろくぞん》土星《どせい》の門《もん》なり☳震《しん》を☷坤宅《こんたく》の禍害《くわがい》とす○母《はゝ》を損《そん》じ○長女《ちやうぢよ》に災《わざはひ》をなす○小兒《せうに》の死亡《しばう》多《おほ》く○盗難《たうなん》○墮胎《だたい》○淫慾《いんよく》の難《なん》○肺病《はいびやう》○種々《いろ〳〵》の難病《なんびやう》を招《まね》く凶相《きようさう》なり。

○所以《ゆゑん》☳震《しん》は木《き》なり祿存《ろくぞん》は土星《どせい》なり。☳震《しん》の木《き》☷坤《こん》の母《はゝ》。婦女《ふぢよ》の土《つち》の位《くらゐ》を剋《こく》す故《ゆゑ》に母《はゝ》を損《そん》じ長女《ちやうぢよ》に災《わざはひ》をなす又《また》禍害《くわざい》に剋《こく》され本文《ほんもん》の如《ごと》き種々《しゆ〳〵》の凶事《きようじ》を招《まね》く三合《さんがふ》に祿存《ろくぞん》の土《つち》なき故《ゆゑ》に水土同行《すゐどどうかう》の義《ぎ》を取《と》り水《みづ》の三合申《さんがふさる》。子《ね》。辰《たつ》の年月日時《ねんぐわつひとき》に其《その》眚害《さいがい》を招《まね》くと知《し》るべし。

○☷坤門《こんもん》は乙《きのと》にあるも坤門《こんもん》に同《おな》じ伏位輔弼《ふくゐほひつ》の門戸《もんこ》なり子孫《しそん》を絶《たや》し孤獨《こどく》の老人《らうじん》を出《いだ》す凶相《きようさう》なりと知《し》るべし。

○所以《ゆゑん》☷坤《こん》は☷坤《こん》の伏位《ふくゐ》輔弼《ほひつ》の門《もん》なり則《すなは》ち重陰《ぢうゐん》の土《つち》にして生育《せいいく》の氣《き》なし故《ゆゑ》に子《し》孫《そん》を絶《たや》し孤獨《こどく》の老《おい》を主《つかさど》る參考《さんかう》上六龍戰《りうたゝかふ》二干野《かんや》一其血《そのち》玄黃《げんくわう》なりとは陰《いん》の勢盛《いきほひさかん》にして陽《やう》を剝《はく》す其剝《そのはく》するの甚《はなはだ》しきを相戰《あひたゝかふ》と云《い》ふなり。

○☵坎門《かんもん》は癸《みづのと》○申《さる》○辰《たつ》の方《かた》にあるも坎門《かんもん》に同《おな》じ絶命《ぜつめい》破軍《はいぐん》金星《きんせい》の門戸《もんこ》なり☵坎《かん》を☷坤宅《こんたく》の絶命《ぜつめい》とす大凶《だいきよう》の門戸《もんこ》なり中男《ちうなん》死亡《しばう》○男女《だんぢよ》難病《なんびやう》を招《まね》く○女子《ぢよし》家事《かじ》を主《つかさど》り○官《くわん》災《さい》○盜難《たうなん》○墮胎《だたい》○脾胃《ひゐ》虛弱《きよじやく》○川《かは》に投《とう》じ井《ゐ》に落《おち》る○奴僕《ぬぼく》逃亡《たうばう》○六畜《りくちく》を損《そん》じ○田園《でんゑん》を賣《うり》て貧窮《ひんきう》を逼《せま》る恐《おそ》るべし。

○所以《ゆゑん》☵坎《かん》は☷坤宅《こんたく》の絶命《ぜつめい》にして破軍星《はいぐんせい》なり故《ゆゑ》に剋害《こくがい》甚《はなはだ》しく況《いはん》や☵坎《かん》の水《みづ》☷坤《こん》宅《たく》を剋《こく》す因《よつ》て本文《ほんもん》の如《ごと》き眚害《さいがい》あり星《ほし》は破軍金星《はいぐんきんせい》なれば金《かね》の三合《さんがふ》巳《み》。酉《とり》。丑《うし》の年《ねん》月日時《ぐわつひとき》に災《わざはひ》ありと知《し》るべし。

○☴巽門《そんもん》は辛《かのと》の方《かた》にあるも巽門《そんもん》に同《おな》じ五鬼《ごき》廉貞《れんてい》火星《くわせい》の門戸《もんこ》なり☴巽《そん》を☷坤宅《こんたく》の五鬼《き》とす老母《らうぼ》に災多《はざはひおほ》く○女子《ぢよし》家事《かじ》を主《つかさど》る○寡婦《くわふ》兒《こ》を剋《こく》す○難產《なんざん》○難病《なんびやう》○火難《くわなん》○盜難《たうなん》腫物《はれもの》○官災《くわんざい》○邪魅《じやみ》妖怪《えうくわい》其家《そのいへ》を侵《おか》し○百事《ひやくじ》驚恐《きやうく》の事《こと》を主《つかさど》る。

○所以《ゆゑん》☴巽《そん》は☷坤宅《こんたく》の五鬼《ごき》にして廉貞星《れんていせい》なり又《また》☴巽門《そんもん》の木《き》☷坤宅《こんたく》の母《はゝ》を剋《こく》す故《ゆゑ》に老母《らうは》に眚害《さいがい》多《おほ》し。坤《こん》は母《はゝ》の位《くらゐ》。巽《そん》は長女《ちやうぢよ》の位《くらゐ》。則《すなは》ち☴☷風地觀《ふうちくわん》の卦象陰《くわしやういん》二陽《やう》を壓迫《あつはく》す故《ゆゑ》に女子《ぢよし》家事《かじ》を主《つかさど》るか或《あるひ》は寡婦《やもめ》となり兒《こ》を剋《こく》す。五鬼《ごき》☷坤《こん》の腹《はら》を剋《こく》すが故《ゆゑ》に難産《なんざん》。難病《なんびやう》。腫物《はれもの》等《とう》の難病《なんびやう》を招《まね》くなり又《また》五鬼《ごき》の火《ひ》。坤宅《こんたく》に入《い》り火難《くわなん》。盜《たう》難《なん》。官災《くわんざい》。邪魅《じやみ》妖怪《えうくわい》の災危《さいやく》驚恐《きやうく》の難《なん》を發《はつ》す星《ほし》は廉貞《れんてい》の火《ひ》なれば火《ひ》の三合《さんがふ》寅《とら》。午《うま》。戌《いぬ》の年月日時《ねんぐわつひとき》に災害《さいがい》を招《まね》くと知《し》るべし。

○☶艮門《こんもん》は丙《ひのえ》の方《かた》にあるも艮門《こんもん》に同《おな》じ生氣《せいき》貪狼《とんらう》木星《もくせい》の門戸《もんこ》なり☶艮《こん》を☷坤宅《こんたく》の生《せい》氣《き》とす○五子《ごし》を生《しやう》ず内《うち》長男《ちやうなん》貴《たつと》し○中男《ちうなん》少男《せうなん》死亡《しばう》す或《あるひ》は肺病《はいびやう》○母《はゝ》に病《やまひ》あれども○畜《ちく》類《るゐ》の縁《えん》よろし。

○所以《ゆゑん》☶☷山地剝《さんちはく》の卦《くわ》にして五子《ごし》を生《しやう》ずるも長男《ちやうなん》貴《たつと》し。なれども中互《ちうご》皆《みな》☷坤《こん》なれば中男《ちうなん》少男《せうなん》死亡《しばう》或《あるひ》は肺病《はいびやう》。母《はゝ》は病《やまひ》多《おほ》く次第《しだい》に貧窮《ひんきう》に迫《せま》る。但《たゞ》し畜類《ちくるゐ》に縁《えん》あり又《また》生氣《せいき》なれども☶艮《こん》☷坤《こん》は對冲《たいちう》にして種々《しゆ〳〵》の難危《なんやく》多《おほ》し星《ほし》は貪狼《とんらう》木星《もくせい》なり艮門《こんもん》の木《き》坤宅《こんたく》を剋《こく》す故《ゆゑ》に凶事《きようじ》を招《まね》く其應《そのおう》は木《き》の三合《さんがふ》亥《ゐ》。卯《う》。未《ひつじ》の年月日時《ねんぐわつひとき》に必《かなら》ず來《きた》ると知《し》るべし。

○☲離《り》門《もん》は壬《みづのえ》○寅《とら》○戌《いぬ》の方《かた》にあるも離《り》門《もん》に同《おな》じ六殺《りくさつ》文曲《ぶんきよく》水星《すゐせい》の門戸《もんこ》なり☲離《り》を☷坤宅《こんたく》の六殺《りくさつ》とす○一時《いちじ》資財《しざい》集《あつま》ると雖《いへど》も淫慾《いんよく》強《つよく》して世間《せけん》の風聲《ふうせい》惡《あし》く家内《かない》不和《ふわ》○難産《なんざん》災危《さいやく》多《おほ》く終《つひ》に貧窮《ひんきう》するなり。

○所以《ゆゑん》☲離《り》の火門《くわもん》より☷坤宅《こんたく》の土《つち》を生《しやう》ず故《ゆゑ》に一時《いちじ》資財《しざい》を得《う》ると雖《いへど》も文曲《ぶんきよく》の水星《すゐせい》離門《りもん》の火《ひ》と爭《あらそ》ふ故《ゆゑ》に淫慾《いんよく》強《つよ》く世間《せけん》の風聲《ふうせい》惡《わる》く家内《かない》不和《ふわ》を主《つかさど》り。難産《なんざん》。胥害《さいがい》多《おほ》く子孫《しそん》に發狂《はつきやう》の者《もの》を出《いだ》す恐《おそ》れあり星《ほし》は六殺《りくさつ》文曲《ぶんきよく》水星《すゐせい》なれば水《みづ》の三合《さんがふ》申《さる》。子《ね》。辰《たつ》の年月日時《ねんぐわつひとき》に災《わざはひ》ありと知《し》るべし。

○參考《さんかう》六殺《りくさつ》文曲《ぶんきよく》水星《すゐせい》は北斗《ほくと》七星《せい》中《ちう》の凶神《きようじん》なれば何宅《なにたく》にても六殺星《りくさつせい》の門戸《もんこ》を建《たつ》る時《とき》は其祟《そのたゝ》り猛烈《もうれつ》なり注意《ちうい》を要《えう》す。

○☰乾門《けんもん》は甲《きのえ》の方《かた》にあるも乾門《けんもん》に同《おな》じ延年《えんねん》武曲《ぶきよく》金星《きんせい》の門戸《もんこ》なり☰乾《けん》を☷坤宅《こんたく》の延年《えんねん》とす大吉相《だいきつさう》の門戸《もんこ》なり○夫婦《ふうふ》和合《わがふ》○子孫《しそん》賢《けん》にして○富貴《ふうき》繁榮《はんえい》○田園《でんゑん》盛《さかん》にして○從者《じゆうしや》忠實《ちうじつ》の者《もの》集《あつま》ると知《し》るべし。

○所以《ゆゑん》☷坤宅《こんたく》の☰乾門《けんもん》は延年《いんねん》にして武曲金星《ぶきよくきんせい》なり則《すなは》ち☷坤宅《こんたく》の土《つち》より☰乾門《けんもん》の金《かね》を生《しやう》ず。乾坤《けんこん》は天地《てんち》なり。天地《てんち》は夫婦《ふうふ》の正配《せいはい》なれば總《すべ》てに善笑《ぜんせう》を盡《つく》す故《ゆゑ》に夫《ふう》婦和合《ふわがふ》す又《また》☰乾《けん》は尊《たつと》く☷坤《こん》を福地《ふくち》とす萬物生育《ばんもつせいいく》の徳《とく》を備《そな》ふるなり。

彖傳《たんでん》ニ曰《いは》ク大哉《おほいなるかな》

とは地氣《ちき》は天《てん》に昇《のぼ》る。天氣《てんき》は地《ち》に降《くだ》り萬物《ばんもつ》を生育《せいいく》す其功徳《そのこうとく》の至大《しだい》にして比類《ひるゐ》なきを謂《い》ふ又説卦傳《またせつくわでん》に曰《いは》く坤《こん》は地《ち》なり萬物皆養《ばんもつみなやしなひ》を致《いた》すとある故《ゆゑ》に☷坤宅《こんたく》の土《つち》より☰乾門《けんもん》の富貴繁榮《ふうきはんえい》を生《しやう》じ。夫婦和合《ふうふわがふ》。子孫賢《しそんかしこ》く。田園旺《でんゑんわう》す。従者忠實《じゆうしやちうじつ》に服《ふく》す。星《ほし》は武曲金星《ぶきよくきんせい》なれば金《かね》の三合巳《がふみ》。酉《とり》。丑《うし》の年月日時《ねんぐわつひとき》に本文《ほんもん》の如《ごと》き幸福來《かうふくきた》ると知《し》るべし。

○艮宅《こんたく》之《の》門戸《もんこ》吉凶《きつきよう》を論《ろん》ず

○☱兌門《だもん》は丁《ひのと》○巳《み》○丑《うし》の方《かた》にあるも兌門《だもん》に同《おな》じ延年武曲金星《いんねんぶきよくきんせい》の門戸《もんこ》なり☱兌《だ》を☶艮宅《こんたく》の延年《いんねん》とす易《えき》に曰《いは》く山澤氣《さんたくき》を通《つうず》とある最大吉相《さいだいきつさう》の門戸《もんこ》なり第《だい》一錢財大《せんざいおほい》に集《あつま》る商家《しやうか》には最《もつと》も吉相《きつさう》にして奴僕忠孝《ぬはくちうかう》○願望成就《ぐわんもうじやうじゆ》○男女《だんぢよ》とも良《よ》く生育《せいいく》し○田宅蠶畜旺《でんたくさんちくさかん》

にして繁榮《はんえい》なり。

○所以《ゆゑん》☶艮宅《こんたく》に☱兌門《だもん》は延年《いんねん》にして武曲金星《ぶきよくきんせい》なり因《よつ》て☶艮宅《こんたく》の土《つち》より☱兌門《だもん》の金《かね》を生《しやう》ず☱☶澤山《たくさん》咸《かん》の卦《くわ》。艮山《こんさん》の氣《き》は下《くだ》り。兌澤《だたく》の氣《き》は上《のぼ》り。二氣《き》交感《かうかん》すれば則《すなは》ち亨通《かうつう》せざる事《こと》なし故《ゆゑ》に咸《かん》は亨《とうる》と云《い》ふ。因《よつ》て錢財《せんざい》大《おほい》に集《あつま》る商家《しやうか》には最《もつと》も吉相《きつさう》とす。奴僕《ぬぼく》忠孝《ちうかう》。願望成就《ぐわんもうじやうじゆ》。田宅《でんたく》蠶畜《さんちく》旺《かん》なり又《また》後天《こうてん》の☶艮位《こんゐ》は先天《せんてん》の☳震位《しんゐ》なり震《しん》を長男《ちやうなん》とす。☶艮《こん》を小男《せうなん》とす。☱兌《だ》を少女《せうぢよ》とす故《ゆゑ》に三子《し》を生育《せいいく》す延年《いんねん》の相《さう》生《しやう》を得《え》て兄弟和睦《きやうだいわぼく》す星《ほし》は武曲《ぶきよく》の金《かね》なれば金《かね》の三合巳《がふみ》。酉《とり》。丑《うし》の年月日時《ねんぐわつひとき》に本文《ほんぶん》の如《ごと》き幸福來《かうふくきた》ると知《し》るべし。

○☳☶震門《しんもん》は庚《かのえ》○亥《ゐ》○未《ひつじ》の方《かた》にあるも震門《しんもん》に同《おな》じ六殺文曲水星《りくさつぶんきよくすゐせい》の門戸《もんこ》なり☳震《しん》を☶艮宅《こんたく》の六殺《りくさつ》とす○盗難《たうなん》○難産《なんざん》○訴訟《そしよう》○少男死亡《せうなんしばう》す○横災《わうざい》○流行病《りうかうびやう》○胸腹《むねはら》の難病《なんびやう》○破財損失《はざいそんしつ》○六畜《りくちく》を損《そん》ず。

○所以《ゆゑん》☶艮宅《こんたく》の☳震門《しんもん》は六殺文曲水星《りくさつぶんきよくすゐせい》なり。震門《しんもん》の木《き》より☶艮宅《こんたく》の土《つち》を剋《こく》すが故《ゆゑ》に盗難《たうなん》。難産《なんざん》。訴訟《そしよう》。少男死亡《せうなんしばう》。横災《わうざい》。流行病《りうかうびやう》。胸腹《むねはら》の難病《なんびやう》。破財損失六畜《はざいそんしつりくちく》を損《そん》ず又《また》☶艮宅《ごんたく》の土《つち》より文曲《ぶんきよく》☵坎《かん》の水《みづ》を剋《こく》すが故《ゆゑ》に本文《ほんもん》の如《ごと》き眚害《さいがい》を招《まね》く星《ほし》は文曲《ぶんきよく》の水《みづ》なれば水《みづ》の三合《がふ》申《さる》。子《ね》。辰《たつ》の年月日《ねんぐわつひ》時《とき》に災危《さいやく》來《きた》ると知《し》るべし皆《みな》六殺《りくさつ》の祟《たゝ》り恐《おそ》るべし。

○☷坤門《こんもん》は乙《きのと》の方《かた》にあるも坤門《こんもん》に同《おな》じ生氣《せいき》貪狼《とんらう》木星《もくせい》の門戸《もんこ》なり☷坤《こん》を☶艮宅《ごんたく》の生《せい》氣《き》とす故《ゆゑ》に五子《こし》ともに貴《たつと》く長男《ちやうなん》は名譽《めいよ》を顯《あらは》す○少男《せうなん》は病多《やまひおほ》し○農商工業《のうしやうこうげふ》は一時《じ》盛《さかん》なるも後大《のちおほい》に衰《おとろ》ひ終《つひ》錢財《せんざい》消亡《せうばう》なし○家族《かぞく》或《あるひ》は從者《じゆうしや》の內《うち》に奸邪《かんじや》の者《もの》を出《いだ》し○家名《かめい》を穢《けが》す恐《おそ》れあり注意《ちうい》を要《えう》す。

○所以《ゆゑん》☶艮宅《ごんたく》に☷坤門《こんもん》は生氣《せいき》の門《もん》なれば五子《こし》を生育《せいいく》し長男《ちやうなん》は貴《たつと》く名譽《めいよ》を顯《あらは》す少《せう》男《なん》は病多《やまひおほ》く。一時《じ》は吉事《きちじ》を招《まね》くと雖《いへど》も星《ほし》の貪狼《とんらう》木星《もくせい》より☷坤門《こんもん》の土《つち》を剋《こく》すが故《ゆゑ》に農商工業《のうしやうこうげふ》次第《しだい》に衰《おとろ》ひ錢財《せんざい》終《つひ》に消滅《せうめつ》し。難病《なんびやう》を主《つかさど》り。家族《かぞく》又《また》は從者《じゆうしや》の內《うち》より奸《かん》邪《じや》の者《もの》を出《いだ》す易理《えきり》を論《ろん》ずれば☶艮《ごん》は山《やま》なり☷坤《こん》は地《ち》なり因《よつ》て☶☷山地剝《さんちはく》の卦《くわ》。剝《はく》は削《けづる》なり盡《つくる》なり。落《おつる》なり則《すなは》ち小人《せうじん》下《しも》に阿黨《あつたう》して將《まさ》に君子《くんし》を剝落《はくらく》せんとす又上《またかみ》は下《しも》を惠《めぐま》ず下《しも》は柔弱《じうじやく》にして上《かみ》を奉《ほう》ぜず是《これ》を以《もつ》て國家《こくか》終《つひ》に剝盡《はくじん》す自《みづか》ら兵《へい》を起《おこ》し戰《たゝか》ひば大《おほい》に敗《やぶ》れ自殺《じさつ》する象《かたち》なれば吉事《きちじ》あるも長《なが》く保《たもた》ず凶事《きようじ》多《おほ》し星《ほし》は貪狼《とんらう》の木《き》なれば木《き》の三合《がふ》亥《ゐ》。卯《う》。未《ひつじ》の年《ねん》月日《ぐわつひ》時《とき》に吉凶《きつきよう》ありと知《し》るべし。
○☵坎門《かんもん》は癸《みづのと》○申《さる》○辰《たつ》の方《かた》にあるも坎門《かんもん》に同《おな》じ五鬼《ごき》廉貞《れんてい》火星《くわせい》の門戸《もんこ》なり☵坎《かん》を☶艮宅《こんたく》の五鬼《ごき》とす故《ゆゑ》に長男《ちやうなん》不孝《ふかう》○中男《ちうなん》死亡《しはう》○溺死《できし》○神經病《しんけいびやう》○爭論《さうろん》○寡婦《やもめ》を出《いだ》す○火《くわ》難《なん》○盗難《たうなん》○六畜《りくちく》に縁薄《えんうす》く○邪魅《じやみ》妖怪《えうくわい》の祟《たゝ》り○夜《よ》に驚《おどろき》を招《まね》くなり。
○所以《ゆゑん》☶艮宅《こんたく》の土《つち》より☵坎門《かんもん》の水《みづ》を剋《こく》す。坎門《かんもん》の水《みづ》より星《ほし》の火《ひ》を剋《こく》し互《たがひ》に損傷《そんしやう》する大凶《だいきよう》の門戸《もんこ》なり則《すなは》ち☶☵山水蒙《さんすゐもう》の卦互卦《くわこくわ》は☷☳地雷復《ちらいふく》の卦《くわ》なり☳震長男《しんちやうなん》の木《き》☶艮宅《こんたく》の土《つち》を剋《こく》して不孝《ふかう》を主《つかさど》る。☵坎門《かんもん》中男《ちうなん》の水《みづ》。☶艮宅《こんたく》の土《つち》に剋《こく》され死亡《しはう》す或《あるひ》は井《ゐ》に陷《おち》て溺死《できし》なすか。又《また》☵坎《かん》を盜《ぞく》とす。血脈《ちみやく》とす因《よつ》て盜難《たうなん》を主《つかさど》る。神經《しんけい》病《びやう》。血液不順等《けつえきふじゆんとう》の難病《なんびやう》を招《まね》く。爭論《さうろん》は五鬼《ごき》の剋害《こくがい》より起《おこ》る。火難《くわなん》は星《ほし》の火《ひ》より發《はつ》す。寡婦《やもめ》は互卦《こくわ》の☷坤《こん》の土《つち》☶艮宅《こんたく》に入《い》り重陰《ちゆういん》となるが故《ゆゑ》なり。六畜《りくちく》に縁薄《えんうす》く。邪魅《じやみ》妖怪《えうくわい》の祟《たゝ》り。夜《よ》に驚《おどろき》を招《まね》くは皆《みな》五鬼《ごき》のなす祟《たゝ》りなり星《ほし》は廉貞《れんてい》の火星《くわせい》なれば火《ひ》の三合《さんがふ》寅《とら》。午《うま》。戌《いぬ》の年月日時《ねんぐわつひとき》に災害《さいがい》ありと知《し》るべし。

○☴巽門《そんもん》は辛《かのと》の方《かた》にあるも巽門《そんもん》に同《おな》じ絶命《ぜつめい》破軍《はいぐん》金星《きんせい》の門戸《もんこ》にして大凶《だいきよう》なり故《ゆゑ》に父《ふ》子《し》不和《ふわ》○少男《せうなん》短命《たんめい》○長女《ちやうぢよ》死亡《しばう》○難産《なんざん》○堕胎《だたい》○六畜《りくちく》に窮《きう》す○田宅《でんたく》を破《やぶ》り○婿《むこ》を迎《むか》ひ又《また》は短命《たんめい》○盗難《たうなん》○火難《くわなん》○頭《あたま》の病《やまひ》○中風《ちうぶう》等《とう》の難病《なんびやう》を招《まね》き○終《つひ》に家名《かめい》滅亡《めつばう》なす最《もつと》も恐《おそ》るべき大凶相《だいきようさう》の門戸《もんこ》なり。

○所以《ゆゑん》☴巽門《そんもん》は☶艮宅《こんたく》の絶命《ぜつめい》にして星《ほし》は破軍《はいぐん》の金《かね》なり。巽門《そんもん》の木《き》は艮宅《こんたく》の土《つち》を剋《こく》し星《ほし》の金《かね》は門《もん》の木《き》を剋《こく》し互《たがひ》に殺伐《さつばつ》剋倒《こくたう》して損傷《そんしやう》の氣《き》止《とゞま》る時《とき》なく實《じつ》に大凶《だいきよう》の門《もん》戸《こ》なれば本文《ほんもん》の如《ごと》き眚害《さいがい》を招《まね》く星《ほし》は絶命《ぜつめい》破軍《はいぐん》の金《かね》なれば金《かね》の三合《さんがふ》巳《み》。酉丑《とりうし》の年《ねん》月日《ぐわつひ》時《とき》に凶事《きようじ》來《きた》ると知《し》るべし。

○☶艮門《こんもん》は丙《ひのえ》の方《かた》にあるも艮門《ごんもん》に同《おな》じ☶艮《こん》は☶艮宅《こんたく》の伏位《ふくゐ》輔弼《ほひつ》の門戸《もんこ》なり故《ゆゑ》に男《だん》女《ぢよ》孤獨《こどく》○官災《くわんざい》を招《まね》き○難病《なんびやう》多《おほ》し。

○所以《ゆゑん》☶艮門《こんもん》の土《つち》と☶艮宅《こんたく》の土《つち》と重陰《ぢゆういん》となり萬物《ばんもつ》生育《せいいく》の徳《とく》を失《うしな》ひ陽衰《やうおとろ》ひ自然《しぜん》に陰氣《いんき》を招《まね》く故《ゆゑ》に血液《けつえき》不順《ふじゆん》の難病《なんびやう》。神經病《しんけいびやう》。胃《ゐ》癌《がん》。肺病《はいびやう》等《とう》を發《はつ》す☶艮《こん》の伏卦《ふくくわ》は☱兌《だ》の金《かね》なれば金《かね》の三合《がふ》亥《ゐ》。卯《う》。未《ひつじ》の年月日《ねんぐわつひ》時《とき》か或《あるひ》は艮《こん》は先天《せんてん》の☳震位《しんゐ》なれば木《き》の三合《がふ》亥《ゐ》。卯《う》。未《ひつじ》の年月《ねんぐわつ》日《ひ》時《とき》に其應《そのおう》ありと知《じ》るべし。
○☲離門《りもん》は壬《みづのえ》○寅《とら》○戌《いぬ》の方《かた》にあるも離門《りもん》に同《おな》じ禍害《くわがい》祿存《ろくぞん》土星《どせい》の門戸《もんこ》なり故《ゆゑ》に禍害《くわがい》の祟《たゝ》りにて父子不和《ふしふわ》○小男《せうなん》難病《なんびやう》○淫亂《いんらん》○又《また》は小男《せうなん》婢女《ひぢよ》と姦通《かんつう》なすか○風聲《ふうせい》惡《あし》く家庭《かてい》亂《みだ》れ○家人《かじん》從者《じゆうしや》逃亡《たうはう》なす。
○所以《ゆゑん》☲離門《りもん》は☶艮宅《こんたく》の禍害《くわがい》にして星《ほし》は祿存《ろくぞん》の土《つち》なれば艮宅《こんたく》に入《いり》て重陰《ぢゆういん》となり生育《せいいく》の徳《とく》なく且《か》つ禍害《くわがい》の祟《たゝ》り烈《はげ》しく家庭《かてい》亂《みだ》れ。父子不和《ふしふわ》。淫亂《いんらん》。家人《かじん》從者《じゆうしや》不忠《ふちう》となりて逃亡《たうはう》なす總《すべ》て本文《ほんもん》の如《ごと》き災害《さいがい》醜事《しうじ》を招《まね》くなり星《ほし》は祿存《ろくぞん》の土《つち》なれば水《みづ》と同行《どうかう》の義《ぎ》を取《とり》て水《みづ》の三合《さんがふ》申《さる》。子《ね》。辰《たつ》の年月《ねんぐわつ》日《ひ》時《とき》に災害《さいがい》ありと知《し》るべし。
○☰乾門《けんもん》は甲《きのえ》の方《かた》にあるも乾門《けんもん》に同《おな》じ天醫《てんい》巨門《こもん》土星《どせい》の門戸《もんこ》にして吉相《きつさう》とす故《ゆゑ》に富貴《ふうき》にして六畜《りくちく》に縁《えん》あり○子孫《しそん》賢《けん》にして孝行《かうかう》を主《つかさど》る○從者《じゆうしや》忠實《ちうじつ》に能《よ》く服《ふく》し縁厚《えんあつ》く○但《たゞ》し女子《ぢよし》は其限《そのかぎり》にあらず。
○所以《ゆゑん》☰乾門《けんもん》は☶艮宅《こんたく》の天醫《てんい》にして艮《こん》は山《やま》。止《とゞま》りて動《うごか》ず百物《ひやくもつ》を生育《せいいく》す因《よつ》て艮《こん》を本《もと》となし☶☰山天大畜《さんてんたいちく》の卦《くわ》。富貴《ふうき》にして。六畜旺《りくちくさかん》なるは☶艮宅《こんたく》の土《つち》と巨門《こもん》の土《つち》と共《とも》に☰乾門《けんもん》の金《かね》を生《しやう》ずるが故《ゆゑ》なり。子《し》孫《そん》賢《けん》にして孝道《かうだう》を主《つかさど》る又《また》先天《せんてん》の☳震《しん》は長男《ちやうなん》。後天《こうてん》の☶艮《こん》は少男《せうなん》故《ゆゑ》に長男《ちやうなん》。小男《せうなん》☶艮宅《こんたく》の土《つち》より☰乾父《けんふ》の門《もん》。金《かね》を生《しやう》ずるが故《ゆゑ》に富貴《ふうき》。孝道《かうだう》　六畜旺《りくちくさかん》なり又《また》従者忠實《じゆうしやちうじつ》なるは☶艮宅《こんたく》の土《つち》と星《ほし》の土《つち》と比和《ひわ》して☰乾門《けんもん》の金《かね》を生《しやう》ずるが故《ゆゑ》なり然《しか》るに星《ほし》も陽《やう》。☰乾《けん》も陽《やう》なり故《ゆゑ》に陰《いん》の衰《おとろ》ふ意《い》あれば女子《ぢよし》は不利《ふり》なり研究《けんきう》を要《えう》す星《ほし》は天醫《てんい》巨門《こもん》の土《つち》なれば水土《すゐど》同行《どうかう》の義《ぎ》を取《とり》て水《みづ》の三合《さんがふ》申《さる》。子《ね》。辰《たつ》の年月日時《ねんぐわつひとき》に其應《そのおう》ありと知《し》るべし。

○兌宅《だたく》の門戸《もんこ》吉凶《きつきよう》を論《ろん》ず

○☱兌門《だもん》は丁《ひのと》○巳《み》○丑《うし》の方《かた》にあるも兌門《だもん》に同《おな》じ伏位《ふくゐ》輔弼《ほひつ》の門戸《もんこ》なり故《ゆゑ》に金《かね》と金重《かねかさな》り旺《さかん》にして重陰《ぢういん》となる○錢財集《せんざいあつま》ると雖《いへど》も子孫《しそん》を絶《たや》す恐《おそ》れあり○又寡婦《またやもめ》を出《いだ》す○試《ためし》見《み》よ必《かなら》ず的中《てきちう》なす。

○所以《ゆゑん》☱兌宅《だたく》の金《かね》と☱兌門《だもん》の金《かね》と比和《ひわ》す則《すなは》ち伏位《ふくゐ》にして五行生剋《ごぎやうしやうこく》なし陰盛《いんさかん》にして陽衰《やうおとろ》ふ故《ゆゑ》に男子《だんし》は短命《たんめい》なすか家出《いへで》なし寡婦《やもめ》を主《つかさど》る。然《しか》るに金《かね》と金《かね》と旺《わう》するが故《ゆゑ》に錢財集《せんざいあつま》り豊《ゆたか》なり。なれども陰重《いんかさな》りて生養《せいやう》の氣《き》なく因《よつ》て子孫《しそん》を絶《たや》すなり三合《さんがふ》は金《かね》。巳《み》。酉《とり》。丑《うし》の年月日時《ねんぐわつひとき》に其應《そのおう》ありと知《し》るべし。

○☳震門《しんもん》は庚《かのえ》○亥《ゐ》○未《ひつじ》の方《かた》にあるも震門《しんもん》に同《おな》じ絶命破軍金星《ぜつめいはいぐんきんせい》の門戸《もんこ》にして最《もつと》も大《だい》凶《きよう》なり☳震《しん》を☱兌宅《だたく》の絶命《ぜつめい》とす○長男《ちやうなん》○長女死亡《ちやうぢよしばう》なすか或《あるひ》は家出《いへで》なすか○盗難《たうなん》○破財《はざい》○首縊《くびくゝり》○溺死《できじ》○田畜《でんちく》を損《そん》ず○肺病《はいびやう》○神經病《しんけいびやう》○子宮病《しきうびやう》○盲人《まうじん》を出《いだ》し○種々《いろ〳〵》の難《なん》危等《やくとう》絶《たえ》る事《こと》なき凶相《きようさう》なり。

○所以《ゆゑん》☱兌宅《だたく》の金《かね》は☳震門《しんもん》の木《き》を剋《こく》し竝《ならび》に絶命破軍金星《ぜつめいはいぐんきんせい》も震門《しんもん》を剋《こく》す。三才發《さんざいはつ》祕《ぴ》に曰《いは》く首縊《くびくゝり》。河《かは》に投《とう》じ。田畜敗《でんちくやよ》れ。長男長女全《ちやうなんちやうぢよまつた》き事《こと》能《あた》はず。勞《らう》。蠱《ものづき》。痞瞎《ひめくら》。及賊盜《およびぞくたう》。巳《み》。酉《とり》。丑《うし》の年月日時《ねんぐわつひとき》の間《あひだ》ならんと云《い》へり。巳《み》。酉《とり》。丑《うし》は絶命破軍金《ぜつめいはいぐんきん》星《せい》の三合《さんがふ》なり。

○☷坤門《こんもん》は乙《きのえ》の方《かた》にあるも坤門《こんもん》に同《おな》じ天醫巨門土星《てんいこもんどせい》の門戸《もんこ》なり☷坤《こん》は☱兌宅《だたく》の天《てん》醫《い》なり○財帛集《ざいはくあつま》ると雖《いへど》も子孫《しそん》に乏《とは》し○壻家系《むこかけい》を繼《つ》ぐ○異性同居《いこいどうきよ》す○本文《ほんもん》の如《ごと》き其《その》應《おう》あるは申《さる》○子《ね》○辰《たつ》の年月日時《ねんぐわつひとき》にあり。

○所以《ゆゑん》☱兌宅《だたく》の金《かね》を☷坤門《こもん》の土《つち》より生《じやう》ずるが故《ゆゑ》に錢財集《せんざいあつま》るなり。又坤門《またこんもん》の土《つち》と巨《こ》門《もん》星《せい》の土《つち》と比《ひ》和《わ》すと雖《いへど》も三《さん》才《ざい》發《はつ》祕《ぴ》の書《しよ》に曰《いは》く恨《うら》む所《ところ》は重《ちう》陰《いん》にして陽衰《やうおとろ》ふ故《ゆゑ》に子《し》孫《そん》に乏《とぼ》し。 婿《むこ》家《か》系《けい》を繼《つ》ぐ又《また》異《い》性《せい》同《どう》居《きよ》なすと云《い》ふ則《すなは》ち☷☱地《ち》澤《たく》臨《りん》の卦《くわ》なり。貴《き》賤相交《せんあひまじは》りて親《したし》むの意《い》。星《ほし》は巨《こ》門《もん》の土《つち》なれば則《すなは》ち中《ちう》央《あう》に位《くらゐ》して三《さん》合《がふ》になし故《ゆゑ》に水《みづ》と同《どう》行《かう》の義《ぎ》を取《とり》て水《みづ》の三《さん》合《がふ》申《さる》。子《ね》。辰《たつ》の年《ねん》月日《ぐわつひ》時《とき》に應《おう》ありと知《し》るべし試見《ためしみ》よ。

○☵坎《かん》門《もん》は癸《みづのえ》○申《さる》○辰《たつ》の方《かた》にあるも坎《かん》門《もん》に同《おな》じ禍《くわ》害《がい》祿《ろく》存《ぞん》土《ど》星《せい》の門《もん》戸《こ》なり☵坎《かん》を☱兌《だ》宅《たく》の禍《くわ》害《がい》とす○中《ちう》男《なん》死《し》亡《ばう》す○小《せう》事《じ》の災《さい》害《がい》多《おほ》く○官災《くわんざい》○火《くわ》難《なん》○盗《たう》難《なん》○散《さん》財《ざい》○癈《はい》疾《しつ》其《その》他《た》の難病《なんびやう》を招《まね》くなり。

○所以《ゆゑん》☱兌《だ》宅《たく》の金《かね》より☵坎《かん》門《もん》の水《みづ》を生《しやう》ずると雖《いへど》も星《ほし》は禍《くわ》害《がい》の土《つち》なり。土《つち》より☵坎《かん》門《もん》の水《みづ》を剋《こく》し禍《くわ》害《がい》の祟《たゝ》り猛《まう》烈《れつ》にして中《ちう》男《なん》死《し》亡《ばう》。青《せい》害《がい》多《おほ》く。火《くわ》難《なん》。盗《たう》難《なん》。散《さん》財《ざい》難病《なんびやう》を招《まね》き難《なん》危《やく》多《おほ》し。禍《くわ》害《がい》祿《ろく》存《ぞん》の土《つち》なれば水《すゐ》土《ど》同《どう》行《かう》の義《ぎ》を取《とり》て水《みづ》の三《さん》合《がふ》申《さる》。子《ね》。辰《たつ》の年《ねん》月日《ぐわつひ》時《とき》の間《あひだ》に災《さい》害《がい》來《きた》ると知《し》るべし。

○參《さん》考《かう》三才《さい》發《はつ》祕《ぴ》に火《ひ》の三合《がふ》寅《とら》。午《うま》。戌《いぬ》を用《もちひ》たるは誤《あやまり》なり研《けん》究《きう》を要《えう》す。

○☴巽《そん》門《もん》は辛《かのと》の方《かた》にあるも巽《そん》門《もん》に同《おな》じ巽《そん》を☱兌《だ》宅《たく》の六《りく》殺《さつ》文《ぶん》曲《きよく》水《すゐ》星《せい》の門《もん》戸《こ》とす○長《ちやう》

女淫亂《ぢよいんらん》にして家名《かめい》を穢《けが》すか或《あるひ》は死亡《しばう》す○癲癇《てんかん》○難產《なんざん》○盜難《たうなん》○聾《つんぼ》○盲人《まうじん》○火難等《くわなんとう》の難危愁《なんやくうれひ》を招《まね》くなり。

○所以《ゆゑん》☱兌宅《だたく》の金《かね》より☴巽門《そんもん》の木《き》を剋《こく》す。巽《そん》を長女《ちやうぢよ》とす。胎《たい》とす。六殺《りくさつ》の水星《すゐせい》兌宅《だたく》の金《かね》に淫《いん》し巽木《そんもく》を生《しやう》ずるが故《ゆゑ》に長女淫亂《ちやうぢよいんらん》となる又兌宅《まただたく》の金《かね》。巽門《そんもん》の木《き》を剋《こく》す故《ゆゑ》に死亡《しばう》に及《およ》ぶ。癲癇《てんかん》。難產《なんざん》は。☱兌《だ》の金《かね》☴巽《そん》の木胎《きたい》を剋《こく》すが故《ゆゑ》なり。盜難《たうなん》火難《くわなん》は六殺《りくさつ》の水則《みづすなは》ち☵坎《かん》。坎《かん》を盜《ぞく》とす。耳《みゝ》とす。聾《つんぼ》とす。盲人《まうじん》とす。星《ほし》は文曲《ぶんきよく》の水《みづ》なれば水《みづ》の三合申《さんがふさる》。子《ね》。辰《たつ》の年月日時《ねんぐわつひとき》に六殺《りくさつ》の祟《たゝ》り愁《うれひ》を招《まね》くと知《し》るべし。

○☶艮門《ごんもん》は丙《ひのえ》の方《かた》にあるも艮門《ごんもん》に同《おな》じ☶艮《ごん》は☱兌宅《だたく》の延年武曲金星《いんねんぶきよくきんせい》の門戶《もんこ》にして艮門《ごんもん》の土《つち》と兌宅《だたく》の金《かね》と相生相旺《さうしやうさうわう》して則《すなは》ち☱兌宅最大吉相《だたくさいだいきつさう》の門戶《もんこ》なり○富貴《ふうき》にして子孫賢《しそんけん》○貴子《きし》多《おほ》く生育《せいいく》す○錢財大《せんざいおほい》に集《あつま》り○家福《かふく》を子孫《しそん》に傳《つたは》るなり○巳《み》○酉《とり》○丑《うし》の年月日時《ねんぐわつひとき》に幸福來《かうふくきた》ると知《し》られよ.

○所以《ゆゑん》☶艮門《ごんもん》の土《つち》より☱兌宅《だたく》の金《かね》と。武曲星《ぶきよくせい》の金《かね》を生《しやう》ず。說卦傳《せつくわでん》に曰《いは》く☶☱山《さん》澤氣《たくき》を通《つう》ずとある故《ゆゑ》に富貴《ふうき》。子孫賢《しそんけん》にして貴子《きし》多《おほ》く成長《せいちやう》なし。錢財集《せんざいあつま》り旺《わう》して幸福《かうふく》來《きた》る星《ほし》は延年《いんねん》武曲《ぶきよく》の金《かね》酉《とり》に旺《わう》す因《よつ》て金《かね》の三合《さんがふ》。巳《み》。酉《とり》。丑《うし》の年月日時《ねんぐわつひとき》の間《かん》に幸福《かうふく》集《あつま》ると知《し》るべし。

○☲離門《りもん》は壬《みづのえ》○寅《とら》○戌《いぬ》の方《かた》にあるも離門《りもん》に同《おな》じ☲離《り》は☱兌宅《だたく》の五鬼《ごき》廉貞《れんてい》火星《くわせい》にして離門《りもん》の火《ひ》より☱兌宅《だたく》の金《かね》を燒《やく》大凶《だいきよう》相《さう》の門戸《もんこ》なり故《ゆゑ》に難産《なんざん》○肺病《はいびやう》○官災《くわんさい》○火難《くわなん》○盜難《たうなん》○劍難《けんなん》○破産《はさん》○畜類《ちくるゐ》を損《そん》じ○老母《らうほ》は老翁《らうをう》に離《はな》れ○邪魅妖怪《じやみえうくわい》の祟《たゝ》りを招《まね》く。

○所以《ゆゑん》☲離門《りもん》は☱兌宅《だたく》の五鬼《ごき》廉貞《れんてい》の火星《くわせい》にして離門《りもん》の火《ひ》と。兌宅《だたく》の金《かね》を剋《こく》す故《ゆゑ》に本文《ほんもん》の如《ごと》き災害《さいがい》重々《かさね〴〵》來《きた》る最《もつと》も恐《おそ》るべき大凶《だいきよう》の門戸《もんこ》なり星《ほし》は廉貞《れんてい》の火《ひ》なれば火《ひ》の三合《がふ》。寅《とら》。午《うま》。戌《いぬ》の年月日時《ねんぐわつひとき》に難危《なんやく》來《きた》ると知《し》るべし又《また》畜類《ちくるゐ》を損《そん》じ。火難《くわなん》。劍難《けんなん》。邪魅妖怪《じやみえうくわい》の災等皆《わざはいとうみな》五鬼《ごき》の祟《たゝ》りなり注意《ちうい》を要《えう》す。

○☰乾門《けんもん》は甲《きのえ》の方《かた》にあるも乾門《けんもん》に同《おな》じ乾《けん》は☱兌宅《だたく》の生氣《せいき》貪狼《とんらう》木星《もくせい》の門戸《もんこ》なり○故《ゆゑ》に老翁《らうをう》少女《せうぢよ》に通《つう》ず○五子《ごし》あれども二子《にし》は死亡《しばう》なす○因《よつ》て子孫《しそん》に乏《とぼ》し○六畜《りくちく》蠶《さん》皆《みな》進《すゝ》まず○田園《でんゑん》を損《そん》ず。

○所以《ゆゑん》☰乾《けん》を金《かね》とす老翁《らうをう》とす☱兌《だ》を少女《せうぢよ》とす。金《かね》とす。金《かね》と金《かね》比和《ひわ》す故《ゆゑ》に☰乾《けん》の老翁《らうをう》。☱兌《だ》の少女《せうぢよ》に通《つう》ず則《すなは》ち☱☰澤天夬《たくてんくわい》の卦《くわ》。五陽《ごやう》の五子《ごし》進《す》み上《のぼ》らんとすれども上爻《じやうこう》の一陰《いん》下《くだ》り外卦《ぐわいくわ》の二陽《やう》を壓迫《あつはく》す故《ゆゑ》に五子《ごし》の内《うち》二子《にし》は死亡《しはつ》す又《また》☱兌宅《だたく》の金《かね》と☰乾門《けんもん》の金《かね》と貪狼《とんらう》の木星《もくせい》を剋《こく》す故《ゆゑ》に子孫《しそん》不利《ふり》。六畜田園《りくちくでんゑん》蠶《さん》皆凶《みなきよう》なり星《ほし》は貪《とん》狼《らう》の木《き》なれば木《き》の三合《さんがふ》。亥《ゐ》。卯《う》。未《ひつじ》の年月日時《ねんぐわつひとき》に災害《さいがい》ありと知《し》るべし試見《ためしみ》よ。

○震宅《しんたく》の門戸《もんこ》吉凶《きつきよう》を論《ろん》ず

○☱兌《だ》門《もん》は丁《ひのと》○巳《み》○丑《うし》の方《かた》にあるも兌門《だもん》に同《おな》じ☱兌《だ》は☳震宅《しんたく》の絶命《ぜつめい》破軍金星《はいぐんきんせい》の門《もん》戸《こ》なり故《ゆゑ》に長男《ちやうなん》○長女《ちやうぢよ》必《かなら》ず死亡《しはつ》す○盗難《たうなん》○子宮神經《しきうしんけい》○官災《くわんざい》○肺病《はいびやう》○縊死《いし》○溺死《できし》○盲人《まうじん》○田蠶《でんさん》六畜《りくちく》皆《みな》損傷《そんしやう》す。

○所以《ゆゑん》☱兌門《だもん》は☳震宅《しんたく》の絶命《ぜつめい》にして星《ほし》は破軍《はいぐん》の金《かね》なり。破軍金星《はいぐんきんせい》の門《もん》より震宅《しんたく》の木《き》を剋《こく》す大凶《だいきよう》の門戸《もんこ》なり因《よつ》て☳☱雷澤歸妹《らいたくきまい》の卦《くわ》。☳震《しん》は長男《ちやうなん》裏《うら》は☴巽《そん》の長女《ちやうぢよ》とす說卦傳《せつくわでん》に曰《いは》く雷風《らいふう》相薄《あひせまると》は。巽《そん》の氣《き》。震《しん》に通《つう》じて驚《おどろ》きを招《まね》く故《ゆゑ》に長男長女《ちやうなんちやうぢよ》死《し》亡《はつ》す又歸妹《またきまい》の互卦《ごくわ》は☵☲水火既濟《すゐくわきせい》の卦《くわ》。盗難《たうなん》は坎《かん》を盗《ぞく》とす。又坎《またかん》は子《ね》に位《くらゐ》す故《ゆゑ》に子宮神經《しきうしんけい》とす。官災《くわんざい》は☱兌門《だもん》の金《かね》。☳震宅《しんたく》の木《き》を剋《こく》するが故《ゆゑ》なり又兌《まただ》を肺《はい》とす。首縊《くびくゝり》は☳震宅《しんたく》の伏卦《ふくくわ》☴巽《そん》なり。巽《そん》を縄《なは》とす故《ゆゑ》に縄《なは》の難《なん》を發《はつ》す。溺死《できし》は☵坎《かん》の水《みづ》より來《きた》る。盲人《まうじん》は☵坎《かん》の水《みづ》☲離《り》を眼《め》とす。火《ひ》とす。明《あきらか》とす其位《そのくらゐ》を剋《こく》す故《ゆゑ》なり。田蠶《でんさん》六畜《りくちく》の損傷《そんしやう》は☳震宅《しんたく》の木《き》絶命《ぜつめい》破軍《はいぐん》の金《かね》より剋《こく》されるが故《ゆゑ》なり星《ほし》は金《かね》なれば金《かね》の三合《さんがふ》。巳《み》。酉《とり》。丑《うし》の年月日時《ねんぐわつひとき》に災害《さいがい》來《きた》ると知《し》るべし。

○☳震門《しんもん》は庚《かのえ》○亥《ゐ》○未《ひつじ》の方《かた》にあるも震門《しんもん》に同《おな》じ☳震《しん》は☳震宅《しんたく》の伏位《ふくゐ》輔弼《ほひつ》の門戸《もんこ》にして○一門《いちもん》榮昌《えいしやう》顯達《けんたつ》して貴人《きじん》と席《せき》を竝《なら》ぶと云《い》ふ然《しか》るに婦人《ふじん》は病《やまひ》多《おほ》く或《あるひ》は死亡《しばう》す又《また》は神經病《しんけいびやう》○血液《けつえき》不順《ふじゆん》なり。

○所以《ゆゑん》說卦傳《せつくわでん》に曰《いは》く帝《てい》震《しん》に出《いづ》とは☳震《しん》は東《ひがし》に位《くらゐ》し萬物《ばんもつ》の生氣《せいき》起《おこ》る方《はう》にして大吉《だいきち》なり故《ゆゑ》に一門《いちもん》出世《しゆつせ》して朝日《あさひ》の昇《のぼる》が如《ごと》き勢《いきほひ》にて貴人《きじん》と席《せき》を竝《なら》ぶと云《い》ふなれども☳震爲雷《しんゐらい》の一卦《いつくわ》は陽旺《やうわう》して陰《いん》次第《しだい》に衰《おとろ》ふ故《ゆゑ》に婦人《ふじん》は多病《たびやう》にして。神經病《しんけいびやう》血液《けつえき》不《ふ》順難病《じゆんなんびやう》を招《まね》くなり。☳震宅《しんたく》も木《き》。震門《しんもん》も木《き》なれば木《き》の三合《さんがふ》。亥《ゐ》。卯《う》。未《ひつじ》の年月《ねんぐわつ》日時《ひどき》に其《その》吉凶《きつきよう》ありと知《し》るべし。

○☷坤門《こんもん》は乙《きのと》の方《かた》にあるも坤門《こんもん》に同《おな》じ坤《こん》は☳震宅《しんたく》の禍害《くわがい》祿存《ろくぞん》土星《どせい》の門戸《もんこ》なり故《ゆゑ》に

妻室《さいしつ》先《さき》に死亡《しばう》す○墮胎《だたい》○難産《なんざん》○腹《はら》の病《やまひ》○肺病《はいびやう》○男子《だんし》淫亂《いんらん》○損害破財《そんがいはざい》を主《つかさど》る○從者《じうしや》を損《そん》ず凶相《きようさう》なり。

○所以《ゆゑん》☷坤門《こんもん》は☳震宅《しんたく》の禍害《くわがい》にして星《ほし》は祿存《ろくぞん》の土星《どせい》なり。門《もん》も土《つち》。星《ほし》も土《つち》故《ゆゑ》に☳震宅《しんたく》の木《き》より。門《もん》と星《ほし》との土《つち》を剋《こく》す坤《こん》を母《はゝ》とす。妻女《さいぢよ》とす。腹《はら》とす震宅《しんたく》の木《き》に剋《こく》せらるゝが故《ゆゑ》に母《はゝ》。妻女死亡《さいぢよしばう》す。墮胎《だたい》。難産《なんざん》。腹《はら》の難病《なんびやう》を招《まね》くなり☳☷雷《らい》地豫《ちよ》の卦《くわ》互卦《ごくわ》は☵☶水山蹇《すゐさんけん》の卦《くわ》なり因《よつ》て☵坎《かん》の水《みづ》。☷坤門《こんもん》の土《つち》に剋《こく》され肺病《はいびやう》又《また》☵坎《かん》の中男《ちうなん》☶艮《こん》の小男《せうなん》陰中《いんちう》に陷《おちいり》て淫亂《いんらん》となる又《また》☳震宅《しんたく》の木《き》☷坤門《こんもん》の土《つち》を剋《こく》す故《ゆゑ》に損害破財《そんがいはざい》を主《つかさど》り又《また》艮《ごん》の小男《せうなん》を剋《こく》す因《よつ》て從者《じうしや》を損《そん》ず星《ほし》は祿存《ろくぞん》の土《つち》なれば三合五《さんがふご》行《ぎやう》になし故《ゆゑ》に水土《すゐど》同行《どうかう》の義《ぎ》を取《とり》て水《みづ》の三合《がふ》。申《さる》。子《ね》。辰《たつ》の年月日時《ねんぐわつひとき》に本文《ほんもん》の如《ごと》き眚害《さいがい》を招《まね》くと知《し》るべし。

○☵坎門《かんもん》は癸《みづのと》○申《さる》○辰《たつ》の方《かた》にあるも坎門《かんもん》に同《おな》じ☵坎《かん》を☳震宅《しんたく》の天醫《てんい》巨門《こもん》土星《どせい》の門《もん》戸《こ》にして坎門《かんもん》の水《みづ》○☳震宅《しんたく》の木《き》を生《しやう》ずる最《もつと》も吉相《きつさう》の門戸《もんこ》とす但《たゞ》し疵《きず》とする所《ところ》は星《ほし》は巨門《こもん》の土《つち》なり故《ゆゑ》に震宅《しんたく》の木《き》より星《ほし》を剋《こく》す因《よつ》て實子《じつし》と父母《ふぼ》と意志《いし》合《あは》ざる事多《ことおほ》しと

あるな○錢《せん》財《ざい》旺《さかん》にして大《おほい》に集《あつま》る○六畜《りくちく》に緣《えん》よろしく旺《わ》す○養子《やうし》なれば養父《やうふ》の心《こゝろ》に能《よく》和合《わがふ》す○三子《さんし》の內《うち》二人《にん》親《おや》と不和《ふわ》なり。
○所以《ゆゑん》☵坎門《かんもん》遊年《いうねん》は天醫《てんい》にして☵坎門《かんもん》の水《みづ》☳震宅《しんたく》の木《き》を生《しやう》ず故《ゆゑ》に錢財大《せんざいおほい》に集《あつま》り六畜旺《りくちくわ》す　養子《やうし》は後天《こうてん》の☶艮位《こんゐ》にして先天《せんてん》の☳震位《しんゐ》なり。震《しん》を長男《ちやうたん》とす此長男《このちやうなん》の根元《こんげん》は☶艮《こん》の土《つち》にして☳震宅《しんたく》の木《き》に剋《こく》され養子《やうし》となる因《よつ》て養子《やうし》なれば養父《やうふ》の心《こゝろ》に和合《わがふ》するは☳☵雷水解《らいすゐかい》の卦《くわ》。三子《さんし》は震《しん》の數《すう》。互卦《こくわ》は☵☲水火既済《すゐくわきせい》の卦《くわ》なり☲離《り》は先天《せんてん》の☰乾位《けんゐ》なり。乾《けん》を父《ちゝ》とす。☵坎《かん》は先天《せんてん》の☷坤位《こんゐ》なり坤《こん》を母《はゝ》とす又《また》☵坎《かん》の水《みづ》☲離《り》の火《ひ》と戰《たゝか》ふ故《ゆゑ》に親《おや》と不和《ふわ》を主《つかさど》る星《ほし》は天醫《てんい》巨門《こもん》の土《つち》なれば水土同行《すゐどどうかう》の義《ぎ》を取《とり》て水《みづ》の三合《さんがふ》。申《さる》。子《ね》。辰《たつ》の年月日時《ねんぐわつひとき》に其應《そのおう》ありと知《し》るべし試見《ためしみ》よ。
○☴巽門《そんもん》は辛《かのと》の方《かた》にあるも巽門《そんもん》に同《おな》じ☴巽《そん》は☳震宅《しんたく》の延年《いんねん》武曲金星《ぶきよくきんせい》の門戸《もんこ》にして富貴繁榮《ふうきはんえい》錢財集《せんざいあつま》る○なれども疾病絶《しつぺいたへ》ず○少女盲人《せうぢよまうじん》となるか○從者逃亡《じうしやたうはう》なすか出入《でいり》多《おほ》しと知《し》るべし。
○所以《ゆゑん》☳震宅《しんたく》に☴巽門遊年《そんもんいうねん》は延年《いんねん》にして星《ほし》は武曲《ぶきよく》の金《かね》なり然《しか》るに☳震宅《しんたく》と☴巽《そん》

門は皆木《みなき》なり說卦傳《せつくわでん》に曰《いは》く帝震《ていしん》に出《い》て巽《そん》に齊《とゝの》ふとあるは震《しん》の發生《はつせい》の氣《き》。巽《そん》の遠《ゑん》福《ふく》を招《まね》く故《ゆゑ》に富貴繁榮《ふうきはんえい》にして錢財大《せんざいおほい》に集《あつま》る。然《しか》るに震宅《しんたく》も木《き》。巽門《そんもん》も木《き》なり二《に》木《き》ともに武曲金星《ぶきよくきんせい》に剋《こく》されて疾病絶《しつぺいたへ》ず☳☴雷風恒《らいふうこう》の卦《くわ》互卦《ごくわ》は☱☰澤天夬《たくてんくわ》の卦《くわ》☱兌《だ》を少女《せうぢよ》とす又《また》☳震宅《しんたく》の木《き》に屬《ぞく》する肝臟《かんざう》を☰乾《けん》の金《かね》に剋《こく》されて盲人《まうじん》となる。☰乾《けん》☱兌《だ》の金《かね》と星《ほし》の武曲《ぶきよく》の金《かね》と。☴巽門《そんもん》の木《き》☳震宅《しんたく》の木《き》を剋《こく》す故《ゆゑ》に從者居所《じうしやきよしよ》を失《うしな》ひ退散《たいさん》なすに至《いた》るなり星《ほし》は金《かね》なれば金《かね》の三合《さんがふ》。巳《み》。酉《とり》。丑《うし》の年月日時《ねんぐわつひとき》に其吉凶《そのきつきよう》ありと知《し》るべし。

○☶艮門《こんもん》は丙《ひのえ》の方《かた》にあるも艮門《こんもん》に同《おな》じ☶艮《こん》を☳震宅《しんたく》の六殺《りくさつ》とす文曲水星《ぶんきよくすゐせい》の門戸《もんこ》なり故《ゆゑ》に田園畜産破《でんゑんちくさんやぶ》れ○訴訟《そしよう》○脾疾《ひしつ》○墮胎《だたい》○難産《なんざん》○長男浪人《ちやうなんらうにん》○少男死亡《せうなんしはう》○水厄《すゐやく》に遇《あ》ふ六殺《りくさつ》の祟《たゝ》り多《おほ》し。

○所以《ゆゑん》☳震宅《しんたく》に☶艮門《こんもん》は六殺《りくさく》にして星《ほし》は文曲《ぶんきよく》の水《みづ》なり因《よつ》て☳震宅《しんたく》の木《き》より☶艮《こん》門《もん》の土《つち》を剋《こく》し。艮門《こんもん》の土《つち》は星《ほし》の水《みづ》を剋《こく》す故《ゆゑ》に田園畜産破《でんゑんちくさんやぶ》れ。☳☶雷山小過《らいさんせうくわ》の卦《くわ》互卦《ごくわ》は☱☴澤風大過《たくふうだいくわ》の卦《くわ》。訴訟《そしよう》は☱兌《だ》の口《くち》より起《おこ》る。脾疾《ひしつ》。墮胎《だたい》。難産《なんざん》は☶艮《こん》門《もん》の土《つち》☶震宅《しんたく》の木《き》に剋《こく》されるゝ所《ところ》より發《はつ》す。長男《ちやうなん》の浪人《らうにん》は後天《こうてん》の☶艮位《こんゐ》は先天《せんてん》の☳震位《しんゐ》にして長男《ちやうなん》。震宅《しんたく》の木《き》に剋《こく》されるが故《ゆゑ》なり又《また》小男《せうなん》死亡《しばう》す。水厄《すゐやく》に遇《あふ》は星《ほし》の水《みづ》より☶艮門《こんもん》の土《つち》を剋《こく》し又《また》☳震宅《しんたく》の木《き》を生《しやう》じて氣《き》を洩《もら》すが故《ゆゑ》なり文曲《ぶんきよく》は水《すゐ》星《せい》なれば水《みづ》の三合《さんがふ》。申《さる》。子《ね》。辰《たつ》の年月日《ねんぐわつじ》時《とき》に本文《ほんもん》の如《ごと》き眚害《さいがい》の來《きた》る者《もの》と知《し》るべし。

○☲離《り》門《もん》は壬《みづのえ》○寅《とら》○戌《いね》の方《かた》にあるも離《り》門《もん》に同《おな》じ☲離《り》を☳震宅《しんたく》の生氣《せいき》貪狼《とうらう》木星《もくせい》の門《もん》宅《たく》旺《わ》す木火《もくくわ》通明《つうめい》の最大《さいだい》吉相《きつさう》の門戸《もんこ》なりと知《し》るべし○文才《ぶんさい》名譽《めいよ》賢《けん》にして孝道《かうだう》の者《もの》を出《いだ》し○俊秀《しゆんしう》多《おほ》く○五子《こし》生育《せいいく》す○田園《でんゑん》畜《ちく》蠶《さんさ》旺《かん》にして○從者《じうしや》忠實《ちうじつ》○家業《かげふ》繁榮《はんえい》○遠福《ゑんふく》を招《まね》き幸事《かうじ》を招《まね》くなり。

○所以《ゆゑん》☳震宅《しんたく》に☲離門《りもん》遊年《いうねん》は生氣《せいき》にして星《ほし》は貪狼《とうらう》の木《き》なり☳震宅《しんたく》の木《き》と星《ほし》の生《せい》氣《き》貪狼《とんらう》の木《き》と☲離門《りもん》の火《ひ》を生《しやう》ず實《じつ》に☳震宅《しんたく》最大《さいだい》吉相《きつさう》の門戸《もんこ》なり故《ゆゑ》に文才《ぶんさい》名譽《めいよ》の人《ひと》を出《いだ》す。賢《けん》にして孝子《かうし》なり。田園《でんゑん》畜蠶《ちくさん》旺《わ》す。五子《ごし》富貴《ふうき》俊秀《しゆんしう》多《おほ》し。☳☲雷火豐《らいくわほう》の卦《くわ》なり明《あきらか》を以《もつ》て動《うご》く盛大《せいだい》の象《しやう》。孔安國《こうあんこく》に曰《いは》く孝《かう》は人《ひと》の高行《かうく》なりと云《い》ふ以《もつ》て豐《ほう》に類《るゐ》する所《ところ》なり。五子賢《ごしけん》にして孝道《かうだう》の者多《ものおほ》きは星《ほし》の木《き》と☳震宅《しんたく》の木《き》と。出入第《しゆつにふだい》一《いち》の☲離門《りもん》の火《ひ》を生《しやう》ずる相性《さうしやう》なればなり星《ほし》は貪狼《とうらう》の木《き》。卯《う》に旺《わう》す因《よつ》て木《き》の三合《さんがふ》亥《ゐ》。卯《う》。未《ひつじ》の年月日時《ねんぐわつひとき》に幸福《かうふく》來《きた》ると知《し》るべし。

○☰乾門《けんもん》は甲《きのえ》の方《かた》にあるも乾門《けんもん》に同《おな》じ☰乾《けん》は☳震宅《しんたく》の五鬼《ごき》廉貞《れんてい》火星《くわせい》大凶《だいきよう》の門戸《もんこ》なり故《ゆゑ》に父死亡《ちゝしはう》なすか○或《あるひ》は父子不和《ふしふわ》。長男《ちやうなん》に災多《わざはひおほ》く○官災《くわんざい》○火難《くわなん》○盗難《たうなん》○口舌《こうぜつ》○爭論《さうろん》○六畜田蠶《りくちくでんさん》を破《やぶ》る○邪魅妖怪《じやみえうくわい》の祟《たゝ》り○疾病絶《しつぺいた》へず。

○所以《ゆゑん》☰乾《けん》は☳震宅《しんたく》の五鬼《ごき》にして大凶《だいきよう》の門戸《もんこ》なり星《ほし》は廉貞《れんてい》の火《ひ》にして☰乾《けん》の父《ちゝ》とす門《もん》の金《かね》を剋《こく》す故《ゆゑ》に父死亡《ちゝしはう》す又乾父《またけんふ》の門金《もんきん》より☳震宅長男《しんたくちやうなん》の木《き》を剋《こく》すが故《ゆゑ》に父子不和《ふしふわ》にして長男《ちやうなん》に災多《わざはひおほ》く。又星《またほし》の火《ひ》より☰乾門《けんもん》の金《かね》。君《きみ》の位《くらゐ》を剋《こく》すが故《ゆゑ》に官災《くわんざい》に遇《あ》ひ。火難《くわなん》を招《まね》く。盗難《たうなん》も又星《またほし》の火《ひ》。門《もん》の金《かね》を剋《こく》するの象《しやう》なり。口舌《こうぜつ》。爭論《さうろん》は☳☰雷天大壯《らいてんたいさう》の卦《くわ》互卦《ごくわ》は☱☰澤天夬《たくてんくわい》の卦《くわ》☱兌《だ》の口《くち》より發《はつ》す六畜田蠶《りくちくでんさん》を破《やぶ》るは☰乾門《けんもん》の金《かね》より☳震宅《しんたく》の木《き》を剋《こく》すが故《ゆゑ》なり。疾病《しつぺい》は☳震宅東方萬物發生《しんたくとうはうばんもつはつせい》の氣《き》を☰乾門《けんもん》の金《かね》より剋《こく》す因《よつ》て種々《いろ〳〵》の病氣《びやうき》を招《まね》く星《ほし》は廉貞《れんてい》の火《ひ》なれば火《ひ》の三合《さんがふ》。

寅《とら》。午《うま》。戌《いぬ》の年月日時《ねんぐわつひとき》に本文《ほんもん》の如《ごと》き眚害《さいがい》を招《まね》くと知《し》るべし恐《おそ》るべきは五鬼《ごき》の祟《たゝ》りなり。

○巽宅《そんたく》の門戸《もんこ》吉凶《きつきよう》を論《ろん》ず

○☱兌門《だもん》は丁《ひのと》○巳《み》○丑《うし》の方《かた》にあるも兌門《だもん》に同《おな》じ☱兌《だ》は☴巽宅《そんたく》の六殺文曲水星《りくさつぶんきよくすゐせい》の門戸《もんこ》とす○故《ゆゑ》に長男《ちやうなん》○長女《ちやうぢよ》死亡《しはう》す○風疾《ふうしつ》○中風《ちうふう》○腦溢血《なういつけつ》○足《あし》の難病《なんびやう》○淫亂《いんらん》○狂亂《きやうらん》○散遊《さんいう》の人《ひと》を出《いだ》す○官災《くわんさい》○陰人家事《いんじんかじ》を主《つかさど》る。

○所以《ゆゑん》☱兌門《だもん》の金《かね》☴巽宅《そんたく》の木《き》を剋《こく》す説卦傳《せつくわでん》に曰《いは》く雷風相薄《らいふうあひせまる》と巽《そん》の氣《き》。震《しん》に通《つう》じて驚《おどろき》を主《つかさど》ると。震《しん》を長男《ちやうなん》とす。巽《そん》を長女《ちやうぢよ》とす故《ゆゑ》に長男《ちやうなん》。長女死亡《ちやうぢよしはう》す。風疾《ふうしつ》。中風《ちうふう》。腦溢血《なうえつけつ》。足《あし》の難病《なんびやう》。淫亂《いんらん》。狂亂《きやうらん》。散遊《さんいう》の人《ひと》を出《いだ》す。官災《くわんざい》。陰人家事《いんじんかじ》を主《つかさど》る䷼風澤中孚《ふうたくちうふ》の卦互卦《くわごくわ》は䷚山雷頤《さんらいゐ》の卦《くわ》。上《かみ》は☶艮《ごん》にして止《とゞ》まり下《した》は☳震《しん》にして動《うご》く。上腮《うはあご》は頭面《づめん》に著《つい》て止《とゞ》まり下腮《したあご》は動《うご》きて物《もの》を齧《かみ》て養《やしな》ふの象故《かたちゆゑ》に家内目下《かないめした》の難《なん》を招《まね》くなり星《ほし》は文曲《ぶんきよく》の水《みづ》なれば水《みづ》の三合《さんがふ》。申《さる》。子《ね》。辰《たつ》の年月日時《ねんぐわつひとき》に本文《ほんもん》の如《ごと》き災害來《さいがいきた》ると知《し》るべし。

○☳震《しん》門《もん》は庚《かのえ》○亥《ゐ》○未《ひつじ》の方《かた》にあるも震《しん》門《もん》に同《おな》じ☳震《しん》は☴巽《そん》宅《たく》の延年《いんねん》武曲《ぶきよく》金星《きんせい》の門《もん》戸《こ》なり○夫婦《ふうふ》和合《わがふ》なす○長壽《ちやうぢゆ》を主《つかさど》る○財寶《ざいほう》集《あつま》り豐《ゆたか》にして四子《し》あり○田畜盛《でんちくさかん》なり○なれども家族《かぞく》に疾病《しつぺい》多《おほ》しと云《い》ふ。

○所以《ゆゑん》☳震《しん》の裏《うら》は☴巽《そん》。震《しん》を長男《ちやうなん》。巽《そん》を長女《ちやうぢよ》とす故《ゆゑ》に夫婦《ふうふ》正配《せいはい》なれば和合《わがふ》す☴☳風雷益《ふうらいいき》の卦《くわ》。☳震《しん》を壽《じゆ》とす。財《ざい》とす。益《いき》は益《ます》の象《しやう》故《ゆゑ》に長壽《ちやうじゆ》を主《つかさど》る。財寶《ざいほう》集《あつま》り豐《ゆたか》にして。田畜《でんちく》旺《わ》す。四子《し》は☳震《しん》の數《すう》なり則《すなは》ち延年《いんねん》の門戸《もんこ》なれば本文《ほんもん》の如《ごと》き幸《かう》福《ふく》來《きた》るなり然《しか》るに互卦《ごくわ》は☶☷山地剝《さんちはく》の卦《くわ》にして又《また》武曲《ぶきよく》の金《かね》より☳震門《しんもん》の木《き》と☴巽宅《そんたく》の木《き》を剋《こく》すが故《ゆゑ》に家族《かぞく》に疾病《しつぺい》多《おほ》し星《ほし》は武曲《ぶきよく》の金《かね》なれば金《かね》の三合《さんがふ》巳《み》。酉《とり》。丑《うし》の年月日時《ねんぐわつひどき》に疾病《しつぺい》を招《まね》くと知《し》るべし。

○☷坤《こん》門《もん》は乙《きのと》の方《かた》にあるも坤門《こんもん》に同《おな》じ☷坤《こん》は☴巽宅《そんたく》の五鬼《ごき》廉貞《れんてい》火星《くわせい》の門戸《もんこ》とす故《ゆゑ》に五鬼《ごき》の祟《たゝり》烈《はげし》く母《はゝ》○妻室《さいしつ》に災《わざはひ》多《おほ》く○難産《なんざん》○肺病《はいびやう》○寡婦《やもめ》○男子《ごんし》を剋《こく》す○老人《ろうじん》或《あるひ》は女子《ぢよし》家事《かじ》を主《つかさど》る○胃癌《いがん》○火難《くわなん》○盗難《たうなん》を招《まね》く。

○所以《ゆゑん》☷坤《こん》は☴巽宅《そんたく》の五鬼《ごき》にして災害《さいがい》多《おほ》く又《また》巽宅《そんたく》の木《き》より☷坤門《こんもん》の土母《つちはゝ》の位《くらゐ》を

剋《こく》す故《ゆゑ》に母《はゝ》。妻女《さいぢよ》。災害《さいがい》多《おほ》く。坤《こん》を腹《はら》とす。難産《なんざん》。肺病《はいびやう》を發《はつ》す☴☷風《ふう》地《ち》観《くわん》の卦《くわ》因《よつ》て陰人《いんじん》主《しゆ》となり家政《かせい》を主《つかさど》るの象《かたち》陰盛《いんさかん》に陽衰《やうおとろ》へ萬物《ばんもつ》發生《はつせい》の氣《き》を失《うしな》ふが故《ゆゑ》に男子《だん》、を剋《こく》す互卦《ごくわ》☶☷山《さん》地《ち》剝《はく》の卦《くわ》。胃癌《いがん》は則《すなは》ち☶艮《ごん》に屬《ぞく》す。火難《くわなん》は五鬼《ごき》廉貞《れんてい》の火《ひ》より發《はつ》す又《また》☴巽《そん》宅《たく》の木《き》より☷坤《こく》門《もん》の土《つち》を剋《こく》して其《その》家《いへ》の守《まも》りを破《やぶ》る故《ゆゑ》に盜難《たうなん》を招《まね》く星《ほし》は廉貞《れんてい》の火《ひ》なれば火《ひ》の三合《さんがふ》。寅《とら》。午《うま》。戌《いね》の年月日時《ねんぐわつひとき》に本文如《ほんもんごと》のき眚害《さいがい》來《きた》る事《こと》を知《し》るべし。

○☵坎門《かんもん》は癸《みづのと》○申《さる》○辰《たつ》の方《かた》にあるも坎門《かんもん》に同《おな》じ☵坎《かん》を☴巽宅《そんたく》の生氣《せいき》とす星《ほし》は貪狼《とうらう》の木《き》にして門《もん》と宅《たく》と星《ほし》と皆相生《みなさうしやう》なす最大吉《さいだいきち》の門戸《もんこ》なり○第一《だいいち》田蠶《でんさん》を進《すゝ》め○六畜旺《りくちくさかん》にして○婦女子《ふぢよし》貴《たつと》く○貴子《きし》を生《しやう》ず○官爵昇進《くわんしやくしようしん》なす○子《し》孫《そん》賢良《けんりやう》にして幸福《かうふく》を招《まね》く大《だい》吉相《きつさう》の門戸《もんこ》なりと知《し》られよ。

○所以《ゆゑん》☵坎門《かんもん》の水《みづ》☴巽宅《そんたく》の木《き》を生《しやう》ず故《ゆゑ》に田蠶《でんさん》六畜旺《りくちくさかん》にして。官爵昇進《くわんしやくしようしん》す。幸福《かうふく》を招《まね》く。婦女子《ふぢよし》の貴《たつとき》は☴巽《そん》の長女内卦《ちやうぢよないくわ》☵坎《かん》の水《みづ》より生《しやう》ず因《よつ》て貴子《きし》を生《しやう》ず。子孫《しそん》賢良《けんりやう》なるは☴☵風水渙《ふうすゐかん》の卦《くわ》互卦《ごくわ》は☶☳山雷頤《さんらいい》の卦《くわ》故《ゆゑ》に本卦《ほんくわ》☵坎《かん》の中男《ちうなん》。☳震《しん》の長男《ちやうなん》。☶艮《ごん》の小男《せうなん》皆生育《みなせいいく》の氣《き》を得《え》ればなり。星《ほし》は貪狼《とんらう》の木《き》なれば木《き》の三合《さんがふ》。亥《ゐ》卯《う》。未《ひつじ》の年月日時《ねんぐわつひとき》に榮昌《えいしやう》す。

○☴巽門《そんもん》は辛《かのえ》の方《かた》にあるも巽門《そんもん》に同《おな》じ。巽《そん》は☴巽宅《そんたく》の伏位輔弼《ふくゐほひつ》の門戸《もんこ》にして比和《ひわ》すと雖《いへど》も重巽發生《ぢうそんはつせい》の氣《き》なし故《ゆゑ》に男子少《だんしすくな》し○田蠶生産共《でんさんせいさんとも》に次第《しだい》に衰《おとろ》ふ○從者《じうしや》に緣薄《えんうす》く○疾病多《しつぺいおほ》く腦病《なうびやう》の者《もの》を出《いだ》す。

○所以《ゆゑん》☴巽門《そんもん》の木《き》☴巽宅《そんたく》の木《き》と比和《ひわ》すと雖《いへど》も發生《はつせい》の氣《き》に乏《とぼ》し故《ゆゑ》に男子少《だんしすくな》く一度《いちど》は巽《そん》の遠福《ゑんふく》を得《え》。田園財寶集《でんゑんざいほうあつま》るとも終《つひ》に衰《おとろ》ふ䷸巽爲風《そんゐふう》の卦互卦《くわごくわ》は䷥火澤睽《くわたくき》の卦《くわ》なり睽《き》は背《そむ》き違《ちがふ》て離《はなる》るの象《かたち》なれば從者《じうしや》に緣薄《えんうす》く。疾病多《しつぺいおほ》く。神經病《しんけいびやう》の者《もの》を出《いだ》す恐《おそ》るべし。巽《そん》は木故《きゆゑ》に木《き》の三合《さんがふ》。亥《ゐ》。卯《う》。未《ひつじ》の年月日時《ねんぐわつひとき》に本文《ほんもん》の如《ごと》き應《おう》ありと知《し》るべし。

○☶艮門《ごんもん》は丙《ひのえ》の方《かた》にあるも艮門《ごんもん》に同《おな》じ☶艮《ごん》は☴巽宅《そんたく》の絶命破軍金星《ぜつめいはいぐんきんせい》の門戸《もんこ》にして大凶相《だいきようさう》なり○小男死亡《せうなんしばう》す○長女風疾《ちやうぢよふうしつ》○腸窒扶斯《ちやうちぶす》○中風病《ちうふうびやう》○墮胎《だたい》○腫物《はれもの》○家督《かとく》を絶《たや》し○家財《かざい》を失《うしな》ひ困窮《こんきう》す○火難《くわなん》○盗難《たうなん》を招《まね》く。

○所以《ゆゑん》☴巽宅《そんたく》の木《き》より☶艮門《こんもん》の土《つち》を剋《こく》す。艮《こん》を小男《せうなん》とす故《ゆゑ》に小男《せうなん》死亡《しばう》す。又《また》巽《そん》宅《たく》の木《き》を破軍《はいぐん》金星《きんせい》より剋《こく》す。巽《そん》を長女《ちやうぢよ》とす故《ゆゑ》に長女《ちやうぢよ》風疾《ふうしつ》を主《つかさど》る☴☶風山漸《ふうさんぜん》の卦《くわ》互卦《こくわ》は☲☵火水未濟《くわすゐみさい》の卦《くわ》。因《よつ》て水火《すゐくわ》相爭《あひあらそ》ふ故《ゆゑ》に腸窒扶斯《ちやうちぶす》。中風病《ちうふうびやう》。墮胎《だたい》。腫物《はれもの》。家督《かとく》を絶《たや》し。田宅《でんたく》家財《かざい》を失《うしな》ふ・火難《くわなん》は上卦《じやうくわ》の☲離《り》より發《はつ》す。☵坎《かん》を盜《ぞく》とす盜難《たうなん》を招《まね》く又《また》命絶《ぜつめい》にして相剋《さうこく》する象《かたち》。則《すなは》ち絶命《ぜつめい》破軍《はいぐん》の崇《たゝ》り猛烈《もうれつ》にして種々《いろく》の難危《なんやく》を招《まね》く恐《おそ》るべき門戸《もんこ》なれば注意《ちうい》を要《えう》す。星《ほし》は金《かね》なれば金《かね》の三合《さんがふ》。巳《み》。酉《とり》。丑《うし》の年《ねん》月日《ぐわつひ》時《とき》に凶《きよう》を招《まね》くと知《し》るべし。

○☲離門《りもん》は壬《みづのえ》○寅《とら》○戌《いぬ》の方《かた》にあるも離門《りもん》に同《おな》じ☲離《り》は☴巽宅《そんたく》の天醫《てんい》にして巨門《こもん》土《ど》星《せい》の門戸《もんこ》にして巽宅《そんたく》の木《き》より離門《りもん》の火《ひ》を生《しやう》ず。離門《りもん》の火《ひ》より星《ほし》の土《つち》を生《しやう》ずる吉相《きつさう》の門《もん》なり故《ゆゑ》に錢財《せんざい》集《あつま》り○壽《じゆ》を保《たも》ち○三子《さんし》の内《うち》二人《にん》は女《ぢよ》とす○美婦《びふ》あり○然《しか》るに疵《きず》とする所《ところ》は多《おほ》くは寡婦《やもめ》となるか○色情《しきじやう》深《ふか》き婦女《ふぢよ》家事《かじ》を主《つかさど》る故《ゆゑ》に先《さき》に富《とみ》て後《のち》に衰《おとろ》ふ恐《おそ》れあり注意《ちうい》を要《えう》す。

○所以《ゆゑん》☴☲風《ふう》火《くわ》家《か》人《じん》の卦《くわ》にして互卦《こくわ》は☲☵火《くわ》水《すゐ》未《み》濟《さい》の卦《くわ》となる故《ゆゑ》に三子《さんし》は☵坎《かん》

の三卦《さんくわ》一陽《いちやう》二陰《いん》なり因《よつ》て二人《にん》は女子《ぢよし》とす。美婦《びふ》は☲離《り》の文明《ぶんめい》と云《い》ふ此美婦《このびよ》を愛《あい》して☵坎《かん》の水《みづ》。星《ほし》の土《つち》を剋《こく》すが故《ゆゑ》に多《おほ》くは寡婦《やもめ》となる。色情深《しきじやうふか》き女子《ぢよし》の家事《かじ》を主《つかさど》るは☴巽《そん》と☲離《り》の相生《さうしやう》より家事《かじ》を主《つかさど》るか又寡婦《またやもめ》となるか先《さき》に富《とみ》て後衰《のちおとろ》ふは互《ご》卦《くわ》水火《すゐくわ》の戦《たゝか》ひより起《おこ》る星《ほし》は巨門《こもん》の土《つち》なれば水土同行《すゐどどうかう》の義《ぎ》を取《とり》て水《みづ》の三合《さんがふ》。申《さる》。子《ね》。辰《たつ》の年月日時《ねんぐわつひとき》に其應《そのおう》ありと知《し》るべし。

○☰乾門《けんもん》は甲《きのえ》の方《かた》にあるも乾門《けんもん》に同《おな》じ☰乾《けん》は☴巽宅《そんたく》の禍害《くわがい》にして祿存土星《ろくぞんどせい》の門戸《もんこ》なり○故《ゆゑ》に老夫長女《らうふちやうぢよ》を剋《こく》す○墮胎《だたい》○産亡《さんばう》○男女風疾《だんぢよふうしつ》○妖婦《えうふ》を出《いだ》す○火難《くわなん》○長男《ちやうなん》○長女《ちやうぢよ》に災《わざはい》あり○資財《しざい》ありと雖《いへど》も家内《かない》に難病《なんびやう》を免《まぬか》れず○則《すなは》ち乾門《けんもん》の金《かね》と禍害《くわがい》の祟《たゝ》り猛烈《もうれつ》にして種々《いろ〳〵》の難危《なんやく》を發《はつ》するなり。

○所以《ゆゑん》☰乾門《けんもん》の金《かね》☴巽宅《そんたく》の木《き》を剋《こく》す。乾《けん》を老夫《らうふ》とす。巽《そん》を長女《ちやうぢよ》とす故《ゆゑ》に老夫長《らうふちやう》女《ぢよ》に眚害《さいがい》あり。墮胎《だたい》。難産死亡《なんざんしばう》す。男女風疾《だんぢよふうしつ》。妖婦《えうふ》を主《つかさど》る本卦《ほんくわ》☴☰風天小畜《ふうてんせうちく》にして互卦《ごくわ》は☲☱火澤睽《くわたくき》の卦《くわ》火難《くわなん》は☲離《り》の火《ひ》より發《はつ》し☱兌《だ》の金《かね》を焼《や》く故《ゆゑ》に長男《ちやうなん》。長女《ちやうぢよ》。家内《かない》に難病《なんびやう》を招《まね》き。妖婦《えうふ》を出《いだ》し家名《かめい》を穢《けが》すは皆禍害《みなくわがい》の祟《たゝ》りなり星《ほし》は祿存《ろくぞん》の土《つち》なれば水土《すゐど》同行《どうかう》の義《ぎ》を以《もつ》て水《みづ》の三合《さんがふ》。申《さる》。子《ね》。辰《たつ》の年月日時《ねんぐわつひどき》に災害《さいがい》來《きた》ると知《し》るべし。

○坎宅《かんたく》の門戸《もんこ》吉凶《きつきよう》を論《ろん》ず

○☱兌門《だもん》は丁《ひのと》○巳《み》○丑《うし》の方《かた》にあるも兌門《だもん》に同《おな》じ☱兌《だ》は☵坎宅《かんたく》の禍害《くわがい》にして祿存土《ろくぞんど》星《せい》の門戸《もんこ》なり○小男《せうなん》○中男《ちうなん》死亡《しばう》す○火難《くわなん》○官災《くわんざい》○盜難《たうなん》○産難《さんなん》○神經痛《しんけいつう》○聾《つんぼ》○啞《おし》○從者《じうしや》に緣薄《えんうす》く○若《も》し子孫《しそん》富貴《ふうき》と雖《いへど》も難病《なんびやう》を免《まぬか》れず○皆《みな》禍害《くわがい》の祟《たゝ》り烈《はげ》しく種々《いろ〳〵》の難《なん》厄《やく》來《きた》ると知《し》るべし。

○所以《ゆゑん》☱兌《だ》は☵坎宅《かんたく》の禍害《くわがい》にして星《ほし》は祿存《ろくぞん》の土《つち》なり則《すなは》ち土《つち》より☵坎宅《かんたく》の水《みづ》を剋《こく》す坎《かん》を中男《ちうなん》とす故《ゆゑ》に中男《ちうなん》死亡《しばう》す或《あるひ》は聾《つんぼ》となる坎《かん》を耳《みゝ》とす☵☱水澤節《すゐたくせつ》の卦外卦《くわぐわいくわ》☵坎《かん》の裏《うら》は☲離《り》。離《り》の火《ひ》より火災《くわさい》を發《はつ》す。坎宅《かんたく》の水《みづ》。離《り》の火《ひ》を剋《こく》す離《り》を官廳《くわんちやう》とす故《ゆゑ》に官災《くわんざい》あり。坎《かん》を盜《ぞく》とす盜難《たうなん》を招《まね》く。啞《おし》は☱兌門《だもん》の金《かね》を坎宅《かんたく》の裏《うら》☲離《り》の火《ひ》より剋《こく》すが故《ゆゑ》なり。若《も》し子孫《しそん》富貴《ふうき》は兌門《だもん》の金《かね》より坎宅《かんたく》の水《みづ》を生《しやう》ずる爲《ため》なり然《しか》るに星《ほし》の土《つち》より☵坎宅《かんたく》の水《みづ》を剋《こく》す因《よつ》て難病《なんびやう》を免《まぬか》れず又《また》從者《じうしや》を絶《たや》す水澤節《すゐたくせつ》は互卦《ごくわ》☶☳

山雷頤《さんらいい》の卦《くわ》。故《ゆゑ》に難産《なんさん》は☶艮《ごん》より起《おこ》る。血液不順《けつえきふじゆん》。神經痛《しんけいつう》は☳震《しん》の裏《うら》☴巽《そん》の木《き》を☱兌門《だもん》の金《かね》より剋《こく》すが故《ゆゑ》なり禍害祿存《くわがいろくぞん》の土《つち》は三合《さんがふ》に旺《わう》なき故《ゆゑ》水土同行《すゐどどうかう》の義《ぎ》を取《とり》て水《みづ》の三合《さんがふ》。申《さる》。子《ね》。辰《たつ》の年月日時《ねんぐわつひとき》に凶事《きようじ》を招《まね》くと知《し》るべし皆《みな》禍害《くわがい》の祟《たゝ》りなり。

○☳震門《しんもん》は庚《かのえ》○亥《ゐ》○未《ひつじ》の方《かた》にあるも震門《しんもん》に同《おな》じ☳震《しん》は☵坎宅《かんたく》の天醫《てんい》にして巨門土《こもんど》星《せい》の門戸《もんこ》なり○故《ゆゑ》に貴子《きし》を生《しやう》ず○子孫富貴《しそんふうき》なれども妻女《さいぢよ》に病《やまひ》あるか或《あるひ》は死亡《しばう》す○中男《ちうなん》○小男《せうなん》に眚害《さいがい》あり。

○所以《ゆゑん》☵坎宅《かんたく》の水《みづ》より☳震門《しんもん》の木《き》を生《しやう》ず故《ゆゑ》に貴子《きし》を産《う》む。子孫富貴《しそんふうき》。疵《きづ》とする所《ところ》は妻女《さいぢよ》に病《やまひ》あるか死亡《しばう》するか。星《ほし》の土《つち》を☳震門《しんもん》の木《き》より剋《こく》すが故《ゆゑ》なり☵坎《かん》を中男《ちうなん》とす。星《ほし》の土《つち》より坎宅《かんたく》を剋《こく》す故《ゆゑ》に中男《ちうなん》に災《わざはい》あり䷂水雷屯《すゐらいちゆん》の卦《くわ》互卦《ごくわ》は䷖山地剝《さんちはく》の卦《くわ》にして☶艮《ごん》を小男《せうなん》とす故《ゆゑ》に小男《せうなん》に災《わざはい》あり又《また》☷坤《こん》を母《はゝ》とす☳震門《しんもん》の木《き》に剋《こく》され母《はゝ》に眚害《さいがい》あり或《あるひ》は死亡《しばう》す星《ほし》は巨門《こもん》の土《つち》なれば水土同行《すゐどどうかう》の義《ぎ》を取《とり》て水《みづ》の三合《さんがふ》申《さる》。子《ね》。辰《たつ》の年月日時《ねんぐわつひどき》に其應《そのおう》ありと知《し》るべし。

○☷坤門《こんもん》は乙《きのえ》の方《かた》にあるも坤門《こんもん》に同《おな》じ☷坤《こん》は☵坎宅《かんたく》の絶命《ぜつめい》にして破軍金星《はいぐんきんせい》の門戸《もんこ》なり○故《ゆゑ》に母《はゝ》より子《こ》を剋《こく》す○中男《ちうなん》○小男《せうなん》多《おほ》くは死亡《しばう》す○官災《くわんさい》○争論《さうろん》○堕胎《だたい》○河《かは》に投《とう》じ井《ゐ》○堀《ほり》○池等《いけとう》に落《おつ》る○脾胃《ひゐ》の病《やまひ》○血液不順《けつえきふじゆん》○神經痛《しんけいつう》○家財《かざい》を破《やぶ》る○婦人家事《かじんかじ》を主《つかさど》る男子權《だんしけん》を失《うしな》ふ。

○所以《ゆゑん》☷坤門《こんもん》の土《つち》☵坎宅《かんたく》の水《みづ》を剋《こく》す。坤《こん》を母《はゝ》とす故《ゆゑ》に母《はゝ》より子《こ》を剋《こく》す☵坎《かん》を中《ちう》男《なん》とす故《ゆゑ》に中男病《ちうなんやまひ》あるか死亡《しばう》す☵☷水地比《すゐちひ》の卦互卦《くわこくわ》☶☷山地剝《さんちはく》の卦《くわ》なり剝《はく》は削《けづる》なり落《おつる》なり盡《つくる》なり則《すなは》ち小人《せうじん》の道長《みちちやう》じて。君子《くんし》の道消滅《みちせうめつ》するの卦《くわ》なれば。官災《くわんさい》。争論《さうろん》。堕胎《だたい》。河《かは》。井《ゐ》。池《いけ》。堀等《ほりとう》に投《とう》ず。脾胃《ひゐ》。血液不順《けつえきふじゆん》の難病《なんびやう》。資財《しざい》を失《うしな》ふ。婦人家事《ふじんかじ》を主《つかさど》り男子權《だんしけん》を失《うしな》ふ皆剝《みなはく》の象《しやう》。星《ほし》は破軍《はいぐん》の金《かね》なれば金《かね》の三合《さんがふ》。巳《み》。酉《とり》丑《うし》の年月日時《ねんぐわつひとき》に本文《ほんぶん》の如《ごと》き眚害《さいがい》を招《まね》くと知《し》るべし則《すなは》ち絶命《ぜつめい》の祟《たゝ》りなり恐《おそ》るべき門戸《もんこ》とす。

○☵坎剋《かんもん》は癸《みづのえ》○申《さる》○辰《たつ》の方《かた》にあるも坎門《かんもん》に同《おな》じ☵坎《かん》は坎宅《かんたく》の伏位輔弼《ふくゐほひつ》の門戸《もんこ》なり子孫《じそん》に災害《さいがい》多《おほ》く或《あるひ》は死亡《しばう》す○破財《はざい》を主《つかさど》る○養子《やうし》を招《まね》く○主人《しゆじん》多《おほ》く放蕩無頼《はうたうぶらい》にして

家《いへ》に居《をら》ず○女子《ぢよし》家事《かじ》を主《つかさど》る。
○所以《ゆゑん》☵坎門《かんもん》は☵坎宅《かんたく》と比和《ひわ》して生氣《せいき》なし故《ゆゑ》に子孫《しそん》に乏《とぼ》し生育《せいいく》すれば不具者《ふぐしや》或《あるひ》は死亡《しはう》す。田園《でんゑん》家財《かざい》を破散《はさん》し。養子《やうし》。主人《しゆじん》多《おほ》く放蕩《はうたう》にして家《いへ》に居《をら》ず。女子《ぢよし》家事《かじ》を主《つかさど》る種《いろ》々くの眚危《さいやく》多《おほ》し。水《みづ》は木《き》を生育《せいいく》する者《もの》なれば木《き》の三合《さんがふ》。亥《ゐ》。卯《う》。未《ひつじ》の年《ねん》月《ぐわつ》日《ひ》時《どき》に災害《さいがい》一齊《さい》來《きた》ると知《し》るべし。
○☴巽門《そんもん》は辛《かのと》にあるも巽門《そんもん》に同《おな》じ☴巽《そん》は☵坎宅《かんたく》の生氣《せいき》にして貪狼《とんらう》木星《もくせい》の門戸《もんこ》なり故《ゆゑ》に田宅《でんたく》蠶畜《さんちく》旺《さかん》にして財寶《ざいほう》集《あつま》る○婦女《ふぢよ》貴《たつと》く○官祿《くわんろく》に進《すゝ》み子孫《しそん》賢《けん》多《おほ》く○五男《ごなん》二女《にぢよ》を生《しやう》じ○家業《かげふ》日々《ひゞ》に榮《さか》ひ○從者《じつしや》多《おほ》く忠實《ちうじつ》なり。
○所以《ゆゑん》☵坎宅《かんたく》の水《みづ》より☴巽門《そんもん》の木《き》と星《ほし》の木《き》を生《しやう》ずる大吉《だいきち》の門戸《もんこ》にして☵☴水風《すゐふう》井《ゐ》の卦《くわ》なれば則《すなは》ち☴巽《そん》の陰《いん》昇《のぼ》り進《すゝ》むは婦女《ふぢよ》貴《たつと》きの象《かたち》。☵坎《かん》を財《ざい》とし☴巽《そん》を遠福《ゑんふく》とす又《また》水《みづ》は木《き》を生育《せいいく》して人財《じんざい》を集《あつ》め官祿《くわんろく》に進《すゝ》む。坎《かん》を先祖《せんぞ》とす。先祖《せんぞ》を以《もつ》て子《し》孫《そん》を養《やしな》ふ故《ゆゑ》に子孫《しそん》賢良《けんりやう》の者《もの》多《おほ》く。五男《ごなん》は☵坎《かん》の數《すう》水風《すゐふう》井《ゐ》の五爻《ごかう》なり二女《にぢよ》は內卦《ないくわ》の☴巽《そん》と中互《ちうご》の☱兌《だ》を云《い》ふなり。家業《かげふ》繁榮《はんえい》。從者《じうしや》多《おほ》く忠實《ちうじつ》なるは坎宅《かんたく》の水《みづ》と巽《そん》門《もん》の木《き》と星《ほし》の木《き》皆《みな》相生《さうしやう》なすが故《ゆゑ》なり又《また》星《ほし》は貪狼《とうらう》の木《き》なれば木《き》の三合《さんがふ》。亥《ゐ》。卯《う》。未《ひつじ》の年月日時《ねんぐわつひとき》に本文《ほんもん》の如《ごと》き幸福《かうふく》を招《まね》くと知《し》るべし。

○☶艮門《こんもん》は丙《ひのえ》にあるも艮門《こんもん》に同《おな》じ☶艮《こん》は☵坎宅《かんたく》の五鬼《ごき》にして廉貞火星《れんていくわせい》の門戸《もんこ》なり最《もつと》も大凶相《だいきようさう》と知《し》るべし故《ゆゑ》に腸窒扶斯《ちやうちよす》○火難《くわなん》○盜難《たうなん》○官災《くわんざい》○縊死《いし》○中男死亡《ちうなんしばう》○長男《ちやうなん》不孝放蕩無頼《ふかうはうたうぶらい》○資財《しざい》を破《やぶ》り○河《かは》○井《ゐ》○池《いけ》○堀《ほり》等《とう》に投《とう》じ落《おつ》る難《なん》○胃癌《ゐがん》○心臓痲痺《しんざうまひ》○寡婦《やもめ》の者《もの》を出《いだ》す。

○所以《ゆゑん》☶艮門《こんもん》の土《つち》☵坎宅《かんたく》の水《みづ》を剋《こく》し。坎宅《かんたく》の水《みづ》は星《ほし》の火《ひ》を剋《こく》す故《ゆゑ》に腸窒扶斯《ちやうちよす》。火難《くわなん》。盜難《たうなん》。官災《くわんざい》。縊死《いし》。中男死亡《ちうなんしばう》す則《すなは》ち☵☶水山蹇《すゐさんけん》の卦《くわ》なり☵坎水《かんすゐ》☶艮山《こんさん》の上《うへ》にあり水《みづ》。山上《さんじやう》にあれば必《かなら》ず流《なが》れ下《くだ》る。其下《そのくだ》るや。石《いし》に支《さゝへ》られ木《き》に裂《さかれ》て七断《だん》八截《さい》する意《い》。則《すなは》ち難《なやみ》なり故《ゆゑ》に蹇《けん》と名《なづ》く先天《せんてん》の☳震位《しんゐ》は後天《こうてん》☶艮位《こんゐ》の土《つち》を☵坎宅《かんたく》の水《みづ》より剋《こく》す故《ゆゑ》に長男不孝《ちやうなんふかう》となる。破財《はざい》。河《かは》。池《いけ》。堀《ほり》。井《ゐ》に投《とう》じ落《おつ》る難《なん》。胃癌《ゐがん》心臓痲痺《しんざうまひ》等《とう》の難病《なんびやう》を招《まね》く。寡婦《やもめ》は互卦《ごくわ》☲☱火澤睽《くわたくき》より起《おこ》る。睽《き》は背《そむ》き違《ちがひ》の象《しやう》なり星《ほし》は廉貞《れんてい》の火《ひ》なれば火《ひ》の三合《さんがふ》。寅《とら》。午《うま》。戌《いぬ》の年月日時《ねんぐわつひとき》に災害《さいがい》ありと知《し》るべし

參考《さんかう》三才《さんさい》發祕《はつひ》に水《みづ》の三合《さんがふ》。申《さる》。子《ね》。辰《たつ》の年月日時《ねんぐわつひとき》にありとあるは誤《あやまり》なり試見《ためしみ》よ

○☲離門《りもん》は壬《みづのえ》○寅《とら》○戌《いぬ》の方《かた》にあるも離門《りもん》に同《おな》じ☲離《り》は☵坎宅《かんたく》の延年《えんねん》にして武曲金《よきよくきん》星《せい》の門戸《もんこ》なり○財寶旺《ざいほうわ》す○六畜《りくちく》を進《すゝ》め○貴子《きし》を生《しやう》ず○なれども中女死亡《ちうぢよしばう》す○奴僕《ぬぼく》に緣薄《えんうす》く○盲人《もうじん》を出《いだ》す○始《はじ》め富《とん》で後貧窮《のちひんこん》なす。

○所以《ゆゑん》☲離門《りもん》は火《ひ》。☵坎宅《かんたく》は水《みづ》にして星《ほし》の武曲金《よきよくきん》より坎宅《かんたく》の水《みづ》を生《しやう》ずるが故《ゆゑ》に財寶旺《ざいほうわ》す。田畜《でんちく》を進《すゝ》め。貴子《きし》を生《しやう》ずるなり。然《しか》るに中女死亡《ちうぢよしばう》なすは☲離《り》を中女《ちうぢよ》とす。離門《りもん》の火《ひ》。☵坎宅《かんたく》の水《みづ》に剋《こく》され死亡《しばう》す。坎《かん》を奴僕《ぬぼく》とす。離《り》を目《め》とす故《ゆゑ》に水《すゐ》。火《くわ》の爭《あらそ》ひ奴僕《ぬぼく》に緣薄《えんうす》く。盲人《まうじん》を出《いだ》す。始《はじ》め富《とん》で後《のち》に貧《ひん》となるは星《ほし》の金《かね》を門《もん》の火《ひ》より剋《こく》すが爲《ため》なり☵☲水火既濟《すゐくわきさい》の卦《くわ》互卦《ごくわ》は☲☵火水未濟《くわすゐみさい》の卦《くわ》なれは本文《ほんもん》の如《ごと》きを知《し》られよ。星《ほし》は武曲《よきよく》の金《かね》なれば金《かね》の三合《さんがふ》。巳《み》。酉《とう》。丑《うし》の年月日時《ねんぐわつひとき》に吉凶《きつきよう》あり。

○☰乾門《けんもん》は甲《きのえ》にあるも乾門《けんもん》に同《おな》じ☰乾《けん》は☵坎宅《かんたく》の六殺《りくさつ》にして文曲水星《よんきよくすゐせい》の門戸《もんこ》なればば○第一老翁《だいいちらうをう》正《たゞ》しからず○淫亂《いんらん》○少女《せうぢよ》の死亡《しばう》○爭論《さうろん》○水難《すゐなん》○河《かは》○井《ゐ》等《とう》に落《おち》いる難《なん》

世《よ》嗣《つぎ》多《おほ》く絶《たへ》○或《あるひ》は破《は》財《ざい》なす。

○所《ゆ》以《ゑん》☰乾《けん》門《もん》の金《かね》☵坎《かん》宅《たく》の水《みづ》と。星《ほし》の水《みづ》を生《しやう》ず。乾《けん》を父《ちゝ》とす。老《らう》翁《をう》とす故《ゆゑ》に多《おほ》くは老《らう》翁《をう》正《たゞ》しからず淫《いん》亂《らん》となる☵☰水《すゐ》天《てん》需《じゆ》の卦《くわ》互《こ》卦《くわ》は☲☱火《くわ》澤《たく》睽《き》の卦《くわ》なり☱兌《だ》を少《せう》女《ぢよ》とす☲離《り》の火《ひ》に剋《こく》されて死《し》亡《ばう》す。爭《さう》論《ろん》。水《すゐ》難《なん》。睽《き》は。背《そむ》き違《ちが》ふの象《かたち》。井《ゐ》池《いけ》。河《かは》等《とう》に落《おち》るは坎《かん》を穴《あな》とす。子《し》孫《そん》。嗣《よつぎ》を絶《たや》すも皆《みな》睽《き》より來《きた》る且《か》つ六《りく》殺《さつ》の祟《たゝり》猛《もう》烈《れつ》にして種《いろ》々《く》の眚《さい》害《がい》を起《おこ》すなり星《ほし》は文《ぶん》曲《きよく》の水《みづ》なれば水《みづ》の三《さん》合《がふ》。申《さる》。子《ね》。辰《たつ》の年《ねん》月《ぐわつ》日《ひ》時《とき》と知《し》るべし。

○離《り》宅《たく》の門《もん》戸《こ》吉《きつ》凶《きよう》を論《ろん》ず

○☱兌《だ》門《もん》は丁《ひのと》○巳《み》○丑《うし》の方《かた》にあるも兌《だ》門《もん》に同《おな》じ☱兌《だ》は☲離《り》宅《たく》の五《ご》鬼《き》とす星《ほし》は廉《れん》貞《てい》の火《ひ》にして離《り》宅《たく》の火《ひ》と共《とも》に門《もん》の金《かね》を剋《こく》す最《もつと》も大《だい》凶《きよう》の門《もん》戸《こ》なり）故《ゆゑ》に少《せう》女《ぢよ》に災《さい》害《がい》多《おほ》く○火《くわ》難《なん》○盜《たう》難《なん》○劒《けん》難《なん》○難《なん》産《ざん》○老《らう》母《ぼ》老《らう》夫《ふ》に離《はな》れ○貲《し》財《ざい》を破《やぶ》る○田《でん》園《ゑん》六《りく》畜《ちく》を悉《ことごと》く破《やぶ》れ貧《ひん》困《こん》に迫《せま》るなり。

○所《ゆ》以《ゑん》☲離《り》宅《たく》の火《ひ》☱兌《だ》門《もん》の金《かね》を剋《こく》す故《ゆゑ》に兌《だ》の少《せう》女《ぢよ》に眚《さい》害《がい》多《おほ》く又《また》星《ほし》の火《ひ》☲離《り》宅《たく》に

入《いり》て火難《くわなん》を發《はつ》す。☲離《り》の裏《うら》は☵坎《かん》。坎《かん》を盜《ぞく》とす。血《ち》とす故《ゆゑ》に盜難《たうなん》。劍難《けんなん》。難産《なんざん》を招《まね》く。先天《せんてん》の☰乾《けん》位《ゐ》は後天《こうてん》の☲離《り》の火《ひ》に剋《こく》され故《ゆゑ》に老夫《らうふ》先《さき》に死亡《しばう》し老婦《らうふ》の歎《なげ》きを見《み》る☲☱火澤睽《くわたくき》の卦《くわ》互卦《ごくわ》は☵☲水火既濟《すゐくわきせい》の卦《くわ》にして五鬼《ごき》の祟《たゝ》り烈《はげし》く災害《さいがい》に遇《あふ》なり星《ほし》は廉貞《れんてい》の火《ひ》なれば火《ひ》の三合《さんがふ》。寅《とら》。午《うま》。戌《いぬ》の年月日時《ねんぐわつひとき》に本文《ほんもん》の如《ごと》き災害《さいがい》來《きた》る事《こと》を知《し》るべし。參考《さんかう》三才《さんさい》發祕《はつぴ》に水《みづ》の三合《さんがふ》。申《さる》。子《ね》。辰《たつ》の年月日時《ねんぐわつひとき》に攻《せめ》よと有《ある》は誤《あやまり》なり研究《けんきう》を要《えう》す。

○☳震門《しんもん》は庚《かのえ》○亥《ゐ》○未《ひつじ》の方《かた》にあるも震門《しんもん》に同《おな》じ☳震《しん》は☲離宅《りたく》の生氣《せいき》にして貪狼木《とうらうもく》星《せい》なり離《り》宅《たく》に最大吉相《さいだいきつさう》の門戸《もんこ》なり○故《ゆゑ》に一家《か》一門貴《もんたつと》く○子孫《しそん》孝心《かうしん》の者《もの》多《おほ》く○女子《ぢよし》美麗《うつくしく》して貞操《ていさう》の者《もの》多《おほ》く○財寶《ざいほう》集《あつま》り豐《ゆたか》なり○田宅《でんたく》產業《さんげふ》盛《さかん》にして從者《じうしや》忠實《ちうじつ》に勤《つとむ》るなり六畜《りくちく》の緣《えん》もよろし。

○所以《ゆゑん》☳震門《しんもん》の木《き》と星《ほし》の木《き》と共《とも》に皆《みな》☲離宅《りたく》の火《ひ》を生《しやう》ず故《ゆゑ》に一家《か》一門貴《もんたつと》く。震《しん》の長男《ちやうなん》☲離宅《りたく》の兩親《りやうしん》に孝道《かうだう》を盡《つく》す。離《り》の中女《ちうぢよ》文明《ぶんめい》艷美《えんび》にして☳震門《しんもん》の木《き》より生育《せいいく》される故《ゆゑ》に貞潔《ていけつ》にして賢母《けんぼ》なり又門《またもん》の木《き》と星《ほし》の木《き》と二《ふたつ》ながら離宅《りたく》の火《ひ》を生《しやう》ずるが故《ゆゑ》に田宅《でんたく》産業《さんげふ》盛《さかん》となり。財寶《ざいはう》集《あつま》り豐《ゆたか》にして。蠶畜《さんちく》ともに旺《わう》す。從者《じうしや》忠實《ちうじつ》なり星《ほし》は貪狼《とんらう》の木《き》なれば木《き》の三合《さんがふ》。亥《ゐ》。卯《う》。未《ひつじ》の年月日時《ねんぐわつひとき》に幸福《かうふく》來《きた》ると知《し》るべし。

○☷坤門《こんもん》は乙《きのと》の方《かた》にあるも坤門《こんもん》に同《おな》じ☷坤《こん》は☲離宅《りたく》の六殺《りくさつ》にして文曲水星《ぶんきよくすゐせい》の門戸《もんこ》なり○故《ゆゑ》に資財《しざい》を破《やぶ》り○田園六畜《でんゑんりくちく》を損《そん》ず○難産《なんざん》○堕胎《だたい》○家族内亂《かぞくないらん》を生《しやう》じ○世間《せけん》の風聲實《ふうせいじつ》に羞《はづ》べし○女子多情《ぢよしたじやう》にして賤《いや》しく家名《かめい》を穢《けが》す○二姓同居《にせいどうきよ》す○其他種々《そのたいろ〳〵》の難《なん》危來《やくきた》ると知《し》るべし。

○所以《ゆゑん》☲離宅《りたく》に☷坤門《こんもん》は遊年《いうねん》の六殺《りくさつ》にして星《ほし》は文曲《ぶんきよく》の水《みづ》なり。星《ほし》の水《みづ》。離宅《りたく》の火《ひ》を剋《こく》し相戰《あひたゝか》ひ相侵《あひをか》す故《ゆゑ》に財《ざい》を破《やぶ》り。田園六畜《でんゑんりくちく》を損《そん》じ。難産《なんざん》。一家《か》の内亂《ないらん》を生《しやう》じ。風聲實《ふうせいじつ》に羞《はづ》べし。離宅《りたく》の火《ひ》より坤門《こんもん》の土《つち》を生《しやう》ず故《ゆゑ》に二姓同居《せいどうきよ》す。女多情《ぢよたじやう》にして賤《いやし》きは星《ほし》の水《みづ》。門《もん》の土《つち》を剋《こく》すが故《ゆゑ》なり。☲☷火地晋《くわちしん》の卦互卦《くわごくわ》は。☵☶水山《すゐさん》蹇《けん》の卦《くわ》にして蹇《けん》は險《けん》なり難《なやみ》にして且《か》つ六殺《りくさつ》の祟《たゝ》りと合《がつ》して種々《いろ〳〵》の災害《さいがい》を起《おこ》すなり星《ほし》は文曲《ぶんきよく》の水《みづ》なれば水《みづ》の三合《さんがふ》。申《さる》。子《ね》。辰《たつ》の年月日時《ねんぐわつひとき》に本文《ほんもん》の如《ごと》き眚害《さいがい》來《きた》ると知《し》るべし。

○☵坎門《かんもん》は癸《みづのと》○申《さる》○辰《たつ》の方《かた》にあるも坎門《かんもん》に同《おな》じ☵坎《かん》は☲離《り》宅《たく》の延年《いんねん》にして武曲金《ぶきよくきん》星《せい》の門戸《もん》なり○故《ゆゑ》に長壽《ちやうじゆ》を主《つかさど》り○財祿《さいろく》に進《すゝ》み○田園蠶畜《でんゑんさんちく》ともに旺《さかん》なり○なれども家族《かぞく》に眼病盲人《かんびやうまうじん》を出《いだ》す恐《おそれ》あり。

○所以《ゆゑん》☵坎《かん》は☲離宅延年《りたくいんねん》の門《もん》にして星《ほし》は武曲《ぶきよく》の金《かね》なれば門《もん》の水《みづ》を生《じやう》ず故《ゆゑ》に長壽《ちやうじゆ》を保《たも》ち。財祿《さいろく》に進《すゝ》み。田園蠶畜《でんゑんさんちく》ともに旺《わう》す。然《しか》るに☵坎門《かんもん》の水《みづ》☲離宅《りたく》に入《いり》て火《ひ》を剋《こく》し離《り》の明《あきらか》を傷《やぶ》る。離《り》を眼《め》とす故《ゆゑ》に眼病或《がんびやうあるひ》は盲人《まうじん》を出《いだ》す☵☲水火既濟《すゐくわきさい》の卦互《くわこ》卦《くわ》は☲☵火水未濟《くわすゐみさい》の卦《くわ》なり。星《ほし》は金《かね》なれば金《かね》の三合《さんがふ》。巳《み》。酉《とり》。丑《うし》の年月日時《ねんぐわつひとき》に吉凶《きつきよう》ありと知《し》るべし。

○☴巽門《そんもん》は辛《かのと》の方《かた》にあるも巽門《そんもん》に同《おな》じ☴巽《そん》は☲離宅《りたく》の天醫《てんい》にして巨門土星《こもんどせい》なれば☳震門《しんもん》に等《ひとし》き離宅《りたく》には吉相《きつさう》の門戸《もんこ》なり○三子《さんし》の内《うち》一人《にん》は必《かなら》ず俊傑《しゆんけつ》あり○三女《さんぢよ》の中《うち》一人《にん》は良《りやう》にして美人《びじん》なり○錢財大《せんざいおほい》に集《あつま》る○田宅蠶畜《でんたくさんちく》ともに旺《わう》す○奴僕忠實《ぬぼくちうじつ》なり○然《しか》るに子孫後《しそんのち》に破財《はざい》の恐《おそれ》あり。

○所以《ゆゑん》、☲離宅《りたく》に☴巽門《そんもん》は☲☴火風鼎《くわふうてい》の卦《くわ》なれば中互《ちうこ》に☱兌《だ》と☰乾《けん》の二卦《くわ》あり三人《にん》の男女《だんし》と女子《ぢよし》とは鼎《てい》の三足《そく》の象《かたち》。一人《にん》の俊傑《しゆんけつ》は中互《ちうこ》の☰乾《けん》なり。一女の良にして美人《びじん》なるは中互《ちうこ》の☱兌《だ》なりと知《し》るべし又《また》☲離宅《りたく》の火《ひ》を☴巽門《そんもん》の木《き》より生《しやう》ずるが故《ゆゑ》に錢財《せんざい》集《あつま》る。田宅蠶畜《でんたくさんちく》旺《わ》す。奴僕忠實《ぬぼくちうじつ》なり然《しか》るに星《ほし》の土《つち》を離宅《りたく》の火《ひ》より生《しやう》じて氣《き》を洩《もらす》が故《ゆゑ》に子孫破財《しそんはざい》の恐《おそれ》あり則《すなは》ち鼎《てい》の卦《くわ》互卦《ごくわ》は☱☰澤天夬《たくてんくわい》の卦《くわ》なればなり星《ほし》は巨門《こもん》の土《つち》なれば水土同行《すゐどどうかう》の義《ぎ》を取《とり》て水《みづ》の三合《さんがふ》。申《さる》。子《ね》。辰《たつ》の年月日時《ねんぐわつひとき》に本文《ほんもん》の如《こと》き應《おう》あり。

○☶艮門《こんもん》は丙《ひのえ》の方《かた》にあるも艮門《こんもん》に同《おな》じ☶艮《こん》は☲離宅《りたく》の禍害《くわがい》にして祿存《ろくぞん》土星《どせい》の門戸《もんこ》なり○妾《せう》あれば病《やまひ》あり○中女淫亂《ちうぢよいんらん》○小兒死亡《せうにしばう》す○盜難《たうなん》○六畜《ちくちく》を損《そん》ず○田宅《でんたく》を破《やぶ》る中風《ちうふう》○啞《おし》○聾《つんぼ》○盲人《まうじん》を出《いだ》す。

○所以《ゆゑん》☲離宅《りたく》の火《ひ》☶艮門《こんもん》の土《つち》を生《しやう》ずと雖《いへど》も遊年《いうねん》は禍害《くわがい》にして☲☶火山旅《くわさんりよ》の卦《くわ》にして☶艮山下《こんさんした》に在《あ》りて☲離《り》の火上《ひうへ》に在《あ》り。火《ひ》を以《もつ》て山《やま》を焚《や》く。火《ひ》は次第《しだい》に移《うつ》りて止《とゞま》る所《ところ》を知《し》らず互卦《ごくわ》は☱☴澤風大過《たくふうだいくわ》の卦《くわ》故《ゆゑ》に離宅《りたく》の火《ひ》☱兌《だ》の金《かね》を剋《こく》す兌《だ》を少《せう》女《ぢよ》とす因《よつ》て少女淫亂《せうぢよいんらん》。小兒死亡《せうにしばう》す又《また》兌《だ》の金《かね》☴巽《そん》の木《き》を剋《こく》す。巽《そん》を遠福《ゑんぷく》とす故《ゆゑ》に田宅《でんたく》を破《やぶ》り。六畜《りくちく》を損《そん》ず。巽《そん》を世上《せじやう》とす中風病《ちうふうびやう》。啞《おし》。聾《つんぼ》。盲人《まうじん》等《とう》を出《いだ》し風聲《ふうせい》悪《あし》きは皆大過《みなたいくわ》の象《しやう》。星《ほし》は祿存《ろくぞん》の土《つち》なれば水土同行《すゐどどうかう》の義《ぎ》を取《と》て水《みづ》の三合《がふ》。申《さる》。子《ね》。辰《たつ》の年月日時《ねんぐわつひとき》に災厄纏《さいやくまと》ふと知《し》られよ。參考三才發祕《さんかうさいはつぴ》には寅《とら》。午《うま》。戌《いぬ》の年月日《ねんぐわつひ》に纏《まと》ふと右《みぎ》の書禍害祿存《しよくわがいろくぞん》の坤土《こんど》は皆水《みなみづ》の三合《がふ》を以《もつ》て記《き》す。止獨此門《しどくこのもん》に至《いたつ》て火《ひ》の三合寅《がふとら》。午《うま》。戌《いぬ》を以《もつ》て註《ちう》するは。恐《おそら》くは誤《あやまり》なり。予多年研究《よたねんけんきう》する所水《ところみづ》の三合《がふ》に應《おう》あり例《ためし》見よ。

○☲離門《りもん》は壬《みづのえ》。寅《とら》。戌《いぬ》の方《かた》にあるも離門《りもん》に同《おな》じ☲離《り》は☲離宅《りたく》の伏位輔弼《ふくゐほひつ》の門戸《もんこ》なれば○第一兒女少《だいいちじぢよすくな》し○家門《かもん》一時盛《じさかん》なりと雖《いへど》も後大《のちおほい》に衰《おとろ》ふ○大火災《だいくわさい》の後《ご》の如《ごと》く次第《しだい》陰々《いんいん》として破財《はさん》なす恐《おそれ》あり。

○所以《ゆゑん》以伏輔弼《ふくゐほひつ》なれば☲離宅《りたく》の火《ひ》と☲離門《りもん》の火《ひ》と比和《ひわ》して火勢盛《くわせいさかん》なれば一時《いちじ》家門盛《もんさかん》なりと雖《いへど》も生養《せいやう》の氣《き》なく子孫《しそん》に乏《とほし》く陽衰《やうおとろ》ひ一氣《き》に偏《かは》り。陰氣集《いんきあつま》りて次第《しだい》に難厄《なんやく》を招《まね》き衰《おとろ》ふと知《し》るべし。

○☰乾門《けんもん》は甲《きのえ》の方《かた》にあるも乾門《けんもん》に同《おな》じ☰乾《けん》は☲離宅《りたく》の絶命《ぜつめい》にして破軍《はいぐん》金星大凶の

門戸《もんこ》なり○故《ゆゑ》に老夫《らうふ》難病《なんびやう》に罹《かゝ》る○中女《ちうぢよ》死亡《しはう》す○火難《くわなん》○盗難《たうなん》○子孫《しそん》を絶《たや》す○少女《せうぢよ》脊《せき》髓病《すゐびやう》○田園《でんゑん》蠶畜《さんちく》悉《こと〴〵》く破《やふ》れ○邪魅《じやみ》妖怪《えうくわい》の祟《たゝ》りありて○狂人《きやうじん》○神經病《しんけいびやう》○種々《いろ〳〵》の難厄《なんやく》來《きた》り家名《かめい》斷絶《だんぜつ》の恐《おそれ》あり注意《ちうい》を要《えう》す。

○所以《ゆゑん》☲離《り》宅《たく》の火《くわ》☰乾門《けんもん》の金《かね》を剋《こく》す故《ゆゑ》に老夫《らうふ》難病《なんびやう》に罹《かゝ》る。乾《けん》を父《ちゝ》。老夫《らうふ》とす中《ちう》女死亡《ぢよしはう》は離《り》を中女《ちうぢよ》とす☲☰火天大有《くわてんたいいう》の卦《くわ》互卦《ごくわ》は☱☰澤天夬《たくてんくわい》の卦《くわ》にして皆《みな》☲離《り》の火《ひ》に剋《こく》され火難《くわなん》。盗難《たうなん》。子孫《しそん》を絶《たや》し。少女《せうぢよ》脊髓病《せきすゐびやう》。田園《でんゑん》蠶畜《さんちく》を損《そん》ず。邪魅《じやみ》妖怪《えうくわい》の祟《たゝ》り。狂人《きやうじん》。神經病《しんけいびやう》等《とう》絶命《ぜつめい》の祟《たゝり》猛烈《まうれつ》なりと知《し》られよ星《ほし》は破軍《はいぐん》の金《かね》なれば金《かね》の三合《さんがふ》。巳《み》。酉《り》。丑《うし》の年月日時《ねんぐわつひとき》は本文《ほんもん》の如《こと》き災害《さいがい》に纏《まと》はれ終《をはり》に家名《かめい》斷絶《だんぜつ》の恐《おそ》ありと知《し》るべし。

○門戸《もんこ》竝《ならび》に入口《いりくち》の吉凶《きつきよう》斷定之《だんていの》祕訣《ひけつ》

○右門戸《もんこ》の斷定《だんてい》は單《ひとへ》に三才發祕《さんさいはつび》に基《もとづ》き應接所《おうせつじよ》及《およ》び。磁石《じしやく》の論《ろん》は。協紀辨方《けふきべんはう》と通德《つうとく》類情《るゐじやう》に基《もとづ》く。註《ちう》は門毎《もんこと》に之《これ》を具《ぐ》せず。往々《わう〳〵》註《ちう》する者《もの》は何《なん》の理《り》に因《よつ》て吉凶《きつきよう》來《きた》ると云《い》ふ事《こと》を知《し》らしめんが爲《ため》なり故《ゆゑ》に本宅《ほんたく》の中央《ちうあう》を定《さだ》め應接所《おうせつじよ》。商家《しやうか》は見世《みせ》。磁石等《じしやくとう》精《せい》密《みつ》ならざれば前記《ぜんき》の判斷的中《はんだんてきちう》せず讀者諸士《どくしやしよし》は眞理《しんり》の研究《けんきう》を要《えう》す。

○參考都市繁榮《さんかうとしはんえい》の地《ち》にある商家並《しやうかならび》に住宅《ぢうたく》の入口《いりくち》も前《まへ》に述《のぶ》る理論《りろん》を應用《おうよう》して誤《あやま》りなき樣研究《やうけんきう》あらん事《こと》を希望《きばう》す。

地相家相大全乾之巻 終

地相家相大全

坤

地相家相大全　坤

目次

以《い》上《じやう》

目次終

地相家相大全坤之卷

東京　小林白龍子著

○羅《ら》經《けい》之《の》說《せつ》

羅《ら》經《けい》は俗《ぞく》に云《い》ふ磁石《じしやく》の針《はり》なり通書《つうしよ》に盤針《はんしん》則羅經なり之《の》法《はふ》。漢《かん》の初《はじめ》には只《たゞ》十二支《し》を用《もち》ふ唐《たう》より以來《このかた》始《はじめ》て四維《しゐ》。艮《こん》。巽《そん》、坤《こん》。乾《けん》。八干《はつかん》。甲乙丙丁庚辛壬癸を添用《そへもち》ふ則《すなは》ち十二支《し》。四維《しゐ》。八干《はつかん》。都合《つがふ》二十四山方位《さんはうゐ》なり。

○按《あんず》るに羅《ら》經《けい》を下《くだ》す法古來《はふこらい》より諸家紛然《しよかふんぜん》として其論《そのろん》一ならず。宗鏡通書《そうきやうつうしよ》と雖未《いへどもいま》だ明說《めいせつ》あらず。協紀辨方書《けふきべんはうしよ》。通德類情而已《つうどくるゐじやうのみ》大《おほい》に其肝要《そのかんえう》を得《え》たりとは抑《そも〳〵》方道《はうだう》を擇《えら》び家宅相《かたくさう》を考《かんがふ》る事能其中《ことよくそのうち》を極《きはめ》て方隅《はうぐう》を定《さだ》むるに非《あら》ざれば何《なん》ぞ其適當《そのてきたう》を得《え》んや左《さ》の確論《かくろん》を充分熟讀《じうぶんじゆくどく》して二書《しよ》の至精《しせい》なるを知《し》るべし。

○門《もん》入《いり》口《くち》を定《さだ》むる祕《ひ》訣《けつ》

○協紀辨方書《けふきべんはうしよ》ニ曰《いは》ク。中宮《ちうきう》を定《さだむ》る法《はふ》。暦數《そつすう》を論《ろん》ずる事《こと》未《いま》だ精《せい》ならず。丈尺《ちやうしやく》を論《ろん》ずるも又甚《またはなはだ》確《あきらか》ならず蓋《けだし》方位《はうゐ》は目《め》の見《み》る所《ところ》を以《もつ》て定《さだめ》とす大門《だいもん》の如《ごとき》は廳事間《ちやうじま》。學語編《がくごへん》ニ曰《いは》ク廳《ちやう》事《じ》ハ公事《こうじ》場《ちやう》或《あるひ》ハ表《おもて》ノ間《ま》トモ訓《くん》ス則《すなは》ち今《いま》の應接《おうせつ》の間《ま》を以《もつ》て中央《ちうあう》と定《さだ》むべし。所以《ゆゑん》大門《だいもん》は他人《たにん》の出入《しゆつにふ》する門戸《もんこ》なり他人《たにん》の門《もん》に入來《いりきた》るは其《その》宅主《たくしゆ》に用《よう》を辨《べん》ずる爲《ため》に通路《つうろ》する所《ところ》なれば宅主《たくしゆ》其人《そのひと》に應對《おうたい》する坐《ざ》に磁石《じしやく》を置《おい》て其家《そのいへ》の吉方《きつはう》に門入口《もんいりくち》を開《ひらく》べきなり。因《よつ》て客《きやく》待《まち》玄關《げんくわん》にあれば玄關《げんくわん》を以《もつ》て中《ちう》とすべし何處《いづれのところ》にても其用《そのよう》に繁處《しげきところ》を以《もつ》て中央《ちうあう》とするなり。農家《のうか》は農事《のうじ》又《また》は要用《えうよう》を談《だん》ずる坐《ざ》を中《ちう》とし。商家《しやうか》は店《みせ》の帳場《ちやうは》に磁石《じしやく》を置《お》き其家《そのいへ》の生氣延年《せいきいんねん》等《よう》の吉所《きつしよ》に門入口《もんいりくち》を開《ひらく》へし其理論《そのりろん》は門戸《もんこ》吉凶總論《きつきようそうろん》に委《くはし》く示《しめ》す。通徳類《つうとくるゐ》情《じやう》ニ曰《いは》ク中宮《ちうきう》を定《さだ》むるの法要《はふえう》するに其形勢《そのけいせい》を相《みる》にあり其尊者《そのたつとぶもの》を取《とつ》て主《しゆ》とし四方《はう》に臨《のぞむ》なりとある則《すなは》ち大門《だいもん》の如《こと》きは應接《おうせつ》の間《ま》。玄關《げんくわん》。店《みせ》を以《もつ》て中央《ちうあう》を定《さだ》むべし。

○宅主《たくしゆ》の素行《そかう》誠心《せいしん》善惡《ぜんあく》を知《し》る祕訣《ひけつ》

○宅主《たくしゆ》の素行《おこなひ》。誠心《せいしん》。善惡《よしあし》は宅主《たくしゆ》の寢間《ねま》を以《もつ》て中《ちう》とすべし。寢間《ねま》は宅主《たくしゆ》の體《たい》を安《やす》んじて眠《ねむ》る處《とこ》なれば方位《はうゐ》の吉凶神殺《きつきようじんさつ》の祟《たゝり》を考《かんが》ふるには寢間《ねま》に磁石《じしやく》を置《お》き四《し》方《はう》修繕《しうぜん》普請《ふしん》。造作《ざうさく》の方《はう》を見《み》るべきなり所以《ゆゑん》、吉凶《きつきやう》共《とも》に宅主《たくしゆ》に歸《き》するが故《ゆゑ》なり總《すべ》て宅主《たくしゆ》の事《こと》は大略正寢《たいりやくせいしん》を以《もつ》て中《ちう》とす以上協紀《いじやうけふき》辨方書《べんはうしよ》と皆同論《みなどうろん》なり。

○倉庫傍屋厠湯殿馬牛小屋井泉池等《さうこはうをくかはやゆどのうまうしこやゐせんいけとう》の方位《はうゐ》を定《さだ》むる祕訣《ひけつ》

○倉庫《さうご》。納屋《なや》。厠《かはや》。湯殿《ゆどの》。馬屋《うまや》。牛小屋《うしこや》。井《ゐ》。泉《せん》。池等《いけとう》都《すべ》て大樓《たいろう》の前後左右《ぜんこさいう》にある者《もの》を相《さう》するには本宅《ほんたく》の中央《ちうあう》に磁石《じしやく》を下《くだ》して其在所《そのありしよ》よりて善惡《ぜんあく》を斷定《だんてい》すべし故《ゆゑ》に中央《ちうあう》定《さだ》まらざれば空論無東西《くうろんむとうざい》なり。

○家《いへ》の中央《ちうあう》を見出《みいだ》す祕訣《ひけつ》

○協紀辨方書《けふきべんけうしよ》。通德類情《つうとくるゐしやう》。二書《にしよ》の論明《ろんあきらか》なり中《なか》にも類情《るゐしやう》ニ曰ク。其形勢《そのけいせい》を相《みる》にあり其尊《そのたつとき》者《もの》を取《とり》て主《しゆ》とするの語《ご》能《よく》人《ひご》の惑《まどひ》を解《さくゆ》所以《ゆゑん》大門《だいもん》より出入《でいり》する者《もの》は其宅主《そのたくしゆ》に對談《たいだん》せんと欲《ほつ》して入來《いりきた》る。商家《しやうか》には其品《そのしな》を求《もとめ》んと欲《ほつし》て入來《いりきた》る者《もの》なれば其所《そのところ》を中《ちう》とし。倉庫《さうこ》。納屋《なや》。厠《かはや》。馬屋《うまや》。牛小屋《うしこや》。井泉池等《ゐせんいけとう》は其宅《そのたく》の備《そなへ》なれば大樓《ほんたく》を中央《ちうあう》とし。方道《はうだう》は寢《ね》間《ま》を以《もつ》て中央《ちうあう》とするは皆其形勢《みなそのけいせい》を相《み》て主意《しゆい》の尊《たつと》き處《ところ》を中央《ちうあう》と定《さだ》むる事能《ことよ》く其理《そのり》を貫《つらぬき》たる確論《かくろん》なれば釋尊《しやくそん》曰《ク》南《なん》北《ほく》何處《いづれのところ》にやあらん是《これ》なり。然《しか》るに本《ほん》朝《てう》の術《じゆ》士《し》中《ちう》央《あう》を定《さだ》むるの法區《はふく》々茫《ばう》々として私《し》意《い》に辟《へき》し多《おほ》くは方《はう》道《だう》を擇《えら》ぶにも門《もん》入《いり》口《くち》を相《みる》にも大《ほん》樓《たく》の中《ちう》央《あう》に磁《じ》石《しやく》を下《くだ》して考《かんが》ふ故《ゆゑ》に方《はう》道《だう》の吉《よし》凶《あし》門《もん》戸《こ》の善《ぜん》悪《あく》更《さら》に的《てき》中《ちう》する事《こと》能《あた》はず右《みぎ》二《に》書《しよ》の確論《かくろん》を推《おし》て判《はん》斷《だん》する時《とき》は其《その》吉《きつ》凶《きよう》を指《さし》示《しめ》す事《こと》年《ねん》月《げつ》日《ひ》時《とき》を定《さだ》めて應《おう》ある事《こと》疑《うたがひ》なし試《ためし》見《み》よ。俗《ぞく》者《しや》の中《ちう》央《あう》を定《さだ》むるに大《だい》極《きよく》柱《はしら》の本《もと》に磁《じ》石《しやく》を下《くだ》し或《あるひ》は棟《むなぎ》の下《した》。又《また》は本《ほん》宅《たく》の四《し》方《はう》凸《はり》凹《かけ》を平《へい》均《きん》して中《ちう》央《あう》を定《さだ》め磁《じ》石《しやく》を下《くだ》す。山《やま》高《たか》きが故《ゆゑ》に尊《たつとし》とす由《よつ》て二《に》階《かい》下《した》を中《ちう》央《あう》となす是《これ》何《なん》の理《り》論《ろん》によりたるや縱《たと》令《ひ》理《り》ありと雖《いへど》も判《はん》斷《だん》的《てき》中《ちう》せざる時《とき》は無《む》用《よう》の論《ろん》にして終《つひ》に人《じん》命《めい》を損《そん》し家《か》系《けい》を亡《ほろぼす》に至《いた》る實《じつ》に恐《おそる》べき罪《ざい》悪《あく》なれば地《ち》相《さう》家《か》相《さう》術《じゆつ》を學《まなぶ》もの其深《しん》理《り》を研《けん》究《きう》し選《せん》擇《たく》に過《くわ》失《しつ》なからん事《こと》を望《のぞ》む。

○磁《じ》石《しやく》の置《お》き所《どころ》を定《さだ》むる祕《ひ》訣《けつ》

○坎《かん》宅《たく》離《みなみ》向《むき》巽《そん》門《もん》最《さい》大《だい》吉《きつ》相《さう》之《の》祕《ひ》訣《けつ》

○門《もん》の吉《きつ》所《しよ》を定《さだむ》むる祕《ひ》訣《けつ》

○左《さ》に圖《づ》する所《ところ》の大樓《ほんたく》は坎宅《かんたく》。とは宅地《たくち》の北《きた》に寄家《よるいへ》を言《い》ふ。離向《みなみむき》にして二十四山《さん》方位《はうゐ》の吉所《きつしよ》に配《はい》する建家《たてや》なり則《すなはち》大樓《たいろう》の中央《ちうあう》に磁石《じしやく》を下《くだ》して定《さだ》むる者《もの》にして所謂《いはゆる》倉庫《さうこ》。納屋《なや》。厠《かはや》。湯殿《ゆどの》。井《ゐ》泉《せん》池《いけ》等《とう》皆《みな》大樓《てんたく》の備《そなへ》なればなり。門《もん》は其《その》家《いへ》の來路《らいろ》にして吉凶《よしあし》。禍福《くわふく》。興廢《こうはい》。存亡《ぞんばう》の出入《しゆつにふ》する根元《こんげん》なれば重用《ぢうよう》の所《ところ》。應接《おうせつ》の間《ま》を中央《ちうあう》として磁石《じしやく》を下《くだ》し坎宅《かんたく》の生氣《せいき》にして貪狼木星《とんらうもくせい》の所在《しよざい》なる巽《たつみ》の方《かた》に開門《ひらくもん》なせば田宅蠶畜旺《でんたくさんちくさかん》にして錢財《せんざい》集《あつま》り。婦《ふ》女《ぢよ》貴《たつと》く。官祿《くわんろく》に進《すゝ》み子《し》孫《そん》賢《けん》多《おほ》く。五男《なん》二女《ぢよ》を生《しやう》じ。家業《かげふ》日々《ひゞ》に榮《さか》ひ。從者《じうしや》忠實《ちうじつ》無病《むびやう》健全《けんぜん》なり。所以《ゆゑん》☵坎宅《かんたく》の水《みづ》より☴巽《そん》の木《き》と貪狼木星《とんらうもくせい》の木《き》を生《しやう》ず最大吉《さいだいきち》の門《もん》にして☵☴水風井之卦《すゐふうゐのけ》。☴巽《そん》の陰《いん》昇《のぼ》り進《すゝ》む婦《ふ》女貴《ぢよたつとき》の象《かたち》。☵坎《かん》を財《ざい》とし☴巽《たつみ》を遠福《ゑんぷく》とす。水《みづ》は木《き》を生《しやう》じて人財《たんざい》を集《あつ》め官祿《くわんろく》に進《すゝ》む。坎《きた》を先祖《せんぞ》とす故《ゆゑ》に坎宅《かんたく》先祖《せんぞ》水《みづ》を以《もつ》て子孫《したん》を養《やしな》ふ由《よつ》て賢良《けんりやう》の者《もの》多《おほ》く五男《なん》は☵☴水風井之五爻二女《すゐふうゐのごこうぢよ》は內卦《ないくわ》の☴巽《そん》と中互《ちうかの》☱兌《だ》を云《いふ》なり星《ほし》は貪狼《とうらう》の木《き》なれば木《き》の三合。亥《ゐ》。卯《う》。未《ひつじ》の年《ねん》月日時《けつにち》に本文《ほんぶん》の如《こと》き幸福《かうふく》來《きた》る大吉相《だいきつさう》と知《し》るべし。

坎宅離向巽門最大吉之圖

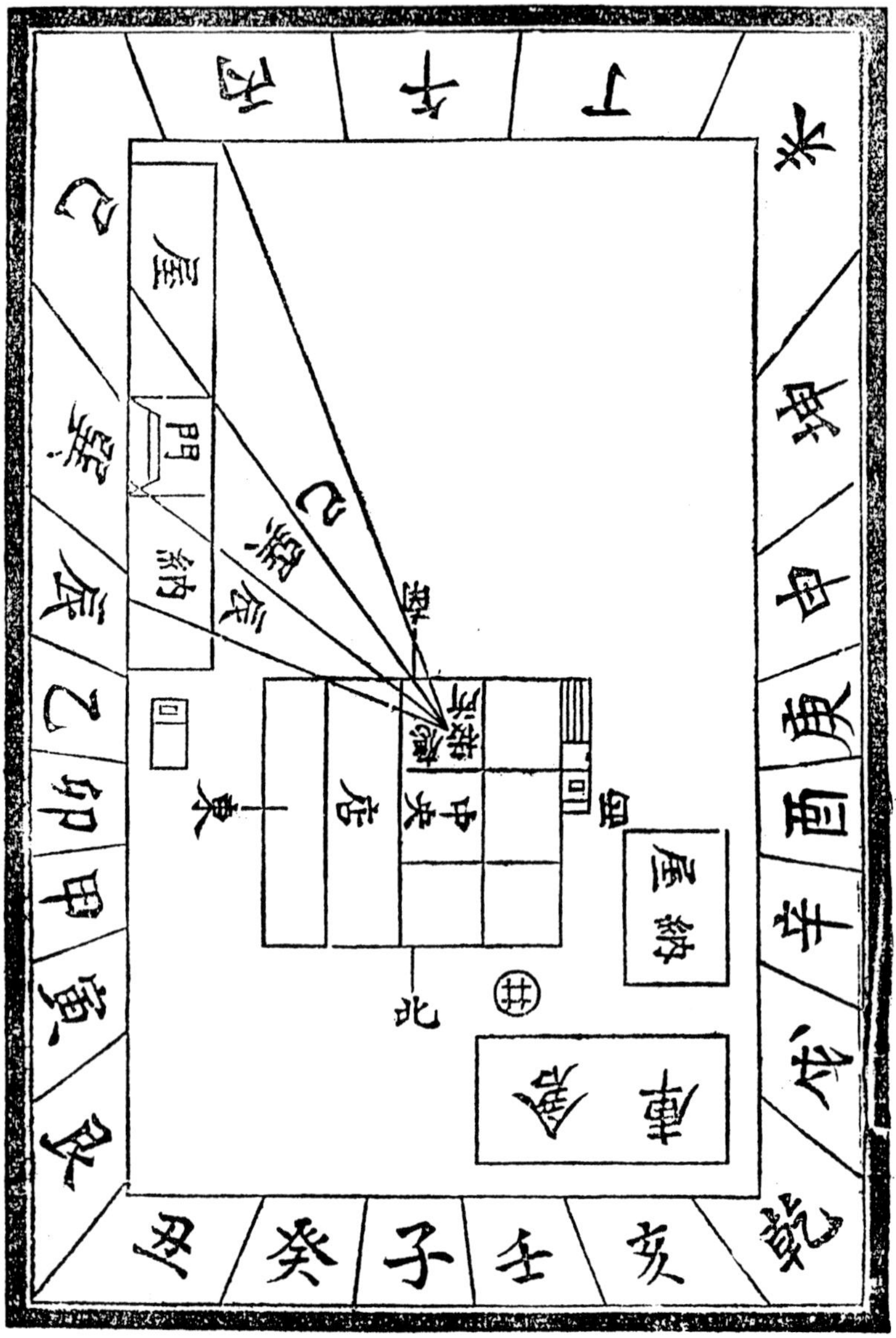

○永久子孫《えいきうしそん》に家福《かふく》を傳《つたへ》る祕訣《ひけつ》

○文明《ぶんめい》は千變萬化《せんぺんばんくわ》常《つね》にあり人機《ひくき》に相遇《さうぐう》して大《おほい》に發展《はつてん》なし數萬《すうまん》の富《とみ》を得《え》たる成金《なりきん》忽《たちま》ちに大破產成貧《だいはさんなりひん》となる者《もの》を見《み》よ金力《きんりよく》にて總《すべ》てを壓倒《あつたう》できる者《もの》と心得《こゝろえ》へ勝手《かつて》に建築《けんちく》移轉《いてん》、修繕《しうぜん》。造作等《ざうさくとう》。天地《てんち》の理數《りすう》五行《ぎやう》に反《そむ》き方位《はうゐ》を犯《をか》し。天賦《てんぎやう》にあらざる商工業《しやうこうげふ》に手《て》を下《くだ》し或《あるひ》は遊蕩《いうたう》に耽《ふけ》り妻子《さいし》。眷屬《けんぞく》。朋友《はういう》に迄《ま》で迷惑《めいわく》を掛《か》け人格劣等《にんかくれつとう》の動物的《どうぶつてき》に擯斥《ひんせき》され終身《しうしん》の運名《うんめい》を取損《とりそん》ずる人《ひと》は天《てん》より受持支配外《うけもつしはいぐわい》に進入《しんにふ》なす者《もの》なれば法律《はふりつ》を以《もつ》て論《ろん》ずれば他人《たにん》の權利《けんり》を侵害《しんがい》なす大罪人《だいざいにん》則《すなは》ち天罰《てんばつ》なり。其災《そのわざはひ》を除《のぞく》には天祿《てんろく》は人《ひと》にあり家祿《かろく》は家《いへ》に附《つ》く動物《どうぶつ》と雖《いへど》も犬《いぬ》は飼主《かひぬし》に附《つ》き主人《しゆじん》移轉《いてん》なすも他國《たこく》に行《ゆく》も必《かなら》ず其人《そのひと》に從《したが》ひ行《ゆく》なり。猫《ねこ》は飼主《かひぬし》に附《つか》ずして其家《そのいへ》に附《つく》を見《み》て悟《さと》られよ余他《よた》年實驗《ねんじつけん》するに數萬《すうまん》の富《とみ》を得《え》べき人相骨相善《にんさうこつさうよく》して災害多《さいがいおほ》く破財《はさい》し發展《はつてん》なす事能《ことあたは》ざる人《ひと》は必《かなら》ず家相地相凶《かさうちさうきよう》なり。貧困《ひんこん》の人相骨相《にんさうこつさう》にして害災《がいなん》なく無事《ぶじ》に生存《せいぞん》なす人《ひと》は必《かなら》ず家相地《かさうち》相善《さうぜん》なり試見《ためしみ》るに何人替《なんにんかは》りて住《すむ》も代々幸福《だいくかうふく》ある家《いへ》あり又何人替《またなんにんかは》り住《すむ》も災害多《さいがいおほ》く離《り》散《さん》する家《いへ》あり最《もつと》も幸福《かうふく》ある家《いへ》に賣家貸家《うりやかしや》なし。賣貸《うりかし》になる家《いへ》は必《かなら》ず何人《たんひと》にも失敗《しつはい》なす凶相《きようさう》なり由《よつ》て火水木金土《くわすゐもくきんど》の五行備《ぎやうそなへ》たる住宅《ぢうたく》を建《たて》て永久子孫《えいきうしそん》に家福《かふく》を傳《つたへ》よ夫《そ》れ五行《ぎやう》なるものは天地間至所《てんちかんいたるところ》として充滿《じうまん》せざるなく。凡《およ》そ生《せい》を天地間《てんちかん》に託《たく》するもの昆蟲草木《こんちうさうもく》の微物《びぶつ》に至《いた》るまで。皆天氣地德《みなてんきちとく》の中《うち》に養《やしなは》れざるはなし。蓋萬國《けだしばんこく》に出《で》る所《ところ》の庶物生々無盡《しよぶつせいせいむじん》なるは。是《これ》五行《ぎやう》の順《じゆん》なればなり五行《ぎやう》は則《すなは》ち天命《てんめい》なり五行《ぎやう》の理《り》に順《したが》へば吉《きち》にして必《かなら》ず幸福長壽《かうふくちやうじゆ》を招《まね》く。天命《てんめい》に逆《さから》へば凶《きよう》にして必《かなら》ず災害立所《さいがいたちどころ》に來《きた》り重《おも》きは人命《じんめい》を損《そん》ず委《くはし》き事《こと》は余《よ》が著作《ちよさく》の九星祕訣大集《きうせいひけつたいしふ》によりて五行順逆《ぎやうじゆんぎやく》の理論《りろん》を研究《けんきう》して安全《あんぜん》の道《みち》を開拓《かいたく》せよ。

○災害《さいがい》なき地所《ちしよ》を選定《せんてい》の祕訣《ひけつ》

○五行備《ぎやうそなは》る最大吉《さいだいきち》の家相《かさう》なりと雖《いへど》も。地所《ちしよ》に五行《ぎやう》の缺點《けつてん》あれば數年《すうねん》の後災害《のちさいがい》起《おこ》ると知《し》るべし。君子曰《ノク》　何百年《なんびやくねん》の歷史《れきし》に震災《しんさい》なく良土《よきつち》にして粘著性《ねんちやくせい》ある土地《とち》並《ならび》に火災《くわさい》に遇《あは》ざる地所《ちしよ》を選定《せんてい》して五行《ぎやう》の理論《りろん》に合《あ》ふ家相《かさう》を建設《けんせつ》すれば萬代不易《ばんだいふえき》にして子孫長久家福繁昌《しそんちやうきうかふくはんじやう》疑《うたがひ》なき住宅《ぢうたく》なり。一度《いちど》震災《しんさい》。火災《くわさい》。水害《すゐがい》ありし所《ところ》は六十年前後《ねんぜんご》に再度災害《さいとさいがい》ある土地《とち》なり注意《ちうい》を要《えう》す試見《ためしみ》よ。然《しか》るに水《みづ》は低《ひくき》に流《なが》れ溜《たま》る。人氣《にんき》集《あつま》り商《しやう》工《こう》業《げふ》福《ふく》有《いう》繁《はん》昌《じやう》なす所《ところ》は低《てい》地《ち》に多《おほ》く故《ゆゑ》に震《しん》火《くわ》水《すゐ》災《さい》は免《まぬが》る事《こと》能《あた》はずと知《し》られよ。

○參《さん》考《かう》信《しん》州《しう》長《なが》野《の》善《ぜん》光《くわう》寺《じ》。甲《かふ》州《しう》身《み》延《のぶ》山《さん》。紀《き》州《しう》高《かう》野《や》山《さん》等《とう》何《いづ》れも山《やま》を越《こえ》て低《ひく》き所《ところ》に大《だい》堂《だう》を建《けん》設《せつ》す永《なが》年《ねん》數《すう》萬《まん》の信《しん》者《と》の集《しふ》來《らい》あり最《もつと》も弘《こう》法《はふ》大《だい》師《し》は群《ぐん》馬《ま》縣《けん》赤《あか》城《ぎ》山《さん》を視《し》察《さつ》なし又《また》栃《とち》木《ぎ》縣《けん》日《につ》光《くわう》山《ざん》を視《し》察《さつ》なし苦《く》難《なん》の後《のち》高《かう》野《や》山《さん》を選《せん》定《てい》すとある則《すなは》ち五行《ぎやう》の尊《たつと》きを悟《さと》る事《ここ》明《あきらか》なり。

○坎宅《きたたく》離向《みなみむき》大《だい》凶《きよう》相《さう》の理《り》論《ろん》

○☵坎宅《きたたく》離向《みなみむき》の家《いへ》に丙《ひのえ》の方《かた》に門《もん》を開《ひらけ》ば☶艮《こん》門《もん》に同《おな》じ。艮《こん》は坎《かん》宅《たく》の五《ご》鬼《き》にして廉《れん》貞《てい》火《くわ》星《せい》の門《もん》なり故《ゆゑ》に家《か》族《ぞく》に熱《ねつ》病《びやう》。火《くわ》難《なん》・盗《たう》難《なん》。官《くわん》災《さい》。縊《くびれ》死《しす》。中《ちう》男《なん》死《し》亡《ばう》。長《ちやう》男《なん》不《ふ》孝《かう》。破《は》財《ざい》。河《かは》に投《とう》じ水《すゐ》死《し》或《あるひ》は井《ゐ》に落《おち》死《し》亡《ばう》なすか。胃《ゐ》癌《がん》。心《しん》臟《ざう》痲《ま》痺《ひ》。寡《くわ》婦《ふ》を出《いだ》すなり所以《ゆゑん》☶艮《こん》門《もん》の土《つち》☵坎《かん》宅《たく》の水《みづ》を剋《こく》し。坎《かん》宅《たく》の水《みづ》は星《ほし》の火《ひ》を剋《こく》す由《よつ》て窒《ち》扶《ぶ》斯《す》。火《くわ》難《なん》。盗《たう》難《なん》。官《くわん》災《ざい》。縊《くびれ》死《しす》。中《ちう》男《なん》死《し》亡《ばう》☵☶水《すゐ》山《さん》蹇《けん》の卦《けい》。☵坎《かん》水《すゐ》☶艮《こん》山《ざん》の上《うへ》にあり水《みづ》山上《さんじやう》にあれば必《かなら》ず流《なが》れ下《くだ》る其《その》下《くだ》るや石《いし》に支《さゝへ》られ木《き》に裂《さか》れ七斷《だん》八截《さい》するの意《い》則《すなは》ち難《なやみ》なり故《ゆゑ》に蹇《けん》と名《なづ》く。先《せん》天《てん》の☳震《しん》位《ゐ》は後《こう》天《てん》の☶艮《こん》位の土《つち》。坎《かん》宅《たく》の水《みづ》を剋《こく》すが爲《ため》に長《ちやう》男《なん》不《ふ》

坎宅離向丙門大凶相之圖

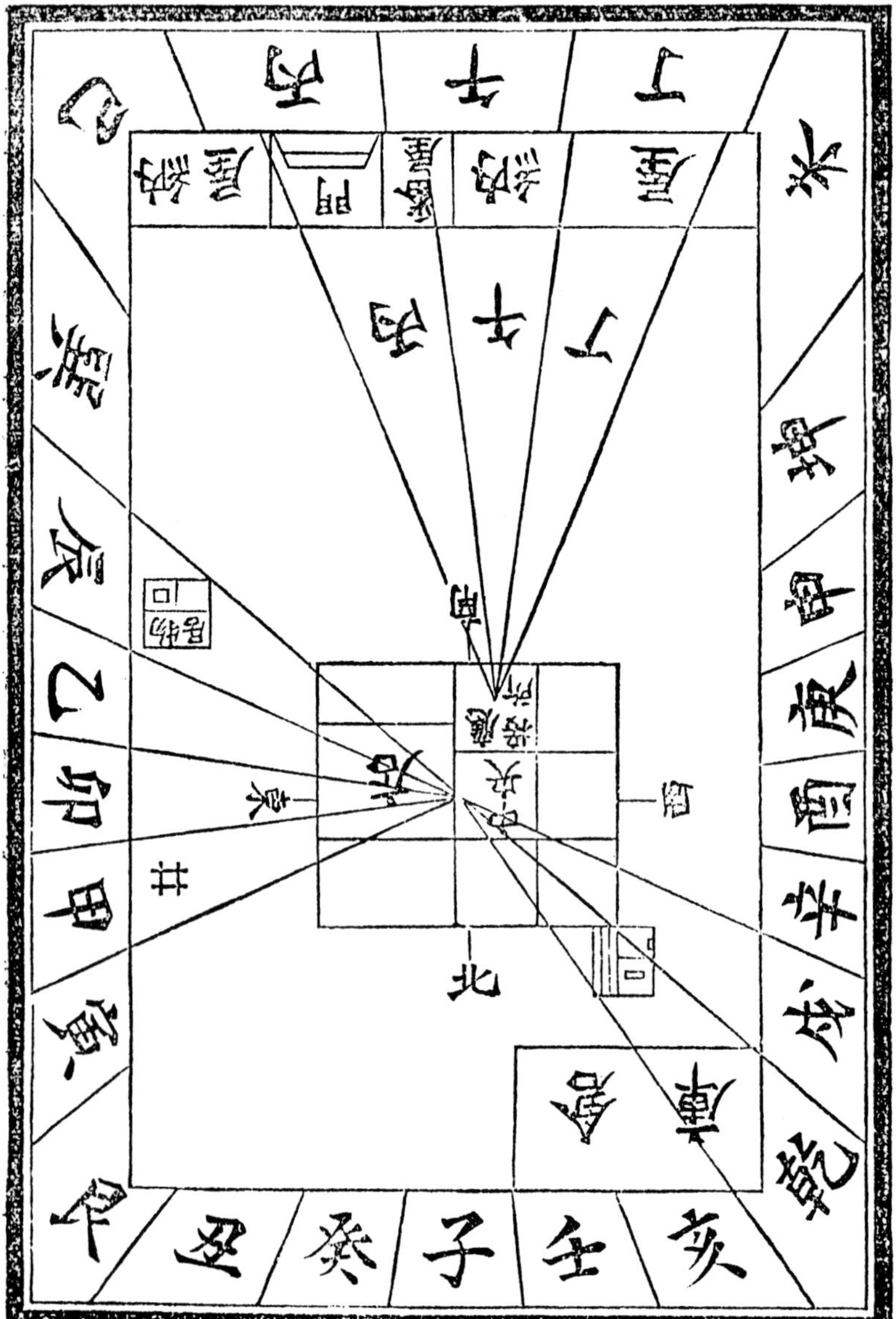

孝《かう》となるか破財《はざい》。震《しん》は長男《ちやうなん》の位《くらゐ》なればなり。河《かは》に投《とう》じ又《また》は井《ゐ》に落《おち》て死亡《しばう》なす。胃《ゐ》癌《がん》。心臓《しんざう》痳痺《まひ》等《とう》を主《つかさど》る。寡婦《くわふ》は互卦《ごか》☲☱火澤睽《くわたくき》の卦《けい》より起《おこ》る睽《けい》は背《そむ》き違《たがふ》の象《かたち》なり星《ほし》は廉貞《れんてい》の火《ひ》なれば火《ひ》の三合。寅《とら》。午《うま》。戌《いぬ》の年月日時《ねんぐわつにちじ》に災害《さいがい》を招《まね》くと知《し》るべし

○參考《さんかう》宅地《たくち》の中央《ちうあう》に建築《けんちく》なす住宅竝《ぢうたくならび》に空地《くうち》なく宅地《たくち》全部《ぜんぶ》に建《たて》たる都市《とし》の家《いへ》は五行順逆《ぎやうじゆんぎやく》の理《り》を以《もつ》て吉凶禍福《きつきようくわふく》を論《ろん》じ中《ちう》ならざる場合《ばあひ》は北斗《ほくと》七星《せいい》巽動《どう》に於《おい》て斷定《だんてい》すれば如何《いかな》る難問題《なんもんだい》も百發《ひやくはつ》百中疑《ちうちうたがひ》なし研究《けんきう》を要《えう》す。

○家宅總論《かたくそうろん》

○易《ニ》曰《ク》河圖《かと》を出《いだ》し。洛書《らくしよ》を出《いだ》し。聖人《せいじん》之則《ニノットル》。右河圖《みぎかと》。洛書《らくしよ》を初《はじめ》として易《えき》の卦爻彖《くわこうたん》象《しやう》及《およ》び十翼《じふよく》。且《か》つ前《まへ》に示《しめ》す所《ところ》の先天河圖《せんてんかと》。後天洛書《こうてんらくしよ》の圖式《づしき》は家宅《かたく》を相《さう》する根元起《こんげんき》例《れい》なり。通德類情《つうどくるゐじやう》曰《ニクと》圖書《しよハ》天地《てんちノ》祕洩《ひヲもらス》。文王《ぶんわう》因以《よつテ》卦畫《テヲス》。禹王。箕《き》子因以《テ》疇演《テちうヲブ》。其理至精。其用至博《ナリ》。故《ゆゑ》に天地《てんち》萬物《ばんぶつ》盡《ことごと》く其理《そのり》を含蓄《がんちく》せずと言《い》ふ事《こと》なし因《よつ》て玆《ここ》に先《まづ》宅相《たくさう》の大意《たいい》を述《のぶ》。夫《それ》宅《たく》は養命《やうめい》の根核《こんがい》吉凶禍福《きつきようくわふく》消長《せうちやう》の樞機《すうき》なり。家宅《かたく》吉相《きつさう》を帶《おぶ》れば必《かなら》ず富《ふう》貴《き》榮昌《はんじやう》子孫《しそん》長久《ちやうきう》を主《つかさど》る事《こと》疑《うたがひ》なし。家宅《かたく》凶相《きようさう》を釀《かも》すれば災害《さいがい》多く貧困《ひんこん》。退敗《たいはい》。子孫《しそん》

斷絶《だんぜつ》。不具者等《ふぐしやとう》を主《つかさど》る皆《みな》五行順逆《ぎやうじゆんぎやく》の司命《しゆめい》する所《ところ》なりと知《し》るべし。

○文官《ぶんくわん》武官《ぶくわん》神官《しんくわん》僧侶《そうりよ》醫士《いし》

○農工商等住宅《のうこうしやうとうぢうたく》の區別《くべつ》を論《ろん》ず

○家宅《かたく》は勿論《もちろん》家敷《やしき》倶《とも》に總《すべ》て缺張《かけはり》なきを吉相《きつさう》とす。缺張《かけはり》あれば吉凶《きつきよう》の斷交《だんこう》起《おこ》る然《しかれ》ども其《その》判斷《はんだん》家毎《いへごと》に一々《いちく》的中《てきちう》するに非《あら》ず。文官《ぶんくわん》。武官《ぶくわん》。神官《しんくわん》、僧侶《そうりよ》。醫士《いし》。農《のう》。工《こう》。商《しやう》に差別《さべつ》あり。又《また》富豪《ふがう》貧賤《ひんせん》に分別《ぶんべつ》あり能《よ》く其形勢《そのけいせい》を察《さつ》し十年《じふねん》内外《ないぐわい》を判斷《はんだん》せば百發百中《ひやくはつひやくちう》せずと言《いふ》ことなし其切磋《そのせつさ》の功《こう》を積《つむ》事《こと》豈《あに》一朝《てう》一夕《せき》の事《こと》ならんや故《ゆゑ》に此書《このしよ》は先代《せんだい》白龍子《はくりうし》の祕法《ひはふ》を開放《かいはう》なす者《もの》なれば熟讀《じゆくどく》して凶宅《きようたく》を改正《かいせい》し九星術《せいじゆつ》の尊《たつとき》を以《もつ》て貧困《ひんこん》を救《すく》ひ難病《なんびやう》を醫《いや》し、絶《たえ》たる世《よ》を繼《つが》せ。衰廢《すゐはい》なす家《いへ》を興《おこさ》しむるに至《いた》らん是限《これかぎり》なき仁術《じんじゆつ》なる事《こと》を知《し》るべし。

○家《いへ》の盛衰《せいすゐ》を知《し》る祕訣《ひけつ》

○凡其家《およそそのいへ》の盛衰《せいすゐ》を觀《みる》には先其家《まづそのいへ》の氣《き》を窺《うかゞ》ふべく屋上《をくじやう》に苔茸《こけくさびら》を生《しやう》じ。壁破《かべやぶ》れ柱損《はしそん》じ繼竈《つぎかまど》の邊寂寞《へんせきはく》と内暗《うちくら》きは陰氣《いんき》滿《みつ》るなり。屋上《をくじやう》。壁倶《かべとも》に光輝《くわうき》ありて人《ひと》の出入《でいり》繁《しげ》きは内明《うちあきら》かにして陽氣《やうき》滿《みつ》るなり。陰氣《いんき》滿《みつ》る家《いへ》は衰《おとろ》ひ。陽氣《やうき》滿《みつ》る家《いへ》は榮《さかえ》るなり。所謂《いはゆる》富《とみ》は屋《や》を潤《うるほ》すとは是《これ》なり。然《しか》れども陽氣《やうき》を觀《みる》に亦《また》分別《ふんべつ》あり主人《しゆじん》華美《くわび》を好《このみ》て驕奢《おごり》をなすの類《るゐ》は。眞《しん》の陽氣《やうき》に非《あら》ず是則《これすなは》ち陽中《やうちう》に陰《いん》を含《ふくん》で衰《おとろ》へを成《な》すの緒《いとぐち》なり。

○孔安國傳《ガ》ニ聖人驕《オゴリヲ》憎《ニクミ》天道盈虧《ミツルヲカク》さは是《これ》なり

○禮記内則《ニ》曰《ク》男《ハ》内《ヲ》言《ズ》。女外《ハヲ》言《ズ》と。男《をとこ》が婦女《ふぢよ》の役《やく》を勤《つと》め。婦女《ふぢよ》が夫《をつと》の應對《おうたい》をなす家《いへ》を變則《へんそく》と言《い》ふて久《ひさし》からずして後家《ごけ》になるか或《あるひ》は家業大《かげふおほい》に衰《おとこ》ふ試見《ためしみ》よ。書經《しよけい》ニ曰《ク》牝《ひん》鷄《けい》之晨《あした》するは惟家《これいへ》を索居《さくきよ》なすとは是《これ》なり索居《さくきよ》は分離《ぶんり》して居《お》る事《こと》。

○凡浴室《およそゆどの》○牛屋《うしや》○馬屋《うまや》○鷹房《たかべや》○鷄柵《とりや》○芥場《ごみため》等《とう》の類《るゐ》は八千《はつかん》則《すなは》ち○甲《きのえ》○乙《きのと》○丙《ひのえ》○丁《ひのと》○庚《かのえ》○辛《かのと》○壬《みづのえ》○癸《みづのと》の方《かた》に置《おく》は差支《さしつかへ》なし但《たゞ》し家《いへ》の中央《ちうあう》より定《さだ》むべし。

○住宅《ぢうたく》を傾斜《けいしや》に建《たつ》る凶相《きようさう》を論《ろん》ず

○總《すべ》て本宅《ほんたく》は長方形《ちやうはうけい》にして缺張《かけはり》なきを善相《ぜんさう》とす若《も》し傾斜《けいしや》なし缺張《かけはり》あるか曲《まがる》か或《あるひ》は柱斜《はしらゆがめ》ば主人《しゆじん》の心歪《こゝろゆがみ》人《ひと》を嫉《ねた》み父母《ふぼ》目上《めうへ》に反《そむ》き。賭博《とばく》を好《この》み又《また》は投機事業《とうきじげふ》にて失敗《しつはい》を招《まね》き益々《ますく》冒險《ばうけん》の事《こと》を企《くにだ》て正業《せいげふ》を嫌《きら》ひ墮落《だらく》し家名《かめい》を穢《けが》し夫婦《ふうふ》不和《ふわ》離別《りべつ》なすか妾《せう》を愛《あい》

宅地中央の本

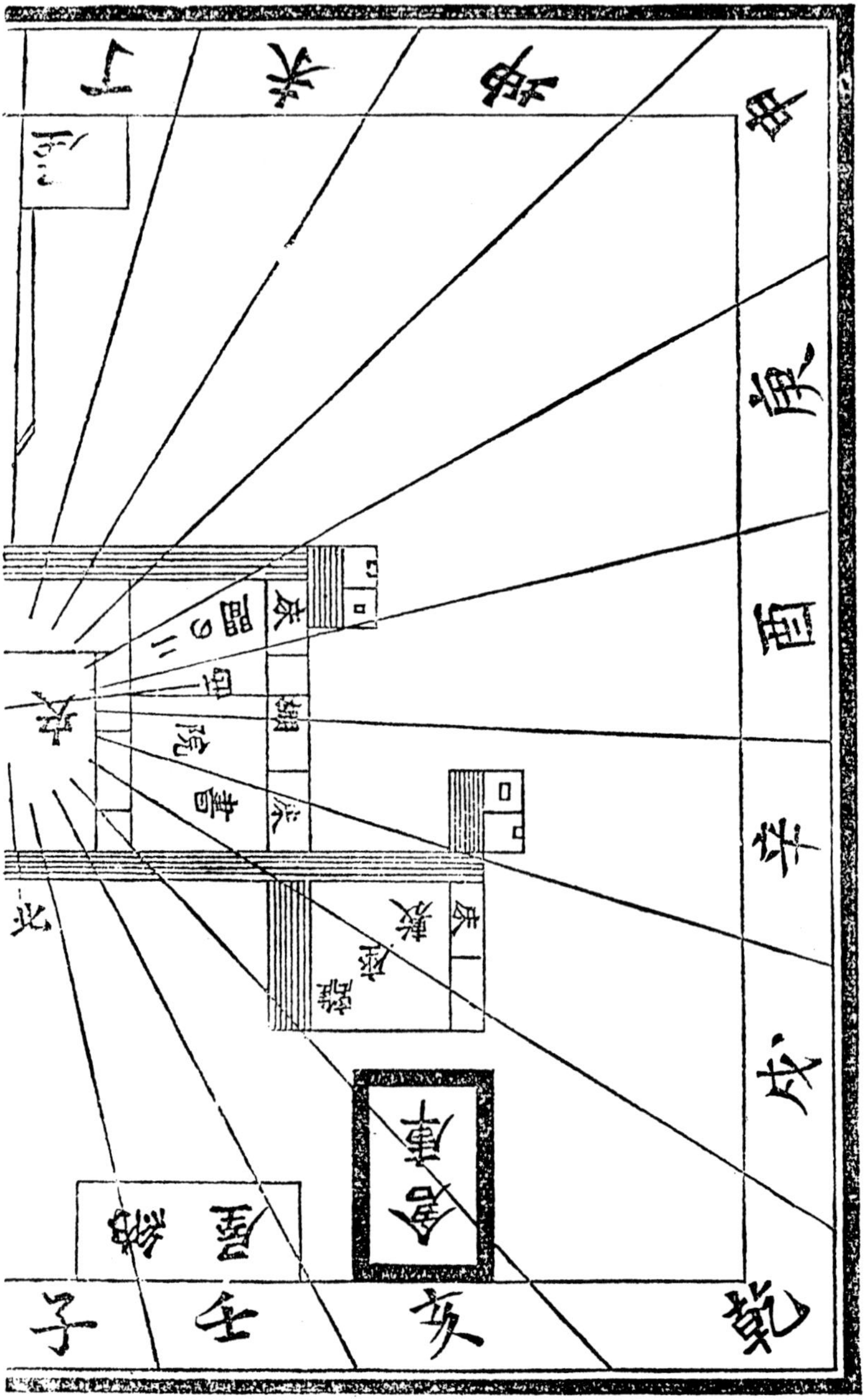

宅大吉相の圖

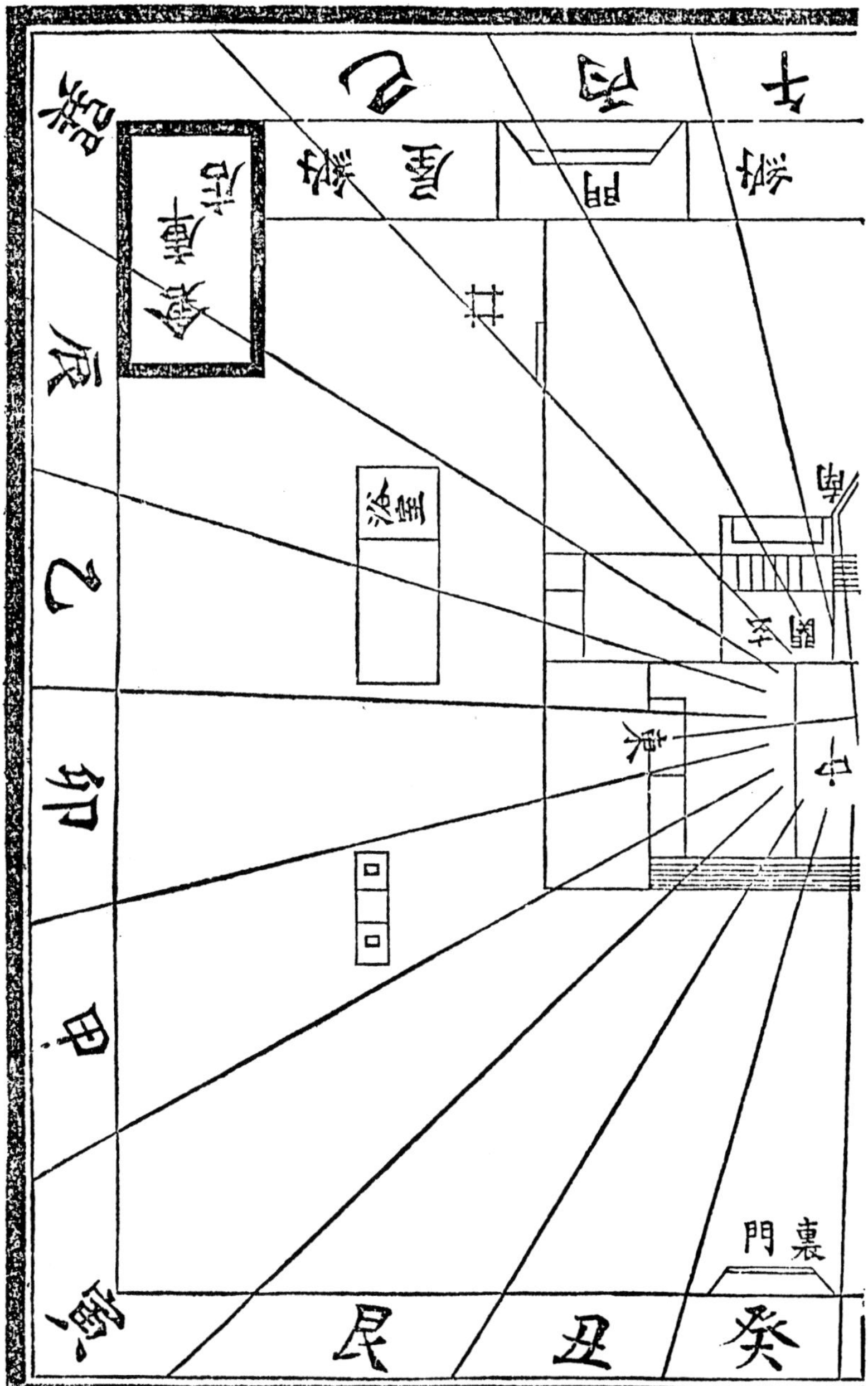

し人格劣等《じんかくれつとう》の者《もの》を出《いだ》す大兇相《だいきようさう》なり故《ゆゑ》に年《とし》を經《へ》て家《いへ》の曲《まが》り斜《ゆがみ》たるまゝ住居《ぢうきよ》するも同《どう》論《ろん》なり早《はや》く修繕《しつぜん》すべし注意《ちうい》を要《えう》す

○家族《かぞく》に病難《びやうなん》多《おほ》きを知《し》る祕訣《ひけつ》

○本宅横《ほんたくよこ》に長《なが》く貫《き》一文字《もんじ》に長屋《ながや》のように建《たて》たる家《いへ》は喘息《ぜんそく》又《また》は神經過敏《しんけいくわびん》の者《もの》を出《いだ》す

○小家前《こやまへ》にありて二階建《かいだて》の家後《いへうしろ》にありで其間《そのあひだ》に居住《きよぢう》すれば喘息《ぜんそく》を主《つかさど》る○家宅《かたく》の前《まへ》に大《だい》なる穴或《あなあるひ》は家《いへ》の左右《さいう》に高《たか》き岸《きし》。土手《どて》。堤《つゝみ》あれば頓死《とんし》。中風《ちうふう》を主《つかさど》る○家《いへ》を鼎足《ていそく》の如《ごと》く三方《さんはう》に建《たて》れば火難或《くわなんあるひ》は盲人《もうじん》を出《いだ》す○家《いへ》の破《やぶれ》より風《かぜ》を入《い》るは怪夢《くわいむ》を見《み》る○壁《かべ》破《やぶ》れて烟外《りむりそと》に洩《もれ》るは眼病《がんびやう》を招《まね》く又家《またいへ》の四方《しはう》に大石《たいせき》あるか池水氣《いけすゐき》あるも同論《どうろん》なり。

○他人《たにん》の後《うしろ》を我家《わがいへ》の前《まへ》にして見《み》るも眼病或《がんびやうあるひ》は難病《なんびやう》を發《はつ》す○大極柱《だいきよくはしら》の正面《しやうめん》を直《すぐ》に見通《とう》す家《いへ》は不孝不忠《ふかうふちう》の者《もの》を出《いだ》す○本宅《ほんたく》に種々《しゆく》建繼《たてつぎ》たる中《うち》に斜《なゝめ》なる天井《てんじやう》あれば此家《このいへ》一端騷動《たんさうどう》ありて宅主其血脈《たくしゆそのちみやく》より入替《いりかは》りたる者《もの》と斷定《だんてい》せよ○中庭《なかには》ある家《いへ》は肺病《はいびやう》にて死絶《しにたえ》の恐《おそれ》あり又中央《またちうあう》に明取《あかりとり》の窓《まど》あるも同論《どうろん》世繼《よつぎ》を絶《たや》す○中廊下《なかろうか》のある家《いへ》○中藏《なかぐら》は吉《きつ》方《はう》にあるも死絶破產《しにたえはさん》なす恐《おそれ》あり○住宅《ぢうたく》と倉庫《さうこ》の接續《せつぞく》する家《いへ》も同論《どうろん》なり○家《いへ》の向《むき》に

抱《かゝは》らず中庭《なかには》の左右《さいう》に座敷《ざしき》あれば養子《やうし》を招《まね》くと知《し》るべし。

○一家《か》に竈《かまど》二箇所《かしよ》ある家《いへ》は祖先《そせん》の祟《たゝり》あり大凶《だいきよう》

○大家《たいけ》にて竈《かまど》を二箇所《かしよ》に構《かま》へて二ツ世帯《しよたい》の家《いへ》に見《み》へるは其家《そのいへ》の先祖《せんぞ》新戚《しんせき》を二三軒《げん》一處《しよ》にして住《すみ》たる事《こと》あるべし左《さ》すれば今先祖《いませんぞ》を一軒《けん》にて祭祀事《まつりごと》あり家《いへ》を別祭祀《わけまつら》ざれば必《かなら》ず祟《たゝり》あり注意《ちうい》を要《えう》す故《ゆゑ》に一家《か》に佛檀《ぶつだん》二箇所《かしよ》にあるも同論《どうろん》なり○又大家《またたいけ》。小《せう》家《け》に限《かぎ》らず前《まへ》に口《くち》ありて後《うしろ》に口《くち》なき家《いへ》は永住《えいぢう》する事能《ことあた》はず或《あるひ》は夫婦《ふうふ》の内何《うちいづ》れか早《はやく》亡《し》す。

○棟《むね》の形《かたち》によりて吉凶《きちきよう》を知《し》る祕訣《ひけつ》

○住宅《ちうにく》の棟《むね》は人《ひと》の身體《しんたい》にとりては頭《あたま》なり故《ゆゑ》に建築《けんちく》の時棟木《ときむなぎ》に注意《ちうい》せよ若し棟木《むなぎ》を繼《つげ》ば其家《そのいへ》の主人《しゆじん》必《かなら》ず腦《なう》に故障《こしやう》を起《おこ》し重《おも》きは發狂《はつきやう》輕《かる》きは相續《さつぞく》なす者家出《ものいへで》なすか家人《かじん》に頭《あたま》の病《やまひ》。顔《かほ》の病《やまひ》。骨《ほね》の病等《やまひとう》を主《つかさ》どる○棟木《むなぎ》に蟲食《むしくひ》あれば聾《つんぼ》の者《もの》を出《いだ》す○橦木形《しゆもくがた》T《てい》の字《じ》の如《ごと》く棟《むね》を建《たつ》るは運氣發展《うんきはつてん》する事能《ことあた》はず家内《かない》に種々《しゆく》の變動《へんどう》ありて驚《おどろ》きを主《つかさ》どる○曲戸形《まがりかねがた》┓字《じ》の棟《むね》を建《たつ》る家《いへ》は。火災《くわさい》。損害《そんがい》を招《まね》き破産《はさん》す○本宅《ほんたく》の中央高《ちうおうたか》く左《さ》右《いち》の棟《むね》低《ひく》きは水難《すゐなん》。水死《すゐし》を主《つかさ》どる○又入母屋《いりもや》と言《い》ふて神社佛閣《じんじやぶつかく》の如《ごと》き屋根《やね》は苟《いやしく》も人爵《じんしやく》あれば四位《しゐ》以上《いじやう》の官祿《くわんろく》ある人《ひと》或《あるひ》は神官《しんくわん》。僧侶《そうりよう》。醫士《いし》等《とう》には差支《さしつかへ》なしなれども其子《そのこ》俗人《ぞくじん》なれば立所《たちどころ》に災害《さいがい》を招《まね》き重《おも》きは死亡《しばう》す故《ゆゑ》に旅館《りよくわん》。料理屋《れうりや》。貸座敷《かしざしき》等《とう》には多《おほ》く凶主人《きようしゆじん》に祟《たゝ》り難病《なんびやう》。發狂《はつきやう》なすか家族《かぞく》に變病《へんびやう》を招《まね》き子孫《しそん》を絶《たや》す者《もの》と知《し》るべし試《ため》見《み》よ恐《おそ》るべき者《もの》なり。

○實例《じつれい》を示《しめ》す

○參考《さんかう》大正二年三月本所《ほんじよ》區綠町《くみどりちやう》の長田《ながた》某余《ぼうよ》を信《しん》じ來《きた》りて曰《いは》く家造《かさく》四戸《しこ》長屋《ながや》あり二間目《けんめ》に居住《きよぢう》する者《もの》三名《めい》共《とも》腦病《なうびやう》又《また》は發狂《はつきよう》なし家業《かげふ》失敗《しつはい》甚《はなは》だしきは一家《か》離散《りさん》の者《もの》あり若《も》し家相《かさう》凶《きよう》にして人《ひと》に難儀《なんぎ》ありとすれば我《わ》が罪《つみ》なり恐《おそ》るべき問題《もんだい》なれば家相《かさう》善惡《ぜんあく》如何《いかん》。余《よ》易《えき》に問《と》ふ䷪澤天夬《たくてんくわい》の六爻䷀乾爲天なり。

䷪澤天夬上六无《ナ》レ號《ヨバルコト》終《ツヒ》ニ有《アリ》レ凶《キヨウ》

○陰柔《いんじゆう》にして上《かみ》に居《をり》九五の君《きみ》と密比《みひ》し。兌口《たいこう》の主《しゆ》たるを以《もつ》て甘言《かんげん》佞語《ねいご》を以《もつ》て其《その》君《きみ》を惑《まど》はし。國家《こくか》を害《がい》する者《もの》なり。

☰乾爲天上九亢龍《コウリウ》有《ア》レ悔《クイ》

○亢《こう》とは上《のぼ》る。龍《りう》高《たか》く上《のぼ》り進《すゝ》み雲《くも》を失《うしな》ひ進退極《しんたいきはま》るの象《かたち》故《ゆゑ》に棟木《むなぎ》に故障《こしやう》ありと説明《せつめい》す○調見《しらべみ》るに二間《けん》の棟木《むなぎ》三間《げん》目家《めいへ》の中央《ちうあう》に至《いた》り繼《つゞ》たる所《ところ》あり早速《さつそく》に取除《とりのぞ》き落成《らくせい》の後其家《のちそのいへ》に住居《ぢうきよ》する者《もの》無事《ぶじ》○大正《たいしやう》十四年《ねん》日本橋區《にほんばしく》濱町《はまちやう》の木村《きむら》某建築《ほうけんちく》移轉《いてん》の後《のち》父子《ふし》ともに腦《なう》に異狀《いじやう》を呈《てい》す然《しか》るに轉地《てんち》すれば全快《ぜんくわい》歸宅《きたく》すれば腦病《なうびやう》となる祟《たゝり》あるやを問《と》ふ是同論《これどうろん》。吉方《きつはう》に轉宿中《てんしゆくちう》棟木《むなぎ》を替《かへ》て全快《ぜんくわい》なす又他年《またたねん》住宅《ぢうたく》の家都合《いへつがふ》ありて擴張《くわくちやう》なすは棟木東《むなぎひがし》を繼《つげ》ば主人或《しゆじんあるひ》は相續人《さうぞくにん》死亡《しばう》の恐《おそれ》あり○南《みなみ》の棟木《むなぎ》を繼《つげ》は部下泥棒《ぶかどろばう》となり又《また》は家族《かぞく》に心臟病又《しんざうびやうまた》は脚氣衝心《かつけしようしん》して死亡《しばう》す○西《にし》の棟木《むなぎ》を繼《つげ》ば女難散財《ぢよなんさんざい》女子《ぢよし》婬亂《いんらん》となりて多《おほ》くは下男《げなん》に通《つう》じ家名《かめい》を穢《けが》す○北《きた》の棟木《むなぎ》を繼《つげ》ば家名斷絶或《かめいだんぜつあるひ》は妻女密夫《さいぢよみつぷ》をなす余他年《よたねん》の實例《じつれい》を示《しめ》す。

○倉庫傍屋浴室等本宅《さうこはうをくゆどのとうほんたく》に背《そむく》は大凶相《だいきようさう》

○凡《およ》そ倉庫《さうこ》○傍屋《はうをく》○廨舍《ながや》○浴室《ゆどの》○厠《かはや》に至《いた》る迄總《まですべ》て本宅《ほんたく》に背《そむか》ざる樣《やう》に建《たてる》べし若《も》し斜《なゝめ》に背《そむ》き建《たつ》る時《とき》は本宅《ほんたく》の備《そなへ》にあらざる故種々《ゆゑしゆ/\》の災害《さいがい》を主《つかさ》どる理論警衞《りろんけいゑい》の部下不規律《ぶかふきりつ》

にして其家《そのいへ》を守《まもら》ず○☰乾戌亥《けんいぬゐ》の方《かた》に斜《なゝめ》なる建物《たてもの》あれば父子《ふし》不和《ふわ》或《あるひ》は官災《くわんざい》を招《まね》く○☵坎北壬子癸《かんきたみづのえねみづのと》の方《かた》にあれば母片意地《はゝかたいぢ》にして母子《ぼし》不和《ふわ》或《あるひ》は遠方《ゑんはう》の損失《そんしつ》を招《まね》き盗難《たうなん》を主《つかさ》どる○☴巽辰巳《そんたつみ》にあれば遠方《ゑんはう》の損失《そんしつ》。風波《ふうは》の難水死《なんすゐし》を招《まね》く○☳震東卯甲乙《しんひがしうきのえきのと》の方《かた》にあれば長男《ちやうなん》に祟《たゝ》り死亡《しはう》或《あるひ》は放蕩無頼《はうたうぶらい》にして家《いへ》に仇《あだ》す○☱兌西酉庚辛《だにしとりかのえかのと》にあれば福《ふく》分《ぶん》を損《そん》じ女子《ぢよし》に祟《たゝ》る不縹緻《ぶきりやう》にして縁《えん》に附《つか》ず或《あるひ》は淫亂《いんらん》家名《かめい》を穢《けが》す恐《おそれ》あり☷坤未申《こんひつじさる》○☶艮丑寅《こんうしとら》の方《かた》にあれば血溢《けついき》不順《ふじゆん》の難病《なんびやう》を招《まね》き子孫《しそん》斷絶《だんぜつ》す。

○本宅《ほんたく》の四方《しはう》守《まもり》なき家《いへ》大凶相《だいきようさう》を論《ろん》ず

○本宅《ほんたく》の四方《しはう》に倉庫《さうこ》。納屋《なや》等《とう》の備《そな》へなきは其家《そのいへ》に從者《じゆうしや》なく警衛《けいゑい》の設備《せつび》なき理《り》，にして守《まも》りを失《うしな》ふ如《ごと》く家《いへ》に眷屬《けんぞく》なく貧困《ひんこん》を主《つかさど》り或《あるひ》は寡婦《くわふ》を出《いだ》すと知《し》るべし。家《いへ》の四方《しはう》に圍《かこゐ》なきも同論《どうろん》にして主人《しゆじん》の心《こゝろ》散亂《さんらん》なし諸事取締《しよじとりしまり》なし。

○難産死亡《なんざんしばう》の祟《たゝり》を知《し》る祕訣《ひけつ》

○本宅《ほんたく》の中庭《なかには》に石《いし》多《おほ》く或《あるひ》は室内《しつない》に道具《だうぐ》多《おほ》く陳列《ちんれつ》なすは難産《なんざん》を主《つかさど》る。宅前《たくぜん》に怪石《くわいせき》あれば産死《さんし》の恐《おそれ》あり。

○風《ふう》水《すゐ》祕《ひ》錄《ろく》曰《ニく》家《いへ》に種々《しゆく》の凶事《きようじ》多《おほ》き時《とき》は吉方《きつはう》に向《むか》ひ家相《かさう》よき家《いへ》に移轉《いてん》すべし。若《も》し凶事《きようじ》少《すくな》ければ家相《かさう》を直《なほ》すによろし則《すなは》ち天地《てんち》の大《だい》なるも木火土金水《もくくわどきんすゐ》の五行《ぎやう》の理《り》に順《したが》ひ人《ひと》の細工《さいく》にて凶地《きようち》も善地《ぜんち》と變《へん》ずるなり右《みぎ》の悪地《あくち》を避《さ》けて吉地《きつち》を擇《いらむ》の法《はふ》は補龍扶山《ほりうふざん》の緊要《きんえう》にあり苟《いやしく》も其法《そのはふ》を知《し》ざれば妄《みだり》に人《ひと》を傳道《でんだう》する事《こと》勿《なか》れ故《ゆゑ》に此書《このしよ》は先代白龍子《せんだいはくりうし》の他年研究《たねんけんきう》なし學理《がくり》と實地《じつち》との祕法《ひはふ》を開放《かいはう》する者《もの》なれば熟讀《じゆくどく》して學《がく》理《り》の尊《たつと》きを萬方《まんはう》に弘《ひろ》めよ人知《ひとし》らず〳〵不幸《ふかう》を招《まね》き一家斷絶離散《かだんぜつりさん》なし或《あるひ》は不具者《ふぐしや》となり困難《こんなん》する人《ひと》を救《すく》はれよ。

○宅地内《たくちない》に子弟分家大凶《していぶんけだいきよう》の祕訣《ひけつ》

○子弟分家《していぶんけ》するに同宅地内《どうたくちない》に家宅《かたく》を修營《しうえい》すべからず若《も》し分家《ぶんけ》を出《だせ》ば本家《ほんけ》。分家《ぶんけ》ともに衰《おとろ》へ且《か》つ互《たがひ》に不和《ふわ》となり數年《すうねん》を經《へ》て血統《けつとう》を爭《あらそ》ふ事《こと》を主《つかさど》る。又分家《またぶんけ》を東或《ひがしあるひ》は辰《たつ》巳《み》。南《みなみ》の方《かた》は宅地外《たくちぐわい》と雖《いへど》も分家《ぶんけ》を建《たて》るは本家《ほんけ》の方《はう》へ納《いれ》る陽氣《やうき》を遮《さへぎ》り塞《ふさ》ぐ故《ゆゑ》に分家《ぶんけ》繁榮《はんえい》なし。本家《ほんけ》大《おほい》に衰《おとろ》ひ離財《りざい》なす就中《なかんづく》東《ひがし》に出《だす》は最《もつと》も大凶《だいきよう》なり恐《おそ》るべし若《もし》分家《ぶんけ》を東《ひがし》辰巳《たつみ》。南《みなみ》に建《たつ》る場合《はあひ》は本家《ほんけ》の後北《うしろきた》より戌亥《いねゐ》に高《たか》き物《もの》を建築《けんちく》すれば。本末《ほんはつ》但《とも》に榮《さかえ》る

なり。西《にし》に分家《ぶんけ》を出《だせ》は本家《ほんけ》分家《ぶんけ》大《おほい》に不和《ふわ》となりて犬《いぬ》と猿《さる》の如《ごと》し。北《きた》に分家《ぶんけ》は口傳《くでん》

○家宅《かたく》の四方《しはう》四角《しかく》に圍《かこ》ふ家《いへ》の祕訣《ひけつ》

○家宅《かたく》の四方《しはう》四角《しかく》に圍《かこ》ゐたる家《いへ》は常《つね》に儀式《ぎしき》を立《たつ》る象《かたち》にて公侯伯子男《こうこうはくしだん》苟《いやしく》も四位《しゐ》以上《いじやう》の人《ひと》には吉《きち》なれども俗人《ぞくじん》には大凶《だいきよう》なり。總《すべ》て圍《かこゐ》は奥行《おくゆき》深《ふか》く長《なが》きを大吉相《だいきちさう》とす或《あるひ》は間口《まぐち》狹《せま》く奥行《おくゆき》廣《ひろ》く嚢《ふくろ》に物《もの》を納《いれ》たる如《ごと》く陽氣《やうき》を收《をさ》めて四方《しはう》の締《しまり》よく圍《かこゐ》たるも吉相《きつさう》なり。故《ゆゑ》に自然《しぜん》に奥《おく》の廣《ひろ》きを吉相《きつさう》とす然《しかれ》ども格別《かくべつ》廣大《くわうだい》なるは最《もつと》も凶《きよう》なり缺張《かけはり》の論《ろん》大《おほい》に起《おこ》ると知《し》るべし。横《よこ》に長《なが》きは財帛《ざいはく》薄《うす》き貧相《ひんさう》なり。三角形《かくけい》なれば初《はじ》め繁榮《はんえい》なすとも後大《のちおほい》に衰《おとろ》へ火災《くわさい》を招《まね》く。長方形《ちやうはうけい》の圍《かこゐ》にして缺張《かけはり》なきを最《もつと》も大吉相《だいきつさう》とす。但《たゞ》し☰乾《いぬゐ》☶艮《うしとら》☴巽《たつみ》☲離《みなみ》☵坎《きた》の方《かた》少《すこ》し張《はり》たるも吉相《きつさう》とすれども其《その》形勢《けいせい》によりて其限《そのかぎり》にあらず。缺張《かけはり》あるは必《かなら》ず善惡《よしあし》ありと知《しる》べし。家宅《かたく》の四方《しはう》に圍《かこゐ》なきは主人《しゆじん》の心取締《こゝろとりしまり》なく錢財《せんざい》散亂《さんらん》して後大《のちおほい》に衰《おとろ》ふ。表間口《おもてまぐち》廣《ひろ》く奥行《おくゆき》短《みじか》き圍《かこゐ》は常《つね》に佛事《ぶつじ》多《おほ》し☷坤《ひつじさる》の方大《かたおほい》に張《はる》は後家《ごけ》或《あるひ》は養子《やうし》。中風《ちうふう》。血液《けつえき》不順《ふじゆん》にして手足《てあし》の難病《なんびやう》を主《つかさど》る。少《すこ》し張《はる》は妻縁《さいえん》度々《たび〳〵》替《かは》るか或《あるひ》は賭博《とばく》を好《この》み爭論《さうろん》絶《たえ》ず重《おもき》は犯罪者《はんざいしや》を出《いだ》す☶艮《うしとら》の圍大《かこゐおほい》に張《はる》は男子《だんし》生育《せいいく》せず養《やう》

子家系《しかけい》を繼《つぐ》初《はじ》め富《とん》で後《のち》大《おほい》に衰《おとろ》ひ中風《ちうよう》。癩病《らいびやう》。腦溢血《なういつけつ》。血液《けつえき》不順《ふじゆん》の難病《なんびやう》を招《まね》き家名《かめい》斷絶《だんぜつ》の恐《おそれ》あり。少《すこ》し張《はる》は一代《だい》養子《やうし》一代《だい》は實子《じつし》家《いへ》を相續《さうぞく》すなすと雖《いへ》ども長男《ちやうなん》相續《さうぞく》する事能《ことあたは》ず二男《なん》三男《なん》にて相續《さうぞく》なすと知《しる》べし理論《りろん》九星《せい》の先天《せんてん》河圖《かと》は艮《うしとら》には☳震《しん》の卦《けい》なり震《しん》を長男《ちやうなん》とす總《すべ》て艮《うしとら》の故障《こしやう》は長男《ちやうなん》に崇《たゝ》る。家宅《かたく》の後《うしろ》に井水《ゐすゐ》と厠向合《かはやむかひあふ》か或《あるひ》は厠《かはや》と穢水《けがれみづ》と向合《むかひあふ》は癩病《らいびやう》を主《つかさど》るなり恐《おそる》べし。

○道路《だうろ》總論《そうろん》變病《へんびやう》を知《し》る祕訣《ひけつ》

○路《みち》は人《ひと》の來脈《らいみやく》にして龍《りう》の來脈《らいみやく》とは大《おほい》に異《こと》なり其《その》形勢《けいせい》を相《み》て吉凶《きつきよう》を知《し》るべし。

○家宅《かたく》の入口《いりくち》或《あるひ》は門《もん》に衝當《つきあた》る路《みち》を衝破《しようは》と名《な》づく至《いたつ》て大凶《だいきよう》なり種々《しゆ〻》の災害《さいがい》を招《まね》き而《の》已《み》ならず貧窮《ひんきう》を主《つかさど》り或《あるひ》は永住《えいぢう》する事能《ことあた》はず商家《しやうか》と雖《いへど》も同論《どうろん》なり。

○路曲々《みちまがりく》りて家《いへ》に向《むか》ふは繁榮《はんえい》を主《つかさど》る。なれども門戸《もんこ》北斗《ほくと》七星《せい》異動《いどう》の翻卦《ほんくわ》の吉所《きつしよ》にあらざれば繁榮《はんえい》を謂《いう》べからず。

○直路《ちよくろ》とは門《もん》の横《よこ》に長道《ちやうだう》。一文字《もんじ》に見《み》ゆるを言《い》ふ。右樣《みぎやう》の構《かこへ》あれば刑罪《けいはつ》に遇《あ》ひ或《あるひ》は狂犬又《きやうけんまた》は猛獸《もうじう》に損傷《そんしやう》せらるゝ恐《おそれ》あり。

○北《きた》に三辻《みつつじ》あれば火災《くわさい》の難《なん》を招《まね》く○裏門《うらもん》の前《まへ》に四辻《よつつじ》あれば小年《せうねん》狂亂《きやうらん》して死亡《しはう》なす☰乾《いぬゐ》より☶艮《うしとら》☴巽《たつみ》の方《はう》へ廻《まは》りたる路《みち》あれば大《おほい》に貧困《ひんこん》を主《つかさど》る○☷坤《こん》より申《さる》の方《かた》にて道路《だうろ》交《まじは》れば淫亂《いんらん》を主《つかさど》る○☶艮《ろしとら》の方《かた》より入來《いりきたる》道《みち》は男子《だんし》育《そだゝ》ず○宅地《たくち》の四方《しはう》に道路《だうろ》あればば癲癇《てんかん》。癩病《らいびやう》の者《もの》を出《いだ》す○宅地《たくち》の左右《さいう》山《やま》或《あるひ》は樹木《じゆもく》又《また》は他家《たけ》ありて中《なか》に細道《ほそみち》を通《つう》じ其家《そのいへ》暗《くら》きは最《もつと》も大凶《だいきよう》にして淫婦《いんぷ》。毒婦《どくふ》又《また》は淫亂《いんらん》を主《つかさど》り家名《かめい》を穢《けが》す者《もの》を出《いだ》すなり○蚯蚓《みゝず》の如《ごと》くうねりたる路《みち》は肺病《はいびやう》を招《まね》く○門前《もんぜん》に川《かは》の如《ごと》さ三筋《すぢ》の道路《だうろ》其家《そのいへ》に向《むか》へば盗難《たうなん》多《おほ》し○家《いへ》の傍《かたはら》に路《みち》高《たか》く曲《まが》りたるは傴僂《せむし》の人《ひと》を出《いだ》す○門前《もんぜん》の道曲尺《みちまがりしやく》┐の如《やう》にして先《さき》の左右《さいう》に分《わか》るは跛足《ちんば》の人《ひと》を出《いだ》すなり。

○方位《はうゐ》を犯《をかし》たる事《こと》を知《しる》祕訣《ひけつ》

○宅地《たくち》善《よ》く家相《かさう》の設計《せつけい》善《よく》して。神棚《かみだな》。佛檀《ぶつだん》を祭《まつ》る所吉《ところきち》なれども災害《さいがい》に數度《すうど》罹《かゝ》り方《はう》位《ゐ》も神佛《しんぶつ》もなしと呪《のろ》ひ論《ろん》ずる者《もの》あり然《しか》る時《とき》は普請《ふしん》。修繕《しうぜん》。造作《ざうさく》。移轉《いてん》等《とう》の年月《ねんりつ》を調《しら》べ見《み》よ必《かなら》ず方位《はうゐ》を犯《をかし》たる者《もの》にして重《おも》きは死亡《しはう》斷絶《だんぜつ》なす家《いへ》あり方位《はうゐ》の恐《おそ》るべきを知《し》りたるは余《よ》静岡《しづなか》縣立《けんりつ》沼津《ぬまつ》中學校《ちうがくかう》教諭《けうゆ》の時《とき》。生徒《せいと》の疾病《しつぺい》死亡者《しはつしや》或《あるひ》は退校者等《たいかうしやとう》に付《つき》其家《そのいへ》を訪問《はうもん》し調査《てうさ》するに皆《みな》本命《ほんめい》。的殺《てきさつ》。暗劍殺《あんけんさつ》。五黃殺《ごわうさつ》。歳破《さいは》。月破《げつは》等《とう》の六大凶《ろくだいきやう》殺《さつ》の中《うち》を犯《をか》すものにして。其禍害《そのさいがい》を蒙《かうむ》る月《つき》は例《たと》へば六白星《ろくはくせい》に凶神《きやうじん》の會《くわい》する所《ところ》を犯《をか》したる者《もの》は。六白星《ろくはくせい》中央《ちうあう》に入《い》る年月日時《としつきひとき》に必《かなら》ず災害《さいかい》に罹《かゝ》り居《を》るを以《もつ》て。方位《はうゐ》を犯《をか》したる事《こと》を證明《しようめい》す余《よ》は是《これ》に倣《なら》ふて調《しらべ》みよ。必《かなら》ず萬個《まんこ》の中《うち》一ツの錯《あやまり》なく百發百中《ひやくはつひやくちう》にして違《たがふ》ことなし研究《けんきう》を要《えう》す本命《ほんめい》。的殺《てきさつ》。暗劍殺《あんけんさつ》。五黃殺《ごわうさつ》は年《とし》に動《どう》き月日時《つきひどき》に廻轉《くわいてん》なす者《もの》なれば余《よ》の著作《ちよさく》九星《きうせい》祕訣《ひけつ》大集《たいしふ》を見《み》よ。歳破《さいは》は一箇年《かねん》動《うご》かず其年《そのとし》に當《あた》る十二支子《しね》なれば之《これ》に相對《あひたい》する午《うま》の方《かた》に位《くらゐ》す。月破《げつは》は月《つき》に動《うご》く者《もの》にして其月《そのつき》に當《あた》る十二支丑《しうし》の月《つき》なれば其相對《そのあひたい》する未《ひつじ》の方《かた》に位《くらゐ》す故《ゆゑ》に月破《げつは》と言《い》ふ。

○歳破大凶殺《さいはだいきようさつ》の辨《べん》

○歳破《さいは》は一名《いちめい》大耗《たいかう》と名《なづ》く○太歳《たいさい》の冲《ちう》する所《ところ》にして○移轉《いてん》○普請《ふしん》○修繕《しうぜん》○養子《やうし》○動土《ど》○轉地《てんち》○旅行《りよかう》○嫁婿娶《とめひことう》○開業《かいげふ》○就職《しうしよく》○樹木《じゆもく》の植《うゑ》かへ○醫士《いし》を迎《むか》ひ○試驗《しけん》を受《うけ》る等《とう》一切《いつさい》忌《い》む若《も》し犯《をか》すときは家主《かしゆ》を殺《ころ》し或《あるひ》は盜難《たうなん》。劍難《けんなん》。火難《くわなん》。水難《すゐなん》。病難《びやうなん》。失敗《しつはい》等《とう》の難厄《なんやく》年々《としぐ》に來《きた》ると知《し》るべし其方位《そのはうゐ》を左圖《さづ》に示《しめ》す。

歳破方《さいははう》	
子《ね》年	午《うま》方
丑《うし》年	未《ひつじ》方
寅《とら》年	申《さる》方
卯《う》年	酉《とり》方
辰《たつ》年	戌《いぬ》方
巳《み》年	亥《ゐ》方
午《うま》年	子《ね》方
未《ひつじ》年	丑《うし》方
申《さる》年	寅《とら》方
酉《とり》年	卯《う》方
戌《いぬ》年	辰《たつ》方
亥《ゐ》年	巳《み》方

○月破《げつは》大凶殺《だいきようさ》の辨《べん》

○月破《げつは》は月建《げつけん》の沖《ちう》する所《ところ》にありて是《これ》を犯《をか》せば歳破《さいは》と同論《どうろん》にして連月《れんげつ》種々《しゆく》の難厄《なんやく》來《きた》ると知《し》るべし則《すなは》ち月《つき》に廻星《めぐるほし》なれば月破《げつは》と言《い》ふ左圖《さづ》に示《しめ》す。

月破方《げつははう》	
新丑《うし》正月	未《ひつじ》方
寅《とら》二月	申《さる》方
卯《う》三月	酉《とり》方
辰《たつ》四月	戌《いぬ》方
巳《ひ》五月	亥《ゐ》方
午《うま》六月	子《ね》方
未《ひつじ》七月	丑《うし》方
申《さる》八月	寅《とら》方
酉《とり》九月	卯《う》方
戌《いぬ》十月	辰《たつ》方
亥《ゐ》十一月	巳《み》方
子《ね》十二月	午《うま》方

○歳破《さいは》の祟《たゝ》り恐《おそ》るべき實例《じつれい》を示《しめ》す

○明治《めいぢ》四十四年《ねん》八白《はつはく》中宮《ちうきう》の年《とし》三遊亭《さんいうてい》圓右《ゑんう》落語《らくご》の大家《たいか》下谷《したや》區《く》西黑門町《にしくろもんちやう》より本郷《ほんがう》區《く》湯《ゆ》島《しま》同朋町《どうぼうちやう》へ二黑土星《じこくどせい》の暗劍殺《あんけんさつ》へ向《むか》て移轉《いてん》す妻君《さいくん》は立所《たちどころ》に發病《はつびやう》し死亡《しはう》す娘《むすめ》も長病《ちやうびやう》に罹《かゝ》り然《しかる》に同區《どうく》天神町《てんじんちやう》へ吉方《きつはう》の廻《まは》る所《ところ》に移轉《いてん》して娘《むすめ》は全快《ぜんくわい》なす。圓右氏《ゑんうし》は凶方《きようはう》を犯《をか》しても無病健全《むびやうけんぜん》なり氏《し》は妾《せつ》ありて本宅《ほんたく》に宿泊《しゆくはく》する事少《ことすく》なし則《すなは》ち釋迦如來《しやかによらい》の無東西《むとうざい》にして禍害《さいがい》を知《しら》ず時《とき》に大正《たいしやう》十二癸亥年《みづのとゐとし》九月《ぐわつ》一日《じつ》の大震火災《だいしんくわさい》の後天神町《ごてんじんちやう》に假建築《かりけんちく》をなし妾《せう》を引取《ひきとり》同棲《どうせい》なす事《こと》四十五日《にち》以上《いじやう》因《よつ》て南北何《なんぼくいづ》れの所《ところ》にやあらん東西南北《とうざいなんぼく》の方《はう》位定《ゐさだ》まる後《のち》大正《たいしやう》十三四緑木星中宮《しろくもくせいちうきう》の年《とし》六月《ぐわつ》四緑中宮《しろくちうきう》の月《つき》に一箇年《かねん》の歳破南《さいはみなみ》に位《くらゐ》し八白星《はつぱくせい》の所在《しよざい》に向《むか》ひ西黒門町《にしくろもんちやう》に本宅《ほんたく》を造榮《ざうえい》し落成移轉《らくせいいてん》なすに忽《たちま》ち重病《ぢゆうびやう》に罹《かゝ》り歳破《さいは》位《くらゐ》し八白《はつはく》廻《めぐ》る所《ところ》を犯《をか》したる爲《ため》則《すなは》ち同年《どうねん》十一月八白中宮《ぐわつはつはくちうきう》の月《つき》に養生《やうじやう》かなはず死亡《しはう》す歳破凶神《さいはきようじん》の祟《たゝり》を知《し》るべし犯《をかし》たる星《ほし》の中宮《ちうきう》の月《つき》に應《しるし》あり恐《おそ》るべし。

○神棚佛檀祭所《かみだなぶつだんまつりどころ》の注意《ちうい》

○宅内《たくない》に神棚竝《かみだなならび》に宅地内《たくちない》に神《かみ》を祭《まつる》には第《だい》一丑寅《うしとら》。未申《ひつじさる》の二方《はう》に祭《まつる》こと大凶《だいきよう》なり則《すなは》ち丑寅《うしとら》。未申《ひつじさる》の二方《はう》は大陰地《だいおんち》なるが故《ゆゑ》に神德至《しんとくいた》らずして却《かへつ》て祟《たゝり》あり若《も》し俗説《ぞくせつ》を信《しん》じ右《みぎ》の二方《はう》に祭《まつる》ときは忽《たちま》ち災害《さいがい》を發《はつ》し主人短命《しゆじんたんめい》なすか家内《かない》に狂人《きようじん》を出《いだ》し家名斷絶《かめいだんぜつ》の恐《おそれ》あり注意《ちうい》を要《えう》す然《しか》れども公侯伯子男《こうくはくしだん》の爵位《しやくゐ》ある人《ひと》都合《つがふ》ありて邸宅《ていたく》より四十五歩《ほ》竝《ならび》に四十五間以上去《けんいじやうさり》たる所《ところ》に鬼門除《きもんよけ》と言《い》ふて神社《じんじや》。佛閣《ぶつかく》を置時《おくとき》は代々主人《だいだいしゆじん》の身《み》に禍害《さいがい》なき吉相《きつさう》となる理《り》ありなれども俗人《ぞくじん》には凶《きよう》なり。口傳《こうでん》。

○貴族《きぞく》の平民主義《へいみんしゆぎ》大凶《だいきよう》なるを知《し》る秘訣《ひけつ》

○文明《ぶんめい》と雖《いへど》も人《ひと》には天爵《てんしやく》と人爵《じんしやく》の區別《くべつ》あり易曰《ニ》火山旅《くわざんりよ》の五爻《ごこう》に王者《わうしや》に旅《たび》なし旅行《りよかう》をすれば則《すなは》ち位《くらゐ》を失《うしな》ふとある。参考《さんかう》露國《ろこく》の王子《わうじ》我日本《わがにほん》に見學旅行《けんがくりよかう》の時《とき》津田氏《つだし》の爲《ため》に御《ご》面部《めんぶ》に負傷《ふしやう》なす。俗人《ぞくじん》でさい面部《めんぶ》の傷《きず》は一代《いちだい》の運名《うんめい》を取損《とりそこな》ふと人相學《にんさうがく》にもあり露國王者《ろこくわうしや》の終《をは》り國《くに》も現今《げんこん》の有様《ありさま》を察《さつ》すべし。墺國《おうこく》の王子《わうじ》も旅行《りよかう》をなし塞比亞國《せるびやこく》民《みん》の爲《ため》に傷害《しやうがい》を受《うけ》。欧洲《おうしう》の大戦争《だいせんさう》となり各國《かくこく》の迷惑等《めいわくとう》皆《みな》旅行《りよかう》より起《おこり》しを知《し》られよ我帝國《わがていこく》には天子《てんし》御巡幸《ごじゆんかう》と言《い》ふ儀式《ぎしき》あり旅行《りよかう》と言《い》はず故《ゆゑ》に貴族《きぞく》は猥《みだり》に出行《でゆき》旅行《りよかう》なすは民衆《みんしゆう》の者《もの》尊敬《そんけい》せず勝手《かつて》の批評非難《ひひやうひなん》を言《い》へ上《かみ》を呪《のろ》ふ則《すなは》ち貴族《きぞく》の位《くらゐ》を失《うしな》ふの理《り》なり經《ニ》曰《ク》釋迦如來《しやかによらい》は世界《せかい》を統一《とういつ》する國《くに》は東《ひがし》にありと言《い》ふ易《えき》の説卦傳《ニ》曰《ク》帝・出《ツ》乎《ニ》震《しん》とあり我大日本帝國《わがだいにほんていこく》は世界《せかい》に無比《たぐひ》なき萬世《ばんせい》一系皇統連綿《けいいくわうとうれんめん》として國威《こくゐ》を光輝旺盛《くわうやくわうせい》なるは帝震《ていしん》に出《いづ》。震《しん》は東《ひがし》なり畏《おそれおほく》も皇太子殿下《くわうたいしでんか》を東宮《とうぐう》と申上《まをしあぐ》るは是天爵《これてんしやく》なるを悟《さと》られよ故《ゆゑ》に貴族《きぞく》の平民主義《へいみんしゆぎ》は大凶《だいきよう》なり多年《たねん》必《かなら》ず國難《こくなん》を招《まね》く凶兆《きようてう》と察《さつ》べし又我帝國《またわがていこく》を神國《しんこく》と云《い》ふは國《くに》に功績《こうせき》ある人《ひと》を神《かみ》に祭《まつる》を以《もつ》て神國《しんこく》と言《い》ふ尊《たつと》き國《くに》に生《うま》れたことを忘《わす》ざる様《やう》萬《ばん》民《みん》神《しん》明《めい》に誓《ちか》へ我《が》なす事《こと》を人《ひと》に施《ほどこ》すを常《つね》とせよ。

○附言《ふげん》世界《せかい》を照《てら》す太陽《たいやう》は一《ひと》つなり國《くに》も世界《せかい》を統一《とういつ》する國何《くにいづ》れにやあらん。我帝國《わがていこく》は天智天皇陛下《てんちてんわうへいか》自《みづか》ら日本國《にほんこく》と稱號《しようがう》せられ。易《えき》に帝東《ていひがし》に出《いづ》るとあり。釋尊《しやくそん》も世界《せかい》を統一《とういつ》する國《くに》は東《ひがし》にありと言《い》ふ故《ゆゑ》に日本《ひのもと》は必《かなら》ず世界《せかい》を照《てら》す國號《こくがう》なり。

○法《はふ》は燈火《ともしび》の如《ごと》く闇《やみ》を照《てら》して路《みち》を示《しめ》す。

○世《よ》の中《なか》を怠《おこた》りて暮《くら》らす者《もの》は罪悪《ざいあく》多《おほ》し勤《つと》めざる者《もの》は下賤《げせん》なり。

○有徳《かしこき》の人《ひと》を誹《そしる》は天《てん》に向《むかつ》て唾《つは》きするが如《ごと》く却《かへつ》て逆來《おちきたり》て其身《そのみ》を汚《けが》す。

○正直《しやうちき》を行《おこな》へば限《かぎ》りなき福來《さいはひきた》るべし。

○煩惱《ぼんなう》の累《きづな》を脱《だつ》すること能《あた》はざる者《もの》に施《ほどこ》すは不毛《やせ》たる地《ち》に種《たね》を蒔《まく》が如《ごと》し。

○世等《よのひと》は細《ほそ》き糸《いと》で綾《あや》つる偶人《にんぎやう》の如《ごと》し。

○神棚《かみだな》を祭《まつ》る祕訣《ひけつ》

○神棚《かみだな》は穢多《けがれおほ》き宅内《たくない》に祭《まつる》は憚《はゞか》り多《おほ》き事《こと》なれば遙《はるか》に拜《はい》し天下泰平國家安穩家內安全《てんかたいへいこくかあんおんかないあんぜん》願望成就子孫長久《ぐわんまうじやうじゆしそんちやうきう》を祈念《きねん》をなす爲《ため》に神靈降臨《しんれいかうりん》を給《たまは》る所《ところ》なれば最《もつと》も尊敬《そんけい》を重《おもん》じ穢《けがれ》ぬ

樣拜《やうはい》されよ若《も》し不《ふ》敬《けい》の事《こと》あれば神徳《しんとく》至《いたら》ずして却《かへつ》て祟《たゝり》をなす恐《おそる》べし故《ゆゑ》に神棚《かみだな》は。なるべく別間《べつま》に設《まう》くべし間數《かず》少《すくな》き家《うへ》は。押入《おしいれ》。袋棚《ふくろだな》の中《なか》に祭《まつる》べし。寢間《ねま》は穢《けがれ》多《おほ》く凶《きよう》なり或《あるひ》は商店《しやうてん》は多《おほ》く往來《わうらい》の見當《みつけ》等《とう》に祭《まつ》る大《おほい》に非禮《ひれい》の甚《はなはだ》しき者《もの》なり又《また》神棚《かみだな》の下《した》を朝《あさ》夕《ゆふ》に通行《つうかう》するも最《もつとも》も不《ふ》敬《けい》なり方位《はうゐ》は家《いへ》の中央《ちうあう》に祭《まつ》るか。戌亥《いぬゐ》の方《かた》大吉《だいきつ》なり。辰巳《たつみ》は遠福《えんぷく》來《きた》る所《ところ》なれば同論《どうろん》吉《きつ》なり餘《よ》は東《とう》。西《ざい》。南《なん》。北《ほく》向《むき》に祭《まつる》も差支《さしつかへ》なし。丑寅《うしとら》の方《かた》に祭《まつ》れば足腰《あしこし》に腫物《はれもの》の病《やまひ》を發《はつ》す或《あるひ》は神經痛《しんけいつう》。血液《けつえき》不《ふ》順《じゆん》の難病《なんびやう》を招《まね》く。未申《ひつじさる》の方《かた》に祭《まつれ》れば胃《ゐ》腸病《ちやうびやう》又《また》は血液《けつえき》不《ふ》順《じゆん》を主《つかさ》どると知《し》るべし。

○佛檀《ぶつだん》を祭《まつ》る祕訣《ひけつ》

○數代《すうだい》何々《なに〳〵》家《け》と人《ひと》に知《しら》るゝ家《いへ》は祖先《そせん》の歷史《れきし》を聞《きく》に數年間《すうねんかん》の苦辛《くしん》艱難《かんなん》の功績《こうせき》ありし人《ひと》の子孫《しそん》なる事《こと》明《あきらか》なり。何々《なに〳〵》家《け》と稱《しよう》するは皆《みな》先祖《ぜんそ》の功勞《こうらう》により公侯《こう〳〵》伯子《はくし》男《だん》富豪《ふがう》ともに其《その》恩澤《おんたく》の結晶《けつしやう》なれば其《その》先祖《せんぞ》の靈《れい》を安置《あんち》なす佛檀《ぶつだん》なり故《ゆゑ》に東向《ひがしむき》に祭《まつ》れば家内《かない》和《わ》合《がふ》して發達《はつたつ》の氣《き》を得《う》るとす西向《にしむき》も吉事《きじ》多《おほ》く同論《どうろん》なり。南向《みなみむき》も差支《さしつかへ》なし戌亥《いぬゐ》に祭《まつ》り辰巳《たつみ》の方《かた》に向《むか》ふ家業《かげふ》繁昌《はんじやう》遠福《えんふく》を招《まね》く大吉相《だいきつさう》なり。辰巳《たつみ》に祭《まつる》も吉《きつ》なり。但《たゞ》し北向《きたむき》に祭《まつ》れば其家《そのいへ》より發狂《はつきやう》の者《もの》を出《いだ》す其理《そのり》は易《えき》を北《きた》に先祖《せんぞ》となす佛檀《ぶつだん》の靈《れい》と先祖《せんぞ》の位《くらゐ》と相對《あひたい》す因《よつ》て陰《いん》と陰《いん》との爭《あらそ》ふ意《い》にして種々《しゆぐ》の難厄《なんやく》を招《まね》くと知《し》るべし○靈牌《れいはい》には日《ひ》々香火《かうくわ》を獻《けん》じ尊信怠《そんしんおこた》らず資財《しざい》を守《まも》り人格《じんかく》を下《くだ》さす父母目上《ふはめうへ》に從《したが》へ兄弟目下《きやうだいめした》を愛《あい》し先祖《せんぞ》を辱《はづか》しめざる樣注意《やうちうい》あれば自然《しぜん》に神佛《しんぶつ》の加護《かご》あり萬代不易《まんだいふえき》なす事疑《ことうたがひ》なし余數年《よすうねん》多《おほく》の人《ひと》を試見《ためしみ》るに祖先《そせん》の靈《れい》を祭《まつり》ざる者《もの》は子孫《しそん》に不幸不具者《ふかうふぐしや》竝《ならび》に不常識《ふじやうしき》の者《もの》を出《いだ》し而已《のみ》ならず祖先《そせん》の讓迄《ゆづりまで》を失《うしな》ひ法律《はふりつ》を顧《かへり》みず放蕩無賴《はうとうぶらい》にして行居不明等《ゆくゐふめいとう》にて妻子迄《さいしまで》を辱《はづか》しむる者《もの》に多《おほ》し又靈《またれい》は陰《いん》なれば丑寅《うしとら》。未申《さる》の方《かた》に祭《まつ》る時《とき》は種々《しゆぐ》の難厄《なんやく》を招《まね》き父母《ふぼ》に反《はん》する子孫《しそん》を出《いだ》し淫婦狂人等《いんぶきやうじんとう》の爲《ため》に家名《かめい》を穢《けが》す恐《おそれ》れあり。

○先祖《せんぞ》の祟《たゝり》を知《し》る祕訣《ひけつ》

○人相學《にんさうがく》は甲《かふ》の人《ひと》研究《けんきう》して乙《おつ》の人是《ひとこれ》を試見《ためしみ》て的中《てきちう》の結果《けつくわ》。丙丁戊巳《へいていぼうき》の人《ひと》に至《いた》る迄《まで》實物經驗《じつぶつけいけん》して今日迄疑《こんにちまでうたがひ》なき學術《がくじゆつ》にして余《よ》も他年《たねん》の實例《じつれい》を示《しめ》す者《もの》なれば最《もつと》も恐《おそ》るべし。大指圖《おほゆびづ》の如《ごと》きは蛇頭屈曲《じやとうくつきよく》と言《い》ふて先祖《せんぞ》の祟《たゝり》を受《うけ》る者《もの》とす故《ゆゑ》に祖田《そでん》を盡《つく》し破《やぶ》り終身孤獨《しうしんこどく》なるか或《あるひ》は其身多病《そのみたびやう》にして不仕合《ふしあはせ》なり因《よつ》て公候伯子男《こうくはくしだん》の家《いへ》と雖《いへ》ども此人《このひと》

蛇頭屈曲之圖

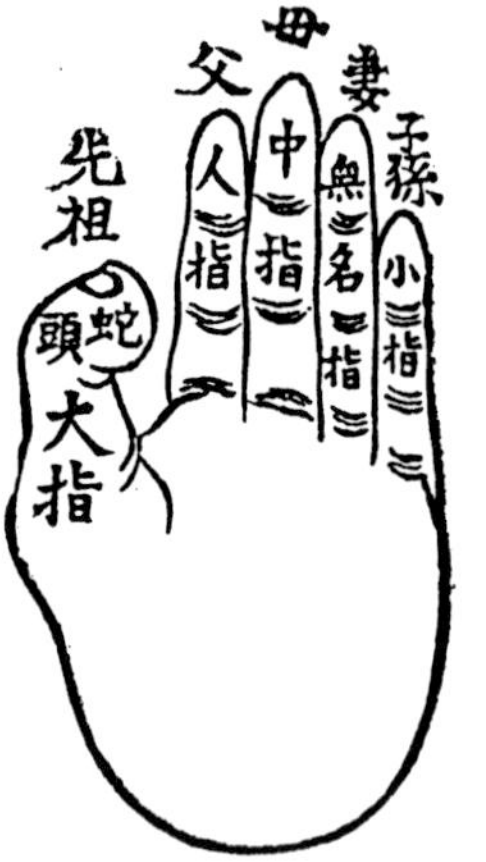

髪際之渦毛巻

を以《もつ》て相續《さうぞく》なせば必《かなら》ず貴族《きぞく》の禮遇停止《れいぐうていし》は勿論《もちろん》祖先《そせん》の怒甚《いかりはなはだ》しき者《もの》なれば家名斷絶《かめいだんぜつ》なると知《し》られよ又髪際《またはつさい》に圖《づ》の如《ごと》き渦毛巻《うづけまき》ある者《もの》は親《おや》の家《いへ》を相續《さうぞく》する時《とき》は同《おな》じく先祖《せんぞ》の祟《たゝり》ある人《ひと》なれば必《かなら》ず家名斷絶《かめいだんぜつ》なすか社會主義《しやくわいしゆぎ》として國法《こくはふ》を犯《をか》す恐《おそ》れあれば總領《そうりやう》なりとも早《はや》く養子《やうし》にやるか獨立《どくりつ》させる。女子《ぢよし》と雖《いへど》も相續《さうぞく》なせば同論《どうろん》なり他年數人《たねんすうにん》を試見《ためしみ》るに違《たが》はず必《かなら》ず疑《うたが》ふこと勿《なか》れ大《おほい》に警戒《けいかい》を要《えう》す。口傳《こうでん》。

○常人《つねびと》の家《いへ》に祟《たゝり》ある辨《べん》

○俗人《ぞくじん》の家《いへ》に寶物《はうもつ》として由緒《ゆゐしょ》ある眞筆《しんひつ》尊像《そんざう》等《とう》ある家《いへ》は必《かなら》ず災害《さいがい》多《おほ》く貧窮《ひんきう》なし子孫《しそん》に崇《たゝ》ると知《し》るべし群馬縣《ぐんまけん》前橋《まへはし》の舊知事《きうちじ》松平大和守《まつだひらやまとのかみ》より後龜山天皇《ごかめやまてんわう》御眞筆《ごしんひつ》墨繪《すみゑ》雉《きじ》の軸《ぢく》を大富豪《だいふがう》須田家《すだけ》拜領《はいりやう》忽《たちま》ち破産《はさん》なし勝澤《かつさは》の富豪《ふがう》五十嵐家《いがらしけ》買取《かひとり》同《おなじ》く破産《はさん》其後《そのご》二三の家《いへ》も皆《みな》破財《はざい》す故《ゆゑ》に本尊《ほんぞん》の御身體《ごしんたい》を造《つく》る時《とき》は吉方《きつはう》の作者《さくしや》に依賴《たのみ》其御尺長短《そのみたけちやうたん》の吉凶《きつきよう》を選定《せんてい》すべき事《こと》第《だい》一の心得《こゝろえ》なり又《また》名作《めいさく》の靈佛《れいぶつ》名筆《めいひつ》の名號《めいがう》等《とう》ある佛體《ぶつたい》畫像《ぐわざう》は徒《いたづ》らに箱《はこ》に納置《をさめおく》ときは家人《かじん》に崇《たゝ》り疾病《しつぺい》の憂《うれひ》多《おほ》く殊《こと》に妻子《さいし》に無事《ぶじ》を得《う》ることなし依《よつ》て是等《これら》の神《しん》靈《れい》は神社《じんじや》。佛體《ぶつたい》は菩提寺《ぼだいじ》へ納置《をさめおく》か或《あるひ》は祭檀《さいだん》を構《かま》へ日日《ひゞ》に御酒《おみき》上燈《じやうとう》なし佛靈《ぶつれい》には香《かう》火《くわ》を獻《けん》じ尊心《そんしん》怠《おこた》らざる樣《やう》注意《ちうい》を要《えう》す。

○嵯峨帝《さがてい》の尊像《そんざう》由來《ゆらい》　（東京朝日新聞）大正十三年十一月七日

○獨逸《どいつ》へ入《はい》つた徑路《けいろ》がわかる

不思議《ふしぎ》な因緣《いんえん》つきで持つ人《ひと》が皆《みな》貧乏《みんはふ》する

○伯林《べるりん》博物館《はくぶつくわん》日本部《にほんぶ》で發見《はつけん》された嵯峨帝《さがてい》の尊像《そんざう》が何《ど》うして外人《ぐわいじん》の手《て》に渡《わた》つたか・比叡山《ひえいざん》で紛失《ふんしつ》したのは誤聞《ごぶん》で上野《うへの》寛永寺《くわんえいじ》に在《あ》つたものが轉々《てんてん》して獨逸《どいつ》に行《い》つた事《こと》

が解《わか》つた。尊像《そんざう》には落欵《らくくわん》こそなけれ。平安朝《へいあんてう》三筆《ぴつ》の一人參議《にんさんぎ》小野篁《をののたかむら》の筆《ふで》になつたもので。元龜《げんき》二年《ねん》織田信長《おだのぶなが》の兵火《へいくわ》を免《まぬか》れて延暦寺《えんりやくじ》の靈寶《れいほう》として嚴重《げんぢゆう》に保存《ほぞん》されて居《ゐ》たのだが。尊像《そんざう》にはいやちこな靈驗《れいけん》がありこれを保管《ほくわん》する者或《ものあるひ》は關與《くわんよ》する者《もの》に若《も》し徳足《とくた》らざれば必《かなら》ず貧窮《ひんきう》に陷《おちい》り又《また》は不時《ふじ》の災厄《さいやく》に遭遇《さうぐう》すると宣傳《いひつた》へられて居《ゐ》たものだ。それで之《こ》れを保管《ほくわん》して居《ゐ》た比叡山《ひえいざん》十六谷中《たにちう》一番財政《はんざいせい》の豐《ゆた》かであつた無動《むどう》寺谷《じたに》の如《ごと》きも遂《つひ》に貧乏《びんばふ》のドン底《ぞ》に陷《おちい》つてしまつた。それは天保年間《てんほねんかん》のことで。無《む》動寺谷《どうじたに》から東叡山寛永寺《とうえいざんくわんえいじ》が尊像《そんざう》を引受《ひきう》けて保管《ほくわん》する事《こと》になつた。當時寛永寺《たうじくわんえいじ》の執《しつ》事某《じほう》が右尊像《みぎそんざう》と引換《ひきかへ》に叡山《えいざん》に對《たい》し三百圓《ゑん》の金《かね》を渡《わた》したのがそも〳〵間違《まちが》ひの遠因《ゑんいん》を作《つく》つたので。この金《かね》は執事《しつじ》の言《げん》で云《い》へば機密費《きみつひ》から一時《じ》立替《たてか》へたのだが。機密《きみつ》費整理《ひせいり》の際執事《さいしつじ》は非常《ひじやう》の窮境《きうきやう》にあつたので。これを救《すく》ふため當時山内寒松院《たうじさんないかんしようゐん》の住《ちう》職故多田孝泉師《しよくこただかうせんし》が自《みづか》ら三百圓《ゑん》を出《だ》して一時尊像《じそんざう》を預《あづ》かつた。かくて催促《さいそく》する者《もの》もなくいつしか寒松院《かんしようゐん》の寶物《ほうもつ》となつてしまつたのである。同師《どうし》の死後弟子《しごでし》の多田孝《ただかう》成師《せいし》（現在神奈川縣秦野町命德寺住職《げんざいかながはけんはたのちやうみやうとくじぢうしよく》）が保管《ほくわん》の任《にん》に當《あた》つた。これより先明治《さきめいぢ》十四五年頃《ねんごろ》今《いま》の日本《にほん》美術《びじゆつ》協會《けふくわい》の前身《ぜんしん》龍池會《りうちくわい》が金子《かねこ》堅太郎《けんたらう》子等《しら》によつて起《おこ》され第《だい》一回《くわい》の展覧會《てんらんくわい》を開《ひら》いた時《とき》右《みぎ》尊像《そんざう》も展観《てんくわん》され。當時《たうじ》の帝室《ていしつ》技藝《ぎげい》委員《ゐゐん》。山名《やまな》貫義《くわんぎ》氏の勸説《くわんぜい》により帝室《ていしつ》博物館《はくぶつくわん》に買上《かひあ》げ話《はなし》があつたが。孝泉師《かうせんし》があまり慾張《よくは》つたので纏《まと》まらなかつた。サテ孝泉師《かうせんし》も所謂《いはゆる》尊像《そんざう》の祟《たゝ》りか。災難《さいなん》相《あひ》重《かさ》なり矢張《やは》り貧乏《びんぼふ》した。遂《つひ》に仕《し》末《まつ》に困《こま》つて賣物《うりもの》に出《だ》すと。それを預《あづか》つて持《も》ち廻《まは》つた人《ひと》も同《おな》じく忽《たちま》ち家財《かざい》を失《うしな》ひおまけに病歿《びやうぼつ》してしまふ最後《さいご》に尊像《そんざう》を預《あづ》かつたのは當時《たうじ》觀善院《くわんぜんゐん》の住職《ぢうしよく》遠賀《おが》師《し》だがこの間《かん》に尊像《そんざう》は幾分《いくぶん》か質庫《しちぐら》におかれて居《ゐ》たこともあり。骨董商人《こつとうしやうにん》の懐中《くわいちう》に忍《しの》んだ事《こと》もある。宮内省《くないしやう》で買上《かひあ》げて貰《もら》はうと時《とき》の宮内大臣《くないだいじん》田中《たなか》光顯《くわうけん》伯《はく》や渡邊《わたなべ》（千秋《ちあき》）内藏《くら》頭《のかみ》の許《もと》に持《も》ち込《こ》んだこともある。現《げん》に上野《うへの》輪王寺《りんのうじ》門跡《もんぜき》大照《おほてる》圓朗《ゑんらう》師《し》の如《ごと》きもあまりに畏《おそ》れ多《おほ》いと云《い》ふので暫《しばら》く預《あづか》つた事《こと》もあるが矢張《やは》り貧乏《びんぼふ》に攻《せ》められ。結局《けつきよく》遠賀《おが》師《し》の手《て》から京都《きやうと》の某《ぼう》骨董屋《こつとうや》に移《うつ》り獨人《どくじん》キユンメル氏《し》が千八百圓《ゑん》で買取《かひと》つてしまつた件《くだん》の遠賀《おが》師《し》はその後《ご》川越《かはごえ》喜多院《きたゐん》の住職《ぢうしよく》となつたが罪《つみ》に座《ざ》したるも執行猶豫《しつかういうよ》となり蟄居《ちつきよ》京都《きやうと》の道具屋《だうぐや》は破産《はさん》最後《さいご》に保管《ほくわん》してる獨逸《どいつ》皇室《くわうしつ》は間《ま》もなく起《おこ》つた世界大戰《せかいたいせん》で廢滅《はいめつ》の憂目《うきめ》を見て居《ゐ》るから不思議《ふしぎ》といへば不思議《ふしぎ》である。勿論《もちろん》伯林《べるりん》博物館《はくぶつくわん》では非《ひ》常《じやう》に大切《たいせつ》に保管《ほくわん》してあるさうで、曾《かつ》て我《わ》が或《あ》る宮様《みやさま》が獨逸皇室《どいつくわうしつ》を訪《と》はれた時《とき》。カイゼルは特《とく》に式部官《しきぶくわん》を御案内役《ごあんないやく》に日本《にほん》の香《かう》を焚《た》いて尊像《そんざう》を御覧《ごらん》に入《い》れたと云《い》ふことである。

○曩《さき》に本紙《ほんし》が報道《はうだう》した獨逸《どいつ》に於《お》ける嵯峨帝御畫像《さがていおんぐわざう》を御覧《ごらん》になつた宮様《みやさま》と云《い》ふのは久邇宮邦彦王殿下《くにのみやくによしわうでんか》であつて畫像《ぐわざう》の前《まへ》には香爐《かうろ》に日本《にほん》の名香《めいかう》を焚《た》いてあつたといふも間違《まちが》ひないさうだ。

○畏《おそれおほ》いが歴代《れきだい》の御肖像《ごせうざう》は我帝室《わがていしつ》にも十分揃《そろ》はず。從《したが》つて完全《くわんぜん》には解《わか》つて居《ゐ》ないので最近《さいきん》になつて御肖像調査《ごせうざうてうさ》も開始《かいし》せられてゐるさうだ。

○四季《しき》の土用《どよう》を論《ろん》ず

○四季《しき》の土用中《どようちう》。宅地内《たくちない》の土《つち》を動《うごか》す事《こと》を忌《い》む。土用《どよう》は春夏秋冬《はるなつあきふゆ》共《とも》に十八日《にち》づゝあり此節《このせつ》に種蒔《たねまき》。柱立《はしらだて》。井戸掘《ゐどほり》。壁塗《かべぬり》。築山《つきやま》或《あるひ》は堤《つゝみ》の普請等《ふしんとう》一切《さい》注意《ちうい》を要《えう》す別《べつ》して五黄殺《ごわうさつ》。都天殺等《とてんさつとう》の方位《はうゐ》を犯《をか》せば戸主《あるじ》立所《たちところ》に死亡《しばう》の災害《たゝり》あり。五黄《ごわう》は九星中《きうせいちう》の主《しゆ》星《せい》にして殺神《さつじん》なり又都天《またとてん》は十干中《じつかんちう》の主位《しゆゐ》たり。共《とも》に中央土《ちうわうつち》の正位《せいゐ》より起《おこ》り衆陰《しゆういん》の主《つかさ》なればなり。土《つち》は則《すなは》ち萬物《ばんぶつ》を生育《せいいく》するの徳《とく》あり且《か》つ中央《ちうあう》に位《くらゐ》して四隅《よすみ》に居《を》る金《きん》水木火《すゐもくくわ》皆土《みなつち》より生《しやう》じて。皆土《みなつち》に歸《かへ》る所以《ゆゑん》なり。其功徳實《そのこうとくじつ》に至大《しだい》なりと謂《い》ふべし。四季《しき》の土用《どよう》は最《もつと》も土《つち》の旺《さかん》なる時《とき》なれば殊《こと》に土《つち》を動《うご》かし取《と》る事《こと》を禁《きん》ずる者《もの》と知《し》るべし。

○地鎮祭祀《ちしづのまつり》の祕訣《ひけつ》

○新《あらた》に家屋《かをく》を建築《けんちく》せんと欲《ほつ》する時《とき》は先《さき》に吉方《きつはう》の良地《りやうち》を選定《せんてい》すべきは勿論《もちろん》なり又其《またその》方位吉方《はうゐきつはう》なりと雖《いへど》も芥《ごみ》。石炭殻《せきたんがら》を埋《うづ》む。井戸《ゐど》。池等《いけとう》を埋《うづ》むる土地《とち》或《あるひ》は神社佛閣等《じんじやぶつかくとう》の遺跡《ゐせき》ある所《ところ》は最《もつと》も恐《おそ》るべし靈地《れいち》と言《いつ》て大陰地《だいいんち》なり。又汚不浄《またけがれふじやう》の氣《き》ある時《とき》は。家《か》人《じん》に病難或《びやうなんあるひ》は災害多《さいがいおほ》く子孫《しそん》に不具者狂人《ふぐしやきやうじん》法律《はふりつ》を顧《かへり》みず社會主義等《しやくわいしゆぎとう》の者《もの》を出《いだ》し家名《かめい》を穢《けが》し永住《えいぢう》なす事能《ことあた》はず且《か》つ死絶《しにたへ》の憂《うれひ》あり故《ゆゑ》に土殺《どさつ》を避《さけ》地神《ちじん》を鎮《しづむ》る爲《ため》に祈禱祭祀《きたうまつり》のみを修《しう》するとも敢《あへ》て土殺陰悪《どさついんあく》の氣《き》を鎮《しづむ》る事能《ことあた》はず。良法《りやうはふ》は先地面《まづぢめん》の汚《けがれ》たる土《つち》を深《ふか》さ三尺以上《さんじやくいじやう》の間取除《あひだとりのぞ》き吉選法《きつせんはふ》により。吉方《きつはう》の淸《きよ》き土《つち》を持來《もちきた》り之《これ》を塡《うづむ》れば不浄《じやう》の氣《き》退《たい》散《さん》なし清淨《せいじやう》の宅地《たくち》となりて其家人《そのかじん》の身體《しんたい》を健康《けんかう》にし家運《かうん》を榮昌《えいしやう》ならしむるの功徳《こうとく》ありと知《し》られよ但《たゞ》し君子《くんし》曰《ノク》陰靈《いんれい》の氣《き》は地中《ちちう》に止《とゞ》まると論《ろん》じ何百年《なんびやくねん》經過《けいくわ》るすも忌《いむ》と言《い》ふ恐《おそ》るべし井戸《ゐど》埋《うづま》れたを避《さけ》る法《はふ》は他《た》に委《くはし》く論《ろん》ず。

○燒地《やけち》の土殺《どさつ》を除《のぞ》く祕訣《ひけつ》

○家宅燒失《かたくしやうしつ》に及《およ》びたるものは其《そ》の地《ち》。土《つち》の徳《とく》を燒《やき》て萬物《はんぶつ》を生育《せいいく》なす生氣《せいき》を失《うしな》ふ土《と》地《ち》なる事《こと》を知《し》られよ故《ゆゑ》に其儘《そのまゝ》再建築《さいけんちく》して住居《ぢうきよ》を營《いとな》む時《とき》は必《かなら》ず家人《かじん》の發達《はつたつ》を妨《さまた》ぐるものなり。然《しか》るに火災《くわさい》に罹《かゝ》る者多《ものおほ》く營利《えいり》に汲々《きふ〳〵》たるが故《ゆゑ》に方位家相《はうゐかさう》の事《こと》も顧《かへり》みるに遑《いとま》なく一日一刻《いちにちいつこく》も早《はや》く先《さき》を爭《あらそ》ふて凶方《きようはう》を犯《をか》し種々《しゆ〴〵》の災害《さいがい》に遇《あふ》て大《おほい》に困難《こんなん》に終《をは》る者多《ものおほ》し余他年《よたねん》の經驗《けいけん》あり因《よつ》て吉方《きつはう》に移轉《いてん》するか或《あるひ》は燒跡《やけあと》は深《ふか》さ一尺以上《しやくいじやう》の間地面《あひだちめん》の土《つち》を取《と》り替《かふ》べし。若《も》し借地《しやくち》。宅地面積等廣大《たくちめんせきとうくわうだい》にて費用莫大《ひようばくだい》を厭《いと》はゞ。唯地面《たゞちめん》の燒土及《やけつちおよ》び瓦燒石等《かはらやけいしとう》を取捨《とりすて》て吉方《きつはう》より清《きよ》き土《つち》を取來《とりきた》りて地面《ぢめん》に敷《し》き地神祭《ちしんさい》を營《いとな》み且《かつ》つ移轉《いてん》は吉選法《きつせんはふ》を以《もつ》て爲《な》せば是頗《これすこぶ》る簡易《かんい》の良法《りやうはふ》なり。

○住宅《ぢうたく》に地下室穴藏大凶《ちかしつあなくらだいきよう》を論《ろん》ず

○住宅《ぢうたく》の中央《ちうあう》に地下室《ちかしつ》。穴藏等《あなぐらとう》を置《お》く時《とき》は主人《しゆじん》必《かなら》ず短命《たんめい》なすか養子《やうし》をなすか妻子《さいし》に至《いた》る迄《ま》で血液不順《けつえきふじゆん》の難病《なんびやう》を主《つかさど》り死絶《しにたえ》の患《うれひ》あり其理《そのり》は五行《ごぎやう》の不備《ふび》なす家《いへ》は何人住《なんぴとちう》居《きよ》なすも失敗《しつはい》に終《をは》るなり五行《ごぎやう》とは萬物《ばんぶつ》を生《しやう》ずる自然《しぜん》の數《すう》にして三元《さんげん》と稱《しよう》す。三元《さんげん》とは一《いち》は二《に》を生《しやう》じ。二《に》は三《さん》を生《しやう》じ。三《さん》は萬物《ばんぶつ》を生《しやう》ず是《こ》れ天地人《てんちじん》の三歳《さんさい》を云《い》ふ則《すなは》ち一、二、三を以《もつ》て天地《てんち》の用數《ようすう》と爲《な》し。其數《そのすう》一に始《はじま》り九に終《をは》り木《もく》。火《くわ》。土《ど》。金《きん》。水《すゐ》の五行備《ぎやうそなは》り萬物《ばんぶつ》を生育《せいいく》す故《ゆゑ》に一二三四。六七八九。其中央《そのちうあう》に五は位《くらゐ》し國王《こくわう》の位《くらゐ》に有《あ》りて四方《しはう》の木火金水《もくくわきんすゐ》を指揮《しき》し造化功用《ざうくわこうよう》極《きはま》りなき九星中《きうせいちう》最《もつと》も尊《たつと》き君位《くんゐ》にある所《ところ》を掘下《ほりさ》げ地下室《ちかしつ》。穴藏《あなぐら》となす故《ゆゑ》に王《わう》なく大統領《だいとうりやう》もなく自由土匪《じいうどひ》の集會《しふくわい》の如《ごと》くなり因《よつ》て家族忽《かぞくたちま》ち取締《とりしまり》なく家業衰《かげふおとろ》ひ破財《はざい》を招《まね》くか離散《りさん》なす恐《おそれ》あるべし。なれども營業場《えいげふじやう》或《あるひ》は現代式《げんだいしき》の。ビルデングは宅主《たくしゆ》の住宅《ちうたく》にあらざれば差支《さしつかへ》なし。但《たゞ》し地下室《ちかしつ》に長《なが》く勤《つとむ》る者《もの》は次第《しだい》に血液不順《けつえきふじゆん》となり病毒《びやうどく》の爲《ため》に不具者《ふぐしや》又《また》は禿頭病等《とくとうびやうとう》に罹《かゝ》る者多《ものおほ》く試《ためし》見《み》よ且樹木《かつじゆもく》を鉢《はち》に植付《うゑつけ》十日《とうか》も地下室《ちかしつ》に入置《いれお》けば忽《たちま》ち落葉《らくえふ》す衞生上《ゑいせいじやう》より論《ろん》ずるも空《くう》氣《き》の惡《あし》き所以《ゆゑん》なりと知《し》られよ其他地下室《そのたちかしつ》。穴藏構所《あなぐらかまえどころ》により一様《やう》ならず。口傳。

○茶室構所《ちやしつかまえどころ》の祕訣《ひけつ》

○茶室《ちやのま》は閑雅遊樂《かんがいうらく》の者《もの》にして要用《えうよう》の所《ところ》にあらざれば何《いづ》れに置《おく》と雖《いへど》も差支《さしつかへ》なしと論《ろん》ずる者《もの》もある然《しか》るに其構所《そのかまえどころ》により大《だい》なる災害《さいがい》を招《まね》く者多《ものおほ》く試見《ためしみ》るに茶《ちや》の間《ま》は四疊《でふ》半《はん》の建築《けんちく》に定《さだ》むる者普通《ものふつう》なり元來此間《ぐわんらいこのま》の疊數《たゝみかず》は☳震《しん》は四の數《すう》。☴巽《そん》は五の數《すう》にして木《き》に屬《ぞく》し震《しん》は東毎日日光《ひがしまいにちにつくわう》の生《うまれ》る所《ところ》。巽《そん》は世間《せけん》となし。福地《ふくち》となし。高《たかし》港《みなと》となし。萬物齊《ばんよつとゝの》ふ所《ところ》。風門《ふうもん》と稱《しよう》し陽氣已《やうきすで》に發生《はつせい》する所《ところ》にして假令《たとへ》ば山上《さんじやう》に草木《さうもく》の生育《せいいく》する間數《ますう》なれば宅中《たくちう》にも此《こ》の四疊半一間居時《でふはんひとまおくとき》は最《もつと》も大吉《だいきち》なり然《しか》るに其構所《そのかまえどころ》は家《いへ》の中央《ちうあう》より北《きた》の方《かた》にあるは水生木《すゐしやうもく》の理《り》にして其徳《そのとく》を顯《あらは》す大吉相《だいきつさう》なり又南《またみなみ》に構《かまえ》るも木生火《もくしやうくわ》にして吉事多《きちじおほ》く。東及《ひがしおよ》び辰巳《たつみ》に備《そなふ》るも次《つぎ》に吉相《きつさう》とす但《たゞ》し戌亥《いぬゐ》は金剋木《きんこくもく》にして凶《きよう》なり。丑寅《うしとら》。未申《ひつじさる》の方《かた》に構《かまえ》るは木剋土《もくこくど》にして最《もつと》も大凶相《だいきようさう》なり必《かなら》ず種々《しゆ〴〵》の害難《がいなん》を招《まね》くと知《し》るべし注意《ちうい》を要《えう》す。

○竈設地《かまどせつち》の吉凶《きつきやう》を論《ろん》ず

○竈《かまど》は五行《ぎやう》の實體全備《じつたいぜんび》し五味《ごみ》を調和《てうわ》し命《めい》を養《やしな》ふ根元《こんげん》にして人用第《にんようだい》一の要所《えうしよ》なり。

故《ゆゑ》に土間《どま》に備《そな》ふる竈《かまど》は萬物生育《ばんぶつせいいく》の徳《とく》ある地氣《ちき》を燒《やく》の理《り》あれば自然《しぜん》に大《だい》なる損害《そんがい》を招《まね》く。丑寅《うしとら》。未坤《ひつじさる》の地及《ちおよ》び中央《ちうあう》の場所《ばしよ》に構置《そなえおく》こと最《もつと》も大《おほい》に凶《きよう》とす又《また》火口《ひくち》も丑寅《うしとら》。未申《ひつじさる》の方《かた》に向《むか》ひたるは種々《しゆじゆ》の災害多《さいがいおほ》く家族《かぞく》に疾病《しつぺい》たへず。西《にし》。戌亥《いぬゐ》に向《むか》ふは散財《さんざい》を主《つかさど》る凶相《きようさう》なり若《も》し北《きた》に向《むか》ふは爭論絶《さうろんたえ》ず或《あるひ》は發狂《はつきやう》の人《ひと》を出《いだ》す凶相《きようさう》なり恐《おそ》るべし唯《たゞ》東南則《ひがしみなみすなは》ち辰巳《たつみ》に向《むか》ふ火口《ひくち》を以《もつ》て大吉相《だいきつさう》とす又《また》は東《ひがし》に向《むか》ふは福祿發生《ふくろくはつせい》の善相《ぜんさう》とす。南《みなみ》に向《むか》ふは家業繁榮《かげふはんえい》して子孫無事《しそんぶじ》を主《つかさど》るなり八宅明鏡《はつたくめいきやう》ニ曰《いはく》宅主《たくしゆ》の本命《ほんめい》に隨《したが》ひ吉凶《きつきよう》ありと言《い》ふは納甲《なふかふ》を用《もちひ》て凶《きよう》を防《ふせ》ぐ法《はふ》あれども複雜《ふくざつ》にして常人《つねびと》には用《もち》ゆる事不可能《ことふかのう》なり。

○竈築替《かまどつきかへ》の祕訣《ひけつ》

竈《かまど》は水火木金土《すゐくわもくきんど》の五行《ぎやう》を以《もつ》て。體用《たいよう》を備《そな》へ飲食《いんしよく》の爲《た》めに一日《にち》も缺《かく》べからざる所《ところ》の物《もの》にして最《もつと》も貴重《きちよう》すべく決《けつ》して忽略《ゆるがせ》にすべからざる樣注意《やうちうい》を要《えう》す若《も》し穢《けが》す時《とき》は立所《たちどころ》に釜神《かまどがみ》の怒《いかり》にふれ家族《かぞく》に劇烈《げきれつ》の熱性及《ねつしやうおよ》び急劇《きふげき》なる下痢病或《げりびやうあるひ》は窒扶斯《ちよす》に罹《かゝ》り死亡《しばう》の災危《さいやく》を招《まね》く恐《おそ》るべし故《ゆゑ》に是《これ》を築造《ちくざう》するには第一《だい》に家族《かぞく》の吉方《きつはう》より土《つち》を取《とり》よせ。

清香《せいかう》を焚薫《たきくゆら》して。鹽《しほ》を巻《まき》。御酒《みき》を獻《けん》じ。猶能《なほよ》く汚濊《けがれ》の氣《き》を去《さり》て用《もち》ゆべし又年《またとし》を經《へ》て築替《つきがへ》の時《とき》は破却《こわ》したる古土《ふるつち》を直《たゞ》ちに往來《わうらい》の穢《くは》き所《ところ》へ埋《うづ》め踏汚《ふみけが》す時《とき》は三年以内《ねんいない》に疾病災害《しつぺいさいがい》を招《まね》くと知《し》るべし因《よつ》て舊土《ふるつち》は能《よ》く清水《せいすゐ》を濺《そゝ》ぎ潤《うるは》し吉方《きつはう》の地中《ちちう》に埋《うづ》め速《すみや》かに生土《せいど》に歸《き》せしむべし是《こ》れ五行《ぎやう》の至徳《しとく》を重《おも》んじ天地生々代謝《てんちせい〳〵ちつりかはり》の功《こう》を助《たす》くる者《もの》なり

○柱《はしら》を接家《つぎいへ》の大凶《だいきよう》を論《ろん》ず

○住宅《ぢうたく》には四方柱《はうはしら》を要《えう》す是《これ》五行《ぎやう》の木《もく》。火《くわ》。金《こん》。水《すゐ》にして中央《ちうあう》に土《つち》を配《はい》し。東方《ひがしかた》の木《き》は。南方《なんはう》の火《ひ》を生《しやう》じ。南方《なんはう》の火《ひ》は。中央《ちうあう》の土《つち》を生《しやう》じ。中央《ちうあう》の土《つち》は。西方《にしかた》の金《かね》を生《しやう》じ。西方《せいはう》の金《かね》は。北方《ほくはう》の水《みづ》を生《しやう》じ萬物生育《ばんぶつせいいく》の徳《とく》を具備《ぐび》するは家祿《かろく》なり家祿《かろく》ある家《いへ》に居住《きよぢう》すれば何人《なんびと》にも善《ぜん》なり若《も》し五行《ぎやう》の内《うち》一つ缺《かく》れば生育《せいいく》の徳《とく》を失《うしな》ふ家祿《かろく》のなき家《いへ》なれば何人替《なんびとかは》りて住居《ぢうきよ》なすも次第《しだい》に不幸《ふかう》を招《まね》き失敗《しつはい》に終《をは》るは天地自然《てんちしぜん》の數《すう》なり故《ゆゑ》に住宅《ぢうたく》の柱《はしら》を接《つぎ》。二階三階等《かいがいとう》を建築《けんちく》なせば家族《かぞく》に種々《しゆ〴〵》の災害《さいがい》を招《まね》き主人《しゆじん》に祟《たゝ》り子孫父母目上《しそんふはめうへ》に反《そむ》き法律《はふりつ》を顧《かへり》みず放蕩無賴《はうたうぶらい》の社會主義等《しやくわいしゆぎとう》の者《もの》を出《いだ》し家名《かめい》を穢《けが》し永住《えいぢう》なし難《がた》く家祿《かろく》なき家《いへ》と知《し》るべし。神道曰《しんだういはく》木《き》の神《かみ》。火《ひ》の神《かみ》。土《つち》の神《かみ》。金《かね》の神《かみ》。

水《みづ》の神《かみ》五柱《いつはしら》の神《かみ》の守護《しゆご》を失《うしな》はざる樣《やう》神明《しんめい》に誓《ちか》ふを常識《じやうしき》とす依《よつ》て住宅《ぢうたく》年間《ねんけん》を經《へ》て柱《はしら》の根接《ねつぎ》をなせば五行《ぎやう》の神《かみ》は退散《たいさん》なし其家《そのいへ》の守《まもり》を失《うしな》ふ故《ゆゑ》に惡神《あくじん》の集會場《しよくわいば》となり忽《たちま》ち家族《かぞく》に大《だい》なる災難《さいなん》を招《まね》き何人《なんびと》替《かはり》て住居《ぢうきよ》するも離散《りさん》なす大凶相《だいきようさう》となる。就中《たかんづく》家《いへ》の大《だい》極柱《きよくはしら》を根接《ねつぎ》をなす時《とき》は卽座《そくざ》に主人《しゆじん》に崇《たゝ》り死亡《しはう》なす又《また》名人《めいじん》の家相術《かさうじゆつ》ある人《ひと》の設計圖《せつけいづ》にして家相《かさう》善《ぜん》なるも不幸《ふかう》に不幸《ふかう》を重《かさ》ね困難《こんなん》する家《いへ》あり然《しか》る時《とき》は逆柱《さかさはしら》あるか大極柱《だいきよくはしら》の表《おもて》は右《みぎ》に向《む》き長者柱《ちやうじやはしら》の表《おもて》は左《ひだり》に向《む》きたがひに背《そむ》きたる柱《はしら》あれば必《かなら》ず家内《かない》不和《ふわ》父子《し》の意見衝突《いけんしようとつ》業務《げふむ》の失敗《しつぱい》或《あるひ》は別家《べつけ》從者《じゆうしや》二派《は》に別《わか》れ種々《しゆ〳〵》の問題《もんだい》を引起《ひきおこ》し終《をは》りに破產《はさん》なす恐《おそれ》あれば總《すべ》て建築《けんちく》は大工《だいく》棟梁《とうりやう》を選定《せんてい》して實地《じつち》に經驗《けいけん》ある人《ひと》に依賴《いらい》あるべし且《か》つ修繕《しうぜん》の都合《つがふ》ありてと雖《いへど》も何《いづ》れにある柱《はしら》にても長柱《ながはしら》を切取《きりとる》は同論《どうろん》なり家相《かさう》の吉凶《きつきよう》は此如《かくのごと》き者《もの》なれば能々《よく〳〵》勤《つとめ》て深術《しんじゆつ》を索《さぐる》べきなり研究《けんきう》を要《えう》す。口傳あり。

○家《や》鳴《なり》柱《はしら》取除《とりよけ》の祕訣《ひけつ》

○稀《まれ》に住家《ぢうか》建物《たてもの》中《ちう》の柱《はしら》。時々《とき〴〵》鳴動《めいどう》なすが爲《ため》に人々《ひと〴〵》驚《おどろ》き加持祈禱《かぢきたう》なすも。さらに功《こう》なく住者《ぢうしや》に災害《さいがい》を招《まね》き何人《なんびと》替《かは》り住居《ぢうきよ》なすも離散《りさん》。破財《はざい》。死亡《しはつ》等《とう》に至《いた》る恐《おそ》るべき家《いへ》なり然《しか》る時《とき》は其鳴柱《そのなりはしら》を別柱《べつはしら》と入替《いれか》へ鳴柱《なりはしら》を神道《しんだう》の法《はふ》にて祓清《はらひきよ》め宅主《たくしゆ》の吉方《きつはう》に向《むか》ひ山中《さんちう》の清《きよ》き地《ち》に埋《うづ》め納《をさむ》れば何人《なんぴと》住居《ぢうきよ》なすも祟《たゝり》なしと知《し》られよ鳴柱《なりはしら》は。山始《やまはじめ》と稱《とな》へ材木《ざいもく》を伐《きり》はじむる時必《ときかなら》ず樹木《じもく》に注連《しめ》を張《は》り。山《やま》の神《かみ》。大山祇命《おほやますみのみこと》。中山祇命《なかやますみのみこと》。麓山《はやま》祇命《すみのみこと》。正山祇命《まさやますみのみこと》。雌山祇命《しぎやますみのみこと》の五柱《はしら》の神《かみ》を祭《まつ》りて樹木《じゆもく》を伐出《きりだ》す者《もの》にして若《も》し大山祇《おほやます》命《みの》を祭《まつ》らず伐木《はつもく》なす時《とき》は人夫《にんぷ》或《あるひ》は主任《しゆにん》等《とう》大《だい》なる災難《さいなん》を招《まね》くとある故《ゆゑ》に何百年《なんびやくねん》此祭《このさい》式《しき》を守《まも》り山鬼《やまのかみ》の樹《き》と稱《とな》へるは是《これ》なり則《すなは》ち神靈《しんれい》の加護《かご》を願《ねがひ》し樹木年《じゆもくとし》を經《へ》たる者《もの》を過《あやまち》て伐出《きりだ》せしを其家《そのいへ》の柱《はしら》になしたる者《もの》にして怪《あや》しき事多《ことおほ》く建物必《たてものかなら》ず鳴動《めいどう》するなり又《また》棟木《むなぎ》になす時《とき》は其家《そのいへ》震動《しんどう》鳴動《めいどう》する事甚《ことはなはだ》しく住者立所《ぢうしやたちどころ》に狂人或《きやうじんあるひ》は變死人《へんしにん》等《とう》の者《もの》を出《いだ》す恐《おそ》るべし其他《そのた》神社《じんじや》境内《けいだい》の神木《しんもく》竝《ならび》に年《とし》を經《へ》たる大樹《だいじゆ》を伐木《はつもく》なし災危《さいやく》。横死《わうし》等《とう》の祟《たゝり》を受《うけ》るは皆此種《みなこのしゆ》の靈木《れいもく》の祟《たゝり》なりと知《し》るべし佛殿《ぶつでん》の地内《ないち》にあるを陰木《いんもく》と言《い》ふ是れ同《どう》論《ろん》なり。口傳なり。

○附言《ふげん》住宅年《ぢうたくとし》を經《へ》又《また》は震災等《しんさいとう》にて家傾斜《いへけいしや》なせば柱《はしら》も曲《まがる》なり然《しか》る場合《はあひ》に木材《もくざい》を以《もつ》て突張押《つゝはりおさ》へ其儘置時《そのまゝおくとき》は其家《そのいへ》に萬物生育《はんぶつせいいく》の徳《とく》を失《うしな》ふ則《すなは》ち五行《ぎやう》の神《かみ》は皆退散《みなたいさん》して守《しゆ》

護《ご》なく家祿《かろく》なき住宅《ぢうたく》となる故《ゆゑ》に益々《ますく》家人《かじん》の勢力衰《せいりよくおとろ》ひ血液《けつえき》不順《ふじゆん》の難病《なんびやう》を發《はつ》し忽《たちま》ち貧窮《ひんきう》に迫《せま》り一家離散《かりさん》。白痴等《はくちとう》の者《もの》を出《いだ》し親族《しんぞく》に迄《ま》で迷惑《めいわく》を掛《かけ》家名《かめい》斷絶《だんぜつ》の恐《おそれ》あれば早《はや》く家《いへ》を建替《たてかへ》をなすか家族《かぞく》の吉方《きつはう》に移轉《いてん》なし幸福《かうふく》を招《まね》く樣注意《やうちうい》を要《えう》す試見《ためしみ》よ

○窓並《まどならび》に天窓開所《てんまどあけところ》の吉凶《きつきよう》を論《ろん》ず

○住宅《ぢうたく》に窓《まど》を開《ひらく》には東方《ひがしかた》を最大吉相《さいだいきちさう》となす。黄帝宅經《くわうていたくきやう》ニ曰《いは》ク青龍《せいりう》開《ひらく》レ眼《まなこ》の備《そなへ》なりとある第《だい》二は辰巳《たつみ》の方《かた》にあるは陽氣《やうき》を受《うけ》るの構《かまへ》にて大吉方《だいきつはう》なり。南《みなみ》の方《かた》にある窓《まど》は何《なん》人《びと》の家《いへ》も南面《なんめん》より日光《につくわう》の陽氣《やうき》を受《う》け衞生上《ゑいせいじやう》にも最《もつと》も善《ぜん》なり。又西《またにし》。乾《けん》。北《きた》は各々《おのく》正當《せいたう》を禁《きん》ず。未申《ひつじさる》の窓《まど》は盜賊來《たうぞくきた》るとある俗《ぞく》に泥棒窓《どろはうまど》と云《い》ふ。丑寅《うしとら》の窓《まど》は種々《しゆく》の惡《あく》魔を招《まね》くとある注意《ちうい》を要《えう》す。特《とく》に天窓《てんまど》は陽氣《やうき》を受入《うけい》る爲《ため》にて程《ほど》よく構《かまへ》たるは家人《かじん》發達《はつたつ》の氣《き》を得《え》て吉《きち》なり然《しか》るに家《いへ》の中央《ちうあう》に天窓《てんまど》を開《ひら》く時《とき》は宅中《たくちう》の陽氣《やうき》空《そら》に脫《ぬけ》ると云《い》ふて長男家出《ちやうなんいへで》なすか死亡《しばう》なすか或《あるひ》は肺病《はいびやう》の者《もの》を出《いだ》し死絶《しにたえ》の恐《おそ》れある大凶相《だいきようさう》なり又《また》棟木《ひなず》近《ちか》き所《ところ》に窓《まど》を開《ひら》くも種々《しゆく》の横難《わうなん》を招《まね》き貧窮《ひんきう》に迫《せま》る宅經《たくきやう》に宅中《たくちう》の五處《ごきよ》を論《ろん》じて人《ひと》を貧耗《ひんもう》せしむと有《ある》は氣《き》の泄《もる》るを忌《いみ》する者《もの》なり故《ゆゑ》に此理《このり》を悟《さと》りて宅內《たくない》の陽氣《やうき》を他《た》

に泄《もら》さぬ様抱《やうか》へ留《とむ》る備《そなへ》を設《まうく》る事《こと》に研究《けんきう》を要《えう》す。

○家根上《やねうへ》の使用《しよう》大凶《だいきよう》を論《ろん》ず

○住宅《ぢうたく》の屋上《をくじやう》は人《ひと》の身體《しんたい》を以《もつ》て論《ろん》ずれば頭《あたま》なり然《しか》るに屋上《をくじやう》に涼《すゞ》み臺《だい》。物干場《ものほしば》。植《うゑ》木臺《きだい》等《とう》を置《おく》時《とき》は家族《かぞく》に腦病《なうびやう》。狂人《きやうじん》。長男《ちやうなん》短命《たんめい》なすか家出《いへで》なすか放蕩《はうたう》無頼《むらい》の者《もの》を出《いだ》す又井戸《またゐど》。竈《かまど》。厠等《かはやとう》の上《うへ》に當《あたつ》て右様《みぎやう》の臺棚《だいたな》等《とう》を搆置《かまへおけ》ば必《かなら》ず家業《かげふ》衰《おとろ》へ難病《なんびやう》を發《はつ》すと知《し》るべし或《あるひ》は厠《かはや》の上《うへ》を二階《かい》。廊下《らうか》とし又《また》は常《つね》に出入《でいり》する路地《ろぢ》の上《うへ》に二階《かい》に取込《とりこみ》ある家《いへ》。總《すべ》て井戸《ゐど》。竈《かまど》。厠等《かはやとう》は各々《おの〳〵》水氣《すゐき》。火氣《くわき》竝《ならび》に厠《かはや》は不淨極陰《ふじやうごくいん》の臭氣《しうき》を發散《はつさん》する其上《そのうへ》に涼《すゞ》み臺《だい》。物干《ものほし》、植木臺等《うゑきだいとう》を構置《かまへお》く時《とき》は自然《しぜん》に蒸發《じようはつ》の氣《き》を壓迫《あつはく》する故《ゆゑ》に其氣《そのき》住宅《ぢうたく》に籠《こもる》が爲《ため》に家族《かぞく》に陰欝病《いんうつびやう》。血液不順《けつえきふじゆん》。神經過敏《しんけいくわびん》の者《もの》を出《いだ》し貧窮困難《ひんきうこんなん》次第《しだい》に衰《おとろ》ひ永住《えいぢう》なし難《がた》く終《つひ》に一家離散《かりさん》家名斷絶《かめいだんぜつ》なす大凶相《だいきようさう》なり

○井竈向合《ゐかまどむかひあ》ふ住宅大凶《ぢうたくだいきよう》を論《ろん》ず

○井戸《ゐど》。竈向《かまどむか》ひ合《あ》ふ備《そなへ》は最《もつと》も大凶《だいきよう》なり必《かなら》ず家族《かぞく》に祟《たゝ》り五臟《ざう》を損《そん》ずる難病《なんびやう》を發《はつ》す八《はつ》宅明鏡《たくめいきやう》にも井竈相看《ゐかまどあひみる》ものは男女淫亂《だんぢよいんらん》を主《つかさど》ると有《あ》り其理《そのり》は竈《かまど》は火《ひ》の主《つかさど》る所《ところ》。井《ゐ》は水《みづ》

の主《つかさど》る所《ところ》なり則《すなは》ち水火《すゐくわ》の氣《き》相剋《あひこく》する者《もの》陰陽《いんやう》の殺氣《さつき》と云《い》ふ凡《およ》そ五行相剋《ぎやうさうこく》の害《がい》は水火《すゐくわ》を以《もつ》て最《もつと》も重《おもし》とす。水火《すゐくわ》の二氣《き》は剋《こく》し盡《つき》て形《かたち》をなさず忽《たちま》ち其德《そのとく》を失《うしな》ひ用《よう》を作事《なすこと》なく唯《たゞ》火《ひ》の形《かたち》を滅《めつ》するのみに留《とゞ》まる故《ゆゑ》に井《ゐ》。竈《かまど》相對《あひたい》は殺氣《さつき》烈《はげし》く總《すべ》て住者《ぢうしや》の氣質《きしつ》猛烈《もうれつ》となり人《ひと》と爭《あらそ》ひ常識《じやうしき》を失《うしな》ひ損害《そんがい》。破產《はさん》して祖先《そせん》を辱《はづかし》むるに至《いた》る恐《おそ》るべし參考《さんかう》に示《しめ》す。

○黃帝宅經《くわうていたくきやう》ニ曰《いは》ク井《ゐ》水竈座《すゐかまどざ》ニ隣《となり》ハ虛耗《きよもう》繁《しげし》

とある然《しか》るに其他《そのた》五行《ぎやう》の中《ちう》火《ひ》に金《かね》。金《かね》に木《き》。水《みづ》に土《つち》。土《つち》に水《みづ》は形《かたち》を變《へん》じて用《よう》を爲《な》し其德《そのとく》を顯《あらは》す案《あん》ずるに火《ひ》は金《かね》を鑠《とらか》すと雖《いへど》も鍛煉《きたいきとう》て器物《きぶつ》を作《つく》る則《すなは》ち火剋金《くわこくきん》の德《とく》なり又金《またかね》は木《き》を剋《こくす》と雖《いへど》も挽削《ひきけづり》て用材《ようざい》となる則《すなは》ち金剋木《きんこくもく》の德《とく》をなす。木《き》は土《つち》を剋《こくす》と雖《いへど》も反《かへつ》て草木《さうもく》を生育《せいいく》するの德《とく》を顯《あらは》す。土《つち》は水《みづ》を剋《こく》すと雖《いへど》も練合《ねりあは》せて陶器《たうき》を作《つく》る則《すなは》ち土《ど》剋水《こくする》の德《とく》なり是等《これら》は皆剋《みなこく》して用《よう》を作《な》し其德《そのとく》を顯《あらは》す水火《すゐくわ》は其德《そのとく》なきを悟《さと》り注意《ちうい》を要《えう》す。

○一戸《いつこ》を二戸《にこ》となし二《に》軒《けん》を一軒《けん》となすは最《もつと》も大凶《だいきよう》

○一戸《いつこ》の住宅中央《ぢうたくちうあう》を塞《ふさ》ぎ二軒《けん》となし住居《ぢうきよ》なす時《とき》は忽《たちま》ち種々《しゆ〴〵》の災害《さいがい》を招《まね》き兩家共《りやうけとも》に貧窮《ひんきう》なす事疑《ことうたがひ》なし多《おほ》くの住者《ぢうしや》を試見《ためしみ》よ或《あるひ》は二戸《にこ》の壁《かべ》を貫《ぬ》き一軒《いつけん》の住宅《ぢうたく》となすも同《どう》論《ろん》にして立所《たちどころ》に災危失敗等《さいやくしつはいとう》を招《まねく》なり其理《そのり》は一戸《こ》として各々五行其家《おの〳〵ごぎやうそのいへ》に位《くらゐ》なす者《もの》を勝手《かつて》に入口《いりぐち》を明《あ》け替《かへ》。窓《まど》を開《ひら》き二間《ふたま》を一座敷《ざしき》となすは五體《ごたい》を以《もつ》て論《ろん》ずれば腹《はら》を切《き》り。手足《てあし》を取《とう》。身體《しんたい》を切斷《せつだん》し血《ち》を絞《しぼ》る意《い》にして住者《ぢうしや》の身體衰弱《しんたいすゐじやく》なし家業衰《かげふおとろ》ひ部下《ぶか》は主人《しゆじん》の眼《め》を冥昧《くらま》し盜《ぞく》となり業務《げふむ》の大失敗《だいしつはい》を招《まね》く恐《おそ》るべし借家《しやくか》と雖《いへど》も前者《ぜんしや》の興廢《こうはい》を質《たゞ》し見《み》よ必《かなら》ず的中《てきちう》す此如《かくのごと》き住宅《ぢうたく》は一旦五行《たんごぎやう》の理備《りそなは》りたるも皆破戒《みなはかい》され生育《せいいく》の德《とく》を失《うしな》ふ者《もの》なれば何人替《なんびとかはつ》て住居《ぢうきよ》なすも代々失敗《だい〴〵しつはい》。破産又《はさんまた》は不具者《ふぐしや》。狂人《きようじん》。白痴《はくち》の者《もの》を出《いだ》し永住《えうぢう》なす事能《ことあた》ざる者《もの》と知《し》られよ。

○三戸《さんこ》並《ならび》に五軒長家《ごけんながや》の眞中大凶《まんなかだいきよう》を論《ろん》ず

○三軒長家《さんけんながや》の眞中並《まんなかならび》に五軒長家《ごけんながや》の眞中《まんなか》に住居《ぢうきよ》する者《もの》に何百年《なんびやくねん》の歴史《れきし》を質《たゞ》すに發展《はつてん》なしたる人《ひと》なし第一家族《だいいちかぞく》に神經過敏《しんけいくわびん》。狂人《きようじん》。血液不順《けつえきふじゆん》の難病種々災害年々《なんびやうしゆ〳〵さいがいとし〳〵》に來《きた》り或《あるひ》は主人大望《しゆじんたいもう》を企《くはだ》て大失敗《だいしつはい》をなし家内不和離散《かないふわりさん》なすか數人《すうにん》の死亡者《しはうしや》を出《だ》すか其理《そのり》は常人《つねひと》に解《かい》する様《やう》簡《かん》單《たん》に人《じん》體《たい》を以《もつ》て示《しめ》す三《さん》軒《げん》長家《ながや》の眞中《まんなか》。五《ご》軒《けん》長家《ながや》の眞中《まんなか》を身體《しんたい》となせば左右《さいう》の家《いへ》は手《て》。足《あし》なり故《ゆゑ》に進《すゝ》まんと欲《ほ》すれば足《あし》の働《はたら》きを要《えう》す物《もの》を取《と》らんと欲《ほ》すれば手《て》の働《はたら》きを要《えう》す總《すべ》てに我《わが》思《おも》ふ所皆手《ところみなて》。足《あし》の働《はたら》きによりて其用《そのよう》をなす事《こと》を知《し》られよ因《よつ》て左右《さいう》の家《いへ》に住居《ちうきよ》する人《ひと》は多《おほ》く無事《ぶじ》次第《しだい》に幸福《かうふく》を招《まね》き發達《はつたつ》なすも眞《まん》中《なか》に住《すむ》ものは家族《かぞく》神經過敏《しんけいくわびん》となり人《ひと》を呪《のろ》ふ又《また》は永年《ながねん》の難病《なんびやう》に罹《かゝ》り次第《しだい》に衰弱《すゐじやく》なし何人《なんにん》替《かは》り住居《ちうきよ》なすも皆《みな》失敗《しつはい》に終《をは》るなり試見《ためしみ》よ注意《ちうい》を要《えう》す若《も》し地所《ちしよ》の都合《つがふ》により三《さん》戸《こ》長家《なかや》を建築《けんちく》する場合《ばあひ》は右《みぎ》なり左《ひだり》なり一戸《いつこ》の棟《むね》を高《たか》くして二《に》軒《けん》の棟《むね》を低《ひく》くなせば一戸《いつこ》は獨立《どくりつ》なす故《ゆゑ》に前文《ぜんぶん》の災害《さいがい》を免《まぬが》れ各々《おの〳〵》無事《ぶじ》を得《う》ると知《し》るべし。

○中庭中藏《なかにはなかぐら》ある家《いへ》の大凶《だいきよう》を論《ろん》ず

○中庭《なかには》は宅内《たくない》何《いづ》れの所《ところ》に置《おく》も住者《ちうしや》に肺病《はいびやう》。神經病《しんけいびやう》。狂人或《きやうじんあるひ》は主人《しゆじん》。相續者短命《さうぞくしやたんめい》なすか冒險《ばうけん》の事業《じげふ》を企《くはだ》て大失敗《だいしつはい》を招《まね》き破產《はさん》なし家名《かめい》を汚《けが》す恐《おそ》るべし其理《そのり》は鐵砲風呂《てつはうぶろ》の如《ごと》く宅中《たくちう》の陽氣《やうき》を吸集《きふしふ》して空天《くうてん》に吹出《ふきいだ》す故《ゆゑ》に陰氣充滿《いんきじうまん》して種々不幸《しゆ〴〵ふかう》を重《かさ》ね神佛《しんぶつ》の守護《しゆご》なき家《いへ》となり何人替《なんびとかはり》て住居《ちうきよ》なすも然々自滅《ぜん〳〵じめつ》の悲《かなし》みを見《み》るに至《いた》る試見《ためしみ》よ。中《なか》藏《くら》ある家《いへ》は最《もつと》も大凶恐《だいきようおそ》るべし家名斷絶《かめいだんぜつ》なすか。不具者《ふぐしや》。低能兒《ていのうじ》。男女淫亂《だんぢよいんらん》にして家名《かめい》を穢《けが》すか。家業衰《かげふおとろ》ひ夫婦不和《ふうふふわ》。父子《ふし》の意見衝突《いけんしようとつ》。長男家出《ちやうなんいへで》なすか死亡《しはう》なすか破産《はさん》なす大凶相《だいきようさう》なり藏《くら》は物《もの》を納《をさ》め。隱居所《かくしおくところ》にして陰《いん》なり其陰《そのいん》なる者《もの》、宅中《たくちう》にあれば陰《いん》に陰重《いんかさな》りて陽氣《やうき》を受入《うけいれ》ず陰陽交《いんやうまじは》らざるの象《かたち》易曰《えきにいはく》☰☷天地否之卦《てんちひのけい》となる。

否之《ヒハ》匪《アラズ》人《ニ》不利《ズヨロシカラ》君子《クンシ》貞《ノタヾシキニ》大往《ダイユキ》小來《セウキタル》

○☰☷此卦《このくわ》天上《てんじやう》にあり☷地下《ちした》にあり天地《てんち》の實體《じつたい》より之《これ》を見《み》れば上下《じやうげ》の位置自然宜《いちしぜんよろし》きを得《う》るが如《ごと》しも雖《いへど》も。易理上《りじやう》より觀《み》れば☰天氣《てんき》は上昇《じやうしよう》して下《くだ》らず☷地氣《ちき》は下《くだ》りて昇《のぼら》ず陰陽呼吸否塞《いんやうこきうひそく》して通《つう》ぜざるの象故《かたちゆゑ》に名《な》づけて否《ひ》と言《い》ふ。否《ひ》は塞《ふさが》るなり否之《ひは》匪人《あらずひと》とは陰陽交《いんやうまじは》らざれば夫婦和合《ふうふわがふ》せず。父子和《ふしわ》せず。人《ひと》と爭《あらそ》ふ。服從《ふくじう》の義務《ぎむ》を知《し》らざれば是人《これひと》に非《あら》ず。不利君子貞とは☰天《てん》の三陽《さんやう》を君子《くんし》に指《さ》し此時《このとき》に當《あた》りて宜《よろし》く否《ひ》を轉《てん》じて泰《たい》と爲《な》すの道《みち》あるべしとは中庭《なかには》。中藏《なかぐら》の陰《いん》を取除《とりのぞく》べし貞《てい》にして其儘置《そのまゝおけ》ば益々《ますく》不幸《ふかう》を招《まね》き否《ひ》に終《をは》るなり大往小來《たいゆきせうきた》るとは天地《てんち》の氣交《きまじは》らざれば則《すなは》ち萬物各其《ばんぶつおのく、その》道《みち》を失《うしな》ひ君臣《くんしん》。父子《ふし》。家族《かぞく》の意志互《いしたがひ》に相交《あひまじは》らざれば人心離散《じんしんりさん》し邦《くに》ありと雖《いへど》も國《くに》なきが如《ごと》く誠道消散《せいだうせうさん》其家《そのいへ》破産《はさん》するは大往《だいゆ》くの象《かたち》。小人《せうじん》の道長《みちちやう》ずるは男女淫亂《だんぢよいんらん》。家業《かげふ》衰《おとろ》ひ祖先《そせん》を辱《はづかし》め家名《かめい》を穢《けが》すは小來《せうきた》るの意《い》を悟《さと》られよ。

○中廊下《なかろうか》ある家《いへ》の大凶《だいきよう》を論《ろん》ず

○中廊下《なかろうか》は總《すべ》てに便利《べんり》なれども住宅《ぢうたく》にあれば其家《そのいへ》を切斷《せつだん》なしたる象《かたち》にして二箇所《にかしよ》に住宅《ぢうたく》ありて一軒《いつけん》の家《いへ》に主人《しゆじん》二名《めい》ある意《い》なれば一家《いつか》二派《ふたは》に別《わか》れ夫婦《ふうふ》は分離《ぶんり》。兄弟《きやうだい》不和《ふわ》。部下《ぶか》は各意志《おの〳〵いし》合《あは》ず善惡《ぜんあく》ともに明瞭《めいりやう》ならず終《をはり》に一家《か》の難問題《なんもんだい》を引起《ひきおこ》し離散《りさん》免《まぬが》れずと知《し》るべし其理《そのり》は數年《すうねん》各國《かくこく》の歴史《れきし》を質《たゞす》に一國《こく》に二名《めい》の王者《わうしや》あれば其國《そのくに》必《かなら》ず亡《ほろ》ぶ故《ゆゑ》に業務上《げふむじやう》の都合《つがふ》により中廊下《なかろうか》を造《つく》る場合《ばあひ》は別《べつ》に客室《きやくしつ》を住宅《ぢうたく》の吉所《きつしよ》に建築《けんちく》なし主人夫婦《しゆじんふうふ》。長男《ちやうなん》。長女本宅《ちやうぢよほんたく》に居住《きよぢう》なし客座敷《きやくざしき》にのみに用《もち》うれば災《わざはひ》なく無事《ぶじ》を得《う》るなり。但《たゞ》し口傳《くでん》あり。

○床下《ゆかした》に下水流《げすゐなが》れ瓦斯管《がすくわん》ある家《いへ》の大凶《だいきよう》を論《ろん》ず

○繁昌《はんじやう》の都市《とし》には住宅《ぢうたく》の床下《ゆかした》に下水流《げすゐなが》る家《いへ》あり或《あるひ》は瓦斯管《がすくわん》の通《とう》る家《いへ》多《おほ》くあり何《いづれ》にしても家族《かぞく》に胸《むね》。腹《はら》。胃《ゐ》。腸病《ちやうびやう》の者多《ものおほ》く難産流產《なんざんりうざん》。血液不順《けつえきふじゆん》。主人短命《しゆじんたんめい》なすか業《げふ》務《む》を怠《おこた》りて食窮《ひんきう》なす大凶相《だいきようさう》なり其理《そのり》家相《かさう》は九星《きうせい》の五行《ごぎやう》を以《もつ》て決定《けつてい》する者《もの》なれば九《きう》星《せい》は先天《せんてん》にても五《ご》は中央《ちうあう》に位《くらゐ》す後天《こうてん》五行《ごぎやう》も五《ご》は中央《ちうあう》にあり五黄《ごわう》は人體《じんたい》を以《もつ》て論《ろん》ずれば腹《はら》なり故《ゆゑ》に胸《むね》。腹《はら》の病《やまひ》は免《まぬが》れ難《がた》し則《すなは》ち中央《ちうあう》の土《つち》を以《もつ》て西方《せいはう》の七赤《しちせき》の金《かね》を生《しやう》ず然《しか》るに不水《けする》。瓦斯管《ぐわすくわん》を以《もつ》て其徳《そのとく》を失《うしな》ふが爲《ため》に主人《しゆじん》業務《げふむ》を怠《おこた》り貧窮《ひんきう》なす大凶相《だいきようさう》となる何人《なんにん》替《かは》りて住居《ぢうきよ》なすも皆《みな》失敗《しつはい》に終《をは》る恐《おそ》るべし因《よつ》て宅地《たくち》の都合《つがふ》により引込《ひきこみ》に差支《さしつかへ》る場合《ばあひ》はなるべく中央《ちうあう》を除《のぞ》き片隅《かたすみ》を通《つう》じ置《おけ》ば覿面《てきめん》に障《さは》りなし注意《ちうい》を要《えう》す。

○附言《ふげん》五黄土星《ごわうどせい》は九星中最《きうせいちうもつと》も恐《おそ》るべき殺神《さつじん》なれば何事《なにごと》をなすにも年月日時《ねんげつひとき》ともに五黄《ごわう》の所在《しよざい》を犯《をか》すべからず若し過《あやまつ》て是《これ》を犯《をか》せば立所《たちどころ》に祟《たゝり》を招《まね》くと知《しら》れよ。

○人事一代《じんじいちだい》の幸不幸《かうふかう》を知《し》る秘訣《ひけつ》

○胞衣埋納之秘訣《えなまいなふのひけつ》

○凡《およ》そ天下《てんか》の事物《じぶつ》始《はじ》めあれば必《かなら》ず終《をは》りあるは一定《いつてい》の法則《はふそく》にして其《そ》の結果《けつくわ》の善悪《ぜんあく》は初《はじ》め基《もとゐ》を立《たつ》るときの良否《よしあし》に因《よ》る事《こと》を知《し》られよ故《ゆゑ》に胞衣《えな》を納《をさむ》ることは草木《さうもく》の種子《たね》を下《おろ》すに等《ひと》しく一旦《いつたん》是《これ》を悪地《あくち》凶方《きようはう》に納《をさむ》るは恰《あたか》も地質《ちしつ》を選《えら》まず季節《きせつ》を考《かんがへ》ず妄《みだり》に種《たね》を下《おろ》

し苗《なへ》を植《うゑ》るに似《に》て。何《なん》ぞ良果《りやうくわ》を得《う》る事《こと》あらんや。人事《じんじ》一代《だい》の幸不幸《かうふかう》も則《すなは》ち胞衣《えな》納《なふ》地《ち》の吉凶《よしあし》に因《よ》る所《ところ》にして若《も》し悪星《あくせい》の臨《のぞ》む方《はう》に埋納《まいなふ》爲《な》す時《とき》は其兒《そのこ》必《かなら》ず病身《びやうしん》なり。生《せい》長《ちやう》に隨《したが》つて異《い》病《びやう》を發《はつ》し短命《たんめい》なすか或《あるひ》は不具者《ふぐしや》となるか。强暴《きやうはう》の事《こと》を好《このみ》て法律《はふりつ》を顧《かへり》みず放蕩無頼《はうたうぶらい》となり親族《しんぞく》に迄《まで》迷惑《めいわく》を掛《かけ》る等《とう》全《まつた》く此凶祟《このきようたゝり》なり恐《おそる》べし則《すなは》ち天壽《てんじゆ》の運命《うんめい》を定《さだ》むるの本源《ほんげん》なれば最《もつと》も嚴重《げんぢう》に吉方《きつはう》の良地《りやうち》を選《えら》ぶべき事《こと》なり且《か》つ胞衣《えな》燥土《かわくつち》に埋《うめ》納《をさむ》る時《とき》は其兒《そのこ》必《かなら》ず啞《おし》となる例《ためしみ》見よ又《また》濕地《しけち》に藏《をさむ》れば瘡毒《さうどく》常《つね》に絶《たへ》ず故《ゆゑ》に○歳破《さいは》○月破《げつは》都《と》天《てん》○五黄殺《ごわうさつ》○暗劍殺《あんけんさつ》○的殺《てきさつ》○本命等《ほんめいとう》を除《のぞ》き生兒《せいじ》の年月日時《ねんげつひとき》の最吉方《さいきつはう》選《えら》み方位は産室の中央より定めよ人家《じんか》を隔絶地《へだてるち》にして日光雨露《につくわうあめつゆ》を充分《じうぶん》に受燥《うけかわき》に過《すぎ》ず濕《しめり》に過《すぎ》ざる地《ち》を選定《せんてい》なし深《ふか》さ二尺以上《しやくいじやう》三尺《じやく》を掘《ほり》其地底《そのちぞこ》にて香《かう》を焚《た》き靜《しづ》かに之《これ》を納《をさむ》べし。然《しか》れども速《すみや》かに最《さい》吉方《きつはう》を得《え》難《がた》き時《とき》は箱又は曲物等に入置き年《とし》月《つき》日《ひ》時《とき》のなるべく生氣方《せいきはう》に吉神《きちしん》の廻《めぐ》る最吉方《さいきつはう》を待《まつ》て四十五日內外《にちないぐわい》に納《をさ》むる時《とき》は其兒《そのご》必《かなら》ず無病健全《むびやうけんぜん》にして能壽老富貴《よくながいきふうき》に至《いた》る事疑《ことうたがひ》なし。

○小月建凶方《せうぐわつけんきようはう》の說《せつ》

○協紀辨方書曰《けんきべんはうしよいはく》。小月建《せうぐわつけん》。卽《すなは》ち小兒殺《せうにさつ》とある此方《このはう》を犯《をか》す時《とき》は小兒《せうに》に災害《さいがい》あり最《もつと》も恐《おそ》るべし胞衣《えな》を埋納《まいなふ》すべからず○子《ね》寅《とら》辰《たつ》午《うま》申《さる》戌《いぬ》を陽年《やうねん》と言《い》ひ○丑《うし》卯《う》巳《み》未《ひつじ》酉《とり》亥《ゐ》を陰《いん》年《ねん》と言《い》ふ其循環方《そのめぐりかた》を左圖《さづ》に示《しめ》す。

○附言《ふげん》此星《このほし》は小兒《せつに》を殺《ころす》より他《た》に用《よう》なき殺神《さつじん》なれば最《もつと》も恐《おそ》れ注意《ちうい》を要《えう》す。

節	小月陽年	建方陰年
一月 立春	中《ちうあう》	離《みなみ》
二月 啓蟄	乾《いぬゐ》	坎《きた》
三月 清門	兌《にし》	坤《ひつじさる》
四月 立夏	艮《うしとら》	震《ひがし》
五月 芒種	離《みなみ》	巽《たつみ》
六月 小暑	坎《きた》	中《なか》
七月 立秋	坤《ひつじさる》	乾《いぬゐ》
八月 白露	震《ひがし》	兌《にし》
九月 寒露	巽《たつみ》	艮《うしとら》
十月 立冬	中《ちうあう》	離《みなみ》
十一月 大雪	乾《いぬゐ》	坎《きた》
十二月 小雪	兌《にし》	坤《ひつじさる》

○安産《あんざん》の祕訣《ひけつ》

○臨産《りんさん》の向様《むきやう》は。吉方《きつはう》を選事《えらむこと》は勿論《もちろん》なり。但《たゞ》し吉神《きちじん》の方《はう》に向《むか》ふを以《もつ》て吉《きち》と思《おも》ふは深義《しんぎ》に委《くは》しからず。吉神《きちじん》の方《はう》に向《むか》ふと雖《いへ》ども其場《そのば》。家《いへ》の中央《ちうあう》なれば必《かなら》ず難産《なんざん》なすか或《あるひ》は其《そ》の子《こ》育難《いくしがた》し。若《も》し産婦《さんぷ》の本命中宮《ほんめいちうきう》の年月《ねんげつ》に當《あた》り。中央《ちうあう》の場所《ばしよ》にて出産《しゆつさん》すれば必《かなら》ず死亡《しはう》するに至《いた》るべし深《ふか》く恐《おそれ》よ且《か》つ○大陰《だいいん》○歳破《さいは》○月破《げつは》○都天《とてん》竝《ならび》に暗剣殺《あんけんさつ》

○五黃殺等《ごわうさつとう》に向《むか》ふ時《とき》は偶《たま〱》安産《あんざん》なすとも産後《さんご》に年《とし》を越《こえ》て必《かなら》ず難病《なんびやう》に罹《かゝ》ると知《しる》べし又《また》各地方從來《かくちはうじうらい》の習慣《しふくわん》にて初産《うひざん》は生父母《せいふぼ》の家《いへ》に至《いた》り出產《しゆつさん》なすは大《おほい》に危《あやう》し。若《も》し凶方《きようはう》に向《むか》ふ時《とき》は産後《さんご》其母子等《そのはゝことう》に疾病《しつぺい》を發《はつ》しべし已《やむ》を得《え》ず生父母《せいふぼ》の家《いへ》に至《いた》る者《もの》は其《そ》の往返《わうへん》とも吉方《きちはう》を選《えらみ》て轉身《てんしん》すべく又《また》入院《にふゐん》して産《さん》する場合《ばあひ》も同論《どうろん》なり且《か》つ産後《さんご》濁血《おりもの》。穢物《けがれもの》を宅中《たくちう》の床下《ゆかした》を掘《ほり》て捨埋《すてうづ》むるは是《これ》大《おほい》に凶《きよう》なり。或《あるひ》は日月《にちげつ》の照《てら》す所《ところ》へは一切《いつさい》不浄《ふじやう》の物《もの》を捨《すつ》べからず。況《いはん》や血穢《おりもの》洒水等《すゝぎみづとう》を以《もつ》て凶神《きようじん》を犯《をか》すときは必《かなら》ず其母子《そのはし》並《ならび》に血族《けつぞく》に迄《まで》に災害《さいがい》あり注意《ちうい》を要《えう》す。

○祕訣《ひけつ》初產湯《うぶゆ》は生兒《うまれご》の吉方《きつはう》へ捨《すつ》るを吉《きち》とす○産婦《さんぷ》の穢血物《けがれもの》は其婦人《そのふじん》の吉方《きつはう》に捨《すて》るを吉《きち》とす必《かなら》ず輕卒《けいそつ》にすべからず。

○胞衣埋納《えなまいなふ》の祟《たゝり》を知《し》る祕訣《ひけつ》

○人《ひと》は天下泰平國家安穩家內安全《てんかたいへいこくかあんおんかないあんぜん》。願望成就子孫長久《ぐわんもうじやうじゆしそんちやうきう》を念《ねん》ずるは勿論《もちろん》。然《しか》るに親《おや》を捨《す》て。妻子《さいし》を捨《す》て一家離散《いつかりさん》或《あるひ》は家內不和《かないふわ》。夫《をつと》。子《こ》は病《やまひ》に倒《たふ》れ不具者《ふぐしや》となり醫藥《いやく》の手當生活費《てあてせいくわつひ》に貧《きう》し悲慘《ひさん》な境遇《きやうぐう》又《また》は火難盜難災危《くわなんたうなんさいやく》に遇《あう》は。知《し》らず〱天地五行《てんちごぎやう》の理《り》を犯《をか》す者《もの》なり神道《しんだう》の祓《はらひ》にも天之《あめの》益人等《ますひとら》我《が》過犯《あやまちをかし》家牟《けむ》雑々罪事《くさぐさのつみごと》波《は》。天津罪《あめつつみ》止《と》畔放《あはなち》。溝埋《みぞうめ》。樋放《ひはなち》。頻蒔《しきまき》。串刺《くしざし》。生剝《いきはぎ》。逆剝《さかはぎ》。屎戸《くそへ》。許許太久乃罪乎《こゝたくのつみを》天津罪《あまつつみ》止《と》法別氣弖《のりわけて》國津罪《くにつつみ》止《と》八《は》生膚斷《いきはだたち》。死膚斷《しにはだたち》。白人胡久美《しらびとこくみ》。己母犯罪《おのがはゝをかせるつみ》。己子犯罪《おのがこをかせるつみ》。母與子犯罪《はゝとことをかせるつみ》。子與母犯罪《こはゝとをかせるつみ》。畜犯罪《けものをかせるつみ》。昆虫乃災《はうむしのわざはひ》。高津神乃災《たかつかみのわざはひ》高津鳥乃災《たかつとりのわざはひ》。畜仆志《けものたふし》。蟲物爲罪《むしものせるつみ》。許許《こゝ》太久乃罪出《たくのつみいで》牟《む》とある故《ゆゑ》に人《ひと》たる者《もの》は木火土金水《もくくわどこんすゐ》の五行《ごぎやう》は萬物《はんもつ》を生《しやう》ずる自然《しぜん》の數《すう》なる事《こと》を知《し》り能《よ》く五行《ごぎやう》の理《り》に順《したが》へば幸福來《かうふくきた》る之《これ》に逆《さから》へば凶《きよう》にして必《かなら》ず災害《さいがい》を招《まね》く一《いつ》定《てい》の法則《はふそく》にして余《よ》他《た》年研究《ねんけんきう》の實例《じつれい》を示《しめ》す。

○祟《たゝり》ある水死者《すゐししや》の辨《べん》

○寺子屋《てらこや》教育時代《けういくじだい》余《よ》の友《とも》にりんと云《い》ふ女子《ぢよし》あり然《しか》るに明治《めいち》二十丁亥《ひのとゐ》五黄《ごわう》土星《どせい》中宮《ちうきう》の年《とし》七月六白《ぐわつりくはく》の月《つき》二十四歳《さい》にして水死《すゐし》す。りん女《ぢよ》は元治《げんぢ》元《け》甲子《きのえね》一白《いつはく》水星《すゐせい》にして舊《きう》八月一白《はちぐわついつはく》の月《つき》に生《うま》れ一代《いちだい》は䷜坎爲水《かんゐすゐ》の運名《うんめい》なり。北《きた》に六白金星《ろくはくきんせい》廻《めぐ》り月《つき》の暗劍殺《あんけんさつ》ある所《ところ》に胞衣《えな》を埋納《まいなふ》なす事《こと》同女《どうぢよ》の母親《はゝおや》より聞《き》き明《あきらか》なり故《ゆゑ》に䷅天水訟の卦となる。

生年 ䷜坎《かん》爲《ゐ》水《すゐ》之《の》卦《けい》　坎《かん》は陥重險《かんぢうけん》

生月 ䷅天《てん》水《すゐ》訟《しやう》之《の》卦《けい》

訟《しやう》は訟《うつた》へ訟《あらそう》

○☵坎《かん》は北《きた》。子《ね》に位《くらゐ》す冬至《とうじ》の節《せつ》一陽《やう》來《きた》り萬物《まんもつ》の氣《き》。地下《ちか》に子《こ》を生《しやう》ず其位《そのくらゐ》に月《つき》の暗《あん》剱殺《けんさつ》ある所《ところ》へ胞衣《えな》埋納《まいなふ》なし犯《をかし》たるが故《ゆゑ》に子育《こそだ》ず夫《をつと》と訟《あらそ》へ終《をは》りて水死《すゐし》なす。其理《そのり》は一白水星《はくすゐせい》は☵坎《かん》は先天《せんてん》の二黑土星《じこくどせい》☷坤《こん》位《ゐ》なり坤《こん》は母《はゝ》。妻女《さいぢよ》となす六白金星《はくきんせい》は☰乾《けん》は天位《てんゐ》。夫《をつと》となす夫婦《ふうふ》子育《こそだ》てさゞる爲爭《ためあらそ》へ水死《すゐし》なす者《もの》なり。

○祟《たゝり》ある產死者《さんししや》の辨《べん》

○明治《めいぢ》二十丁亥《ひのとゐ》五黃中宮《こわうちうきう》の年同寺子屋《としどうてらこや》敎育時代《けういくじだい》の友《とも》。菊《きく》と言《い》ふ女子《ぢよし》二十二歲《さい》にて八月五黃《ぐわつこわう》の月難產《つきなんざん》にて死亡《しばう》す。菊女《きくぢよ》は慶應《けいおう》二丙寅年《ひのえとらとし》八白土星《はくどせい》にして舊《きう》四月《ぐわつ》八白《はく》の月《つき》に生《うま》る一代《だい》は䷳艮爲山《こんゐさん》の運命《うんめい》なり。未甲《ひつじさる》に五黃殺《こわうさつ》廻《めぐ》り居所《おるところ》に胞衣《えな》を埋納《まいなふ》なす同女《どうぢよ》の母親《はゝおや》より聞明《きゝあきらか》なり故《ゆゑ》に生月《うまれつき》は䷎地山謙《ちさんけん》の卦《けい》となる。

○䷳艮《こん》は止《とゞま》る山《やま》にして動《うご》かずして百物《ぶつ》を產《さん》す諸物《しよぶつ》の母《はゝ》なり。

生年 ䷳艮《こん》爲《ゐ》山《さん》之《の》卦《けい》

生月 ䷎地《ち》山《さん》謙《けん》之《の》卦《けい》

謙《けん》の說明《せつめい》を略《りやく》す所以《ゆゑん》五黃《こわう》を以《もつ》って坤《こん》の卦《けい》と

なす五黄《ごわう》は九星中殺神《せいちうさつじん》なればなり

○未申《ひつじさる》に五黄殺神《ごわうさつじん》の廻《めぐ》り居所《おるところ》に胞衣埋納《えなまいなふ》なし犯《をかし》たるが故《ゆゑ》に難産死亡《なんざんしばう》す。其理《そのり》は後《こう》天《てん》の二黒土星《じこくどせい》は　坤《こん》なり易《えき》は五黄《ごわう》も☷坤《こん》となし二黒《じこく》、五黄《ごわう》は腹《はら》となす又二黒《またじこく》は母《はゝ》妻女《さいぢよ》となす然《しか》るに五黄《ごわう》は殺神《さつじん》なれば生育《せいいく》の徳《とく》なし母《はゝ》となるも子育《しいく》せず難産《なんざん》にて死《し》亡《ばう》なす是《これ》五黄殺神《ごわうさつじん》の崇《たゝり》なり恐《おそ》るべし因《よつ》て胞衣埋納《えなまいなふ》は其子《そのこ》の吉方《きつぱう》へ納《をさむ》べし注意《ちうい》せよ

○人物《じんぶつ》を造《つく》る根元《こんげん》の秘訣《ひけつ》

○人物《じんぶつ》を出《いだ》すには胞衣埋納《えなまいなふ》に注意《ちうい》を要《えう》す余《よ》の親族《しんぞく》に刀劍鑑定《たうけんかんてい》の名人《めいじん》下谷區東黒門《したやくひがしくろもん》町本阿彌光遜氏《ちやうほんあみくわうそんし》は明治十二巳卯年《めいぢつちのとうとし》四緑木星《しろくもくせい》にして四月二十九日六白《ろくはく》の月《つき》に生《うま》る一代《だい》は☰天風姤《てんぷうこう》の運命《うんめい》なり。北《きた》に二黒土星《じこくどせい》廻《まは》り居所《おるところ》に胞衣《えな》を埋納《まいなふ》なす同氏《どうし》の母親《はゝおや》より聞《き》き明《あきらか》なり故《ゆゑ》に☷地風升《ちふうしよう》の卦《けい》となる。

生年 ䷫ 天《てん》風《ぷう》姤《こう》之《の》卦《けい》　姤《こう》は遇《あう》ふ期《き》せずして會《くわい》する遇《あう》と言《い》ふ

生月 ䷭ 地《ち》風《ふう》升《しよう》之《の》卦《け》　升《しよう》は進上《すゝむのぼ》るなり

○光遜氏《くわうそんし》は六白中宮《ろくはくちうきう》の月《つき》にして二黒土星《じこくどせい》北《きた》に廻《めぐ》り天道《てんだう》。天徳《てんとく》。月徳《ぐわつとく》の吉神所在《きちじんしよざい》す

る所《ところ》に胞衣《えな》を埋納《まいなふ》す二黒《じこく》☷坤《こん》は先天北《せんてんきた》に位《くらゐ》す。彖傳《たんでん》ニ曰《いは》ク至哉《いたるかな》とは大哉《だいなるかな》と言《い》ふが如《ごと》し坤《こん》は萬物《まんもつ》を生出《うみいだ》す所《ところ》の化育功徳《くわいくこうとく》を賛《さん》するの辭《じ》にして。六白金星《はくきんせい》は☰乾《けん》の彖傳《たんでん》に大哉《だいなるかな》と言《い》ふ。☷坤《こん》の彖傳《たんでん》に至哉《いたるかな》と言《い》ふ則《すなは》ち☰乾《けん》は積氣《せきき》の極《きく》にして施《ほどこ》す事《こと》を主《つかさど》り。☷坤《こん》は有形《いうけい》の主《しゆ》にして其徳《そのとく》を生《う》み育《やしな》ふに有《あ》り故《ゆゑ》に刀劒《たうけん》の眞僞《しんぎ》を見出業《みいだすげふ》は最《もつと》も天賦《てんぷ》なり又易《またえき》に四緑木星《しろくもくせい》は☴巽《そん》爲《ゐ》風《ふう》の卦巽《けいそん》は風《かぜ》なり風《かぜ》は天《てん》の號令《がうれい》にして氣《き》ありて形《かた》ち無《な》く物《もの》を動《うごか》して其形《そのかたち》を顯《あらは》す者《もの》なれば書畫《しよぐわ》。器物《きもつ》。骨董《こつとう》。刀劒等古《たうけんとうふる》き珍《めづら》しき者《もの》の鑑定《かんてい》は適業《てきげふ》なり現今光遜氏《げんこんくわうそんし》は刀劒鑑定家《たうけんかんていか》として天下《てんか》に名人《めいじん》と其名譽萬方《そのめいよはんはう》に響《ひゞ》くなり

○天賦《てんよ》を知《し》る秘訣《ひけつ》

○余《よ》は慶應《けいおう》二丙寅年《ひのえとらどし》八白土星《はくどせい》にして舊七月《きうぐわつ》十日五黄土星《かごわうどせい》の月《つき》に群馬縣前橋市岩神《ぐんまけんまへはししいはかみ》町《まち》に生《うま》る一代《いちだい》は䷎地山謙《ちさんけん》の運命《うんめい》なり。南方《なんはう》に九紫火星《きうしくわせい》廻《めぐ》り吉神《きつじん》の所在《しよざい》に胞衣《えな》を埋納《まいなふ》す故《ゆゑ》に䷷火《くわ》山旅《さんりよ》之《の》卦《けい》にして今日《こんにち》に至《いた》るも病氣《びやうき》を知《し》らず

生年 ䷎ 地《ち》山《さん》謙《けん》之《の》卦《けい》　篤實《とくじつ》の徳《とく》ありて其道《そのみち》に止《とゞ》まる

生月 ䷷ 火《くわ》山《さん》旅《りよ》之《の》卦《けい》　學者《がくしや》僧侶神職等入道《そうりようしんしよくとうじんだう》を開《ひら》く爲《ため》の浪人《らうにん》には最《もつと》

も大吉《だいきち》なりとある卦《けい》なり

○初年《しよねん》政治《せいぢ》に趣味《しゆみ》を感《かん》じ自由《じいう》黨員《たうゐん》となりて諸國《しよこく》巡廻《じゆんくわい》の後《のち》。俗説《ぞくせつ》と雖《いへど》も人《ひと》は死《し》して名《な》を殘《のこ》す虎《とら》は死《し》して皮《かは》を殘《のこ》すと故《ゆゑ》に我爲事《わがなすこと》を人《ひと》に施《ほどこ》し國家《こくか》に名《な》を殘《のこ》す野心《やしん》を持《もつ》て先代《せんだい》白龍子《はくりうし》先生《せんせい》の門《もん》に入《い》り修業《しうげふ》す。先生《せんせい》曰《いは》汝《くなんぢ》は五黄《ごわう》中宮《ちうきう》の月《つき》にして九紫《きうし》火星《くわせい》☲南《みなみ》にありて月《つき》の吉神《きつじん》丙《ひのえ》に月空神《げつくうじん》。午《うま》に生恐神。丁《ひのと》に月德神位《げつとくじんくらゐ》する所《ところ》に胞衣《えな》埋納《まいなふ》す則《すなは》ち占業《せんげふ》は天賦《てんぷ》なり何《なん》となれば說卦傳《せつかでん》ニ曰《いはく》

離《り》ハ萬物《まんもつ》皆《みな》相見《あひみ》ル南方《なんはう》之《の》卦《けい》也《な》リ聖人《せいじん》南面《なんめん》而《しかし》テ聽《き》ニ天下《てんか》ニ嚮《むかつて》レ明《あきらか》ニ而《し》テ治《をさむ》

とある故《ゆゑ》に余《よ》の白龍子《はくりうし》を繼《つぎ》て天下《てんか》の煩悶者《はんもんしや》を救《すく》へ然《しか》るに世界《せかい》の三聖人《せいじん》印度《いんど》の釋尊《しやくそん》支那《しな》の孔子《こうし》。猶太《ゆだや》の基督《きりすと》の出《で》たる國《くに》の有様《ありさま》を相像《さうざう》し聖人《せいじん》もあてにならずと迷《まよふ》て文《もん》部省《ぶしやう》の中學《ちうがく》。師範《しはん》。高等女學校《かうとうぢよがくかう》の敎員《けうゐん》檢定《けんてい》試驗《しけん》及落《きふらく》を易《えき》に問《と》ふ䷞澤山咸《たくさんかん》の六爻《ろくこう》䷠天山遯《てんさんとん》の卦《けい》を得《う》因《よつ》て志願書《しぐわんしよ》を出《いだ》す

䷞ 澤山咸　上六咸《かん》ズ二其輔頰舌《そのほけふぜつ》一

䷠ 天山遯　上九肥《ゆたかなりのがる・なし》レ遯ニ无レ不《からざる》レ利《よろし》コト

○肥《ひ》は饒《ゆたか》なり此爻《このこう》に至《いた》りては係累《けいるゐ》もなく獨《ひと》り應比《おうひ》なく顧慮《こうりよ》する所《ところ》なく飄然《ひようぜん》として遠《とほ》く去《さ》る所謂《いはゆる》進退綽々《しんたいしやくしやく》として餘裕《よゆう》あり故《ゆゑ》に肥遯《ひとん》と言《い》ふ且つ剛健《がうけん》の德《とく》あり拔群絶類《はつぐんぜつるゐ》にして殊《こと》に勝《すぐ》れたる者《もの》なり故《ゆゑ》に无《シ》レ不《コト》利《シ》と言《い》ふ。象傳《しやうでん》无《キ》レ所レ疑也《うたがふなり》とは應比《おうひ》の係累《けいるゐ》もなければ毫《がう》も遲疑《ちぎ》する所《ところ》なきを謂《い》ふなり速《すみやか》に文部省檢定試驗《もんぶしやうけんていしけん》に合格《がふかく》し靜岡縣立《しづをかけんりつ》沼津中學校《ぬまづちうがくかう》教諭《けうゆ》となり又國學院大學神職試驗《またこくがくゐんだいがくしんしよくしけん》にも及第《きふだい》し後東京市駒込中學郁文館《のちとうきやうしこまごめちうがくいくぶんくわん》講師《かうし》となる其實例《そのじつれい》多《おほ》くあり略《りやく》す悟《さと》る所《ところ》ありて辭職《じしよく》なし白龍子神占所《はくりうししんせんじよ》を建設《けんせつ》し現今《げんこん》に至《いた》る故《ゆゑ》に胞衣納地《えなをさめち》惡《わし》き人《ひと》は鹽釜神社《しほがまじんじや》に胞衣祭《えなまつり》の祈願《きぐわん》なし幸福《かうふく》を招《まねく》べし。

○厠《かはや》取除《とりのけ》の祕訣《ひけつ》

○厠《かはや》は常《つね》に不淨《ふじやう》にのみ汚《けが》しある所《ところ》なれば。他《た》に移《うつ》し建替《たてかへ》る場合《はあひ》は家族《かぞく》の吉方《きつはう》の廻《めぐる》年月《ねんげつ》を待《まつ》て肥壷《こえつぼ》の巡《めぐ》りを凡《およ》そ一尺計《しやくばか》りの間汚《あひだけがれ》たる土《つち》を掘之《ほりこれ》を田畑樹木等《たはたじゆもくとう》の肥料《ひれう》を用《もち》ゆるの地《ち》に棄《す》つべし又其掘去《またそのほりさり》たる跡《あと》を鹽《しほ》を卷酒《まきさけ》を以《もつ》て清《きよ》め家族《かぞく》の吉方《きつはう》より土《つち》を取《とり》て之《これ》を埋《うづ》め清淨《せいじやう》の地《ち》に復《ふく》すべし若《も》し此等《これら》の方法《はうはふ》を守《まも》らず疎略《そりやく》にして汚物《けがれもの》を遺《のこ》し置《おけ》ば必《かなら》ず住者《ぢうしや》に祟《たゝ》り婦人《ふじん》極《きは》めて病《やまひ》に困《くる》しみ運氣《うんき》を防《さまた》げ種々《いろく》の災害《さいがい》を招《まね》き或《あるひ》は火災《くわさい》に罹《かゝ》るなり恐《おそ》るべし。然《しか》るに其不潔物《そのふけつぶつ》を取除《とりのぞか》しめて忽《たちま》ち快復《くわいふく》をなしたる者《もの》多《おほ》く余《よ》多年《たねん》の經驗《けいけん》なり必《かなら》ず忽略《ゆるがせ》にすべからず注意《ちうい》を要《えう》す。

○厠《かはや》雪《せつ》隱《いん》總《そう》論《ろん》

○圊寮《かはや》○窨《せん》坑《いん》は厠《かはや》の總名《そうめい》なり○一説《せつ》に曰《いは》く東《ひがし》にあるを醫《い》不《ふ》療《りやう》と言《い》ふ○西《にし》にあるを厠《かはや》と言《い》ふ○南《みなみ》にあるを登司《とうし》と言《い》ふ○北《きた》にあるを雪隱《せついん》と言《い》ふ學語編《がくごへん》○世説故事苑ニ曰ク厠《かはや》を雪隱《せついん》と名《な》づくるは禪家《ぜんけ》より起《おこ》れり雪竇禪師《せつとうぜんし》靈隱寺《れいいんじ》の厠《かはや》を掃除《さうぢ》する役《やく》を司《つかさど》しより此職《このしよく》を務《つとむ》るを雪隱《せついん》と稱《しよう》す。雪竇《せつとう》の雪《せつ》と靈隱寺《れいいんじ》の隱《いん》を取《と》て雪隱《せついん》と名《なづ》くとある。厠《かはや》は不淨極陰《ふじやうごくいん》の所《ところ》なれば入口《いりくち》。北《きた》に向《むかひ》ば陰《いん》に陰氣《いんき》を重《かさ》ね猶北極星《なほほくきよくせい》を穢《けがす》が爲《ため》に其祟《そのたゝり》にて劍難《けんなん》。横死《わうし》を主《つかさど》るとあり其他《そのた》種々《いろ〳〵》の災害《さいがい》を招《まね》く恐《おそ》るべし且《か》つ間取《まどり》によりて水《すゐ》難《なん》。發狂《はつきやう》して親兄《おやあに》等《とう》を殺害《せつがい》なす者《もの》を出《いだ》す大凶相《だいきようさう》となる注意《ちうい》を要《えう》す。

附言《ふげん》窓《まど》も北《きた》に開《あけ》る時《とき》は災來《わざはひきた》ると知《し》るべし試見《ためしみ》よ。但し口傳あり。

○乾之雪隱《いぬゐのせついん》を論《ろん》ず

○☰乾《いぬゐ》の厠《かはや》は家業衰《かげふおとろ》へ費用《ひよう》多《おほ》く。貧賤《ひんせん》にして不忠不孝《ふちうふかう》を主《つかさ》どり。住者《ぢうしや》の威勢《ゐせい》を失《うしな》ひ人《ひと》の誹《そしり》を受《うけ》て年々《ねんく》不幸《ふかう》を招《まね》き且《か》つ狂人《きやうじん》。腦病《なうびやう》。肺病等《はいびやうとう》の者《もの》を出《いだ》す凶相《きやうさう》なり。

○所以《ゆゑん》☰乾《いぬゐ》を天《てん》となし。人道《じんだう》の始《はじめ》。易《いき》の☰乾《けん》爲《ゐ》天《てん》の卦《けい》。君父《きみちゝ》とす或《あるひ》は福地《ふくち》とす故《ゆゑ》に不浄《ふじやう》を以《もつ》て其位《そのくらゐ》を穢《けが》す依《よつ》て家業《かげふ》衰《おとろ》へ貧賤《ひんせん》に逼《せま》り不忠不孝《ふちうふかう》にして其家《そのいへ》其身《そのみ》の威勢《ゐせい》を失《うしな》ひ種々《いろく》の災害《さいがい》を招《まね》き他人《たにん》の誹《そしり》を受《う》くると知《し》るべし。

○家《いへ》の系圖《けいづ》又《また》は定紋《ぢやうもん》を替《かへ》るか。文武官《ぶんぶくわん》は名乗《なのり》の文字《もんじ》を替《かへ》るか。船長《せんちやう》は船《ふね》の印《しるし》を替《かへ》るか。右《みぎ》の應《おう》なき家《いへ》は先祖《せんぞ》の石碑《せきひ》に傷《きづ》つくか或《あるひ》は文字《もんじ》に誤《あやまり》あるべし。

○其理《そのり》は☰乾《けん》を先祖《せんぞ》とす不浄《ふじやう》を以《もつ》て先祖《せんぞ》の位《くらゐ》を穢《けが》す故《ゆゑ》に先祖《せんぞ》より傳《つたへ》られたる者《もの》を改《あらた》め替《かへ》るか若《もし》其應《そのおう》なき家《いへ》は必《かなら》ず先祖《せんぞ》の石碑《せきひ》に本文《ほんもん》の如《ごと》き事《こと》あるべし。

○別家《べつけ》なれば本家《ほんけ》と不和《ふわ》。或《あるひ》は本家《ほんけ》貧困《ひんこん》又《また》は滅亡《めつはう》に及《およ》ぶ恐《おそ》れあり。

○所以《ゆゑん》別家《べつけ》は本家《ほんけ》を先祖《せんぞ》とす不浄《ふじやう》を以《もつ》て其位《そのくらゐ》を穢《けが》す故《ゆゑ》に本家《ほんけ》と不和《ふわ》になり或《あるひ》は本家《ほんけ》貧窮《ひんきう》に及《およぶ》か又《また》は本家《ほんけ》滅亡《めつはう》に及《およぶ》なり。

○此家《このいへ》より他家《たけ》に養子《やうし》に出《いづ》る人《ひと》は其養家《そのやうか》を亂《みだ》すか或《あるひ》は浪人《らうにん》となる。寺院《じゐん》は短命《たんめい》なすか或《あるひ》は破戒《はかい》の僧《そう》なり○其理《そのり》は☰乾《けん》の尊《たつと》き位《くらゐ》を穢《けが》す故《ゆゑ》に本文《ほんもん》の如《ごと》く末治《すゑをさま》らず。

○戌《いぬ》の厠《かはや》は濕痱《しつひ》○神經痛《しんけいつう》○中風《ちうふう》○腦病《なうびやう》○肺病《はいびやう》を主《つかさど》る○央記ニ曰ク萬物《まんもつ》盡ク滅スとある此所《このところ》を不浄《ふじやう》を以《もつ》て穢《けが》す故《ゆゑ》に難病《なんびやう》を招《まね》く○癲狂《てんきやう》の男女《だんぢよ》を出《いだ》す。戌《いぬ》は三合五行《さんがふごぎやう》も六合天象《ろくがふてんしやう》に配《はい》し皆火《みなひ》なり屎糞《ふんくそ》を以《もつ》て火《ひ》を剋《こく》す故《ゆゑ》に癲狂《てんきやう》の者《もの》を出《いだ》す。

○戌《いぬ》に厠《かはや》ありて辰《たつ》に井水《ゐすゐ》あれば癩病《らいびやう》を主《つかさど》る。辰《たつ》の水氣《すゐき》。戌《いぬ》の火《ひ》を剋《こく》す。火《ひ》を血《ち》とす屎糞《ふんくそ》の穢《けがれ》を含《ふくん》で血腐敗《ちくされやぶれ》て膿《うみ》となる故《ゆゑ》に癩病《らいびやう》を招《まね》く且《か》つ災害《さいがい》多《おほ》く來《きた》ると知《し》るべし

○亥《ゐ》の厠《かはや》は子孫《しそん》に災害多《さいがいおほ》く或《あるひ》は子《こ》なし○釋名ニ曰ク亥《ゐ》は核《かく》なり子《こ》とす不浄《ふじやう》を以《もつ》て穢《けが》す故《ゆゑ》に本文《ほんもん》の如《ごと》く子孫《しそん》に災多《わざはひおほ》しと知《し》るべし。

○兌《にし》之《の》雪隱《せついん》を論《ろん》ず

○☱兌《にし》の正當《せいたう》に厠《かはや》あれば妻女多情《さいぢよたじやう》となりて不義《ふぎ》をなすか或《あるひ》は少女醜《せうぢよぶきりやう》にして縁遠《えんとほ》く縁《えん》につく事《こと》を得《え》ざるか娘淫亂《むすめいんらん》にして名《な》を穢《けが》し祖先《そせん》を辱《はづかし》む父母《ふぼ》も是《これ》を制《せい》する事能《ことあたは》ず。

○所以《ゆゑん》☱兌《だ》を婦女《ふぢよ》とす。少女《せうぢよ》とす厠《かはや》を以《もつ》て女《をんな》の位《くらゐ》を穢《けが》す故《ゆゑ》に多情不義《たじやうふぎ》に走《はし》る且《か》つ又不浄《またふじやう》の水氣姦淫《すゐきかんいん》を導《みちび》て醜事《しうじ》多《おほ》く父母《ふぼ》の赦《ゆる》す縁《えん》は遠《とほ》く却《かへつ》て亂淫《らんいん》に其家名《そのかめい》を穢《けが》

す恐《おそ》るべし注意《ちうい》を要《えう》す。
○散財《さんざい》○損失《そんしつ》○貧困《ひんこん》に迫《せま》り悪節《あくせつ》を立《たて》られ爭論《さうろん》を主《つかさ》どる。
○其理《そのり》は☱兌《にし》は萬物《まんもつ》成收《せいしう》して悦《よろこび》をなす所故《ところゆゑ》に福地《ふくち》とす又口《またくち》とす不浄《ふじやう》を以て福地《ふくち》を汚《けが》す因《よつ》て散財《さんざい》。損失《そんしつ》。貧窮《ひんきう》を主《つかさど》る。悪節《あくせつ》を立《た》られ諠嘩《けんくわ》口論《こうろん》を招《まね》くは口《くち》の位《くらゐ》を汚《けがす》が故《ゆゑ》なり。
○口中《こうちう》の病《やまひ》○痰咳《たんせき》○逆上《のぼせ》○胸腹《むねはら》の病《やまひ》○大腸《だいちやう》○胃病《ゐびやう》○肺病《はいびやう》○肺炎《はいえん》の者《もの》を出《いだ》す恐《おそる》べし☱兌《だ》を肺《はい》となす大腸《だいちやう》とす其位《そのくらゐ》を穢《けが》す故《ゆゑ》に種々《いろ〳〵》の難病《なんびやう》を招《まね》くなり。
○☱兌《にし》の正當《せいたう》に厠《かはや》ありて又西《またにし》に四疊半《でふはん》の局《ま》二ツ連續《れんぞく》し厠《かはや》の入口《いりくち》北《きた》に向《むかへ》ば父兄《ちゝあに》總《すべ》て目上《めうへ》を殺害《せつがい》する劍難《けんなん》を招《まね》く。
○所以《ゆゑん》四半《はん》を合《あは》せば九となる九は☰乾《けん》なり老陽《らうやう》の數《すう》なり乾《けん》を父《ちゝ》とす又《また》目上《めうへ》とす四は☳震《しん》の數長男《すうちやうなん》とす。厠《かはや》の口北《くちきた》に向《むかつ》て陰《いん》を招《まね》き。☱兌《だ》の刃《やひは》を以《もつ》て☰乾《けん》に戰《たゝか》へ父《ちゝ》を剋《こく》し又《また》☳震《しん》の長男木《ちやうなんき》の位《くらゐ》を剋《こく》す此劍難《これけんなん》となる卯《う》。酉《とり》の年月日《ねんぐわつぴ》時《どき》に起《おこ》ると知《し》るべし☱兌《だ》は酉《とり》なり☳震《しん》は卯《う》なり相對《あひたい》して衝破《しやうは》の位《くらゐ》なれば卯《う》。酉《とり》の年月日《ねんぐわつぴ》時《どき》に難《なん》を發《はつ》すと云《い》ふ恐《おそ》るべし。
○寺《じ》院《ゐん》と雖《いへど》も貧《ひん》困《こん》に迫《せま》る○過《くわ》去《こ》帳《ちやう》○記《き》錄《ろく》等《とう》の什《じふ》物《もつ》を失《うしな》ふ。
○所《ゆ》以《ゑん》寺《じ》院《ゐん》も成《せい》收《しう》の福《ふく》地《ち》を汚《けが》す故《ゆゑ》に貧《ひん》困《こん》に迫《せま》る又《また》☱兌《だ》を書《しよ》物《もつ》とす紙《かみ》筆《ふで》とす依《よつ》て過《くわ》去《こ》帳《ちやう》記《き》錄《ろく》什《じふ》物《もつ》を失《うしな》ふと知《し》るべし○但《たゞ》し庚《かのえ》○辛《かのと》の方《かた》にある厠《かはや》は何《なん》人《びと》にも障《さわり》なき大《だい》吉《きつ》相《さう》なりと知《し》られよ。

○離《みなみ》之《の》雪《せつ》隱《いん》を論《ろん》ず

○☲離《みなみ》の正《せい》當《たう》に厠《かはや》あれば公《こう》難《なん》○訴《そ》訟《しよう》○貴《き》人《じん》目《め》上《うへ》の咎《とが》めを受《うけ》目《め》上《うへ》と爭《さう》論《ろん》○官《くわん》錄《ろく》を失《うしな》ひ青《りつ》雲《しん》を妨《さまた》げ不《ふ》忠《ちう》不《ふ》孝《かう》の者《もの》を出《いだ》し。従《じゆう》者《しや》は主《しゆ》人《じん》の眼《め》をくらまし盜《ねすみ》をなす。災《さい》難《なん》多《おほ》く貧《ひん》窮《きう》し○眼《がん》病《びやう》盲《まう》人《じん》○頭《づ》面《めん》瘡《さう》○逆《のぼ》上《せ》○火《くわ》難《なん》○心《しん》臟《ざう》病《びやう》○脚《かつ》氣《け》等《とう》の○難《なん》病《びやう》を招《まね》く凶《きよう》相《さう》なり。
○所《ゆ》以《ゑん》說《せつ》卦《くわ》傳《でん》曰聖《せい》人《じん》南《なん》面《めん》而《して》聽《きく》二天《てん》下《か》ニ一。嚮《むかつて》レ明《あきらかニ》而治《をさむ》とあり☲離《り》は先《せん》天《てん》の☰乾《けん》位《ゐ》なり乾《けん》を天《てん》とし君《きみ》とす○天《てん》子《し》諸《しよ》侯《こう》萬《はん》民《みん》の上《うへ》に立《たつ》て。下《した》の邪《じや》正《せい》曲《きよく》直《ちよく》を觀《かん》察《さつ》し給《たま》ふ所《ところ》なり斯《かくの》如《ごと》き大《だい》事《じ》の所《ところ》なるに屎《し》糞《ふん》を以《もつ》て汚《けが》すが故《ゆゑ》に公《こう》難《なん》を始《はじ》として本《ほん》文《もん》の如《ごこ》さ災《さい》害《がい》を招《まね》くと知《し》るべし。

○眼病《がんびやう》○盲人《まうじん》○頭面瘡《づめんさう》○逆上《のぼせ》○火難《くわなん》○心臓病《しんざうびやう》○脚氣《かつけ》○癩病《らいびやう》○損失《そんしつ》○難産等《なんざんとう》を主《つかさど》る

○所以《ゆゑん》☲離《みなみ》を日《ひ》とす明《あきらか》とす。目《め》とす。心臓《しんざう》とす。血《ち》とす其位《そのくらゐ》を不浄《ふじやう》を以《もつ》て穢《けが》す因《よつ》て本文《ほんもん》の如《ごと》き災《わざはひ》を主《つかさど》るなり猶《かほ》爲《なす》事明《ことあきらか》ならず家内蒙昧《かないもうまい》にして離散《りさん》す。

○分家困窮《ぶんけこんきう》す或《あるひ》は絶家《ぜつけ》なす。

○其理《そのり》は☲離《り》は麗《つく》なり別家《べつけ》は本家《ほんけ》に麗《つく》ものなり其麗所《そのつくところ》を不浄《ふじやう》を以《もつ》て汚《けが》す故《ゆゑ》に別《べつ》家全《けまつた》き事《こと》を得《え》ず甚《はなはだ》しきに至《いたつ》ては遂《つひ》に絶家《ぜつけ》に及《およ》ぶなり。

○丙《ひのえ》○丁《ひのと》の方《かた》にある厠《かはや》は南《みなみ》の正當《せいたう》にあるよりは少《すこ》し輕《かる》しとすれも○八宅明鏡《たくめいきやう》に☵坎《きた》☲離《みなみ》の坑《かはや》は目《め》を壞《やぶ》る事《こと》を主《つかさど》るある故《ゆゑ》に丙《ひのえ》。丁《ひのと》も安全《あんぜん》なる厠《かはや》にあられば最《もと》も注意《ちうい》を要《えう》す試見《ためしみ》られよ。

○震之雪隠《ひがしのせついん》を論《ろん》ず

○☳震《ひがし》の正當《せいたう》に厠《かはや》あれば長男不行跡《ちやうなんふぎやうせき》となり大酒《たいしゆ》を好《この》むか常《つね》に顚狂剣舞《てんきやうけんぶ》を爲《な》し人道《じんだう》に反《そむ》き無頼者《ぶらいしや》となるか短命《たんめい》なすか或《あるひ》は不具者《ふぐしや》となり二男三男《じなんさんなん》に至《いた》る迄《ま》で行跡《ぎやうせき》よろ

しからず終《つひ》に養子《やうし》なすか又《また》は妾腹《せうふく》の子《こ》家系《かけい》を相續《さうぞく》なすか。

○所以《ゆゑん》☳震《しん》を長男《ちやうなん》とす其位《そのくらゐ》☳を不淨《ふじやう》を以《もつ》て穢《けが》す故《ゆゑ》に對衝《たいしよう》する所《ところ》の☱兌《にし》の口《くち》を呼《よん》で大酒《たいしゆ》を好《この》み酩酊《めいてい》して劍《けん》を拔《ぬき》て顚狂《てんきやう》す。且《か》つ隣位《りんゐ》の☵坎中男《かんちうなん》☶艮《ごん》の小男《せうなん》も又《また》震《しん》の長男《ちやうなん》を見習《みならひ》て行跡宜《ぎやうせきよろし》からず男子《だんし》盡《ことごと》く無頼《ぶらい》なるに因《よつ》て養子《やうし》をなすか又《また》は妾腹《せつふく》の子《こ》家系《かけい》を繼《つぐ》なり若《も》し男子《だんし》行跡《ぎやうせき》宜《よき》は必《かなら》ず短命《たんめい》なり故《ゆゑ》に養子《やうし》を招《まね》くと知《し》るべし。

○夫婦不和《ふうふふわ》○女難《ぢよなん》○神經痛《しんけいつう》○發狂《はつきやう》○發達《はつたつ》を妨《さまた》げ貧困《ひんこん》を招《まね》く。

○所以《ゆゑん》☳震《ひがし》は春陽《しんやう》の氣《き》生《しやう》ずる所故《ところゆゑ》に春情色情《しんじやうしきじやう》とす之《これ》を不淨極陰《ふじやうごくいん》を以《もつ》て汚《けが》す因《よつ》て女難《ぢよなん》となるなり又《また》☳震《しん》の裏《うら》☴巽《そん》。是長男長女《これちやうなんちやうぢよ》の配偶《はいぐう》する所《ところ》を穢《けが》す故《ゆゑ》に夫婦不和《ふうふふわ》を主《つかさど》る竝《ならび》に震發生《しんはつせい》の氣《き》を汚《けが》す故《ゆゑ》に神經痛《しんけいつう》。發狂《はつきやう》。發展《はつてん》を妨《さまた》げ貧困《ひんこん》を招《まね》くと知《し》るべし注意《ちうい》を要《えう》す。

○家族早起《かぞくはやおき》して家事《かじ》を務《つとむ》る事能《ことあた》はず。

○其理《そのり》は☳震《ひがし》。帝震《ていひかし》より出《いづ》る所《ところ》にして陽氣動《やうきうご》き進《すゝ》む所《ところ》なり其位《そのくらゐ》を不淨《ふじやう》を以《もつ》て穢《けが》す故《ゆゑ》に朝早《あさはや》く起《おき》る事能《ことあたは》ず。若《も》し早起《あさおき》すれば狂人《きやうじん》○逆上頭痛等《のぼせづつうとう》の病氣《びやうき》を發《はつ》す則《すなは》ち強《つとめ》て早起《はやおき》すれば穢《けがれ》の氣《き》に壓迫《あつはく》されて右《みぎ》の病氣《びやうき》を發《はつ》すに至《いた》るなり。

○☳震《ひがし》に厠《かはや》あつて☶艮《こん》の凹《かけ》たる家《いへ》は男子《だんし》幾人《いくにん》ありて皆疱瘡《みなはうさう》。痳疹《はしか》。驚風等《きやうふうとう》の病氣《びやうき》にて急死《きふし》す其應《そのおう》は必《かなら》ず巳《み》。酉《とり》。丑《うし》の年月日時《ねんげつひどき》に災《わざはひ》ありと知《し》るべし。

○所以《ゆゑん》☶艮《こん》の缺《かけ》は男子育《だんしいく》せず先天《せんてん》の☳震《しん》なり震《しん》は長男《ちやうなん》☶艮《こん》は小男《せうなん》なればなり震《ひがし》の厠《かはや》は發生《はつせい》の氣《き》を破《やぶ》り急驚《きふきやう》を主《つかさど》る故《ゆゑ》に疱瘡《はうさう》。痳疹《はしか》。驚風等《きやうふうとう》にて急死《きふし》を招《まね》くなり其理《そのり》は卯《う》に對《たい》して衝破《しようは》するは酉《とり》なり酉《とり》の三合《さんがふ》を巳《み》、丑《うし》とす故《ゆゑ》に巳《み》。酉《とり》。丑《うし》の年《ねん》月日時《げつひどき》に災《わざはひ》ありと知《し》るべし。

○厠《かはや》は甲《きのえ》の方《かた》。乙《きのと》の方《かた》にあれば何人《なんびと》に大吉相《だいきつさう》とす○然《しか》れども甲《きのえ》。乙《きのと》の兩方《りやうはう》ともに厠《かはや》ある時《とき》は大陽發生《だいやうはつせい》の左右《さいう》を穢《けが》す故《ゆゑ》に善則《ぜんすなは》ち憂《うれひ》に返《かへ》る依《よつ》て大凶相《だいきようさう》となるなり。

○其理《そのり》は甲《きのえ》は巳《み》に化《くわ》し。乙《きのと》は庚《かのえ》に化《くわ》す。庚《かのえ》は洪範《こうはん》の五行土《ごぎやうつち》に屬《ぞく》す故《ゆゑ》に甲並《きのえならび》に乙《きのと》にある厠《かはや》を大吉相《だいきつさう》とするなり。

○巽之雪隱《たつみのせついん》を論《ろん》ず

○巽《たつみ》の厠《かはや》は第一《だいいち》に損害多《そんがいおほ》く貧困《ひんこん》なす又親族《またしんぞく》の爲《ため》に費用多《ひようおほ》く總《すべ》て掛會《かゝりあひ》の人絶《ひとたへ》ず。猶《なほ》商家《しやうか》は遠國《ゑんこく》に大損害《だそんがい》を招《まね》き。船長《せんちやう》は他國《たこく》にて船《ふね》を破《やぶ》り海上風波《かいじやうふうは》の難《なん》を發《はつ》す。士官《しくわん》は他國《たこく》にて重役《おもやく》を仕損《しそん》じ其家名《そのかめい》を汚《けが》す凶相《きようさう》なり。

○所以《ゆゑん》☴巽《そん》は説卦傳《せつくわでん》に曰《いはく》。巽《そん》は萬物《まんもつ》の齊《とゝの》ふ所《ところ》なり其位《そのくらゐ》を厠《かはや》を以《もつ》て穢《けが》す故《ゆゑ》に散財《さんざい》。損失《そんしつ》。貧窮《ひんきう》を主《つかさ》どる。巽《そん》は順《じゆん》なり順《じゆん》は人情《にんじやう》の入所《いるところ》。親族《しんぞく》となす其所汚《そのところけが》る依《よつ》て親族《しんぞく》の費用《ひよう》多《おほ》くかかり人絶《じんぜつ》と云《い》ふ又巽《またそん》を遠方《ゑんはう》とし。世間《せけん》とす食客《しよくかく》多《おほ》く世上《せじやう》の損失《そんしつ》。遠方《ゑんはう》の損害等《そんがいとう》其汚《そのけが》れより來《きた》るなり。又巽《またそん》を風《かぜ》とす。長《ながし》とす。高《たかし》とす。進退《しんたい》となす。遠方《ゑんはう》とす其位《そのくらゐ》を厠《かはや》ありて汚《けが》す故《ゆゑ》に船長《せんちやう》は他鄕他國《たきやうたこく》にて海上風波《かいじやうふうは》の難《なん》の遇《あふ》て船《ふね》を破損《はそん》し重《おも》きは溺死變死《できしへんし》す。士官《しくわん》は重役《おもやく》を仕損《しそん》じ名《な》を穢《けが》し家名《かめい》を傷《きず》け祖先《そせん》を辱《はづかし》む等皆巽《とうみなたつみ》の穢《けが》れより起《おこ》ると知《し》るべし。

○婦人《ふじん》は不貞《ふてい》にして淫行《いんかう》しげく遂《つひ》に其名《そのな》を汚《けが》す○或《あるひ》は女子偏情《ちよしへんくつ》。色欲《しきよく》。姦淫等《かんいんとう》にて世間《せけん》の比評《ひひやう》を受《う》け家名《かめい》を汚《けが》す恐《おそ》るべし。

○其理《そのり》は☴巽《そん》を長女《ちやうちよ》とす又巽《またそん》は先天《せんてん》の☱兌位《だゐ》なり兌《だ》を女《ちよ》とす又先天《またせんてん》の☴巽位《そんゐ》は後天《こけてん》の☷坤位《こんゐ》なり坤《こん》を母《はゝ》とす妻女《さいぢよ》とす其位《そのくらゐ》を厠《かはや》を以《もつ》て穢《けが》す故《ゆゑ》に婦人《ふじん》は不貞《ふてい》にし

て淫行《いんかう》しげく。姦淫等《かんいんとう》にて其名《そのな》を穢《けが》す或《あるひ》は婦人偏情《ふじんへんくつ》。色欲強《しきよくつよ》くして人柄宜《ひとがらよろ》しからず試見《ためしみ》よ。

○住宅《ぢうたく》の周圍《しうゐ》に倉庫《さうこ》。物置等《ものおきとう》なく只巽《たゞたつみ》にのみ厠《かはや》ある家《いへ》は貧窮甚《ひんきうはなはだ》しく疾病絶《しつぺいたへ》ず或《あるひ》は短命《たんめい》なす者多《ものおほ》しと知《し》られよ。

○其理《そのり》は家《いへ》の周圍《まはり》に倉庫《さうこ》。物置等守《ものおきとうまもる》ものなく巽《たつみ》に厠《かはや》のみあるは其凶最《そのきようもつと》も恐《おそ》るべし萬物齊《まんもつとゝの》ふ所《ところ》を汚《けが》す故《ゆゑ》に貧窮《ひんきう》に迫《せま》る又萬物齊《またまんもつとゝの》ふ尊《たつと》き☴巽《たつみ》に坑《あな》を掘《ほり》て極陰《ごくいん》の不浄《ふじやう》を以《もつ》て穢《けが》す故《ゆゑ》に疾病絶《しつぺいたへ》ず或《あるひ》は短命《たんめい》の者《もの》を出《いだ》す。

○巽《たつみ》に厠《かはや》ありて其方《そのはう》に三疊《さんでふ》の局《ま》あれば白痴《はくち》の者《もの》を出《いだ》す注意《ちうい》を要《えう》す。

○所以三《ゆゑんさん》は☲離《みなみ》の數《すう》なり☴巽《そん》は木《き》の位其穢《くらゐそのけがれ》の木《き》。離《り》の火《ひ》を生《しやう》ず☲離《みなみ》は明《あきら》かなり日《ひ》となす其位穢《そのくらゐけが》れて愚蒙《ぐまう》の者《もの》を出《いだ》す則《すなは》ち明《あきら》かを暗《くら》ます理《り》なり。

○辰《たつ》の厠《かはや》は大概巽《おほむねたつみ》に同《おな》じ然《しか》れども少《すこし》は輕《かる》し。

○巳《み》の厠《かはや》は種々《いろく》の損害災難《そんがいさいなん》を招《まね》き貧困《ひんこん》に迫《せま》ると知《し》るべし○其理《そのり》は巳《み》は三合五行《さんがふごぎやう》の金《かね》を生《しやう》ずる所《ところ》なり不浄《ふじやう》を以《もつ》て之《これ》を汚《けが》す故《ゆゑ》に財《ざい》を剋《こく》し損失貧困等《そんしつひんこんとう》を招《まね》くなり。

○坎《きた》之《の》雪《せつ》隱《いん》を論《ろん》ず

○☵坎《きた》の正當《せいたう》に厠《かはや》あるは先祖《せんぞ》の祭祀《まつり》を怠《おこた》り祖先《そせん》より傳《つた》ふる財産《ざいさん》を失《うしな》ふか。母方《はゝかた》の家《いへ》衰微《すゐび》するか或《あるひ》は母親《はゝおや》偏屈《へんくつ》不義《ふぎ》を爲《な》すか。中男《ちうなん》不行跡《ふぎやうせき》又《また》は從者《じゆうしや》不忠《ふちう》或《あるひ》は盜《ぬすみ》をなすか。本家《ほんけ》別家《べつけ》不和《ふわ》。九族親《きうぞくしん》を失《うしな》ふなり。

○所以《ゆゑん》☵坎《きた》は食料水《しよくれうすゐ》の司《つかさ》東洋《とうやう》に於《おい》ては水《みづ》は北《きた》より發《はつ》し地中《ちちう》に水脈《すゐみやく》至《いた》る所《ところ》にあり故《ゆゑ》に先祖《せんぞ》となす。血脈《ちみやく》となす。母《はゝ》とす。妻女《さいぢよ》とす。中男《ちうなん》とし。奴僕《ぬぼく》なし。盜《ぞく》となす又《また》は母方《はゝかた》の親類《しんるゐ》とす。本家《ほんけ》となす其位《そのくらゐ》を厠《かはや》を以《もつ》て穢《けが》す故《ゆゑ》に本文《ほんもん》の如《ごと》き災《わざはひ》を招《まね》く。本義《ほんぎ》に曰《いはく》人《ひと》を治《をさ》め己《おのれ》を治《をさ》むるは皆《みな》必《かなら》ず重習《ちゆうしふ》して然後《さいご》に熟《じゆく》して之《これ》を安《やん》んずとある其所《そのところ》を穢《けが》す故《ゆゑ》に内外《ないぐわい》治《なさま》らず九族親《きうぞくしん》を失《うしな》ふに至《いた》ると知《し》るべし。

○遠方《ゑんはう》の損害《そんがい》水難《すゐなん》○破産《はさん》○耳《みゝ》の病等《やまひとう》を招《まね》くに至《いた》る。

○彖傳《たんでん》に曰《いはく》坎《かん》は重險《ちゆうけん》也《なり》險《けん》に行《ゆき》て其信《そのしん》を失《うしな》はずと是《これ》坎《かん》の德《とく》なり總《すべ》て世上《せじやう》。他處《たしよ》遠方《ゑんはう》の驅引《かけひき》皆《みな》儉《けん》なり其位《そのくらゐ》に不淨《ふじやう》ありて之《これ》を穢《けが》す故《ゆゑ》に其信《そのしん》を失《うしな》ひ損害《そんがい》を主《つかさ》とる說卦《せつくわ》傳《でん》に曰《いはく》坎《かん》に勞《ろう》す又《また》曰《いはく》萬物《まんもつ》の歸《き》する所《ところ》又《また》曰《いはく》坎《かん》を水《みづ》とす耳《みゝ》とす其所《そのところ》を穢《けが》す故《ゆゑ》に水難《すゐなん》。

破産《はさん》。耳《みゝ》の病等《やまひとう》を招《まね》く。
○濕病《しつびやう》○逆上《のぼせ》○腎臓病《じんざうびやう》○男子《だんし》は盲人《まうじん》となるか○婦人《ふじん》は蹇《あしない》の病《やまひ》を發《はつ》す。
○☵坎《きた》の裏《うら》は☲離《みなみ》なり離《り》を目《め》とす明《あきらか》となす其位《そのくらゐ》を不浄《ふじやう》を以《もつ》て穢《けが》す故《ゆゑ》に中男盲人《ちうなんまうじん》となる又《また》☵坎《かん》は先天《せんてん》の☷坤位坤《こんくらゐこん》は先天《せんてん》の☴巽位《そんゐ》なり巽《そん》を長女《ちやうぢよ》とす。股《もゝ》とす其位《そのくらゐ》汚《けが》るゝ故《ゆゑ》に女《をんな》は蹇《あしない》となるなり。
○血液不順《けつえきふじゆん》○神經痛《しんけいつう》○腎臓炎《じんざうえん》○疱瘡《はうさう》の難危《なんやく》に遇《あ》ふ恐《おそ》れあり。
○其理《そのり》は☵坎《かん》の裏《うら》は☲離《り》。説卦傳《せつかでん》に曰《いはく》水火相射《すゐくわあひいとは》さずと不浄極陰相重《ふじやうごくいんあひかさな》りて坎《かん》の血《ち》脈循環《みやくじゆんくわん》せず故《ゆゑ》に血液不順《けつえきふじゆん》。腎臓炎等《じんざうえんとう》の難病《なんびやう》を招《まね》くなり。
○此家癩病《このいへらいびやう》の者《もの》を出《いだ》す恐《おそ》れあり○其理《そのり》は☵坎《きた》を先祖《せんぞ》となす又《また》血《ち》となす不浄《ふじやう》を以《もつ》て穢《けが》す故《ゆゑ》に血汚《ちけが》れて膿《うみ》となる且《か》つ先祖《せんぞ》よりの血脈悪《ちみやくあし》しと評《ひやう》さるゝは忽論《もちろん》なり。
○☵坎《きた》の地所凹《ぢしよかけ》たる所《ところ》に厠《かはや》あれば永住《えいぢう》する事能《ことあた》はず何人來《なんびときた》り住《すむ》と雖《いへど》も必《かなら》ず失敗《しつはい》なし榮《さかえ》る事《こと》なし其理《そのり》は先天《せんてん》の坤位《こんゐ》なり坤《こん》は地《ち》なり其他極陰《そのたこくいん》の穢《けが》れありて何人《なんびと》も永住《えいぢう》なす事能《ことあた》はず試見《ためしみ》よ。口傳あり。

○壬《みづのえ》○癸《みづのと》の厠《かはや》は少《すこし》は輕《かる》し然《しか》れども完全《あんぜん》ならず。

○艮之《うしとらの》雪隱《せついん》を論《ろん》ず

○☶艮《うしとら》の厠《かはや》は長男《ちやうなん》短命《たんめい》にして血脈《けつみやく》を絕《たや》す。逆上《のはせ》。痔漏《ちろう》。脫肛《だつこう》。頭瘡《づさう》。頭面瘡《づめんさう》。中風《ちうふう》。痺痛《ひつう》。膿汁《のうじふ》を出《いだ》す病《やまひ》。毒深腫物《どくふかくはれもの》多《おほ》くは脊《せ》に出《でる》か。不具者等《ふぐしやとう》の難病《なんびやう》其他《そのた》種々《いろいろ》の難危災害連年《なんやくさいがいれんねん》に來《きた》り終《つひ》に其家名《そのかめい》を絕《たや》す恐《おそ》るべき大凶相《だいきようさう》なり。

○所以《ゆゑん》先天《せんてん》の☳震位《しんゐ》は後天《こうてん》の☶艮位《こんゐ》にて長男《ちやうなん》とす不淨《ふじやう》を以《もつ》て長男《ちやうなん》の位《くらゐ》を穢《けが》す故《ゆゑ》に短命《たんめい》なす。散財《さんざい》。逆上《のはせ》。中風《ちうふう》。痔漏《ちろう》。脫肛《だつこう》。頭面瘡《づめんさう》。膿汁《のうじふ》。惡疾等《あくしつとう》の難病《なんびやう》に罹《かゝ》り家名《かめい》斷絕《だんぜつ》なすは艮《こん》は萬物《ばんよつ》の終《をはつ》て又初《またはじ》めを成所生門《なすところせいもん》と云《い》ふ其演生《そのえんしやう》ずる所《ところ》を不淨極陰《ふじやうごくいん》を以《もつ》て壓迫《あつはく》なす故本文《ゆゑほんもん》の如《ごと》き災危《さいやく》を起《おこ》すと知《し》るべし又毒深《またどくふか》き腫物脊《はれものせ》に出《で》るか不具者等《ふぐしやとう》は終初《をはりはじ》の氣《き》血循環《けつじゆんくわん》する所《ところ》を汚《けが》す故《ゆゑ》に血穢《ちけが》れて膿《うみ》となる。

○☶艮《うしとら》に厠《かはや》ありま又《また》☷坤《ひつじさる》に井《ゐ》水《する》あれば必《かなら》ず癩病或《らいびやうあるひ》は不具者《ふぐしや》を出《いだ》す凶相《きようさう》なり。

○其理《そのり》は艮《こん》は萬物《はんよつ》の終初《をはりはじめ》の氣《き》循環《じゆんくわん》する所《ところ》。坤《こん》は萬物《まんもつ》資《たすけ》て生《しやう》ずる所《ところ》なり其對衝《そのたいしよう》の位《くらゐ》に厠《かはや》井《ゐ》を掘《にり》て地脈《ちみやく》を切斷《せつだん》なす故《ゆゑ》癩病或《らいびやうあるひ》は身體《しんたい》不具者《ふぐしや》を出《いだ》すなり。

○若《も》し艮《こん》。坤二《こんに》方《はう》に厠《かはや》ある家《いへ》は必《かなら》ず艮《うしとら》の方《かた》より坤《ひつじさる》の方《かた》に移《うつ》りたるか又《また》は坤《ひつじさる》の方《かた》より艮《うしとら》の方《かた》に移《うつ》り來《きた》たる家《いへ》にして家族《かぞく》に濕毒《しつどく》の患《うれひ》絶《たへ》ず永住《えいぢう》なせば家名《かめい》斷絶《だんぜつ》なす凶相《きようさう》

○其理《そのり》は艮《こん》。坤二《こんに》方《はう》ともに萬物《まんもつ》生育《せいいく》發演《はつえん》の生氣《せいき》ある所《ところ》を不浄極陰《ふじやうこくいん》を以《もつ》て穢《けが》す故《ゆゑ》に濕毒《しつどく》の患《うれひ》。家族《かぞく》死絶《しにたへ》の恐《おそ》れあり。

○丑《うし》の厠《かはや》は變死《へんし》。劒難《けんなん》あり。丑《うし》を陰府《いんぶ》となす又《また》厠《かはや》は陰極《いんこく》なり兩陰《りやういん》屈紐《くつちう》して發生《はつせい》の氣《き》を壓迫《あつはく》す陰重《いんかさな》りて變死《へんし》劒難《けんなん》を招《まね》くに至《いた》るなり。

○厠《かはや》の入口《いりくち》北《きた》に向《むか》ひ住宅《ぢうたく》に四疊《でふ》と六疊《でふ》の局續《まつゞき》あれば必《かなら》ず溺死《できし》の者《もの》を出《いだ》す凶相《きようさう》なり。

○其理《そのり》は丑《うし》を陰府《いんぶ》とす厠《かはや》も極陰《こくいん》にして向《むか》ふ所《ところ》又《また》北《きた》の陰《いん》なり三陰重《さんいんかさな》りて北極星《ほくきよくせい》の祟《たゝり》を招《まね》く又《また》六《ろく》の數《すう》は☵坎《きた》の水《みづ》なり四は☳震《しん》の數《すう》なり☵☳水雷屯《すゐらいちゆん》の卦《けい》となり外卦《ぐわいか》進《すゝ》み行《ゆけ》ば坎險《かんけん》に陷《おちい》る水《みづ》の深《ふかき》に陷《おちい》り溺死《できし》すの意《い》なり。

○寅《とら》の厠《かはや》は長男《ちやうなん》不行跡《ふぎやうせき》を爲《なす》か暗愚《はか》或《あるひ》は短命《たんめい》なすか難病《なんびやう》の患《うれひ》絶《たへ》ずと知《し》るべし。

○所以《ゆゑん》☶艮《うしとら》は止《とゞ》まるなり萬物《まんもつ》終始《をはりはじめ》を成所《なすところ》。丑《うし》は一月《ぐわつ》より十二月迄《ぐわつまで》一箇年間《かねんかん》を紐《むすぶ》所寅《ところとら》は立春《りつしゆん》の氣《き》起《おこ》りて萬物《はんもつ》始《はじめ》て地上《ちじやう》に伸出《のびいづ》る所《ところ》を厠《かはや》を以《もつ》て汚《けが》す故《ゆゑ》に本文《ほんもん》の如《ごと》き

種々《いろ〳〵》の難危災害《なんやくさいがい》を發《はつ》し其家名斷絶《そのかめいだんぜつ》の恐《おそ》れあり。

○寅《とら》より艮《こん》に懸《かけ》て厠《かはや》ありて猶住宅《なほぢうたく》に六疊《でふ》と七疊半《でふはん》の局續《まつゞ》き或《あるひ》は三疊《でふ》に十二疊《でふ》との局續《まつゞ》き或《あるひ》は三疊《でふ》と六疊《でふ》の局續《まつゞ》き厠《かはや》の入口《いりくち》北《きた》に向《むか》ひ或《あるひ》は坎《きた》に井水《ゐすゐ》あれば必《かなら》ず變死《へんし》する者《もの》を出《いだ》すなり。

○其理《そのり》は寅《とら》より艮《こん》の厠《かはや》は演生《えんせい》の氣《き》を損《そん》じ六と七半《はん》の局續《まつゞき》は安居《あんきよ》ならず。三と十二は宜數《よきすう》なれども汚《けが》れて却《かへつ》て凶《きよう》となる。三と六は狂亂《きようらん》を主《つかさど》る又艮《またこん》の厠北《かはやきた》に向《むか》ふは☵☶水山蹇《すゐさんけん》の卦《けい》にして東北險阻《とうほくけんそ》の象《しよう》☵坎《かん》の井水《ゐすゐ》は所謂重險《ゆはゆるぢうけん》なり故《ゆゑ》に變死《へんし》の者《もの》を出《いだ》す其應《そのおう》は丑寅未申《うしとらひつじさる》の年月日時《ねんげつひどき》に來《きた》ると知《し》るべし。

○坤之雪隱《ひつじさるのせついん》を論《ろん》ず

○☷坤《ひつじさる》の厠《かはや》は婦人《ふじん》に崇神經過敏《たゝりしんけいくわびん》となりて胸腹《むねはら》。脾胃腸虚弱《ひゐちやうきよじやく》。痰咳《たんせき》。眼病其他惡疾《がんびやうそのたあくしつ》の病氣《びやうき》に罹《かゝ》り費用多《ひようおほ》く貧困《ひんこん》に逼《せま》り且《か》つ死亡等《しはうとう》擧《あげ》て則《すちは》ち計《かぞ》へ難《がた》き大凶相《だいきようさう》にして終《つひ》に祖先《そせん》の讓《ゆづ》りを失《うしな》ひ家名《かめい》を汚《けが》し他人《たにん》に擯斥《せんひき》され妻女《さいぢよ》を剋《こく》すと知《し》るべし。

○所以《ゆゑん》☷坤《こん》を脾臓《ひざう》○胃《ゐ》となす其位《そのくらゐ》を不淨《ふじやう》を以《もつ》て穢《けが》す故《ゆゑ》に脾臓《ひざう》。胃《ゐ》。虚弱《きよじやく》するなり○泄《と》瀉《しや》下《け》利○腸加答兒《ちやうかたる》等《とう》は☷☷坤爲地《こんゐち》の地脈《ちみやく》を穢《けが》し切斷《せつだん》なすが故《ゆゑ》なり又先天《またせんてん》の☷坤位《こんゐ》は後天《こうてん》の☵坎位《かんゐ》なり坎《かん》を血《ち》とす血《ち》穢《けが》れて循環《じゆんくわん》せず故《ゆゑ》に逆上《のはせ》。痰咳眼病《たんせきがんびやう》悪疾等《あくしつとう》の難病《なんびやう》を招《まね》くと知《し》るべし。

○☷坤《こん》の穢《けが》れは妻女腹部《さいぢよふくぶ》調《と・の》はず○冷濕《ひえしつ》○結毒《けつどく》○血液不順妻女死亡《けつえきふじゆんさいぢよしはう》○夏秋《なつあき》に痢疾病《しつびやう》を發《はつ》すれば妻女《さいぢよ》必《かなら》ず死亡《しはう》の恐《おそ》れあり。

○其理《そのり》は坤《こん》を腹《はら》とす妻女《さいぢよ》となす故《ゆゑ》に腹部《ふくぶ》の病《やまひ》は多《おほ》く妻女《さいぢよ》にあり先天《せんてん》の坤位《こんゐ》は後《こう》天《てん》の坎位《かんゐ》なり坎《かん》を水《みづ》。血《ち》となす故《ゆゑ》に冷濕《れいしつ》。結毒《けつどく》。血液不順《けつえきふじゆん》となるは其位《そのくらゐ》を汚《けが》す故《ゆゑ》に妻女死亡《さいぢよしはう》に及《およ》ぶなり夏《なつ》は未《ひつじ》の月日時《つきひどき》。秋《あき》は申《さる》の月日時應《つきひときおう》あり下利病《げりびやう》は☷☷妻女《さいぢよ》の位《くらゐ》を不浄極陰《ふじやうごくいん》を以《もつ》て穢《けが》す故《ゆゑ》に死亡《しはう》すと知《し》るべし。

○☷☷坤《こん》は妻女《さいぢよ》の位《くらゐ》なれば廁《かはや》の坑《あな》二つあれば妻女二人死亡《さいぢよににんしはう》す○三坑《こう》あれば妻三人《さいさんにん》を殺《ころ》す○右《みぎ》の妻女《さいぢよ》は必《かなら》ず坤《こん》。艮《ごん》の方《かた》より來《きた》る人《ひと》なり。

○所以《ゆゑん》廁《かはや》を以《もつ》て☷坤《こん》の妻女《さいぢよ》を剋《こく》す不浄《ふじやう》の坑數《あなすう》を以《もつ》て妻《さい》の數《かず》を算《さん》するなり☷坤《こん》☶艮相對《こんあひたい》して互《たがひ》に衝破《しようは》するを云《い》ふなり又廁《またかはや》を斜《な・め》に建《たて》れば妻女偏屈《さいぢよへんくつ》なりと云《い》ふ。

○☷坤《こん》の厠《かはや》は先祖《せんぞ》を尅《こく》す又《また》家《いへ》に傳《つた》ふる財産《ざいさん》或《あるひ》は家督《かとく》を尅《こく》すか姓《せい》を改《かへ》るか○定紋《ぢやうもん》を改《かへ》る○先祖《せん》の石碑《せきひ》に文字《もんじ》訛謬《あやまり》有《ある》か石碑《せきひ》碎《くだけ》るか○其理《そのり》は☷坤《こん》の裏《うら》は☰乾《けん》なり是《これ》天地《てんち》の位《くらゐ》を定《さだ》むるなり乾《けん》を先祖《せんぞ》とす不淨《ふじやう》を以《もつ》て穢《けが》す故《ゆゑ》に先祖《せんぞ》の石碑《せきひ》に文字《もんじ》誤《あやまり》あるか又《また》碎《くだけ》るも家督《かとく》を尅《こく》すも皆《みな》先祖《せんぞ》を尅《こく》する所《ところ》より起《おこ》るなり。

○住宅《ぢうたく》の周圍《しうゐ》に物置《ものおき》もなく坤《ひつじさる》のみ厠《かはや》建《たて》張《はり》たる家《いへ》は必《かなら》ず亡命《はうめい》する者《もの》あるか怪我《けが》過失《あやまち》の災危《さいやく》○變死《へんし》なすか○其理《そのり》は坤《こん》の地《ち》穢《けがれ》て住事《すむこと》能《あた》はず出奔《しゆつはん》なすか。　怪我《けが》過失《あやまち》。變死《へんし》の者《もの》を出《いだ》す。

○未《ひつじ》の厠《かはや》は萬事《ばんじ》失敗《しつはい》不如意《ふによい》にして費用《ひよう》多《おほ》し。

○申《さる》の厠《かはや》は妻女《さいぢよ》衰弱《すゐじやく》して死亡《しはう》なすか常《つね》に病《やまひ》に困苦《こんく》なすか或《あるひ》は虚榮心《きよえいしん》強《つよ》く夫《をつと》を尅《こく》す恐《おそ》れあり注意《ちうい》を要《えう》す。

○☷坤《こん》を母《はゝ》となす○腹《はら》となす○妻女《さいちよ》となす地《ち》となす地《ち》は萬物《ばんもつ》を生出《うみいだ》し養育《やういく》する功徳《こうとく》ある純陰《じゆんいん》の地《ち》なり其徳《そのとく》を不淨極陰《ふじやうごくいん》を以《もつ》て汚《けが》すが故《ゆゑ》に種々《いろく》の難危《なんやく》を發《はつ》し家督《かとく》を絶《たや》し或《あるひ》は姓《せい》を替祖《かへそ》先《せん》を辱《はづかし》むるに至《いた》る恐《おそ》べし。

○樹《じゆ》木《もく》總《そう》論《ろん》

○草《さう》木《もく》に心《こゝろ》なしと雖《いへど》も又《また》各々《おの〳〵》性情《せいじやう》ありて吉凶《きつきよう》を主《つかさど》る者《もの》なり○中門《なかもん》に槐《ゑんじゆ》を植《うゑ》れば富《ふう》貴《き》を主《つかさど》る○家宅《かたく》の後《うしろ》に楡《にれ》を植《うゑ》れば百鬼《ひやくき》近《ちか》よらず○家《いへ》の前後《ぜんご》に柘榴《ざくろ》を植《うゑ》れば子孫《しそん》繁《はん》榮《えい》す或《あるひ》は寢間《ねま》近《ちか》く植《うゑ》るも又《また》吉事《きちじ》ありと云《い》ふ○竹《たけ》は人竹《じんちく》と云《い》ふて家《いへ》の四方《しはう》に植《うゑ》て差《さし》支《つかへ》なし○門前《もんぜん》に大樹《だいじゆ》あれば濕病《しつびやう》○疫病《えきびやう》○狂人《きやうじん》等《とう》を主《つかさど》る又《また》柳《やなぎ》あれば不吉《ふきち》を招《まね》く或《あるひ》は大樹《たいじゆ》の空心木《うろき》あれば必《かなら》ず血液不順《けつえきふじゆん》○肺病《はいびやう》の者《もの》を出《いだ》す○樹木軒《じゆもくのき》に近《ちか》く其家《そのいへ》暗《くら》きは疾《しつ》病絶《びやうたへ》ず○庭前《ていぜん》に大樹《だいじゆ》ありて軒《のき》を覆《おほ》ひ家《いへ》暗《くら》きは同論《どうろん》にして種々《いろ〳〵》の凶事《きようじ》を招《まね》く○井水《ゐすゐ》の邊《へん》に桐《きり》ありて其影《そのかげ》を水《みづ》に寫《うつ》せば喘息《ぜんそく》○神經病《しんけいびやう》○肺病《はいびやう》○愚蒙《ぐもう》等の者《もの》を出《いだ》し諸事凶《しよじきよう》を招《まね》く○庭前《ていぜん》に芭蕉《はせう》○蘇鐵《そてつ》○棕櫚《しゆろ》○蓮《はす》　桐《きり》　桑《くわ》　桃《もゝ》等《とう》あれば難病不祥《なんびやうふしやう》を主《つかさど》る且《か》つ芭蕉《はせう》○蘇鐵《そてつ》は年久《としひさ》しくなれば怪異《くわいい》をなす者《もの》なりと云《い》ふ。

○總《すべ》て家敷内《やしきない》に大樹木《だいじゆもく》ありて板葉《いたは》繁茂《はんも》して家《いへ》を覆《おほ》はず陽氣《やうき》を防《さまた》げざれば其家《そのいへ》必《かなら》ず榮昌《はんじやう》なり○若《も》し樹木《じゆもく》枯《かれ》る時《とき》は其家《そのいへ》大《おほい》に衰《おとろ》ふ甚《はなはだ》しきに至《いたつ》ては其家《そのいへ》滅亡《めつはう》に及《およ》ぶと知《し》るべし。

○宅地内《たくちない》の大樹《だいじゆ》は妄《みだり》に伐《きる》べからず過失《あやまつ》て是《これ》を伐《きれ》ば忽《たちま》ち其家《そのいへ》滅亡《めつはう》に及《およ》ぶなり或《あるひ》は其《その》大樹《だいじゆ》のあり所《ところ》に因《よつ》て種々《いろく》の災害《さいがい》を招《まね》く者《もの》あれば左《さ》に區別《くべつ》なす部《よ》を調《しらべ》よ。

○宅地内《たくちたい》にある所《ところ》の樹木異形《じゆもくいけい》なれば家族《かぞく》に不具者《ふぐしや》○癈人《はいじん》○不正者《ふせいしや》○冒險者或《はうけんしやあるひ》は變病等《へんびやうとう》の者《もの》を出《いだ》す注意《ちうい》を要《えう》す。

○但《たゞ》し人《ひと》の力《ちから》を用《もちゐ》て造《つく》りたる庭木《にはき》は論《ろん》せず。

○樹木或《じゆもくあるひ》は竹林等《ちくりんとう》にて其家《そのいへ》の四方《しはう》を包《つゝ》み井《ゐ》の中《うち》に住居《ぢうきよ》するが如《こと》きは主人吝嗇《しゆじんりんしよく》にして義理《ぎり》。人情《にんじやう》。外聞《ぐわいぶん》を憚《はゞから》ず他《た》の誹謗《そしり》を受《う》け人格劣等《じんかくれつとう》の者《もの》を出《いだ》す或《あるひ》は變婦《へんぷ》を出《いだ》す○又住宅《またぢうたく》を離《はな》れ孤家《こや》を置《お》き或《あるひ》は唯《たゞ》一本《ぽん》の獨樹《どくじゆ》のみあるも同論《どうろん》なり○大樹《だいじゆ》の下《した》に小家《こや》あるは疾病《しつぺい》絶《たえ》ず或《あるひ》は大樹繁茂《だいじゆはんも》して井《ゐ》の中暗《なかくら》きは疫病《えきびやう》を主《つかさど》る○空心《うろ》ある樹《じゆ》木《もく》を庭前《ていぜん》に置《おけ》ば肺病《はいびやう》を招《まね》く○樹木《じゆもく》に瘤《こぶ》あれば腫物《はれもの》住者《ぢうしや》に絶《たえ》ず○脆《せむし》の如《こと》き樹木《じゆもく》あれば脊髓病《せきずゐびやう》の者《もの》を出《いだ》す○樹木《じゆもく》の頭《あたま》に瘤《こぶ》あれば頭瘡《づさう》を發《はつ》す。

○風水祕錄曰《ニク》宅内外《ノ》。木或《ハ》竹忽《チ》白《キ》粉《ヲ》生《ズル》時《ハ》家《ニ》不幸ありとある。

○宅地内《たくちない》の竹本自然《ちくもくしぜん》と枯《かれ》る時《とき》は子孫他郷《しそんたきやう》に去《はし》る患《うれひ》あり○樹木住宅《じゆもくぢうたく》に背《そむ》き板葉外《いたはそと》

に向《むか》ふを返枝《へんし》と名《なづ》く甚《はなは》だ不吉《ふきつ》なり伐取《きりとる》べし但《たゞ》し太歳《たいさい》の方《かた》は大凶《だいきよう》なり翌年《よくねん》を待《まつ》て切取《きりとる》べし○宅地内《たくちない》の竹《たけ》鳳鳥《ほってう》の羽《はね》。或《あるひ》は龍《りう》の鱗《うろこ》の如《ごと》く盤旋《ばんせん》して家《うへ》に向《むか》ひ冬《ふゆ》も青々《あをく》たる家《いへ》は富貴《ふうき》を主《つかさど》る○家宅《かたく》の前後《ぜんご》木竹《もくちく》青々《あをく》と繁《しげ》り常《つね》に鳥《とり》來《きた》りて遊《あそ》び四季《しき》に絶《たえ》ざる時《とき》は發達《はったつ》を主《つかさど》る○竹《たけ》。樹木《じゆもく》の花菓《はなくだもの》等《とう》忽《たちま》ち黄《きば》み凋《しぼ》む者《もの》住宅《ぢうたく》に向《むか》ふ時《とき》は大凶《だいきよう》なり早《はや》く伐取《きるとる》べし伐時《きるとき》は却《かへつ》て吉事《きちじ》に變《へん》ずるなり。

○軒庇《のきひさし》を操貫《くりぬき》て樹木《じゆもく》を取《とり》込《こみ》たるは大凶《だいきよう》なり

○住宅《ぢうたく》の軒庇等《のきひさしとう》を操貫《くりぬき》樹木《じゆもく》を圖《づ》の如《ごと》く取《とり》込《こみ》た家《いへ》あり最《いつと》も大凶《だいきよう》相《さう》なり其理《そのり》は田野《でんや》と

雖《いへど》も樹木《じゆもく》の蔭《かげ》になる所《ところ》は作物《さくもつ》の實《み》の不可《ふか》なる事《こと》を知《し》るべし且《か》つ其樹木《そのじゆもく》追々《おひ〳〵》盛木《せいもく》するに隨《したが》ふて住宅《ぢうたく》の布地《しきち》の土氣《どき》衰《おとろ》ひ則《すなは》ち木剋土《もくこくど》の理《り》にして地勢衰弱《ちせいすゐじやく》する事甚《ことはなはだ》しきが故《ゆゑ》に住者《ぢうしや》に災害《さいがい》を招《まね》き不如意《ふによい》となり大《おほい》に貧困《ひんこん》に迫《せま》り永住《えいぢう》なす事能《ことあた》はずと知《し》るべし

○住者《ぢうしや》に祟樹木《たゝるじゆもく》を見《み》る祕訣《ひけつ》

○總《すべ》て樹木《じゆもく》は日光《につくわう》の陽《やう》に向《むか》ふて枝葉《えだは》を長《ちやう》ずる物《もの》なりと雖《いへど》も試見《ためしみ》るに森林《もりはやし》の中《うち》にて繁茂《はんも》なすに並《なら》び互《たがひ》に枝《えだ》を差《さし》違《ちが》へ少《すこ》しも相拒《あひこば》む事《こと》なく或《あるひ》は人家《じんか》の周圍《しうゐ》。庭前等《ていぜんとう》にを

つても建物《たてもの》の軒塀《のきへい》なである方《かた》へは枝《えだ》を除《よけ》て茂《しげ》る事《こと》凡《およ》そ樹木《じゆもく》の姓《せい》なり○然《しか》る其姓《そのせい》に反《はん》し圖《づ》の如《ごと》く逆《ぎやく》に枝《えだ》を出《いだ》し隣樹《りんじゆ》の枝《えだ》を差拒《さしこば》み或《あるひ》は家《いへ》の軒庇《のきひさし》などを突貫《つきつらぬき》て繁茂《はんも》せんとする樹木《じゆもく》あり是則《これすなは》ち樹木《じゆもく》の本性《ほんせい》を失《うしな》ひ最《もつと》も恐《おそ》るべき邪勢《じやせい》逆木《ぎやくもく》なりと知《し》るべし故《ゆゑ》に建物《たてもの》に害《がい》なりと枝《えだ》を伐《きる》ときは立所《たちどころ》に發狂《はつきよう》なすか○窒扶斯等《ちよすとう》の難病《なんびやう》に罹《かゝる》か或《あるひ》は其《その》木《き》を伐《きり》たる者《もの》故《ゆゑ》なくして其家《そのいへ》を出行《いでゆく》居《ゐ》不明《ふめい》となる祟《たゝり》をなす注意《ちうい》を要《えう》す。

○參考《さんかう》逆枝《ぎやくし》多《おほ》きは梅《うめ》の樹《き》にあり又《また》諸木《しよもく》の中《なか》に柿木《かきのき》に異形《いけい》多《おほ》きは人家《じんか》の周圍《しうゐ》に植《うゑ》る時《とき》は炊煙《けむり》を慕《した》ふて繁茂《はんも》なすが故《ゆゑ》に其枝《そのえだ》人家《じんか》に向《むか》ふは常《つね》なり又竹《またたけ》は其性《そのせい》眞直《まつすぐ》にのび行《ゆか》んとする者《もの》なれば家屋《かおく》。塀《へい》。岩石等《いはいしとう》ある所《ところ》と雖《いへど》も唯《たゞ》發生《はつせい》する儘《まゝ》に根《ね》を巡《まは》して筍《たけのこ》を生《しやう》ずる物《もの》なれば更《さら》に人《ひと》に災害《さいがい》なき事《こと》を知《し》るべし。

○樹木取除之祕訣《じゆもくとりのけのひけつ》

○宅地内《たくちない》の樹木《じゆもく》は小樹《せつじゆ》と雖《いへど》も猥《みだり》に伐取《きりとり》こと勿《なか》れ況《いはん》や大木《たいぼく》にて建家《たてや》の妨《さまた》げとなるとも決《けつ》し伐拂《きりはらふ》こと勿《なか》れ。宜《よろ》しく微《すこし》の根《ね》に至《いた》る迄《まで》。地中《ちちう》に殘《のこ》ざる樣《やう》に掘出《ほりだ》して其儘年《そのまゝとし》月《つき》の吉方《きつはう》なる寺社等《じしやとう》の靈地《れいち》に移《うつ》し置《お》く時《とき》は其家《そのいへ》大《おほい》に繁昌《はんじやう》なすなり。然《しか》るに世人《せじん》古《こ》木《ぼく》を掘《ほり》取《とる》事《こと》を厭《いと》ひ。或《あるひ》は風《ふう》雅《が》なりとて態《わざ》と樹《じゆ》木《もく》の差《さし》出《いづ》るだけ垣《かき》。塀《へい》。屋《や》根《ね》等《とう》を切《きり》抜《ぬき》て構《かま》ゆるに前《ぜん》文《ぶん》に述《のぶ》るが如《ごと》く甚《はなは》だ大《だい》凶《きよう》なり其《その》切《きり》抜《ぬき》たる場《ば》所《しよ》吉《きつ》方《ぱう》なりとも凶《きよう》なり総《すべ》て家《か》名《かい》断《だん》絶《ぜつ》の恐《おそ》れある大《だい》凶《きよう》相《さう》と知《し》るべし。

○乾《いぬゐ》之《の》樹《じゆ》木《もく》を論《ろん》ず

○☰乾《いぬゐ》の大《たい》樹《じゆ》は木《こ》精《だま》ありて能《よ》く其《その》家《いへ》を守《しゆ》護《こ》し萬《ばん》代《だい》不《ふ》易《えき》にして幸《かう》福《ふく》を主《つかさ》どる故《ゆゑ》に戌《いぬ》亥《ゐ》の大《だい》樹《じゆ》は一《さい》切《きる》伐《きる》べからず過《あや》失《まつ》て是《これ》を伐《きれ》ば立《たち》所《どころ》に大《だい》難《なん》を發《はつ》し血《けつ》脉《みやく》を絶《たや》す恐《おそ》るべし又《また》枝《えだ》を伐《きれ》ば損《そん》失《しつ》を主《つかさ》どり枯《かれ》るときは其《その》家《いへ》亡《ぼう》滅《めつ》に及《およ》ぶと知《し》るべし。

○☰乾《いぬゐ》を大《おはい》に始《はじめ》となす大《たい》樹《じゆ》の榮《えい》枯《こ》に因《よつ》て其《その》家《いへ》の存《そん》亡《ばう》を見《み》るなり。

○乾《いぬゐ》の木《き》を伐《きれ》ば第《だい》一に婦《ふ》人《じん》に災《わざはひ》あり○所《ゆ》以《ゑん》☰乾《けん》卦《くわ》の裏《うら》は☷坤《こん》卦《くわ》なり是《これ》天《てん》地《ち》の位《くらゐ》なればなり故《ゆゑ》に此《この》所《ところ》の木《き》を伐《きれ》ば忽《たちま》ち婦《ふ》人《じん》に災《さい》害《がい》を招《まね》くなり。

○乾《いぬゐ》には常《とき》盤《は》木《ぎ》。林《はやし》をなせば其《その》家《いへ》自《し》然《ぜん》に富《ふう》貴《き》を主《つかさ》どる○常《とき》盤《は》木《ぎ》とは松《まつ》○柏《かしは》○樫《かし》の類《るゐ》なり所《いは》謂《ゆる》松《まつ》○柏《かしは》○周《しう》に後《のこ》る目《め》出《で》度《たき》木《き》なればなり○松《まつ》○柏《かしは》○樫《かし》○柿《かき》○栗《くり》○瓢《ひさご》○銀《い》杏《てふ》○室《むろ》○楡《にれ》○金《きん》柑《かん》○柘《ざく》榴《ろ》共《とも》に皆《みな》吉《きち》木《もく》なり。

○乾《いぬゐ》に柳《やなぎ》の大樹《たいじゆ》あれば亂心《らんしん》の者《もの》を出《いだ》す○其理《そのり》は乾《けん》は健《すこやか》なり柳《やなぎ》は弱々《じやく〳〵》として風《かぜ》に糸《いと》を亂《みだ》す故《ゆゑ》に剛直《がうちよく》の義《ぎ》を失《うしな》ふ因《よつ》て亂《みだれ》を主《つかさ》どるなり。

○☰乾《いぬゐ》に梅《うめ》の大樹《たいじゆ》あれば其家《そのいへ》必《かなら》ず女難《ぢよなん》にて破散《はさん》の恐《おそ》れあり○梅《うめ》は逆枝《ぎやくし》を出《いだ》す木《き》なれば最《もつと》も注意《ちうい》を要《えう》す。

○兌之樹木《にしのじゆもく》を論《ろん》ず

○☱兌《にし》は○梔《くちなし》○楡《にれ》○棗《なつめ》○柘榴《ざくろ》等《とう》吉木《きちぼく》にして牛馬《ぎうは》蕃息《はんじやう》なす故《ゆゑ》に住者《ちうしや》にも吉《きち》なり。

○兌《にし》に桃《もゝ》は婬邪《いんじや》を招《まね》くなり○柳《やなぎ》は狂人《きやうじん》短氣《たんき》○刑罰《けいばつ》を主《つかさ》どる凶木《きようぼく》なり○所以《ゆゑん》桃《もゝ》は詩經《しきやう》桃夭《たうえう》の篇《へん》に曰《いはく》好色《かうしよく》の象《かたち》○兌《だ》を澤《たく》とす金水《きんすゐ》旺《わ》して淫邪《いんじや》を主《つかさ》どるなり。

○柳《やなぎ》は正秋《せいしう》の風《かぜ》に枝《えだ》を吹亂《ふきみださ》れ葉《は》散亂《さんらん》す故《ゆゑ》に亂心《らんしん》短氣《たんき》を主《つかさ》どる又《また》金氣《きんき》の肅殺《しゆくさつ》に遇《あう》が故《ゆゑ》に刑罰《けいばつ》を招《まね》くなり。

○☱兌《にし》に赤《あか》き花《はな》さく草木《さうもく》あれば大酒《たいしゆ》を好《この》み藝妓女《げいこなんな》を愛《あい》し大言《たいげん》。虚言《きよげん》。散財《さんざい》等《とう》を主《つかさ》どる大凶相《だいきようさう》なれば注意《ちうい》を要《えう》す。

○其理《そのり》は赤《あか》は火《ひ》の色《いろ》なり陽壮《やうさう》なりとす皆《みな》兌《だ》の金《かね》を剋《こく》す。亦《また》兌《だ》の口《くち》を以《もつ》て大酒《たいしゆ》を好《この》み大言《たいげん》をはき。赤火金《せきくわかね》を剋《こく》すが故《ゆゑ》に散財《さんざい》して藝妓女《げいこをんな》を愛《あい》し。虚言《きよげん》は兌《だ》の口剋《くちこく》せらるるが故《ゆゑ》なりと知《し》るべし。

○☱兌《にし》に打違《うちちがへ》たる樹木《じゆもく》あれば争論《さうろん》○劍難《けんなん》○火難等《くわなんとう》を發《はつ》す注意《ちうい》を要《えう》す。

○其理《そのり》は兩木相爭《りやうもくあひあらそ》ふ形《かた》ち又兌《まただ》を劍《けん》と爲《な》す且《か》つすれ合《あひ》て火《じ》を出《いだ》す故《ゆゑ》に火難《くわなん》○爭論《さうろん》○劍難《けんなん》を招《まね》くに至《いた》る。

○☱兌《にし》に張《はり》。缺《かけ》ある宅地《たくち》には多《おほ》く赤《あか》き花《はな》さく樹木《じゆもく》あり。吐血《とけつ》或《あるひ》は癩病《らいびやう》を發《はつ》す。

○所以《ゆゑん》凸凹《はりかけ》混亂《こんらん》して悪血《あくけつ》となる故《ゆゑ》に吐血《とけつ》なす或《あるひ》は血腐《ちくされ》敗て膿《うみ》となる癩病《らいびやう》なり。

○西《にし》に松《まつ》　柏《かしは》　樫《かし》の樹木《じゆもく》あれば不忠不孝《ふちうふかう》或《あるひ》は多情《たじやう》となりて不義密通《ふぎみつつう》を主《つかさ》どる其理《そのり》、は西《にし》の金氣常盤木《きんきときはぎ》の貞操《ていさう》を破《やぶ》るが故《ゆゑ》なり○然《しか》るに西《にし》に松《まつ》の大樹《たいじゆ》ある家《いへ》は大《おほい》に富《とむ》なれども子孫短命養子《しそんたんめいやうし》相續《さうぞく》す義理《ぎり》の親《おや》に仕《つか》へる事《こと》を主《つかさ》どる。

○所以《ゆゑん》年古《としふる》き松《まつ》の大樹《たいじゆ》は☱兌《だ》の金氣《きんき》に屈《くつ》せず。松《まつ》の翠色《みどりいろ》は水《みづ》に屬《ぞく》す却《かへつ》て金生水《きんしやうすゐ》の理起《りおこ》りて富《とみ》を主《つかさ》どるなり後天《こうてん》の☶艮位《ごんゐ》は先天《せんてん》の☳震位《しんゐ》。震木《しんもく》の長男《ちやうなん》☱兌《だ》の金《かね》に剋《こく》せらる故《ゆゑ》終《つひ》に養子《やうし》と成《なり》て義理《ぎり》の親《おや》に仕《つかへ》る事《こと》を招《まね》くに至《いた》るなり。

○総《すべ》て西《にし》の方《かた》に森《もり》○林《はやし》の大樹《だいじゆ》あれば皆嫡孫《みなちやくそん》を剋《こく》す理《り》なれば注意《ちゆうい》を要《えう》す。

○離《みなみ》之《の》樹《じゆ》木《もく》を論《ろん》ず

○☲離《みなみ》は打《うち》晴《はれ》たるを大吉相《だいきつさう》となす因《よつ》て樹木《じゆもく》茂《しげ》り重《かさな》りて林《はやし》の如《こと》きは最《もつと》も大凶相《だいきようさう》なり

○☲離《みなみ》に松《まつ》の大樹《だいじゆ》あれば貴人《きじん》の墨跡《はくせき》ある舊家《きうか》なりとす。

○後天《こうてん》の☲離位《りゐ》は先天《せんてん》の☰乾位《けんゐ》なり乾《けん》を君《きみ》とす。離《り》を文章《ぶんしやう》となす故《ゆゑ》に貴人《きじん》の墨《はく》跡《せき》ある舊家《きうか》なりとす泰始皇帝《たいはじめくわうてい》泰山《たいざん》に上《のぼ》る大雨《だいう》に遇《あう》て五松《ごしよう》の下《した》に雨《あめ》を避《さけ》たり故《ゆゑ》に其五松《そのごしよう》を封《ぢ》して五大夫《だいぶ》とす。又丁固尙書たりし時。松《まつ》を夢《ゆめ》む人《ひと》に語《かたつ》て曰《いは》〃松《まつ》の字《じ》は十八公《きみ》と書《かく》故《ゆゑ》に十八年《ねん》の後公《のちきみ》とならん果《はた》して應《おう》ず是貴人《これきじん》の瑞也故《ずゐなりゆゑ》に俗家《ぞくか》も十八年《ねん》の後其家《のちそのいへ》より智明《ちめい》の者《もの》を出《いだ》し且《か》つ百八年《ねん》其家《そのいへ》を守護《しゆご》して幸福《かうふく》を招《まね》くと知《し》るべし又壽木《またじゆはく》と稱《しよう》し目出度《めでたき》樹《じゆ》なり。

○☲南《みなみ》の松《まつ》は本文《ほんもん》の如《こと》き智明《ちめい》なる者《もの》を出《いだ》し其家益榮《そのいへますくさかえ》ると知《し》るべし○其《その》、理は☲離、を日《ひ》となす○明《あきらか》となす○文章《ぶんしやう》となす○貴人墨跡《きじんはくせき》とす故《ゆゑ》に南《みなみ》に松《まつ》の大樹《だいじゆ》ありて其下《そのした》に厠竝《かはやならび》に穢《けがれ》る者近傍《ものきんはう》にありて雨松《あめまつ》の葉《は》より露降《つゆくだ》りる時《とき》は膿血《うみち》出《いづ》る難病《なんびやう》を發《はつ》す故《ゆゑ》に多《おほき》は癩病《らいびやう》又《また》は難《なん》危《やく》外《そと》より來《きた》る則《すなは》ち智《ち》明《めい》の徳《とく》不淨《ふじやう》に穢《けが》るなり又《また》離《り》を火《ひ》となす血《ち》とす血《ち》汚《なが》れて腐《ふ》敗《はい》し膿《うみ》となる故《ゆゑ》に癩病《らいびやう》となるなり。

○南《みなみ》に小松《こまつ》あれば貴人《きじん》の色紙《しきし》短冊《たんざく》の類《るゐ》あるべし○判《はん》斷《だん》右《みぎ》に同《おな》じ。

☲離《みなみ》に椿《つばき》の大樹《だいじゆ》あれば其家《そのいへ》の兄弟《きやうだい》立身《りつしん》出世《しゆつせ》官《くわん》錄《ろく》を得《う》るなり。

○所以五代史に竇禹均が五子相共に科に登る馮道詩を贈て曰靈椿一枝老丹桂五枝香右の判斷は此詩を以て證とす莊子に曰上古に大椿なる者あり八千歳を以て春とし八千歳を以て秋とす又晉郭璞か文に蛉蝣大椿と年を齒す以上椿の古事を記すなり。

○南《みなみ》の方《かた》梅《うめ》○棗《なつめ》は吉《きち》木《ぼく》なり。

○南《みなみ》の方《かた》大樹《だいじゆ》の森《もり》○林《はやし》あれば公難《こうなん》○眼病《がんびやう》○虚弱《きよじやく》○主人《しゆじん》吝嗇《りんしよく》となりて義理《ぎり》外聞《ぐわいぶん》を顧《かへり》みず終《つひ》に不法《ふはふ》を行《おこな》ひ刑罰《けいばつ》を招《まね》く恐《おそ》るべし。

○其理《そのり》は大樹《だいじゆ》。森《もり》。林《はやし》等《とう》枝葉《えだは》繁茂《はんも》して陽氣《やうき》を遮《さいぎ》り塞《ふせ》ぐ時《とき》は明《あきら》かを晦《くらま》し上《かみ》の見所《みどころ》を妨《さまた》げる故《ゆゑ》に公難《こうなん》或《あるひ》は目《め》の病《やまひ》を主《つかさど》る又《また》陰《かげ》の地所《ちしよ》は五穀《ごこく》育《いく》し難《かた》きか如《ごと》く人《ひと》も自然《しぜん》に虚弱《きよじやく》となる説卦傳《せつくわでん》に曰《いはく》水火《するくわ》相射《あひゐ》ずと☵坎《かん》の水《みづ》通《つう》じて☲離《り》の火《ひ》に煎《せん》じられて腎《じん》水虚《するきよ》するなり。大樹《だいじゆ》。森等《もりとう》にて見《み》る所《ところ》を隔《へだて》るが故《ゆゑ》に義理《ぎり》外聞《ぐわいぶん》を恐《おそ》れず不法《ふはふ》を行《おこな》ひ刑罰《けいはつ》の羞《はぢ》を受《うけ》るに至《いた》る俗《ぞく》に世間《せけん》知《し》らずの吝嗇《りんしよく》と言《い》ふは是《これ》なり。

○右《みぎ》の大樹《だいじゆ》○森《もり》○林等《はやしとう》の論《ろん》北向《きたむき》の家《いへ》なれば陰《いん》を後《うしろ》にする故災《ゆゑわざはひ》をなす事薄《ことうす》し。

○震之樹木《ひがしのじゆもく》を論《ろん》ず

○☳震《ひがし》の方《かた》枸杞《くこ》○椿《つばき》は吉《きち》なり。

○其理《そのり》は震《しん》を醫《い》となす。藥《くすり》とす。枸杞《くこ》は藥木《やくぼく》なればなり。椿《つばき》は春《はる》に至《いたつ》て開《ひら》く時《とき》を得《う》る事文字《こともんじ》の如《ごと》し但《とも》に發生《はつせい》の氣《き》に乘《のり》て吉《きち》なり。

○☳震《しん》は陽氣《やうき》を遮《さへぎら》ずして桂《につけい》の木林《きはやし》を成《なせ》ば其家《そのいへ》繁昌《はんじやう》なす。則《すなは》ち震《しん》を木《き》となす故《ゆゑ》なり依《よつ》て大樹《だいじゆ》とならざる者《もの》を植付《うゑつく》べし。

○東《ひがし》に一株《かぶ》の名花《めいくわ》。又《また》は大樹《だいじゆ》にて人《ひと》の寵愛《ちようあい》する花《はな》のさく木《き》あれば此家《このいへ》より美婦《びふ》人《ひと》を出《いだ》す○其理《そのり》は美麗《びれい》なる花《はな》は人《ひと》の寵愛《ちようあい》する者《もの》なり之《これ》を美婦《びふ》となす東《ひがし》は木《き》の旺《わう》にして發生《はつせい》の地《ち》なれば名花《めいくわ》の樹木《じゆもく》ある時《とき》は必《かなら》ず美婦《びふ》人《じん》となり顯《あらは》るゝなり。

○☳震《ひがし》に二股《ふたまた》の木《き》あれば主人《しゆじん》必《かなら》ず二心《ふたごゝろ》にして虚言《きよげん》を吐《は》き。主人《しゆじん》の權威《けんゐ》を失《うしな》ひ人格《じんかく》劣等《れつとう》と知《し》るべし。震《しん》は長男《ちやうなん》となす則《すなは》ち長子《ちやうし》の位《くらゐ》を失《うしな》ふなり。

○東《ひがし》の柳《やなぎ》は牛馬《ぎうば》蕃息《はんそく》なす然《しか》るに住主《ぢうしゆ》驕奢《おごり》をなし。酒色《しゆしよく》を好《この》み家事《かじ》を亂《みだ》す。柳枯《やなぎかれ》る時《とき》は其家《そのいへ》衰《おとろ》ふ又枝葉《またえだは》繁《しげる》ときは男子《だんし》酒色戯遊《しゆしよくきいう》を好《この》むと知《し》るべし。

○參考二十八宿之中。南ニ屬スル星ヲ張星柳トス。考原ニ曰。午之宮ハ柳星張也星ハ中ニ居ル故馬之本象トス柳ヲ獐トシ張ヲ鹿トス其馬ニ傾タル者ヲ取テ之ヲ配スト東方ノ木ハ南方之火ヲ生スル故東ニ柳樹有バ牛馬繁昌スト云垂柳。枝葉風ニ亂ルル如ク人驕奢ヲナシ花柳ニテ遊戯酒色ヲ好デ家事ヲ亂ス唐史ニ中書省之古柳枯死ス徳宗梁ヨリ還テ又榮茂ス人之ヲ瑞柳ト謂シトゾ柳枯ル時ハ其家衰フ繁茂スレハ徳宗之如クナレトモ常人ハ酒色ニ心奪ハレテ家事ヲ亂ス者多シトアル。

○☳震《ひがし》に桃《もゝ》○櫻《さくら》あれば趁跛《ちんは》或《あるひ》は足《あし》の難病《なんびやう》を主《つかさ》どる○杏《あんず》は多情又《たじやうまた》は淫邪《いんじや》を主《つかさ》どり其《その》家名《かめい》に迄及《までおよ》ぶなり○其理《そのり》は桃《もゝ》。櫻《さくら》は三月に花開《はなひら》く木《き》なり☳震《しん》は二月☳☰雷天大壯《らいてんたいさう》の卦《けい》なり因《よつ》て趁跛《ちんは》にかたどる。杏《あんず》は正色《せいしよく》の花《はな》に非《あら》ず故《ゆゑ》に淫邪《いんじや》を主《つかさ》どると云《い》ふ。

○巽之樹木《たつみのじゆもく》を論《ろん》ず

○☴巽《たつみ》に直《すぐ》なる樹木《じゆもく》唯《たゞ》一株《ほん》高《たか》く家《や》の棟《むね》を貫《つらぬ》きたるは其家《そのいへ》より代々《だい〴〵》高名《かうめい》の人《ひと》を出《いだ》し商業《しやうげ》も共《とも》に繁昌《はんじやう》する大吉相《だいきつさう》なりと知《し》るべし。

○☴巽《たつみ》を高《たか》しとなす○世間《せけん》となす○木《き》の位《くらゐ》なり故《ゆゑ》に高《たか》く秀《ひいで》たるは聲譽《せいよ》世上《せじやう》に顯《あらは》る事《こと》を主《つかさ》どる。

○巽《たつみ》の方《かた》桐《きり》○桃《もゝ》○枸杞《くこ》皆《みな》吉木《きちぼく》なり○禮記《れいき》月令《げつれい》ニ曰ク季春の月に桐始て華さくと桃も又爾辰は三月。巳は四月なればなり枸杞は藥木此月に應ず。

○☴巽《たつみ》に椿《つばき》の大樹《だいじゆ》あれば其家《そのいへ》の兄弟官祿《きやうだいくわんろく》に進《すゝ》む仕官《しくわん》せざれば大《おほい》に發達出世《はつたつしゆつせ》なす。

○所謂《いはゆる》☳☴雷風相薄《らいふうあひうす》ると巽《そん》の氣《き》。震《しん》に通《つう》ず。震《しん》は木《き》の旺《わう》する所最《ところもつと》も吉《きち》を主《つかさ》どる椿《つばき》の大樹《だいじゆ》ありて官祿《くわんろく》に進《すゝ》むの論《ろん》。離《り》の樹木《じゆもく》の部《よ》を見よ。

○評ニ曰ク三國志ニ劉備カ舍之東ニ桑之大樹蓋車之如キアリ劉備曰吾マサニ蓋車《ガイシヤ》ニ乘ルベシト後果シテ蜀之國ニテ天子之位ニ卽ク先主是ナリ所謂雷風相薄ルト震ノ

氣巽ニ通ズル故劉備玄徳ガ家之東ニ在樹巽ニ在モ同論ナリ。
○☴巽《そん》に樹木茂《じゆもくしげり》て森《もり》の如《ごと》きは家族皆奢《かぞくみなおごり》に長《ちやう》じ後貧窮《のちひんきう》なす凶相《きようさう》なり○陰氣《いんき》却《かへつ》て驕《おご》奢《り》を導《みちび》くは太陽《たいやう》の氣《き》を受《うけ》ざるが故《ゆゑ》に後貧困《のちひんこん》に及《およ》ぶなり○帝震《ていしん》に出《いで》。巽《そん》に齊所大《とゝのふところだい》樹繁《じゆしげ》り衆木林《しゆうもくはやし》をなして。陽氣《やうき》の立昇《たちのぼ》る所《ところ》を閉塞《へいそく》する故家衰《ゆゑいへおとろ》ひ發達《はつたつ》を止《とゞ》む。
○☴巽《たつみ》に異形《いぎやう》の樹木《じゆもく》あれば色欲《しきよく》にて變死《へんし》する者《もの》あり其災東《そのわざはひひがし》より來《きた》る多《おほ》くは亥《ゐ》。卯《う》未《ひつじ》の年月日時《ねんげつひどき》にありと知《し》るべし。
○所以巽《ゆゑんそん》を木《き》となす或《あるひ》は日辰《にしん》に立昇《たちのぼ》り已《すで》に見《み》る所《ところ》に異形木《いぎやうき》あれば長女《ちやうぢよ》の色欲《しきよく》に迷《まよ》ひ變死《へんし》なす巽《そん》を長女《ちやうぢよ》となすが故《ゆゑ》なり☳☴雷風相薄《らいふうあひうせ》る時《とき》は巽《そん》の氣《き》。震《しん》に通《つう》じて驚《おどろ》きを主《つかさ》どる故《ゆゑ》に災《わざはひ》東《ひがし》より來《きた》る亥未《ゐひつじ》は卯《う》の三合《さがふ》なり。
○☴巽《そん》に蘇鐵《そてつ》あれば手足《てあし》の病《やまひ》を主《つかさ》どる○芭蕉《はせう》は中風病《ちうふうびやう》を主《つかさ》どる○其理《そのり》は巽《そん》を木《き》とす又肱股《またひぢもゝ》となす蘇鐵《そてつ》は金《かね》に屬《ぞく》す。金氣肱股《きんきひぢもゝ》の氣《き》を剋《こく》す故《ゆゑ》に手足《てあし》の病《やまひ》を主《つかさ》どる又巽《またそん》を風《かぜ》とす芭蕉《はせう》は風《かぜ》に吹破《ふきやぶら》れる者《もの》なり故《ゆゑ》に中風《ちうふう》を招《まね》くと知《し》るべし。
○巽《そん》に柳《やなぎ》あれば色情《しきじやう》に心《こゝろ》を亂《みだ》す○巽《そん》を長女《ちやうぢよ》となす○風とす○柳は弱々《じやく〳〵》として風《かぜ》

に糸《いと》を亂《みだ》す故《ゆゑ》に色情《しきじやう》の亂《みだ》れを招《まね》くなり。

○寺院《じゐん》は巽《たつみ》の方《かた》に楠木《くすのき》あれば女難《ぢよなん》色欲《しきよく》を發《はつ》す恐《おそろ》べき凶相《きようさう》なりと知《し》るべし。

○坎之樹木《きたのじゆもく》を論《ろん》ず

○☵坎《きた》に大樹《だいじゆ》あれば遠祖《ゑんそ》は歴々《れき〻》或《あるひ》は家柄《いへがら》宜《よろし》とす又舊家《またきうか》にして長久《ちやうきう》したる家《いへ》なり大《せい》樹《じゆ》枯《かれ》る時《とき》は必《かなら》ず其家《そのいへ》衰《おとろ》ふ。若《も》し枝《えだ》を伐《きれ》ば家督《かとく》を損《そん》ず。幹《みき》を伐《きれ》ば血脈《ちみやく》を絶《たや》し或《あるひ》は其《その》家名《かめい》斷絶《だんぜつ》なすと知《し》るべし。

○所以《ゆゑん》河圖《かと》に一六《いちろく》を水《みづ》として北《きた》に居《を》り。三八《さんはち》を木《き》として東《ひがし》に居《を》り。一六《いちろく》の水《みづ》は三八の木《き》を生《しやう》ずと言《い》ふ。☵坎《きた》の水《みづ》能《よ》く木《き》を生《しやう》じて大樹《だいじゆ》となる則《すなは》ち是《これ》坎《きた》の遠祖《ゑんそ》とす又長久《またちやうきう》の義《ぎ》を取《と》なり大樹《だいじゆ》枯《かる》る時《とき》は先祖《せんぞ》の遺業《ゐげふ》衰《おとろ》ひ。枝《えだ》を伐《きれ》ば家督《かとく》を伐《きる》に同《おな》じ又坎《またかん》を血《ち》となす幹《みき》を伐《きれ》ば血脈《けつみやく》を伐《きつ》て家《いへ》を亡《ほろぼ》すなり。

○☵坎《きた》に森大《もりだい》にして枝葉《えだは》繁茂《はんも》なし陰晦《いんまい》なるは火災《くわさい》を招《まね》く恐《おそ》れあり○其理《そのり》、は坎《きた》は素《もと》より陰晦《いんまい》の地《ち》なり森《もり》。林《はやし》の樹木枝《じゆもくえだ》を交《まじ》へ繁密《はんみつ》にして陰《いん》に陰晦《いんまい》を重《かさ》ぬれば却《かへつ》て火災《くわさい》を招《まね》く是《これ》☵☲水火《すゐくわ》相射《あひゐ》ざる象《かたち》なり納音《なふいん》五行《ぎやう》に陽律《やうりつ》は子《ね》より始《はじま》るが如《ごと》し。

○北《きた》に赤《あか》き花《はな》さく樹木《じゆもく》あれば火難《くわなん》○或《あるひ》な爭論《さうろん》を主《つかさ》どる○所以《ゆゑん》☵坎《かん》の裏《うら》は☲離《り》なり赤《あか》は離《り》の火《ひ》なり故《ゆゑ》に赤色《せきしよく》は火難《くわなん》となる又《また》坎《かん》の水《みづ》と離《り》の火《ひ》と戰《たゝか》ふ故《ゆゑ》に爭論《さうろん》を招《まね》き家内不和《かないふわ》を主《つかさ》どるなり。

○坎《きた》の方《かた》總《すべ》て刺《はり》のある木《き》なれば胸隔《きようかく》を塞《ふさ》ぐ○胃病《ゐびやう》を主《つかさ》どる○坎《かん》を總《すべ》ての刺《はり》ある木《き》の象《しやう》とす☵坎《かん》の裏《うら》は☲離《り》。離《り》は先天《せんてん》の☰乾位《けんゐ》なり後天《こうてん》の乾位《けんゐ》は先天《せんてん》の☶艮位《こんゐ》なり艮《こん》を胸隔《きようかく》とす坎《かん》の刺《はり》。艮《こん》の胸隔《きようかく》を刺《さし》て之《これ》を塞《ふさ》ぐ故《ゆゑ》に胃擴張等《ゐかくちやうとう》の病《やまひ》を發《はつ》す。

○北《きた》に桃《もゝ》○杏《すもゝ》等《とう》の樹木《じゆもく》あれば必《かなら》ず女難《ぢよなん》を招《まね》く○其理《そのり》は坎《かん》を中男《ちうなん》とす又暗昧《またあんまい》の地《ち》とす此處《このところ》に艷《はでやか》なる花《はな》にて暗晦《あんまい》の地《ち》を劫《おびやか》す故《ゆゑ》に女難《ぢよなん》を發《はつ》すと知《し》るべし。

○艮之樹木《こんのじゆもく》を論《ろん》ず

○☶艮《うしとら》の方《かた》に大樹《だいじゆ》ありて其下《そのした》に水氣《すゐき》あれば亂心《らんしん》なす或《あるひ》は此家《このいへ》の娘《むすめ》他家《たけ》に嫁《か》し亂心《らんしん》して實家《じつか》へ歸《かへ》ると知《し》るべし。

○所以《ゆゑん》☶艮《こん》は止《とまる》なり終始《をはりはじめ》なる所《ところ》にして土《つち》とす然《しか》るに水氣大樹《すゐきだいじゆ》を生《しやう》じて其力《そのちから》を扶《たす》くる故《ゆゑ》に肝氣《かんき》高《たか》ぶり艮《こん》の土《つち》を剋《こく》す又此所《またこのところ》の水氣《すゐき》。終始《をはりはじめ》の氣循環《きじゆんくわん》なる所《ところ》の地脉《ちみやく》を切《きつ》て其止《そのとゞま》る所《ところ》を失《うしな》ふ故《ゆゑ》に亂《らん》心《しん》を主《つかさ》どる又《また》艮《こん》を山《やま》とす水氣《すゐき》を澤《たく》とす是《これ》山《さん》澤《たく》氣《き》を通《つうず》るなり澤《たく》は則《すなは》ち☱兌《だ》の卦《け》なり兌《だ》を小女《せうぢよ》となす又《また》金《かね》とす水氣《すゐき》。木《き》を生《しやう》ずと雖《いへど》も金《かね》又《また》木《き》を剋《こく》し肝臓《かんざう》を破《やぶ》る故《ゆゑ》に亂心《らんしん》して實家《じつか》に歸《かへ》るなり。

○☶艮《うしとら》の方《かた》樹木《じゆもく》繁茂《はんも》して枝《し》々蔭《かげ》を交《まじへ》て陰晦《いんまい》なれば邪魅《じやみ》妖怪《えうくわい》祟《たゝり》をなす○其理《そのり》は艮《こん》は太陽《たいやう》の氣《き》を受《うけ》がたき地《ち》なりとす且《か》つ枝葉《えだは》繁《しげり》て蔭《かげ》をなせば妖魔《えうま》其機《そのき》を得《え》て祟《たゝり》をなす故《ゆゑ》に血液《けつえき》不順《ふじゆん》○神經《しんけい》衰弱《すゐじやく》等《とう》又《また》輕狂《けいきやう》則《すなは》ちヒステリーの者《もの》を出《いだ》すと知《し》るべし。

○艮《こん》に異形《いぎやう》の木《き》あれば偏情《かたいじ》の者《もの》を出《いだ》す○其理《そのり》は艮《こん》は行止《かうし》動靜《どうせい》終始《をはりはじめ》する所《ところ》の位《くらゐ》に異《い》形《ぎやう》の樹木《じゆく》の爲《ため》に其位《そのくらゐ》を失《うしな》ふ故《ゆゑ》に偏情《かたいじ》を主《つかさ》どるなり。

○☶艮《うしとら》の大樹《だいじゆ》は木剋土《もくこくど》の最《もつと》も烈《はげし》き理《り》あれば大凶《だいきやう》なり然《しか》れども其木《そのき》を妄《みだり》に伐《きる》べからず大《おほい》に祟《たゝり》あり。若《も》し凶《きやう》の恐《おそ》れ是《これ》を伐《きら》んと欲《ほつ》する時《とき》は其方《そのはう》に太歳《たいさい》の環《めぐら》ざる年《とし》を調《しら》べ家族《かぞく》の年月日時《ねんげつひどき》の吉方《きつはう》の來《きた》る時《とき》を選《えら》び伐木《ばつもく》の法《はふ》を以《もつ》て伐《きれ》ば少《すこし》も故障《こしやう》なし注《ちう》意《い》を要《えう》す。

○丑《うし》○艮《こん》○寅《とら》の方《かた》は桂《かつら》○肉桂《にくけい》○黄揚《つげ》は吉木《きつもく》なり以上《いじやう》の三樹《さんじゆ》は皆《みな》大木《だいもく》となる者《もの》にあ

らざれば差支《さしつかへ》なし。

○☶艮《うしとら》に梅《うめ》の林《はやし》あれば其家《そのいへ》より立身出世《りつしんしゆつせ》。文學《ぶんがく》の人《ひと》を出《いだ》す。

○所以《ゆゑん》丑《うし》は寒氣屈紐《かんきくつちう》する所《ところ》。寅《とら》は物《もの》の演生《のびしやう》ずる所故《ところゆゑ》に易《えき》に☶艮《こん》と云《い》ふ艮《こん》は限《かぎり》なり梅《うめ》は寒氣《かんき》を犯《をか》し諸水《しよすゐ》に先立《さきだつ》て花《はな》を開者《ひらくもの》なれば本國《ほんこく》にては花《はな》の兄《あに》と號《がう》す。此木《このき》能艮《えくごん》の位《くらゐ》に應《おうじ》て其時《そのとき》を失《うしな》はず故《ゆゑ》に立身出世《りつしんしゆつせ》。文學《ぶんがく》の人《ひと》を出《いだ》すと知《し》られよ文學進《ぶんがくすゝ》んで文明《ぶんめい》なり。菅公《くわんこう》の梅《うめ》を愛《あい》する古事《こじ》も是《これ》なり又梅花《またばいくわ》の雪《ゆき》を犯《をか》し開《ひら》くは文學《ぶんがく》の人《ひと》を出《いだ》して愛《あい》せしむるは艮《こん》の象《しやう》なり。

○右《みぎ》の外大樹《ほかだいじゆ》となる木《き》は皆忌《みないむ》なり小木《せうもく》にても艮《こん》の氣《き》に應《おう》ぜざる者《もの》は木剋土《もくこくど》の害《がい》を避忌《さけいむ》べき樣最《やうもつと》も注意《ちうい》を要《えう》す。

○坤之樹木《ひつじさるのじゆもく》を論《ろん》ず

○☷坤《ひつじさる》の方《かた》に大樹《だいじゆ》あれば其家斷絶《そのいへだんぜつ》なすか或《あるひ》は主人《しゆじん》其家《そのいへ》に居《ゐ》ねばならぬ人他出《ひとたしゆつ》なすか又所々《またしよ〳〵》へ轉居《てんきよ》し永《なが》く住難《すみがた》き地《ち》とす且《か》つ家督《かとく》の爭《あらそ》ひ土地《とち》の爭《あらそ》ひを主《つかさ》どり終《つひ》に其家《そのいへ》名散亂《あいさんらん》し跡《あと》に其大樹《そのだいじゆ》のみ殘《のこ》る大凶相《だいきようさう》と知《し》るべし。

○☷坤《こん》は地《ち》なり能《よ》く萬物《ばんぶつ》を養《やしな》ふ所《ところ》。大樹《だいじゆ》。居住《きよぢう》する土地《とち》を剋《こく》する故《ゆゑ》に他出轉居《たしゆつてんきよ》等《とう》を志《こゝろ》ざす或《あるひ》は家名斷絶《かめいだんぜつ》に及《およ》び○則《すなは》ち木剋土《もくこくど》にして地氣次第《ちきしだい》に衰《おとろ》へるを以《もつ》て家督爭《とくあらそ》ひ土地《とち》の爭《あらそ》ひを生《しやう》じ又《また》は家滅亡《いへめつぼう》して其大樹《そのだいじゆ》のみ殘《のこ》る屋敷《やしき》となるは自然《しぜん》の理《り》なり最《もつと》も注意《ちうい》を要《えう》す。

○☷坤《こん》の樹木《じゆもく》は總《すべ》て木剋土《もくこくど》にして爭論《さうろん》○癇氣《かんき》○重《おもき》は狂人《きやうじん》を出《いだ》す則《すなは》ち肝《かん》の臟《ざう》は木《き》に屬《ぞく》す樹木坤《じゆもくこん》の土《つち》を剋《こく》す故《ゆゑ》に地衰《ちおとろ》ひ癇氣高《かんきかた》ぶり重《おもき》は亂心《らんしん》なす。

○☷坤《こん》に一株《かぶ》の大木《たいぼく》あれば長男實母《ちやうなんじつぼ》と不和終《ふわつひ》に不孝《ふかう》をなす○其理《そのり》は☳震《しん》は木《き》なり又長男《またちやうなん》とす長男《ちやうなん》たる大木《たいぼく》。坤《こん》の母土《はゝつち》を剋《こく》す故《ゆゑ》に不和《ふわ》となり終《つひ》に不孝《ふかう》なす。

○☷坤《こん》に森《もり》。林等枝葉《はやしとうえだは》繁《しげ》り暗晦《あんまい》なれば邪魅妖怪其家《じやみえうくわいそのいへ》を窺《うかゞ》ひ祟《たゝり》をなす故《ゆゑ》に血液不順《けつえきふじゆん》神經病《しんけいびやう》の者《もの》を出《いだ》す凶相《きようさう》なり。

○所以坤《ゆゑんこん》は厚《あつ》して物《もの》を載《のせ》萬物《ばんぶつ》を生出《せいしゆつ》する所《ところ》の化育功徳《くわいくこうとく》ある所《ところ》を衆木《しうもく》にて剋《こく》し陰《いん》晦《まい》なるが故《ゆゑ》に其徳《そのとく》を失《うしな》ふ因《よつ》て邪魅妖怪《じやみえうくわい》の其家《そのいへ》を窺《うかゞ》ひ害《がい》をなす。

○坤《こん》の樹木捻《じゆもくにじ》れ斜《ゆがん》で異形《いぎやう》をなせば其家《そのいへ》の母《はゝ》。妻女偏情《さいぢよかたいじ》。慳貪《けんどん》。邪見《じやけん》となるなり其《その》理《り》は坤《こん》は母《はゝ》なり妻女《さいぢよ》なり其所《そのところ》に異形《いぎやう》の捻《にじ》れ木《き》ありて其位《そのくらゐ》を穢《けが》す故《ゆゑ》に母《はゝ》。妻女《さいぢよ》偏情《かたいじ》。慳貪《けんどん》。邪見《じやけん》となり女《をんな》の道《みち》を失《うしな》ひ操《みさほ》を失《うしな》ふに至《いた》ると知《し》るべし。

○坤《こん》の大樹《だいじゆ》枯《かれ》る時《とき》は其家《そのいへ》滅亡《めつはう》の知《し》らせなり。又《また》葉《は》黄《きば》み或《あるひ》は時《とき》ならず紅葉《こうえふ》を顯《あらは》す時《とき》は宅主《たくしゆ》の流浪《るらう》近《ちかき》に在《あ》り其理《そのり》は☷坤《こん》を住宅地《ぢうたくち》なり其地《そのち》の大木《たいぼく》枯《かれ》るは滅亡《めつはう》を顯《あらは》すなり色《いろ》をかゆるは流浪《るらう》の萠《きざ》しなりと知《し》るべし。

○☷坤《こん》の方《かた》大樹《たいじゆ》の下《もと》に井水《ゐすゐ》あれば醫業《いげふ》大發展《だいはつてん》なす。藥店《やくてん》なれば利潤《りじゆん》を得《え》且《か》つ其藥《そのくすり》世《よ》に弘《ひろ》まる○所以《ゆゑん》坤《こん》を藥《くすり》となす井《ゐ》の水《みづ》大樹《だいじゆ》を生《しやう》じ醫藥《いやく》世《よ》に行《おこな》はるゝなり然《しか》れども此家《このいへ》病氣《びやうき》は絶《たへ》ざる事《こと》を前理《ぜんり》によりて免《まぬか》れ難《かた》し。

○☷坤《ひつじさる》の方《かた》は桂《かつら》○肉桂《につけい》○枸杞《くこ》等《とう》吉木《きつもく》なり其理《そり》は坤《こん》を藥《くすり》となす故《ゆゑ》に藥種《やくしゆ》に用《もち》ゆる木《き》を吉《きち》とす但《たゞ》し藥木《やくもく》にても大木《たいぼく》となりて坤《こん》の土《つち》を剋《こく》す者《もの》を忌《いむ》なり。

○坤《こん》の地《ち》に大樹《だいじゆ》と成《な》るべく木《き》は植《うゑ》べからず。成木《せいぼく》すれば必《かなら》ず坤《こん》の地徳《ちとく》を剋《こく》する故《ゆゑ》に右《みぎ》の災害《さいがい》あり枯《かれ》る時《とき》は家《いへ》の滅亡《めつはう》を免《まぬか》れ難《かた》し注意《ちうい》を要《えう》す。

○倉庫傍屋總論《さうこばうをくそうろん》

○倉庫《さうこ》○傍屋《はうをく》其他《そのた》の建物《たてもの》は總《すべ》て☱兌《にし》より☵坎《きた》まで高《たか》きを大吉相《だいきつさう》となす○☳震《ひがし》より☲離《みなみ》まで低《ひくき》を吉相《きつさう》とす。其故如何《そのゆゑいかん》となれば西《にし》より北《きた》まで高《たか》き時《とき》は宅地内《たくちない》に陽氣《やうき》を抱《かゝ》へ止《とゞめ》て外《そと》へ洩《もれ》ざる故《ゆゑ》に其家《そのいへ》自然《しぜん》と富貴《ふうき》なり。東《ひがし》より南《みなみ》まで高《たか》き時《とき》は陽氣《やうき》を遮《さへぎ》り塞《ふさい》で陰氣《いんき》止《とゞむ》るが故《ゆゑ》に其家《そのいへ》災害《さいがい》多《おほ》く何人《なんびと》替《かは》りて住《すむ》も自然《しぜん》と貧困《ひんこん》に迫《せま》り永住《えいぢう》なす事能《ことあた》はず○又本宅小《またほんたくせう》にして倉庫《さうこ》。廨舍《ながや》。傍屋等廣大《はうをくとうくわうだい》なれば不孝不忠不和《ふかうふちうふわ》を主《つかさ》どる或《あるひ》は大《だい》なる倉庫《さうこ》。建物《たてもの》の後《うしろ》に小家《こいへ》ありて人居住《ひときよぢう》なすときは必《かなら》ず肺病《はいびやう》の者《もの》を出《いだ》し其家滅《そのいへめつ》亡《はつ》に及《およ》ぶと知《し》るべし研究《けんきう》を要《えう》す。

○乾之倉庫《いぬゐのさうこ》を論《ろん》ず

○☰乾《いぬゐ》の方《かた》倉庫《さうこ》。物置至《ものおきいたつ》て高《たか》きを大吉相《だいきつさう》と爲《な》す陽氣《やうき》を受停《うけとめ》るが故《ゆゑ》なり○九間《けん》に六間或《けんあるひ》は八間《けん》に二間《けん》又《また》は六間《けん》に二間《けん》。二間半《けんはん》に一間半《けんはん》の倉庫《さうこ》を本宅《ほんたく》の大小《だいせう》に應《おう》じ斜《なゝめ》ならざる樣《やう》に備能《そなへよ》く建《たつ》る時《とき》は官祿《くわんろく》に進《すゝ》み財帛《ざいはく》。田宅等多《でんたくとうおほ》く或《あるひ》は眷屬繁榮《けんぞくはんえい》し富貴《ふうき》にして家業日々《かげふにち〳〵》に增月々《ましつき〴〵》に榮諸事心《さかえしよじこゝろ》に叶《かな》はずと云《い》ふ事《こと》なく皆萬代不易《みなはんだいふえき》の最上相《さいじやうさう》なりと知《し》るべし。

○所以《ゆゑん》☰乾《いぬゐ》に九間《けん》の倉庫《さうこ》は高貴《かうき》の人來賓《ひとらいひん》す。九は乾老陽《けんらうやう》の數故《すうゆゑ》に高貴《かうき》の人來賓《ひとらいひん》すと云《い》ふ○八間《けん》の倉庫《さつこ》は其家《そのいへ》の妻女貴人《さいぢよきじん》の家《いへ》より來《きた》り嫁《か》す。八は老陰《らういん》の數《すう》にして天地位《てんちくらゐ》を定《さだ》むる故《ゆゑ》に貴《たつと》き家《いへ》より來《きた》り嫁《かす》なり○六間《けん》の倉庫《さうこ》は金銀《きんぎん》を旺《さかん》にす六《ろく》は水《みづ》の數《すう》なり乾《けん》の金《かね》より坎《かん》の水《みづ》を生《しやう》ず自然《しぜん》の相生《さうじやう》なるを以《もつ》て金銀旺《きんぎんさかん》なりとす又《また》二間《けん》に一間《けん》の倉庫《さうこ》は金《かね》と金《かね》比和《ひわ》する故《ゆゑ》に吉《きち》とすなり。

○一九《いちく》は☰乾《いぬゐ》の金《かね》○二は☱兌《にし》の金《かね》○六は☵坎《きた》の水《みづ》○八は☷坤《ひつじさる》の土《つち》の數《すう》なり○說卦《せつくわ》傳《でん》に曰《いはく》☰乾《けん》を天《てん》となす。圓《まろし》とす。主君《しゆくん》とす。父《ちゝ》とす。先祖《せんぞ》とす。玉《たま》とし。金《かね》となす此如《かくのごと》き尊《たつと》き位《くらゐ》ある所《ところ》なれば其位《そのくらゐ》に應《おう》ずる間數《けんすう》の倉庫《さうこ》。傍屋等《はうをくとう》の建物《たてもの》は本文《ほんぶん》の如《ごと》き幸福《かうふく》を招《まね》くは自然《しぜん》の數《すう》なり此書《このしよ》は古人《こじん》も皆此說《みなこのせつ》を用《もち》びて適當《てきたう》を得《え》たる祕書《ひしよ》に先《せん》代白龍子《だいはくりうし》の研究《けんきう》をくはへたる者《もの》なれば迷《まよふ》て眞理《しんり》を誤《あやま》る事勿《ことなか》れ。

○乾《いぬゐ》に四間《けん》。五間《けん》の倉庫《さつこ》は財《ざい》を剋《こく》し或《あるひ》は改宗《かいしう》を主《つかさ》どる大凶相《だいきようさう》なり。四は☳震《ひがし》の木《き》。五は☴巽《たつみ》の木《き》の數《すう》なる故《ゆゑ》に乾《いぬゐ》の金《かね》。木《き》の倉《くら》を剋《こく》すが爲《ため》に財《ざい》を失《うしな》ひ改宗《かいしう》をなし祖先《そせん》の怒《いかり》を招《まね》く注意《ちうい》せよ。

○☰乾《いぬゐ》に三間《げん》の倉庫《さうこ》あれば大《おほい》に破産《はさん》す或《あるひ》は火難《くわなん》を招《まね》き次第《しだい》に衰微《すゐび》なすか又《また》は家《いへ》の定紋《ぢやうもん》を改《かへ》るか先祖《せんぞ》の石碑《せきひ》を損《そん》ずるか文字《もんじ》に誤《あやま》りあるか○其理《そのり》は三は☲離《みなみ》の火《ひ》の数《すう》なり火《ひ》を以《もつ》て乾《けん》の金《かね》を剋《こく》す故《ゆゑ》に破産《はさん》。火難等《くわなんとう》を主《つかさ》どる又《また》火《ひ》を以《もつ》て先祖《せんぞ》の位《くらゐ》を焼《やく》が故《ゆゑ》に先祖《せんぞ》より傳《つたふ》る定紋《ぢやうもん》を改《かへ》るか石碑《せきひ》を損《そん》ずるか文字《もんじ》の誤《あやま》りを主《つかさ》どり辱《はづか》しむるに至《いた》る恐《おそ》るべし。

○右論《みぎろん》ずる所倉庫《ところさうこ》のみに非《あら》ず書室《しよしつ》○傍屋等總《はうをくとうすべ》て間数皆同《けんすうみなおな》じ且《か》つ又間数或《またけんすうあるひ》は疊《たゝみ》の数《すう》に至《いた》る迄《まで》九星《せい》の数《すう》を以《もつ》て論《ろん》ずるも九星《せい》は三元《さんげん》に因《よつ》て起《おこ》る者《もの》なれば今予《いまよ》が論《ろん》ずる所《ところ》の数《すう》は伏義八卦次序《ふつぎけじじよ》の説《せつ》を用《もち》ゆ古人《こじん》も皆之《みなこれ》を用《もちひ》て的中《てきちう》を得《え》たり因《よつ》て予《よ》の著作《ちよさく》九星之祕訣大集《せいのひけつだいしふ》を熟讀《じゆくどく》すれば惑事《まどふこと》なし。

○兌之倉庫《にしのさうこ》を論《ろん》ず

○☱兌《にし》の正當《せいたう》に倉庫《さうこ》あれば種々《いろ〱》の損害《そんがい》を發《はつ》し家族《かぞく》に病難《びやうなん》の憂絶《うれひたへ》ず。故《ゆゑ》に庚《かのえ》。辛《かのと》の二方《はう》に置《おく》べし。九間《けん》に二間半《けんはん》。八間《けん》に二間《けん》。二間《けん》に二間半《けんはん》。二間四方《けんはう》の倉《くら》。傍屋《はうをく》等斜《とうなゝめ》ならざる様《やう》。本宅《ほんたく》の大小《だいせう》に應《おう》し備《そなへ》よく建《たて》たるは福力厚《ふくりよくあつ》く其家富榮《そのいへとみさかえ》ると知《し》るべし○其《その》理は☱兌《だ》は陽氣《やうき》を招《まね》いて入藏《にふざう》する位《くらゐ》にて萬物《ばんぶつ》の悦《よろこ》ぶ所《ところ》なり故《ゆゑ》に本文《ほんもん》の如《ごと》き幸福《かうふく》來《きた》ると知《し》られよ又《また》南向《みなみむき》の家《いへ》なれば尚吉相也《なほきつさうなり》。

○☱兌《にし》に七間《けん》の倉庫《さうこ》あれば婦人《ふじん》に種々《いろ〳〵》の難危《なんやく》を發《はつ》す又西《またにし》に井水《ゐすゐ》○池《いけ》○泉《いづみ》等《とう》の水《すゐ》氣《き》を兼《かね》れば妻女《さいぢよ》。僧侶《そうりよう》と淫奔《いんぽん》す或《あるひ》は尼《あま》となりても戒《かい》を持《たもつ》こと能《あた》はず亂淫《らんいん》を主《つかさ》どるなり。

○所以《ゆゑん》☱兌《だ》を少女《せうぢよ》とす。七は☶艮《こん》の數《すう》☱☶澤山咸《たくさんかん》の卦《けい》となり少女情欲《せうぢよじやうよく》のなやみあり又艮《またごん》に水氣《すゐき》を加《くは》ふれば☵☶水山蹇《すゐさんけん》の卦《けい》となる蹇《けん》は難《なやみ》なり婦人艮《ふじんこん》の閣寺《かくじ》に走《はし》り或《あるひ》は尼《あま》となるの象《かたち》なれども咸《かん》の色欲《しきよく》を含《ふくん》で亂淫《らんいん》をなし名《な》を穢《けが》すに至《いた》る。

○☱兌《だ》に六間《けん》の倉庫《さうこ》あれば妻女不義密通《さいぢよふぎみつつう》。或《あるひ》は少女奴僕《せうぢよぬぼく》に通《つう》ず。

○其理《そのり》は☱兌《にし》を金《かね》とす。六は☵坎《きた》の水《みづ》の數《すう》なり。坎《かん》を下人《げにん》となす金氣旺《きんきわう》して水《みづ》を生《しやう》じ姦淫密通《かんいんみつつう》を主《つかさ》どる或《あるひ》は又兌《まただ》の少女坎《せうぢよかん》の下人《げにん》に通《つう》ずるなり。

○西《にし》に四間《けん》の倉庫《さうこ》は破財《はざい》○損害女子《そんがいぢよし》は胸腹《むねはら》の病《やまひ》。肺病《はいびやう》。船長《せんちやう》は秋《あき》の風《かぜ》に船《ふね》を破《やぶ》なり恐《おそ》るべし。

○理《り》論《ろん》四は☳震《しん》の數《すう》にして木《き》なり☱兌《だ》金《きん》を以《もつ》て震《しん》の木《き》を剋《こく》する故《ゆゑ》に破《は》財《ざい》損《そん》失《しつ》を主《つかさ》どる。先《せん》天《てん》の☳震《しん》は後《こう》天《てん》の☶艮《こん》位《ゐ》なり。艮《ごん》を胸《むね》となす故《ゆゑ》に胸《むね》腹《はら》。肺《はい》の病《やまひ》となす☱兌《だ》は正《しやう》秋《あき》の氣《き》節《せつ》なり故《ゆゑ》に船《せん》長《ちやう》は秋《あき》の風《かぜ》に船《ふね》を破《は》損《そん》するも亦《また》金《きん》剋《こく》木《もく》の理《り》にして震《しん》の驚《きやう》動《どう》を帶《おぶ》る所《ゆ》以《ゑん》なり又《また》五間《けん》の倉《さう》庫《こ》は大《だい》體《たい》四間《けん》と同《おな》じ。五は則《すなは》ち☴巽《そん》の木《き》の數《すう》なり是《これ》又《また》☱兌《にし》の金《かね》に剋《こく》され金《きん》剋《こく》木《もく》の理《り》因《よつ》て四間《けん》と同《どう》論《ろん》なり。

○☱兌《にし》に三間《げん》の倉《さう》庫《こ》あれば破《は》産《さん》○妻《つま》を剋《こく》し離《り》別《べつ》○口《こう》舌《ぜつ》爭《さう》論《ろん》等《とう》を主《つかさ》どる。

○其《その》理《り》は三は☲離《り》の火《ひ》なり。火《ひ》を以《もつ》て☱西《にし》の金《かね》を剋《こく》す故《ゆゑ》に破《は》産《さん》をするか。兌《だ》を婦《ふ》人《じん》となす因《よつ》て婦《ふ》人《じん》を剋《こく》するは火《くわ》剋《こく》金《きん》なり又《また》口《こう》舌《ぜつ》爭《さう》論《ろん》は。兌《だ》の口《くち》を以《もつ》て離《り》の文《ぶん》章《しやう》を晦《くらま》す故《ゆゑ》に爭《さう》論《ろん》終《つひ》に離《り》別《べつ》等《とう》の問《もん》題《だい》を引《ひき》起《おこ》すに至《いた》るなり。

○離《みなみ》之《の》倉《さう》庫《こ》を論《ろん》ず

○☲離《みなみ》の方《かた》に倉《さう》庫《こ》。傍《ばう》屋《をく》等《とう》甚《はなは》だ大《だい》凶《きよう》相《さう》なり。小《こ》家《や》なりとも置《おく》時《とき》は一端《たん》富《とみ》榮《さかえ》るとも一代《だい》にして大《おほい》に衰《おとろ》へるなり。第《だい》一奴《ぬ》僕《ぼく》不《ふ》忠《ちう》或《あるひ》は盜《たう》難《なん》女《ぢよ》難《なん》等《とう》。種々《いろ〳〵》の災《さい》危《やく》來《きた》る事《こと》多《おほ》し然《しか》れども北《きた》より戌《いぬ》亥《ゐ》方《かた》高《たか》き宅《たく》地《ち》にして本《ほん》宅《たく》高《たか》きは其《その》難《なん》薄《うす》し○若《も》し離《みなみ》の方《かた》に倉《さう》庫《こ》傍屋《はうをく》等置《とうおく》ときは第《だい》一に☰乾《いぬゐ》に倉《くら》を置《おき》。第《だい》二に☴巽《たつみ》に倉《くら》を置《おき》て。巽《たつみ》より南《みなみ》の方《かた》に續《つゞか》せ至《いたつ》て低《ひく》きを吉《きち》とす若《も》し高《たか》き時《とき》は陽氣《やうき》を遮《さへぎ》り塞《ふさ》ぎて其災害《そのさいがい》來《きた》る事《こ》甚《はなは》だ早《はや》し故《ゆゑ》に至《いたつ》て低《ひく》くして辰巳《たつみ》の倉《くら》より連續《れんぞく》し四間《けん》に三間《けん》。五間《けん》に三間《けん》。十一間《けん》に四間等《けんとう》の倉庫《さうこ》を本宅《ほんたく》の大小《だいせう》に應《おう》じ斜《なゝめ》ならざる様低《やうひく》く備《そなへ》たるは別家《べつけ》多《おほ》く繁昌《はんじやう》し家運《かうん》永昌《えいしやう》。文學《ぶんがく》。藝術《げいじゆつ》に達《たつ》し聲譽《せいよ》世《せ》間《けん》に顯《あらは》れ下賤《げせん》たりとも貴人《きじん》に進《す》み人《ひと》に尊敬《そんけい》せられ願望成就子孫《ぐわんもうじやうじゆしそん》長久《ちやうきう》する萬代不易《ばんだいふえき》の大吉相《だいきつさう》の家《いへ》なりとす。

○☲南《みなみ》に倉庫《さうこ》。傍屋《はうをく》。小家《こや》なりとも高《たか》く建《たつ》る時《とき》は第《だい》一公難《こうなん》○訴訟《そしよう》○火燗《やけど》○不具《ふぐ》者《しや》○主人短命《しゆじんたんめい》○或《あるひ》は主君《しゆくん》○親《おや》○目上《めうへ》の咎《とが》めを蒙《かうむ》り日蔭《ひかげ》の身《み》となるか○其理《そのり》は。離《り》は日《ひ》となす。明《あきらか》となす。眼《め》となす。文章《ぶんしやう》となす。高《たか》きを以《もつ》て晦《くら》まし蔭《かげ》となる故《ゆゑ》なり。

○南《みなみ》に一間《けん》。二間《けん》。九間《けん》。十間《けん》の倉庫《さうこ》あれば散財《さんざい》○損害《そんがい》○衰微《すゐび》立所《たちどころ》に招《まね》き何人替《なんぴとかは》り住居《ぢうきよ》なすも失敗《しつはい》に終《をは》ると知《し》るべし。

○其理《そのり》は一。二。九。十は皆《みな》乾《けん》。☱兌《だ》の金数《きんすう》なり☲離《り》の火《ひ》を以《もつ》て乾《けん》。兌《だ》の金《かね》を剋《こく》す是皆倉庫《これみなさうこ》の内《うち》の財帛《ざいはく》を剋《こく》するが故《ゆゑ》に散財《さんざい》。損失《そんしつ》。衰微《すゐび》を主《つかさ》どる。

○☲離《みなみ》に六間《けん》の倉庫《さうこ》あれば爭論《さうろん》。訴訟《そしよう》。女難等《ぢよなんとう》の災害《さいがい》を招《まね》くなり。

○所以《ゆゑん》六は☵坎《かん》の水《みづ》なり水《みづ》を以《もつ》て☲離《り》の火《ひ》を剋《こく》せんと互《たがひ》に相剋逆《さうこくぎやく》して爭論訴訟《さうろんそしよう》を發《はつ》す又後天《またこうてん》の☲離《り》は先天《せんてん》の☰乾位《けんゐ》なり乾《けん》を金《かね》とす乾《けん》の金《かね》。六の水《みづ》を生《しやう》じ合《がつ》して色欲《しきよく》をなす故離《ゆゑり》の火《ひ》。金水《きんすゐ》と戰《たゝか》ふ終《つひ》に女難《ぢよなん》を發《はつ》すに至《いた》るなり。

○☲離《みなみ》に七間《けん》の倉庫《さうこ》あれば不具者《ふぐしや》。癈疾《はいしつ》。癩病《らいびやう》。心臟病《しんざうびやう》。難痔等《なんぢとう》の難病《なんびやう》を招《まね》く。

○其理《そのり》は七は☶艮《ごん》の數《すう》なり☲離《り》の裏《うら》は☵坎《かん》。通《つう》じて☵☶水山蹇《すゐさんけん》の卦《け》となる蹇《けん》は蹇《けん》。難《なや》みなり故《ゆゑ》に不具者《ふぐしや》。癈疾《はいしつ》。癩病《らいびやう》。必臟病《しんざうびやう》。難痔等《なんぢとう》の難病《なんびやう》を發《はつ》すなり。

○☲南《みなみ》に八間《けん》の倉庫《さうこ》あれば劍難《けんなん》。變死《へんし》を主《つかさ》どる○其理《そのり》は八は☷坤《こん》の數《すう》なり☲離《り》にあり以《もつ》て☷☲地火明夷《ちくわめいい》の卦《けい》となる夷《い》は傷《やぶる》なり艱難《かんなん》にして其明《そのあきら》を晦《くらま》す故《ゆゑ》に此斷起《このだんおこ》る

○右《みぎ》に論《ろん》ずる如《ごと》くなれば乾《けん》。坎《かん》。巽《そん》の三方《はう》に倉庫《さうこ》。傍屋《はうをく》なく唯《たゞ》☲離而已《みなみのみ》に建物《たてもの》あれば最《もつと》も甚《はなは》だしき難危《なんやく》を招《まね》く事《こと》を恐《おそ》るべし注意《ちうい》を要《えう》すなれども右《みぎ》の三方《はう》に間《けん》數《すう》の宜《よ》き倉庫《さうこ》。傍屋等《はうをくとう》ありて巽《たつみ》より離《みなみ》に建續《たてつゞ》く時《とき》は其難薄《そのなんうす》しと知《し》るべし故《ゆゑ》に南《みなみ》

は打晴《ちはれ》たるを大吉相《だいきつさう》となす試見《たのしみ》よ。

○震之倉庫《ひがしのさうこ》を論《ろん》ず

○☳震《ひがし》の方倉庫《かたさうこ》。傍屋《はうをく》。小屋《こや》等大凶《とうだいきよう》なり第《だい》一長男短命《ちやうなんたんめい》にして病難《びやうなん》を發《はつ》し貧窮《ひんきう》に逼《せま》る大凶相《だいきようさう》なり若《も》し一端榮《たんさかえ》る者《もの》ありと雖《いへど》も後必《のちかなら》ず衰《おとろ》ふと知《し》るべし然《しか》れども乾《いぬゐ》に倉《くら》を置《おき》。又巽《またたつみ》に倉《くら》を置《おき》。巽《たつみ》より連續《れんぞく》して東《ひがし》の正當《せいたう》を除《のぞき》て四間《けん》に三間《けん》。五間《けん》に三間《げん》。六間《けん》に二間半《けんはん》等《とう》の倉《くら》。物置《ものおき》を本宅《ほんたく》の大小《だいせう》に應《おう》じ低《ひく》く斜《なゝめ》ならざる様《やう》に備《そなへ》たるは故障《こしやう》なくして吉相《きつさう》に轉《てん》ず。

○所以《ゆゑん》☳震《しん》は萬物發生第《まんもつはつせいだい》一の所《ところ》なれば猥《みだり》に倉《くら》。物置等置《ものおきとうおく》ときは一端富榮《たんとみさかえ》ると雖《いへど》も☱兌《にし》。☰乾《いぬゐ》。☵坎《きた》に陽氣《やうき》を受止《うけと》める建物《たてもの》なければ後必《のちかなら》ず大《おほい》に衰微《すゐび》なすに至《いた》るなり試見《ためしみ》よ。

○☳東《ひがし》に三間《けん》。四間《けん》の倉庫《さうこ》☴巽《たつみ》より連續《れんぞく》なせば天《てん》の冥助《みやうじよ》を得《え》て男子能《なんしよ》く生育《せいいく》なし家人《かじん》。文學《ぶんがく》。藝術《けいじゆつ》。醫術《いじゆつ》に達《たつ》するか或《あるひ》は此家《このいへ》より神藥《しんやく》を傳《つた》ふなり。

○其理《そのり》は三は☲離《り》の位《くらゐ》。離《みなみ》は火《ひ》なり。四は☳震《しん》の位《くらゐ》にして木《き》の數《すう》なり。東《ひがし》☳の木《き》。南《みなみ》☲の火《ひ》を生《しやう》ず是則《これすなは》ち河圖《かと》の天《てん》理《り》なり故《ゆゑ》に天《てん》の冥助《みやうじよ》を得《え》ると云《い》ふ又震《またしん》を長《ちやう》男《なん》とす。木生火《もくしやうくわ》の理《り》にして男子《だんし》生長《せいちやう》す。彖《たん》に曰震《いはくしん》は百里《り》を驚《おどろ》かし近《ちかき》を懼《おそろ》しむと云《い》ふ故《ゆゑ》に文學《ぶんがく》。藝術《げいじゆつ》。醫術《いじゆつ》に達《たつ》し其名《そのな》遠方《ゑんはう》に響《ひゞ》く且《か》つ震《しん》を藥《くす》り醫《い》とす依《よつ》て其家《そのいへ》に神藥《しんやく》を傳《つた》ふと知《し》るべし。

○☳震《ひがし》に六間《けん》の倉《くら》あれば長男《ちやうなん》は孝子《かうし》○願望成就《ぐわんもうじやうじゆ》○鐘鼓《しやうこ》絃歌《げんか》家《いへ》に盈《みつ》と云《い》ふ。

○其理《そのり》は震《しん》を長男《ちやうなん》となす。六は☵坎《かん》の水《みづ》。坎《かん》の水氣《すゐき》を以《もつ》て☳震木《しんもく》の長男《ちやうなん》を生《しやう》ずるが故《ゆゑ》に親《おや》に孝行《かうかう》なす願望成就《ぐわんもつじやうじゆ》す又震《またしん》を音聲《おんせい》となす故《ゆゑ》に鐘鼓《しやうこ》絃歌《げんか》美聲《びせい》の人《ひと》を出《いだ》す吉相《きつさう》なり。

○東《ひがし》に二間《けん》或《あるひ》は九間《けん》の倉庫《さうこ》。廨屋《ながや》等《とう》あれば大《おほい》に疾病絶《しつぺいたえ》ず。男子短命《だんしたんめい》なすか家出《いへで》なすか放蕩《はうたう》無頼《よらい》にして終《つひ》に養子《やうし》相續《さうぞく》をなすと知《し》るべし。

○其理《そのり》は二は☱兌《だ》の金《かね》なり兌金《だきん》を以《もつ》て☳震《しん》の木《き》を剋《こく》するが故《ゆゑ》に男子《だんし》生育《せいいく》せず或《あるひ》は家出《いへで》なすか放蕩《はうたう》なすか又震《またしん》の醫藥《いやく》を剋《こく》す故《ゆゑ》に疾病絶《しつぺいたえ》ず又《また》九は☰乾《けん》の金《かね》なれば二と同論《どうろん》にして災害《さいがい》多《おほ》しと知《し》るべし。

○東《ひがし》に八間《けん》の倉庫《さうこ》。傍屋等《はうをくとう》あれば妻女死亡《さいぢよしばう》して再三《さいさん》。再四後妻《さいしごさい》を娶《めと》るか或《あるひ》は縊死《いし》溺死《できし》する者《もの》あり。

○所以《ゆゑん》八は☷坤《こん》の數《すう》なり坤《こん》を母《はゝ》とす。妻女《さいぢよ》となす☳震木《しんき》。坤《こん》の土《つち》を剋《こく》するが故《ゆゑ》に妻女數度死亡《さいぢよすうどしばう》に及《およ》ぶ說卦傳《せつくわでん》に曰《いはく》☳雷風相薄《らいふうあひうす》ると震《しん》の氣《き》☴巽《そん》に通《つう》ず巽《そん》を糸《いと》とす又曰天地位《またいはくてんちくらゐ》を定《さだ》むとは八☷坤《こん》の氣《き》。☰乾《けん》に通《つう》ず。乾《けん》を首《くび》となす巽《そん》の糸《いと》を以《もつ》て乾《けん》の首《くび》を縊故《くゝるゆゑ》に縊死《いし》の者《もの》を出《いだ》す又乾《またけん》を龍《りう》とす。龍《りう》は淵《ふち》に潜《ひそ》む高《たか》き淵《ふち》より陥《おち》るの象故《しやうゆゑ》に溺死《できし》なす者《もの》あり。

○☳震《ひがし》に高《たか》き倉庫《さうこ》。樓閣等《ろうかくとう》あれば長男短命《ちやうなんたんめい》なすか放蕩無頼《はうたうぶらい》にして我意《がい》を募《つの》り父母《ふぼ》是《これ》を制《せい》する事能《ことあた》はず或《あるひ》は賭博《とはく》を好《この》み刑罰《けいはつ》に合《あひ》家名《かめい》を穢《けが》し先祖《せんぞ》を辱《はづか》しむるに至《いた》るべし。

○其理《そのり》は☳震《しん》を長男《ちやうなん》となす又《また》二男《なん》とす其位《そのくらゐ》に高《たか》き倉庫《さうこ》。樓閣《ろうかく》を以《もつ》て壓迫《あつはく》なす故《ゆゑ》に長男短命《ちやうなんたんめい》なすか放蕩無頼《はうたうぶらい》にして我意強高慢《がいつよくかうまん》なり。父母《ふぼ》も是《これ》を制《せい》する事能《ことあた》はず或《あるひ》は賭博《とはく》を好《この》み人格劣等《じんかくれつとう》にして刑罰《はつ》を受《う》け家名《かめい》を穢《けが》すは則《すなは》ち東《ひがし》は萬物發生《ばんぶつはつせい》なす太陽《たいやう》の氣《き》を高《たか》き建物《たてもの》を以《もつ》て遮《さへぎ》り塞《ふせ》ぐ故《ゆゑ》に本文《ほんもん》の如《ごと》き恐《おそ》るべき問題《もんだい》を引起《ひきおこ》し終《つひ》に家名《かめい》斷絶《だんぜつ》に至《いた》るなりと知《し》るべし。

○巽之倉庫《たつみのさうこ》を論《ろん》ず

○☴巽《たつみ》の方倉庫《かたさうこ》。傍屋等《はうをくとう》總《すべ》て低《ひく》して小《せう》なるを大吉相《だいきつさう》と爲《な》す四間《しけん》に三間《けん》。五間《けん》に三間《けん》。六間《けん》に四間《けん》若《も》し大《だい》なるは十一間《けん》に五間《けん》等《とう》の倉庫《さうこ》物置《ものおき》を本宅《ほんたく》の大小《だいせう》に應《おう》じ宅地《たくち》の内《うち》へ陽氣《やうき》の能《よ》く納《をさま》る樣《やう》に低備《ひく・そなへ》たるは家富榮《いへとみさか》え遠方《ゑんぽう》より幸福來《かうふくきた》り家運開《かうんひら》け富貴《ふうき》永持《ながもち》すべし則《すなは》ち百靈《れい》擁護《えうご》の妙宅《めうたく》なり然《しか》れども☰乾《いぬゐ》に倉《くら》なければ其限《そのかぎり》にあらず○其《その》理《り》九星《せい》の三元《げん》は星巽《ほしたつみ》より中央《ちうあう》に入《い》り乾《いぬゐ》に出《で》る者《もの》なればなり口傳《こうでん》あり又《また》☴巽《たつみ》を福地《ふくち》とす世間《せけん》となす。萬物齊《ばんもつと・の》ふ所《ところ》とし。市《し》の利《り》三倍《ばい》となす斯如《かくのごと》き尊《たつと》き地《ち》なれば數《すう》の宜《よ》き倉《さう》庫《こ》。傍屋《はうをく》を建《たつ》る時《とき》は本文《ほんもん》の如《ごと》き幸福《かうふく》を招《まね》くなりと知《し》るべし。

○☴巽《たつみ》に本宅《ほんたく》より高《たか》き倉庫《さうこ》。樓閣《ろうかく》。物置等《ものおきとう》あれば第《だい》一家人《かじん》遠方《ゑんぱう》にて風波《ふうは》の難《なん》に遇《あふ》か溺死《できし》なすか。變死《へんし》なすか女難損害連年《ぢよなんそんがいれんねん》に來《きた》る大凶相《だいきやうさう》なり。

○所以《ゆゑん》☴巽《そん》を風《かぜ》とす。木《き》となす倉庫《さうこ》。樓閣高《ろうかくたか》きは陽氣《やうき》を遮《さへぎ》り塞《ふさ》ぎ陰《いん》となる又高《またたか》き木《き》は風《かぜ》に倒《たふ》ると諺《たとへ》の如《ごと》く福地《ふくち》の位《くらゐ》を失《うしな》ふて風波《ふうは》の難《なん》を招《まね》き海上《かいじやう》の損失溺死《そんしつできし》を主《つかさ》どる☴巽《そん》の氣《き》☳震《しん》に通《つう》じて驚《おどろき》を招《まね》く故《ゆゑ》に變死《へんし》を主《つかさ》どる。莊子《さうし》に曰《いく》高明《かうめい》の家《いへ》は鬼神《きじん》之《これ》を悪《にく》むと云《い》ふ則《すなは》ち高《たか》き木《き》の風《かぜ》に倒《たふ》る皆此理《みなこのり》なり。

○☴巽《たつみ》に一間《けん》。二間《けん》。七間《けん》。九間《けん》の倉庫《さうこ》。傍屋等《はうをくとう》あれば。長男《ちやうなん》。長女短命《ちやうぢよたんめい》なす又《また》富貴《ふうき》永《なが》く持事《たもつこと》能《あた》はず恐《おそ》るべし。

○其理《そのり》は☴巽《そん》を長女《ちやうぢよ》となす☴巽《そん》の氣《き》☳震《しん》に通《つう》ず。震《しん》を長男《ちやうなん》とす一。九は☰乾《けん》の金《かね》。二は☱兌《だ》の金《かね》にして巽《そん》の木《き》を剋《こく》す故《ゆゑ》に長男《ちやうなん》。長女知命《ちやうぢよたんめい》なす。七は☶艮《こん》の數《すう》先天《せんてん》の☳震位《しんゐ》は後天《こうてん》☶艮位《こんゐ》にして土《つち》に屬《ぞく》す依《よつ》て巽《そん》の木《き》を以《もつ》て艮《こん》の土《つち》を剋《こく》す故《ゆゑ》に長男短命《ちやうなんたんめい》なす且《か》つ巽《そん》は萬物《ばんもつ》の齊《とゝの》ふ所《ところ》を一。二。九の金《かね》を以《もつ》て巽《そん》の木《き》を剋《こく》すが故《ゆゑ》に富貴《ふうき》を永《なが》く持事《たもつこと》能《あた》はずと知《し》るべし。

○☴巽《そん》に八間《けん》の倉庫《さうこ》。傍屋《はうをく》。樓閣等《ろうかくとう》あれば妻女《さいぢよ》四。五人死亡《にんしばう》を爲《な》すか。遠方《ゑんはう》の驅《かけ》引損亡《ひきそんばう》なすか。或《あるひ》は始富《はじめとみ》て後大《のちおほい》に衰《おとろ》ひ破産《はさん》に及《およ》ぶ。

○其理《そのり》は八は☷坤《こん》の數《すう》にして土《つち》なり。母《はゝ》となす。妻女《さいぢよ》の位《くらゐ》を巽《そん》の木《き》を以《もつ》て剋《こく》す故《ゆゑ》に死《し》亡《ばう》に及《およ》ぶ者《もの》四。五人《にん》なり四は☳震《ひがし》の數《すう》。五は☴巽《そん》の數《すう》故《ゆゑ》に四五の理《り》あり木《き》は土《つち》の德《とく》を以《もつ》て生長《せいちやう》すれども後《のち》には却《かへつ》て木《き》に剋《こく》せらるゝが故《ゆゑ》に始富《はじめとみ》て後《のち》に衰《おとろ》ふ又《また》巽《そん》を遠方《ゑんはう》となす其位《そのくらゐ》を坤土《こんど》を以《もつ》て爭《あらそ》ふ故《ゆゑ》に損害《そんがい》を主《つかさ》どるなり。

○☴巽《たつみ》の方《かた》に大《だい》なる倉庫《さうこ》ありて☰乾《いぬゐ》に倉庫《さうこ》なき時《とき》は長男短命《ちやうなんたんめい》なすか。難病《なんびやう》に罹《かゝ》るか依《よつ》て長女《ちやうぢよ》を以《もつ》て相續《さうぞく》なすか或《ある》ひは養子《やうし》家系《かけい》を繼《つぐ》か。

○其理《そのり》は☴巽《そん》を長女《ちやうぢよ》となす☰乾《いぬゐ》を父《ちゝ》とす。☴巽張《たつみはり》て☰乾缺《いぬゐかけ》の象《かたち》となる故《ゆゑ》に長男《、やうたん》不幸《ふかう》にして長女父《ちやうぢよちゝ》の後《あと》を繼《つぎ》て養子《やうし》を主《つかさ》どるなり。

○☴巽《たつみ》の方建物《かたたてもの》總《すべ》て本宅《ほんたく》に背《そむ》き斜《なゝめ》に備《そなへ》る時《とき》は主人《しゆじん》我《わ》が業《げふ》を捨《す》て他《た》の事《こと》に趣味《しゆみ》を持《もち》損失《そんしつ》を招《まね》き遂《つひ》に貧困《ひんこん》に迫《せま》ると知《し》るべし。

○其理《そのり》は巽《そん》を世間《せけん》とす。福地《ふくち》の倉庫《さうこ》。建物本宅《たてものほんたく》に背《そむ》き巽順《そんじゆん》せざる故《ゆゑ》に主人己《しゆじんおの》れの業務《げふむ》を捨《すて》て他《た》の事《こと》に手《て》を出《だ》し、損害招《そんがいまね》き貧困《ひんこん》なす。

○☴巽《たつみ》の店或《みせあるひ》は棚《たな》は大《おほい》に吉《きち》○本宅《ほんたく》の巽《たつみ》に店《みせ》を構《かま》へ又他國《またたこく》に出店《でみせ》を構《かま》へる時《とき》は家業《かげふ》大《おほい》に繁昌《はんじやう》し家富榮《いへとみさかえ》る事竝《ことならび》に遠福來《ゑんふくきた》る最大吉相《さいだいきつさう》なりと知《し》るべし。

○其理《そのり》は巽《そん》を世間《せけん》となす萬物《ばんぶつ》の齊《とゝな》ふ所《ところ》。進退市《しんたいいち》の利《り》三倍《ばい》を得《え》るの位《くらゐ》なり釋名《しやくみやう》に曰辰《いはくたつ》は伸《のびる》なり。巳《み》は巳《やむ》なりとは六陽皆滿《ろくやうみなみち》て此《こゝ》に止《とゞま》る所《ところ》なり史記《しき》に曰物皆《いはくものみな》伸舒《しんきん》するなりと故《ゆゑ》に店《みせ》。棚《たな》。出張店等《しゆつちやうてんとう》を置《おく》には☴巽《たつみ》に及所《およぶところ》なしと知《し》るべし。

○坎之倉庫《きたのさうこ》を論《ろん》ず

○☵坎《きた》の方倉庫《かたさうこ》。傍屋等《はうをくとう》至《いたつ》て高《たか》く☰乾《いぬゐ》より建《た》て續《つゞ》きたる備《そなへ》は天《てん》の吉祥《きつしやう》を賜《たま》ひ百靈《ひやくれい》主護《しゆご》して遠福《ゑんふく》を招《まね》き日々《ひゞ》に富月々《とみつき〳〵》に繁昌《はんじやう》して萬代不易《ばんだいふえき》の最大吉相《さいだいきつさう》と爲《な》す然《しか》れども倉庫《さうこ》一つ建《たて》る時《とき》は北《きた》の正當《せいたう》を除《のぞ》き。壬《みづのえ》。或《あるひ》は癸《みづのと》の二方《はう》に置《おく》べし若《も》し北《きた》の正當《せいたう》に掛《かゝる》ときは災《わざはひ》ありと知《し》るべし一間半《けんはん》に二間《けん》。四間《けん》に二間《けん》。五間《けん》に四間《けん》。九間《けん》に五間《けん》。十二間《けん》に五間《けん》斯《かく》の如《ごと》きは皆吉數《みなきつすう》なり。

○所以水流《ゆゑんみづながれ》て盈《みち》ず險《けん》に行《ゆき》て其信《そのまこと》を失《うしな》はず說卦傳《せつくわでん》に曰坎《いはくかん》は萬物《ばんぶつ》の歸《き》する所《ところ》。史記《しき》に曰萬物《いはくばんぶつ》萠《きざ》し動《うご》くとある斯《かく》の如《ごと》き位《くらゐ》あるが故《ゆゑ》に本文《ほんもん》の如《ごと》き景福至《けいふくいた》らずと云《い》ふ事《こと》なし又冬至《またとうじ》の節《せつ》一陽來《やうきた》り萬物《ばんぶつ》の氣地下《きちか》に子《こ》を生《しやう》ず故《ゆゑ》に子《ね》と號《かう》す。

○☵坎《きた》に二間《けん》の倉庫《さうこ》。物置等《ものおきとう》あれば少女淫亂《せうぢよいんらん》にして奴僕《ぬぼく》と通《つう》ず。

○其《その》理《り》は二は☱兌《だ》の數《すう》にして少女《せうぢよ》となす。金《かね》とす。☵坎《かん》を奴僕《ねぼく》となす。兌《にし》の金《かね》坎《きた》の水《みづ》を生《しやう》じて淫亂或《いんらんあるひ》は奴僕《ねぼく》と通《つう》ず先天《せんてん》の☵坎位《かんゐ》は後天《こうてん》☱兌位《だゐ》なるが故《ゆゑ》に通《つう》ずる事甚《ことはなは》だ盛《さかん》なり。

○☵坎《きた》に三間《げん》の倉庫《さつこ》、傍屋等《はうをくとう》あれば先祖《せんぞ》より傳《つた》はる財寶《ざんほう》を剋《こく》すか遠方《ゑんはう》の損失《そんしつ》。火《くわ》難《なん》。貧困《ひんこん》なすか。

○其《その》理《り》は☵坎《きた》を先祖《せんぞ》となす。遠方《ゑんはう》とす。三は☲離《り》の火《ひ》なり。火《ひ》勝《かつ》ときは☵坎《かん》の水《みづ》を煎《につ》め。水《みづ》勝《かつ》ときは火《ひ》剋《こく》せらるる故《ゆゑ》に先祖傳來《せんぞでんらい》の財寶《ざいほう》を失《うしな》ひ損失《そんしつ》。破財《はざい》。遠方《ゑんはう》の損害《そんがい》を招《まね》き貧窮《ひんきう》に迫《せま》るなり又《また》離《り》の火《ひ》盛《さかん》なれば水力衰《すゐりよくおとろ》ひ火難《くわなん》となるなり。

○北《きた》に八間《けん》の建物《たてもの》あれば主人短氣《しゆじんたんき》。濕病《しつびやう》。心臟病《しんざうびやう》。神經痛等《しんけいつうとう》の難病《なんびやう》を招《まね》く又《また》先祖《せんぞ》より傳《つた》はる田宅《でんたく》を失《うしな》ふ、血脈《けつみやく》を絶《たや》す。或《あるひ》は母方《はゝかた》より養子來《やうしきた》るか或《あるひ》は母方《はゝかた》より後見《こうけん》。

○其《その》理《り》は八は☷坤《こん》の土《つち》なり☵坎《かん》を進退《しんたい》となす。坎《かん》を先祖《せんぞ》となす其位《そのくらゐ》を土《つち》を以《もつ》て剋《こく》す故《ゆゑ》に短氣《たんき》。濕病《しつびやう》。心臟病《しんざうびやう》。神經痛《しんけいつう》。先祖《せんぞ》より傳《つた》はる田宅《でんたく》を失《うしな》ふ。又史記《またしき》に曰《いはく》子《ね》は滋《じゆ》なり萬物地下《ばんぶつちか》に子《こ》を生《しやう》じ任養《にんやう》する所《ところ》なり坤《こん》の土《つち》を以《もつ》て任養《にんやう》の位《くらゐ》を剋《こく》す故《ゆゑ》に短命《たんめい》なす。説《せつ》家《か》傳《でん》に坎《かん》を血脈《ちみやく》とす坤《こん》土《ど》を以《もつ》て血脈《ちみやく》を剋《こく》す故《ゆゑ》に自然《しぜん》養子《やうし》☷坤《こん》の母方《はゝかた》より來《きた》る若《も》し男子《だんし》あるも柔弱《じうじやく》あるが故《ゆゑ》に母方《はゝかた》より後見《こうけん》なすに至《いた》るなり。

○☵坎《きた》の倉庫《さうこ》本宅《ほんたく》より遠《とほ》く隔《へだた》りあるは舊家《きうか》なり近《ちか》きは二三代《だい》を經《へ》たる家《いへ》なり倉庫《さうこ》小《せう》なれば當代《たうだい》の出世《しゆつせ》と知《し》るべし。坎《かん》を先祖《せんぞ》とす倉庫《さうこ》の遠《とほ》きは遠祖《ゑんそ》より傳《つたは》る舊家《きうか》なり近《ちか》きは本文《ほんぶん》に因《よつ》て知《し》るべし。

○艮《うしとら》之《の》倉庫《さうこ》を論《ろん》ず

○☶艮《うしとら》の方《かた》倉庫《さうこ》。傍屋《はうをく》等《とう》置《おく》ときは其身《そのみ》一代《だい》は大《おほい》に富財《とみざい》帛盛《はくさかん》なりとす然《しか》れども男子《だんし》生育《そだたず》。養子《やうし》となり二代《だい》或《あるひ》は三代《だい》に至《いた》り大《おほい》に衰《おとろ》へ其他《そのた》の災害《さいがい》多《おほ》く連年《れんねん》種々《いろ〳〵》の難病《なんびやう》を發《はつ》す大凶相《だいきようさう》と知《し》るべし。中風《ちうぶう》。痳痺《しびれ》。僂痳質《りやうまちす》。血液《けつえき》不順《ふじゆん》。不具者《ふぐしや》等《とう》の難病《なんびやう》を招《まね》き終《をはり》に家名《かめい》斷絶《だんぜつ》なす恐《おそ》るべし注意《ちうい》を要《えう》す。

○☶艮《うしとら》の倉《くら》。傍屋《はうをく》等《とう》間數《けんすう》の吉凶《きつきよう》に拘《かゝ》はらず少《すこ》しも建《たて》ざるを大吉《だいきち》となす。倉庫《さうこ》傍《はう》屋《をく》大《だい》なれば大《おほい》に論《ろん》じ。小《せう》なれば小《せう》に論《ろん》じて其凶害《そのきようがい》をなす事《こと》を知《し》るべし又《また》本宅《ほんたく》の四方《はう》倉《くら》。傍屋《はうをく》を以《もつ》て透間《すきま》なく建續《たてつゞ》く時《とき》は吉凶《きつきよう》の論《ろん》少《すこし》もなし。若《も》し三方《はう》八干《かん》に倉《さう》庫《こ》。傍屋《はうをく》等《とう》連續《れんぞく》して但丑《たゞうし》。寅《とら》の一隅《ぐう》のみ建殘《たてのこ》したるは艮缺《うしとらかけ》となりて最《もつと》も大凶相《だいきようさう》なり恐《おそ》るべし。

○坤之倉庫《ひつじさるのさうこ》を論《ろん》ず

○☷坤《ひつじさる》の方倉庫《かたさうこ》。傍屋《はうをく》、廨舎《ながや》等《とう》勿論《もちろん》小家《こや》たりとも。間數《けんすう》の善悪《よしあし》に拘《かゝ》はらず唯《たゞ》一物《もつ》も無《な》きを最大吉相《さいだいきつさう》となす若《も》し此方《このはう》に倉《くら》。廨舎《ながや》ある時《とき》は俄《にはか》に富《とん》で俄《にはか》に衰《おとろ》ふ。第《だい》一主《しゆ》人短命《にんたんめい》にして後室家事《ごけかじ》を主《つかさ》どるか或《あるひ》は妻女早亡《さいぢよさうばう》して後妻來《ごさいきた》るか。家族《かぞく》に病難絶《びやうなんた》へず中風《ちうふう》。痛痺《しびれ》。血液不順《けつえきふじゆん》。胸腹《むねはら》の病《やまひ》。頓死《とんし》、狂人《きやうじん》等《とう》の難危《なんやく》を發《はつ》し。妻子眷屬《さいしけんぞく》年々《ねん〳〵》に亡《ほろ》び終《つひ》に家名斷絶《かめいだんぜつ》なす大凶相《だいきようさう》なりと知《し》るべし。然《しか》れども醫業《いげふ》。藥店《やくてん》は其限《そのかぎり》にあらず深《ふか》き理論《りろん》あり。口傳《こうでん》。

○☷坤《ひつじさる》の建物《たてもの》ある寺院《じゐん》は直弟《じきてい》に法脈《はふみやく》を傳《つた》ふる事能《ことあた》はず死亡《しばう》する者《もの》多《おほ》し。坤《こん》は純《じゆん》陰《いん》の所陰重《ところいんかさ》なりて直弟《じきてい》に傳《つたへ》る事能《ことあた》はず。

○☷坤《こん》に三間《げん》の倉庫《さうこ》。傍屋《はうをく》あるは家族不決斷《かぞくふけつだん》にして住所《ぢうしよ》の辛苦《しんく》。或《あるひ》は仕損事《しそんじ》多《おほ》く大難《だいなん》を招《まね》き。縊死《いし》。變死等《へんしとう》の者《もの》を出《いだ》す。

○其理《そのり》は☷坤《こん》は土《つち》なり三は☲離《り》の火《ひ》なり䷣地火明夷《ちくわめいい》の卦《けい》。夷《い》は破《やぶる》なり傷《やぶる》なり日《ひ》の地中《ちちう》に入《いり》て分明《ぶんめい》ならざる意《い》。暗夜《あんや》に燈《ともしび》を失《うしな》ふ象《かた》ち故《ゆゑ》に本文《ほんもん》の如《ごと》き夷《い》　破《やぶる》。傷《やぶる》。傷《ころす》なり。

○坤《こん》に四間《けん》。五間《けん》の建物《たても》あれば母《はゝ》。妻女《さいぢよ》を剋《こく》す○其理《そのり》は☷坤《こん》は母《はゝ》。妻女《さいぢよ》。土《つち》なり四は☳震《しん》の木《き》五は☴巽《そん》の木《き》の數《すう》。木《き》を以《もつ》て坤《こん》の母《はゝ》。妻女《さいぢよ》の土《つち》を剋《こく》すが故《ゆゑ》なり。

○☷坤《こん》に六間《けん》の建物《たても》あれば先祖《せんぞ》の遺業《ゐげふ》を持事《たもつこと》能《あた》はず。母《はゝ》を剋《こく》すか或《あるひ》は母方《はゝかた》を剋《こく》す。中男短命《ちうなんたんめい》なすか放蕩《はうたう》なすか。

○所以《ゆゑん》六は☵坎《きた》の水《みづ》の數《すう》。坎《かん》を中男《ちうなん》とす。先祖《せんぞ》となす。坤《こん》は母《はゝ》の土《つち》。土剋《どこくする》水にして。先祖《せんぞ》の遺業《ゐげふ》。母《はゝ》。中男等皆本文《ちうなんとうみなほんもん》の如《ごと》き災害《さいがい》に遇《あう》なりと知《し》るべし。

○☷坤《ひつじさる》の方《かた》七間《けん》。八間《けん》の倉庫《さうこ》。傍屋等《はうをくとう》あれば主人短命《しゆじんたんめい》なすか。虚弱《きよじやく》にして災害《さいがい》多《おほ》く。或《あるひ》は後室家事《ごけかじ》を取《とる》凶相《きようさう》なり。

○其理《そのり》は七は☶艮《こん》の土《つち》八は☷坤《こん》の土《つち》。土《つち》と土《つち》を重《かさ》ね母《はゝ》。妻女《さいぢよ》の位《くらゐ》にして此所《このところ》大《おほ》に張出《はりでる》の象《かたち》故《ゆゑ》に母《はゝ》。妻女強《さいぢよつよ》く主人虚弱《しゆじんきよじやく》くとなりて早亡《さうはう》す又易理《またえきり》は䷁坤爲地《こんゐち》の裏《うら》は☰乾《けん》爲《ゐ》天《てん》なり故《ゆゑ》に坤《こん》張《はる》ときは。乾《けん》缺《かけ》となる依《よつ》て母《はゝ》。妻《さい》女《ぢよ》。強《つよ》く陰《いん》。陽《やう》を凌《しのぐ》と云《い》ふて天《てん》地《ち》の定《さだめ》を失《うしな》ひ母《はゝ》。妻《さい》女《ぢよ》。父《ちゝ》或《あるひ》は夫《をつと》に代《かはつ》て家《か》事《じ》を司《つかさ》どる。

○參《さん》考《かう》○☷坤《ひつじさる》に三間《げん》の倉《さう》庫《こ》あれば古《こ》筆《ひつ》。古《こ》刀《たう》ある家《いへ》となす此《この》倉《くら》を賊《ぞく》窺《うかゞ》ふ注《ちう》意《い》を要《えう》す。

○所《いは》謂《ゆる》☲離《り》を文《ぶん》章《しやう》となす故《ゆゑ》に古《こ》筆《ひつ》とす☷坤《こん》の裏《うら》は☰乾《けん》所《いは》謂《ゆる》天《てん》地《ち》位《くらゐ》を定《さだむ》るなり乾《けん》は刄《かたな》なり之《これ》を古《こ》刀《たう》となす其《その》位《くらゐ》建《たて》物《もの》を以《もつ》て張《はる》が故《ゆゑ》に古《こ》筆《ひつ》。古《こ》刀《たう》を處《しよ》持《じ》すと云《い》ふ又《また》先《せん》天《てん》の坤《こん》位《ゐ》は後《こう》天《てん》の☵坎《かん》位《ゐ》なり坎《かん》を盜《ぞく》となす故《ゆゑ》に此《この》倉《さう》庫《こ》を盜《たう》賊《ぞく》の窺《うかゞ》ふ所《ところ》となす注《ちう》意《い》を要《えう》す試見《ためしみ》よ。

○水《すゐ》氣《き》總《そう》論《ろん》

○水《みづ》は宅《たく》地《ち》の四方《はう》晝《ちう》夜《や》常《じやう》流《りう》の河《か》水《すゐ》は論《ろん》ぜず○井《ゐ》○泉《せん》○池《いけ》○堀《ほり》等《とう》に於《おい》ては。其《その》水《すゐ》氣《き》其《その》處《ところ》に淀《よど》む故《ゆゑ》に吉《きつ》凶《きよう》の斷《だん》大《おほい》に起《おこ》る。中《なか》にも☷坤《ひつじさる》○☶艮《うしとら》の水《すゐ》氣《き》を大《おほい》に忌《いむ》なり。☷坤《こん》に大《だい》なる池《いけ》○堀《ほり》ある宅《たく》地《ち》は住《ぢう》主《しゆ》家《か》業《げふ》を怠《おこた》り治《をさめ》ず。人《ひと》の賴《たのま》ざる事《こと》に力《ちから》を費《つひや》し吾《わが》家《か》財《ざい》を失《うしな》ふ或《あるひ》は身《しん》體《たい》不《ふ》具《ぐ》或《あるひ》は溺《でき》死《し》する者《もの》數《すう》人《にん》に及《およ》ぶ大《だい》凶《きよう》相《さう》なり。少《すこし》の水《すゐ》氣《き》と雖《いへど》も短《たん》命《めい》又《また》は種々《いろいろ》の凶事《きようじ》を招《まね》く恐《おそ》るべし○☶艮《ごん》に大《だい》なる池《いけ》○堀《ほり》ある宅地《たくち》は何人《なんぴと》替《かは》り住《すむ》も永《えい》住《ぢう》する事《こと》能《あた》はず。終《つひ》に家財《かざい》を絶《たや》し子孫《しそん》滅亡《めつはう》。或《あるひ》は變死《へんし》○女難《ぢよなん》○劍難《けんなん》○亂心《らんしん》○不忠《ふちう》不孝《ふかう》の者《もの》を出《いだ》す最《もつと》も大凶相《だいきようさう》なり少《すこし》の水氣《すゐき》と雖《いへど》も毒悪《どくあく》最《もつと》も甚《はなは》だしく恐《おそ》るべし注意《ちうい》を要《えう》す○前文《ぜんもん》の外《ほか》二十四山方位《さんはうゐ》吉凶《きつきよう》の妙斷《めうだん》あり委《くは》しき事《こと》は宅相《たくさう》の部《ぶ》に示《しめ》すが故《ゆゑ》に之《これ》を略《りやく》すなり。

○參考《さんかう》井《ゐ》○泉《いづみ》○池《いけ》○堀等《ほりとう》の吉凶《きつきよう》は宅地《たくち》を離《はな》る事《こと》四十五歩《ほ》或《あるひ》は四十五間《けん》の外《そと》にあるは其限《そのかぎり》にあらず然《しかれ》ども用《もちゆ》る時《とき》は四十五間内《けんない》にある水氣《すゐき》と同論《どうろん》にして右《みぎ》の論文《ろんぶん》に違《たが》ふ事《こと》なしと知《し》るべし。

○井《ゐ》○泉《せん》○池《いけ》○堀《ほり》總《すべ》て水氣《すゐき》を論《ろん》ずるには前文《ぜんぶん》磁石《じしやく》の説《せつ》を能《よく》熟讀《じゆくどく》せざれば其《その》妙斷《めうだん》を得《え》る事《こと》難《かた》し○井《ゐ》。泉《せん》より水《みづ》。流《なが》れ去方《さるはう》は八干《かん》甲《きのえ》○乙《きのと》○丙《ひのえ》○丁《ひのと》○庚《かのえ》○辛《かのと》○壬《みづのえ》○癸《みづのと》の方《かた》を吉《きち》とす。十二支《し》の方《かた》に流出《ながれでる》は大凶《だいきよう》なり○卯《う》の方《かた》へ流《なが》れ出《いづ》れば。卯《う》の年月日時《としつきひどき》に凶事來《きようじきた》る○辰《たつ》の方《かた》に流出《ながれでれ》ば辰年《たつどし》辰《たつ》の月《つき》辰《たつ》の日《ひ》辰《たつ》の時《とき》に災害《さいがい》來《きた》ると知《し》るべし故《ゆゑ》に右《みぎ》に準《じゆん》じて研究《けんきう》を要《えう》す。

○水《みづ》は元《もと》。動者《うごくもの》なれば静《しづか》なるを尊《たつと》む。故《ゆゑ》に急流《きふりう》。激波《げきは》して水音《みづおと》高《たか》く響《ひゞき》をなす地《ち》は貧地《ひんち》なり。一時《じ》繁榮《はんえい》なすとも其後《そののち》大《おほい》に衰《おとろ》ふなり。故《ゆゑ》に淀《よど》より大阪《おほさか》に流《ながれ》る如《ごと》く又《また》東京《とうきやう》に流《ながる》る隅田川《すみたがは》の如《ごと》く水勢《すゐせい》淀《よど》みて静《しづか》なる地《ち》は自然《しぜん》に富貴《ふうき》繁榮《はんえい》して豪商《がうしやう》。豪《がう》農《のう》を顯《あらは》す是則《これすなは》ち陽中《やうちう》陰動《いんどう》中《ちう》の静《せい》なり。

○宅地《たくち》の前《まへ》にて八の字《じ》の如《ごと》く流水《りうすゐ》の二に分流《わかれながる》るは不忠《ふちう》。不幸《ふかう》を主《つかさ》どる○兩水落合《りやうすゐおちあ》ふ傍《かたはら》にある宅地《たくち》は甚《はなは》だ凶《きよう》にして住人《ぢうにん》皆《みな》不決斷《ふけつだん》二心《ふたこゝろ》となり不幸《ふかう》を招《まね》く○山《やま》の左右《さいう》に川《かは》ありて山《やま》の下《した》にて落合地《おちあふち》は大吉《だいきち》にして福有《ふくいう》の土地《とち》となす○宅地《たくち》の中央《ちうあう》に井水《ゐすゐ》あれば貧窮《ひんきう》に逼《せま》る若し富貴《ふうき》なりと雖《いへど》も疾病《しつぺい》の難《なん》を招《まね》き貧困《ひんこん》なす○河《かは》の水《みづ》多《おほ》く曲《まが》りて流《ながる》るを九曲流水《きうきよくりうすゐ》と名《な》づく此地《このち》富豪《ふがう》或《あるひ》は學者《がくしや》博士《はくし》を出《いだ》す○流水《りうすゐ》宅地《たくち》を抱《いだく》が如《ごと》きは大《だい》吉相《きつさう》なり○宅地《たくち》に流水衝當《りうすゐつきあたる》は最《もつと》も大凶相《だいきようさう》なり○河刺股《かはさすまた》の如《ごと》く流《なが》れ分《わか》れたる中《なか》にある宅地《たくち》は放蕩無頼《はうたうぶらい》の者《もの》を出《いだ》す○宅地《たくち》の左右《さいう》に眞直《まつすぐ》なる河流《かりう》あるは不幸《ふかう》の者《もの》を出《いだ》す○北《きた》より家宅《かたく》の後《うしろ》に流水衝懸《りうすゐつきかゝ》れば其住主《そのぢうしゆ》。子《こ》あれども家《いへ》を失《うしな》ふ或《あるひ》は難痔《なんぢ》の病《やまひ》を招《まね》く○宅地《たくち》の前《まへ》に流水衝懸《りうすゐつきかゝ》れば子孫《しそん》滅亡《めつばう》す○井水《ゐすゐ》の傍《たたはら》に色々《いろ〳〵》の石《いし》を積置《つみおけ》ば悪瘡《あくさう》を招《まね》くべし注意《ちうい》を要《えう》す。
○小川《をがは》なりとも☷坤《こん》の隅《すみ》へ流《なが》れて衝當《つきあた》り夫《それ》より左右《さいう》へ流《なが》れ分《わか》るは雙子《ふたご》を生《しやう》ず又《また》道路《だうろ》も同論《どうろん》なり○☷坤《こん》の倉庫《さうこ》。傍屋《はうをく》等《とう》へ水《みづ》衝當《つきあた》り左右《さいう》へ流《なが》れ分《わか》るは密夫《みつぷ》を招《まね》く
○宅地《たくち》の内《うち》☷坤《こん》に井《ゐ》○泉《せん》○池《いけ》等《とう》ありて☶艮《ごん》へ流《なが》れ來《きた》り其水《そのみづ》溜《たま》れば妻室《さいしつ》離別《りべつ》○死《し》別《べつ》○男子《だんし》あれども皆死亡《みなしはう》して窮困《きうこん》に迫《せま》る此家《このいへ》貴人《きじん》高位《かうゐ》の筆跡《ひつせき》或《あるひ》は軸物《ぢくもの》等《とう》あれば大《おほい》に祟《たゝり》をなすと知《し》るべし。
○宅地《たくち》の内河《うちかは》。溝《みぞ》にて倉庫《さうこ》。傍屋《はうをく》。廨舎《ながや》等《とう》を隔《へだつ》る者《もの》あり☰乾《いぬゐ》の建物《たても》を隔《へだ》つれば君《きみ》父《ちゝ》を蔑《ないがしろ》にし或《あるひ》は隔離《かくり》なす○☷坤《こん》の建物《たてもの》は母《はゝ》に反《そむ》く○☳震《しん》の建物《たてもの》は長男《ちやうなん》に祟《たゝ》る○☴巽《そん》は長女《ちやうぢよ》○☲離《り》は中女《ちうぢよ》○☱兌《だ》は少女《せうぢよ》○☶艮《こん》は少男《せうなん》○☵坎《かん》は中男《ちうなん》を隔離《かくり》す是《これ》自然《しぜん》の理《り》なり試見《ためしみ》よ○寢所《しんしよ》の前後《ぜんご》に井水《ゐすゐ》あれば難病《なんびやう》を招《まね》くと知《し》るべし。
○參考《さんかう》貝原《かひはら》先生《せんせい》の曰《いはく》夏至《げし》に井《ゐ》を浚《さらふ》れば食物《しよくもつ》腐《くさら》ず○夏病氣《なつびやうき》せず○秋《あき》は土公《どこう》。井《ゐ》にある故《ゆゑ》井《ゐ》を穿《ほ》らず浚《さら》はざる者《もの》あり其内《そのうち》舊《きう》七月七日計《はかり》は苦《くるし》からず九十日の中《うち》唯《たゞ》一日也《なり》と按《あん》ず是《これ》一理《り》あり。

○水脈《すゐみやく》を見出《みいだ》す祕訣《ひけつ》

○吉所《きつしよ》を選《えら》び或《あるひ》は吉方《きつはう》を選《えら》んで今新《いまあらた》に井《ゐ》を穿《ほる》時《とき》は○水脈《すゐみやく》よき所《ところ》を選定《せんてい》なすには天《そら》よく晴《はれ》たる宵《よひ》に漆《うるし》に塗《ぬり》たる盆《ぼん》。或《あるひ》は重箱《ぢうばこ》を地上《ちじやう》に俯《うつむ》けに伏《ふ》せ置《おき》。翌朝《よくてう》に至《いたつ》て是《これ》を返《かへ》し見《み》るに露多《つゆおほ》きは水脈《すゐみやく》の近《ちか》き所《ところ》なり。露少《つゆすくな》きは水脈遠《すゐみやくとほ》し。露少《つゆすこし》もなきは其地下《そのちか》に水脈《すゐみやく》なし。水脈《すゐみやく》は聊《いさゝか》の違《ちがひ》にて通《つう》ずる物《もの》なれば同方《どうはう》にて遠《とほ》く或《あるひ》は近《ちか》く幾度《いくど》も水《みづ》の多《おほ》き所《ところ》を試《ため》し求《もと》むべし。

○赤《あか》き土《つち》。黒《しろ》き土《つち》ある地《ち》は水惡《みづあし》し。砂地《すなち》は多《おほ》く水清《みづきよ》く美《び》なり。若《も》し水惡《みづあし》くして外《そと》に井《ゐ》を穿《ほる》べき所《ところ》なければ細《こまか》なる砂石《しやせき》を二三尺許《じやくばか》り井《ゐ》の底《そこ》に入《い》れ置《おけ》ば自然《しぜん》と水《みづ》清《きよ》く味《あぢ》はひ美《び》となすべし。

○古井《ふるゐ》の殺氣《さつき》を見出《みいだ》す祕訣《ひけつ》

○久《ひさ》しく汲《くま》ざる水《みづ》は陰氣凝《いんきこつ》たる中《うち》へ竹木枝葉等落入《たけきえだはとうおちいつ》て。爛《たゞ》れ朽《くち》て毒惡《どくあく》を釀《かも》すがために。古井《ふるゐ》を浚《さらは》んとして卽死《そくし》する者《もの》あり因《よつ》て古井《ふるゐ》には必《かなら》ず入《い》るべからず又妄《またみだり》に窺《うかゞひ》覗《のぞく》べからず毒氣《どくき》に咽《むせ》て命《めい》を損《そん》じ或《あるひ》は惡瘡《あくさう》を發《はつ》す恐《おそ》れあり。故《ゆゑ》に古井《ふるゐ》に水毒《すゐどく》あるか無《な》かを試《ため》すには鳥《とり》の羽《は》を投《とう》じ見《み》る。羽直《はねたゞち》に下《くだ》れば毒《どく》なし。下《した》より吹上《ふきあぐ》る時《とき》は毒氣《どくき》盛《さかん》なり注意《ちうい》を要《えう》す恐《おそ》るべし。

○又冬至後《またとじご》は一陽來復《やうらいふく》して地中暖《ちちうあたゝ》まり○夏至後《げしご》は陰氣地中《いんきちちう》に凝《こつ》て水至《みついたつ》て冷《ひやゝか》なり故《ゆゑ》に七八九月中《ぐわつちう》は古井《ふるゐ》に入《いる》べからず。依《よつ》て地中《ちちう》に陽氣《やうき》の環《めぐ》る節《せつ》を待《まつ》て濁水《だくすゐ》を汲《くみ》出《だ》し其跡《そのあと》に熱《あつ》き酒《さけ》を入《い》れて能《よ》く掃除《さうぢ》すれば水毒《すゐどく》にあたる事《こと》なし。

○井戸《ゐど》の水氣替《すゐきかは》るは秋《あき》なり。秋《あき》は土公井《とこうゐ》にある故井《ゆゑゐ》を穿《ほる》べからず又浚《またさら》ふべからず其内舊《そのうちきう》七月《ぐわつ》七日《か》許《はかり》は苦《くるし》からず七八九月《ぐわつ》の九十日中唯《にちちうただ》一日《にち》なりとす按《あん》ずるに夏《なつ》の終《をはり》立秋《りつしう》と替《かはり》めなればなり前《まへ》に述《のぶ》る貝原先生《かひばらせんせい》の論文是《ろんぶんこれ》なり。又七八九月《またぐわつ》は土公井《とこうゐ》にある故《ゆゑ》なり依《よつ》て井戸浚《ゐどさらひ》は夏至《げし》の節迄《せつまで》になすべし。

○通徳類情に八路黄泉姓之傳。縫針納水之圖。貪狼。巨門。武曲。輔弼。祿存文曲。廉貞。破軍之局あり。三才發祕に揚賴兩盤之義。原黃泉之說水を論ずる說。水口を論ずる說。皆深祕之論なれば此書繫きに因て之を略す。

○井又《ゐまた》は堀《ほり》を埋《うめ》る祕訣《ひけつ》

○水氣《すゐき》の有所凶《いうしよきよう》にして古《ふる》き井《ゐ》○堀《ほり》○池《いけ》等《とう》を埋《うめ》る時《とき》は家族《かぞく》の吉方《きつはう》の巡《めぐ》り來《きた》るを待《ま》ち又《また》四季《しき》の土用《どよう》を除《よけ》て。其《その》埋《うめ》る前夜《ぜんや》。洗米《せんまい》。神酒《みき》。鹽《しほ》。燈明《とゝみやう》。香等《かうとう》を以《もつ》て古井《ふるゐ》の水《すゐ》神《じん》を祭《まつ》り新《あたらし》き桶《おけ》に注《し》連《め》を張《はり》。其《その》桶《おけ》へ一釣瓶《つるべ》水《みづ》を汲入《くみい》れ是《これ》を水神《すゐじん》と心《こゝろ》に念《ねん》じて。新《しん》井《ゐ》に移《うつ》すべし若《もし》新井《しんゐ》未《いま》だ調《とゝの》はざれば外《そと》の井《ゐ》或《あるひ》は池《いけ》。川《かは》へ移《うつ》し置《おけ》ば水神《すゐじん》の祟《たゝり》なし然《しか》して古井《ふるゐ》の沙石《しやせき》及《およ》び桶《おけ》がは朽木《くちき》等《とう》を殘《のこ》らざる樣《やう》悉々《こと〴〵》取上《とりあ》げ青竹《あをだけ》の節《ふし》を拔《ぬき》て井《ゐ》の底《そこ》より地上《ちじやう》へ七八寸《すん》許《はか》り出《だし》て立《たて》置《おき》更《さら》に吉方《きつはう》より清《きよ》き砂《すな》を取來《とりきた》り水《みづ》際《すは》迄《ま》で塡《うつ》め決《けつ》して水脈《すゐみやく》を妨《さまた》げざる樣《やう》尙《なほ》。瓦石《かわらいし》塵芥《じんかい》等《とう》を取除《とりのぞ》き土《ど》砂《しや》を以《もつ》て埋《うづ》め天然《てんねん》の地平《ちへい》に復《ふく》すべし。
○然《しか》るに用《もちひ》ざれば害《がい》なしとは大《だい》なる誤《あやま》りなり用《もちひ》ずして廢井《はいゐ》にして置時《おくとき》は其害少《そのがいすくな》からず第《だい》一主人《しゆじん》短命《たんめい》なすか重病《ちうびやう》に罹《かゝ》るか難産《なんざん》或《あるひ》は發狂《はつきやう》の者《もの》を出《いだ》すこと疑《うたが》ひなし試見《ためしみ》よ又《また》水氣《すゐき》を散《ちら》しめん爲前《ためまへ》に示《しめ》す竹《たけ》の節《ふし》を貫《ぬき》て埋《うめ》。或《あるひ》は鐵丸《てつぐわん》。金泊《きんはく》。人形等《にんぎやうとう》を以《もつ》て祓除《はらひよけ》の說《せつ》あり是等《これら》の法《はふ》を以《もつ》てするとも。土砂《どしや》不淨《ふじやう》陰濕《けがれ》の品《しな》交《まじ》り入《い》る時《とき》は後年《こうねん》必《かなら》ず住者《ぢうしや》に祟《たゝ》り何人《なんぴと》替《かは》り住《すむ》も種々《いろ〳〵》の難厄《なんやく》を招《まね》き衰微《すゐび》貧困《ひんこん》を主《つかさ》どると知《し》られよ恐《おそろ》べし。

○新井《あらたにゐ》を掘《ほ》る祕訣《ひけつ》

○井《ゐ》は地《ち》を掘《ほり》。土《つち》を犯《をか》すの大興事《だいこうじ》にして決《けつ》して易《あな》どるべからざる者《もの》なり且《か》つ飲料《いんれう》水《すゐ》は人命《じんめい》を養育《やういく》するの資源《しげん》にして日用《にちよう》の第一《だいいち》なれば家族《かぞく》の吉方《きつはう》を選《えら》み四季《しき》の土用《どよう》中《うち》に當《あた》らざる樣《やう》。年月日時《としつきひどき》の吉方《きつはう》に營《いとな》む時《とき》は自然《しぜん》に幸福《かうふく》を招《まね》き日々《ひゞ》に榮昌《えいしやう》なす事《こと》疑《うたがひ》なし若《も》し丑寅《うしとら》○未申《ひつじさる》○東《ひがし》○西《にし》○南《みなみ》○北《きた》は其正當竝《そのせいたうならび》に其他《そのた》の凶方《きようはう》に穿《うがつ》ときは其當《そのたう》事盛《じさかん》なるも拾年《じふねん》の後必《のちかなら》ず災害來《さいがいきた》り家人《かじん》の病難《びやうなん》を發《はつ》し死絶《したへ》の憂《うれひ》あり注意《ちうい》を要《えう》す尙委《なほくはし》しき事《こと》は水氣分割《すゐきぶんかつ》の部《よ》に示《しめ》す。

○且《か》つ新井出來《しんゐでき》て後其新井《のちそのしんゐ》より年月《としつき》の吉方《きつはう》に當《あた》る所《ところ》の他《た》の井水《ゐすゐ》を汲來《くみきた》りて新井《しんゐ》に移《うつ》し納《かさ》め○次《つぎ》に獻燈《けんとう》。洗米《せんまい》。鹽《しほ》。神酒《みき》。香《かう》を供《たな》へ水神祭祀《すゐじんまつり》を執行《とりおこな》ひ其後《そのゝち》汲初《くみはじ》むる時《とき》は家人健康代々繁昌《かじんけんかうだいくはんじやう》なす最大吉相《さいだいきつさう》なりと知《し》るべし。

○乾之水氣《いぬゐのすゐき》を論《ろん》ず

○☰乾《いぬゐ》の水氣《すゐき》は金生水《きんじやうすゐ》の理《り》にして吉《きち》なりと雖《いへど》も是《これ》を細察《さいさつ》すれば戌《いぬ》を除《よけ》て亥《ゐ》にあるを最大吉《さいだいきち》となす總《すべ》て水氣《すゐき》を論《ろん》ずるには前《まへ》に記《しる》す羅經《らけい》の置所正《おきどころたゞし》からざれば水氣《すゐき》の判《はん》

斷《だん》的《てき》中《ちう》する事《こと》能《あた》はず心《こゝろ》に停《とゞ》めて研究《けんきう》を要《えう》す。亥《ゐ》の方《かた》に井《ゐ》。泉《せん》。池《いけ》等《とう》に水氣《すゐき》あれば家《か》門《もん》日《ひ》々《び》に榮《さかえ》し子孫《そん》長久《ちやうきう》。奴《ぬ》僕《ぼく》等《とう》忠《ちう》孝《かう》の者《もの》多《おほ》く家《か》内《ない》和《わ》合《がふ》して病難《びやうなん》の患《うれひ》なき大吉《だいきち》相《さう》と知《し》るべし試見《ためしみ》よ。

○所以《ゆゑん》洪範《こうはん》五行《ぎやう》の圖《づ》協紀《けふき》辨方《べんはう》に曰水《いはくみづ》の始《はじめ》は金《かね》より生《しやう》ず。亥《ゐ》は三合《がふ》五行《ぎやう》に木《き》に屬《ぞく》し方位《はうゐ》五行《ぎやう》。用事《ようじ》五行倶《ぎやうとも》に皆木《みなき》に屬《ぞく》す故《ゆゑ》に亥《ゐ》の方《かた》の水氣《すゐき》は最大吉《さいだいきち》にして家門榮《かもんさか》え忠孝《ちうかう》の者《もの》を出《いだ》す則《すなは》ち天一《てんいち》水《みづ》を生《しやう》じ循環《じゆんくわん》なし木《き》を育《いく》すを以《もつ》て病難《びやうなん》なし。

○☰乾《けん》の方《かた》に水氣《すゐき》あれば金性水《きんじやうすゐ》の理《り》にして家内《かない》平和《へいわ》なり但《たゞ》し先天《せんてん》の☶艮《こん》位《ゐ》なれば土《ど》剋《こく》水《すゐ》にして長男《ちやうなん》濕毒《しつどく》の患《うれひ》あるか早死《はやじに》なすか家《いへ》を出《いで》て他《た》へ住居《ちうきよ》なす恐《おそ》れあり。

○戌《いぬ》に水氣《すゐき》あれば主人《しゆじん》短命《たんめい》なすか。貧困《ひんこん》に逼《せまる》か或《あるひ》は色慾《しきよく》に家事《かじ》を亂《みだ》し又《また》石《いし》に壓《あつ》殺《さつ》の難《なん》を招《まね》くなり。

○其《その》理《り》は六合天象《りくがふてんしやう》に配《はい》する戌《いぬ》を火《ひ》となす。三合《がふ》五行又火《ぎやうまたひ》に屬《ぞく》す故《ゆゑ》に水火《すゐくわ》の爭《あらそ》ひとなり主人《しゆじん》短命《めい》。貧困《ひん》。色慾《しきよく》に家事《かじ》を亂《みだ》し種々《いろ〳〵》の災害《さいがい》を發《はつ》するなり又石《またいし》にうたるゝ難《なん》ありとす注意《ちうい》を要《えう》す。

○戌《いぬ》より乾《けん》の方《かた》水《みづ》濁《にご》り或《あるひ》は木《もく》石《せき》の影《かげ》にして水中《すゐちう》の暗《くら》き所《ところ》あれば其家《そのいへ》に必《かなら》ず啞《おし》の人《ひと》を出《いだ》す。

○其《その》理《り》は☰乾《けん》の生氣《せいき》は☱兌《だ》にあり兌《だ》を口《くち》となす。水《みづ》濁《にご》るは☱兌《だ》の澤《さは》濁《にご》るなり影《かげ》にて暗《くら》きは口明《くちあきらか》ならぬ意《い》故《ゆゑ》に啞《おし》ありと云《い》ふ。

○右《みぎ》の井《ゐ》。泉《せん》。池《いけ》。堀等《ほりとう》は宅地《たくち》の中《うち》にある者《もの》を論《ろん》ず大《だい》なる池《いけ》。堀《ほり》の如《ごと》きも假令《たとへ》宅《たく》地《ち》の外《そと》にあると雖《いへど》も四十五間《けん》より内《うち》にあれば其吉凶《そのきつきよう》を論《ろん》ずべし。又海《またうみ》。河《かは》の如《ごと》き水氣《すゐき》流《なが》れ動《うご》きて溜滞《りうたい》せざる者《もの》は近《ちか》きにあるとも論《ろん》ずべからず。

○兌之水氣《にしのすゐき》を論《ろん》ず

○☱兌《にし》の正當《せいたう》に水氣《すゐき》あれば娘淫亂《むすめいんらん》となりて小男《せうなん》或《あるひ》は奴僕《ぬぼく》と姦通《かんつう》なすか又《また》は胃病《ゐびやう》。肺病《はいびやう》等《とう》を發《はつ》す凶相《きようさう》なり。

○其《その》理《り》は☱兌《だ》を少女《せうぢよ》となす。金《かね》とす兌《にし》の金《かね》。☵坎《きた》の水《みづ》を生《しやう》ず。坎《かん》を奴僕《ぬぼく》となす故《ゆゑ》に奴僕《ぬぼく》と姦通《かんつう》なす又《また》☱兌《だ》の裏《うら》は☶艮《ごん》を小男《せうなん》となす。山《やま》となす故《ゆゑ》に山澤氣《さんたくき》を通《つう》じて艮《ごん》の小男《せうなん》を姦淫《かんいん》なすと知《し》るべし。

○☱兌《にし》の井水《ゐすゐ》又《また》池等《いけとう》を他《た》より汲《くめ》ば妻女淫亂《さいぢよいんらん》となり不義密通《ふぎみつつう》なすか男子《だんし》も亦《また》色情深《しきじやうふか》くなりて女《をんな》二人《にん》に通《つう》ずと言《い》ふ。

○所以《ゆゑん》☱兌《だ》は少女《せうぢよ》の位故《くらゐゆゑ》に妻女《さいぢよ》にも係《かゝ》るなり此方《このはう》の水《みづ》を他家《たけ》より汲《くめ》ば情欲《じやうよく》を他《た》家《け》より引起《ひきおこ》し貞操《ていさう》を破《やぶ》り不義《ふぎ》をなす☱の裏《うら》☶艮《こん》を小男《せうなん》とす後天《こうてん》の☶艮《こん》は先天《せんてん》の☳震位《しんゐ》にして長男《ちやうなん》となす☱☶澤山咸《たくさんかん》の卦《けい》にして山《さん》。澤氣《たくき》を通《つう》じ水氣《すゐき》を重《かさね》れば長《ちやう》男《なん》。小男倶《せうなんとも》に素行納《そかうをさま》らず女《をんな》二人《にん》に通《つう》ず則《すなは》ち兌《だ》の數《すう》は二なり。

○☱兌《にし》の正當《せいたう》に井水《ゐすゐ》あれば多《おほ》くは穿改《ほりかへ》たる井《ゐ》とす又埋《またうつ》もれたる井水《ゐすゐ》あるべし。

○其理《そのり》は☱兌《にし》に水氣《すゐき》あるは穿改《ほりかへ》たる井水《ゐすゐ》とす或《あるひ》は又《また》☶☱山澤氣《さんたくき》を通《つう》ずれば☶艮《こん》の卦《けい》。水氣《すゐき》を上《うへ》より蓋《ふた》したる象《かた》ち故《ゆゑ》に水氣埋《すゐきうつ》もれありと斷定《だんてい》なすなり。

○離之水氣《みなみのすゐき》を論《ろん》ず

○☲離《みなみ》の方《かた》に井水《ゐすゐ》。泉《せん》。池《いけ》。堀等《ほりとう》あれば第一《だい》に眼病《がんびやう》○盲人《まうじん》○逆上《ぎやくじやう》○腫物《はれもの》○亂心《らんしん》○爭論《きうろん》○家内不和《かないふわ》○牢獄《らうごく》の難《なん》○公難《こうなん》○短命《たんめい》○密夫《まをとこ》○色欲《しきよく》に家《いへ》を亂《みだ》すか或《あるひ》は主人名譽《しゆじんめいよ》を失《うしな》ふ事《こと》を主《つかさ》どる凶相《きようさう》なり注意《ちうい》を要《えう》す。

○所以《ゆゑん》☲離《みなみ》を明《あきらか》となす。目《め》となす。日《ひ》となす。☵坎《かん》の水氣《すゐき》を以《もつ》て☲離《り》の火明《ひあきらか》を剋《こく》す故《ゆゑ》に眼病《がんびやう》。盲人《まうじん》となる又水《またすゐ》。火《くわ》の爭《あらそ》ふ事最《こともつと》も烈《はげ》し故《ゆゑ》に逆上《ぎやくじやう》。腫物《はれもの》。亂心《らんしん》。爭論《さうろん》。家内不和合《かないふわがふ》。訴訟等《そしようとう》を主《つかさ》どる○象《しやう》に曰大人明《いはくだいじんあきらか》に繼《つぎ》て四方《しはう》を照《てら》すとある所《ところ》を水氣《すゐき》を以《もつ》て君《きみ》の明《あきらか》を晦《くらま》さんとす因《よつ》て牢獄《らうごく》。公難《こうなん》を招《まね》く或《あちひ》は火難《くわなん》となるなり○史記《しき》に曰景風《いはくけいふう》は南方《なんはう》に居《をる》。景《けい》とは陽氣《やうき》の道竟《みちきはま》る故《ゆゑ》に景風《けいふう》と云《い》ふ陽氣《やうき》竟《きはま》る所《ところ》に水《すゐ》氣《き》の陰重《いんかさな》る因《よつ》て短命《たんめい》を主《つかさ》どるなり。密夫《まをとこ》は主人《しゆじん》の目《め》を暗《くらま》すなり。主人《しゆじん》の權《けん》を失《うしな》ひ家《いへ》を亂《みだ》し名譽《めいよ》を失《うしな》ふは皆水《みなすゐ》剋《こく》火《くわ》にして☵坎《かん》の水氣《すゐき》に☲離《り》の火《ひ》形《かたち》を滅《めつ》するが故《ゆゑ》なり○按《あん》ずるに☲離《り》は方位《はうゐ》五行《ぎやう》。洪範《こうはん》五行《ぎやう》。用事《ようじ》五行《ぎやう》。三合《がふ》五行《ぎやう》及《およ》び九星《せい》の定《てい》位《ゐ》供《とも》に皆火《みなひ》に屬《ぞく》す。火《ひ》の位《くらゐ》に水氣《すゐき》を以《もつ》て剋《こく》す故《ゆゑ》に災《わざはひ》を招《まね》くなり。

○丙《ひのえ》の水氣《すゐき》は大槩《おほむね》。離《り》と同論《どうろん》なりと知《し》るべし。

○丁《ひのと》の水氣《すゐき》は神經衰弱《しんけいすゐじやく》。運氣《うんき》を妨《さまた》ぐるなり又心《またしん》臟病《ざうびやう》の者《もの》を出《いだ》し脚氣《かつけ》衝心《しようしん》の恐《おそ》れあり注意《ちうい》を要《えう》す。

○其理《そのり》は考原《かうげん》に五合《がふ》の化氣《くわき》を載《のせ》て丁《ひのと》を木《きと》なす。木《き》は離《り》の火《ひ》と相生《さうじやう》にして火氣《くわき》烈《はげし》き所《ところ》を水氣《すゐき》を以《もつ》て剋《こく》すが故《ゆゑ》に神經衰弱《しんけいすゐじやく》。心臟病《しんざうびやう》。脚氣衝心《かつけしようしん》となる。史記《しき》に曰《いはく》丁《ひの》は萬物《はんぶつ》丁壯《ていさう》なりと其《その》丁壯《ていさう》なる所《ところ》を水氣《すゐき》に剋《こく》せらる故《ゆゑ》に運氣《うんき》を妨《さまた》ぐるなり。

○丁《ひのと》より未《ひつじ》の方《かた》に流水潮《りうすゐてう》ずれば第《だい》一六指《むつゆび》。缺唇《みつくち》等《とう》の不具者《ふぐしや》を出《いだ》す。

○地理全書《ちりぜんしよ》に曰《いはく》。水《みづ》。丁《ひのと》。未《ひつじ》に潮《てう》じ來《きた》れば最《もつと》も宜《よろ》しからず六指《むつゆび》。缺唇《みつくち》。怪異《くわいい》あるなりと言《い》ふ注意《ちうい》を要《えう》す。

○震之水氣《ひがしのすゐき》を論《ろん》ず

○☳震《ひがし》の方《かた》流水《りうすゐ》あれば青龍《せいりう》の守《まも》りある故《ゆゑ》最大吉相《さいだいきつさう》と爲《な》す然《しか》るに井《ゐ》。泉《せん》。池《いけ》。堀等《ほりとう》あるは大體《だいたい》。吉《きち》に屬《ぞく》と雖《いへど》も流水《りうすゐ》とは別論《べつろん》なりと知《し》るべし。其理《そのり》は井《ゐ》○泉《せん》○池《いけ》○堀《ほり》皆人工《みなじんこう》を以《もつ》て造《つく》る者《もの》なれば自然《しぜん》にあらず。故《ゆゑ》に長男短命《ちやうなんたんめい》なすか或《あるひ》は家族《かぞく》に胃病《ゐびやう》を發《はつ》するか妻女短命《さいぢよたんめい》なるか難産《なんざん》を主《つかさど》り。主人冒險《しゆじんばうけん》の事業《じげふ》にて失敗《しつぱい》なす其他種々《そのたいろ〳〵》の損害《がい》を招《まね》く大凶相《だいきようさう》なり恐《おそ》るべし。

○所以《ゆゑん》井《ゐ》。泉《せん》。池日用《いけにちよう》繁者《しげきもの》なれば☳東《ひがし》の木《き》を生《しやう》じて止《やま》ず故《ゆゑ》に主人冒險《しゆじんばうけん》の志望《しばう》多《おほ》く失敗《しつぱい》なす又《また》☳震《しん》は長男《ちやうなん》となす地《ち》を穿《ほり》て地脈《ちみやく》を切斷《せつだん》す故《ゆゑ》に長男短命《ちやうなんたんめい》なるか或《あるひ》は胃病《ゐびやう》を發《はつ》す☳震《ひがし》に☵坎《かん》の水氣《すゐき》を人工《じんこう》を以《もつ》て造《つく》れば䷂水雷屯《すゐらいちゆん》の卦《けい》となり屯《ちゆん》は難《なん》なり易《えき》六十四卦中《けいちう》○四難卦《なんけい》の一にして家道亂《かだうみだ》れ一家《か》の滅亡《めつばう》の象《かた》ち故《ゆゑ》に妻女短命《さいぢよたんめい》或《あるひ》は難産等《なんざんとう》を招《まね》き其他種々《そのたいろく》の災害《さいがい》を發《はつ》す恐《おそ》るべし。

○☵東《ひがし》の井水《ゐすゐ》は敗井《つぶれゐ》を再《ふたゝび》穿《ほる》の象《かた》ち其理《そのり》は☴巽《そん》を敗井《つぶれゐ》の象《かたち》☳震《しん》を再穿《ふたゝびほる》の象《かたち》。☴巽《そん》の初爻下《しよこうした》を閉《とぢ》て通《つう》ぜず☴巽《そん》の裏《うら》は☳震《しん》。☵坎《かん》の水氣顯《すゐきあらは》れて䷂水雷屯《すゐらいちゆん》の卦《けい》となる右《みぎ》の如《ごと》く理論《りろん》を研究《けんきう》なし總《すべ》てに應用《おうよう》なす時《とき》は百發百中疑《はつちうちたがひ》なし。

○甲《きのえ》の水氣《すゐき》に胃病《ゐびやう》。火災《くわさい》を招《まね》くなり。

○其理《そのり》は五行化氣《ぎやうくわき》は土《つち》に屬《ぞく》す土剋水《どこくすゐ》にして胃病《ゐびやう》を招《まね》く重《おもき》は胃癌《ゐがん》となる又《また》☰乾《けん》は甲《きのえ》を納《なふ》す☰乾《けん》は後天《こうてん》の☲離位《りゐ》。離《り》の火《ひ》。水《みづ》と戰《たゝか》ふ故《ゆゑ》に火災《くわさい》を發《はつ》す。

○乙《きのと》の水氣《すゐき》は娘姦淫《むすめかんいん》を爲《な》す恐《おそ》れあり。

○其理《そのり》は洪範五行火《こうはんぎやうひ》に屬《ぞく》し。天干《てんかん》の化氣庚《くわきかのえ》に合《がふ》す。庚《かのえ》は金《かね》に化《くわ》す故《ゆゑ》に☱兌《だ》の金《かね》水《みづ》を生《しやう》じて少女姦淫《せうぢよかんいん》をなす恐《おそ》れあり但《たゞ》し難少《なんすこし》は輕《かる》しと知《し》るべし

○巽之水氣《たつみのすゐき》を論《ろん》ず

○☴巽《たつみ》の水氣《すゐき》は水生木《すゐしやうもく》の理《り》にして古來《こらい》より吉《きち》なりと雖《いへど》も深《ふか》く之《これ》を調《しらべ》多《た》年《ねん》研究《けんきう》なすに全《まつた》く吉《きち》ならず第《だい》一姦淫《かんいん》○女難《ぢよなん》○逆上《のぼせ》○脾胃《ひゐ》○虚弱《きよじやく》○痳疾《りんしつ》○喘息《ぜんそく》○食客《しよくきやく》多《おほ》く故《ゆゑ》に物《もの》入《いり》多《おほ》く○或《あるひ》は別宅《べつたく》を爲《な》すか○士《し》官文官《くわんぶんくわん》は役《やく》を過《あやま》る事《こと》多《おほ》く○寺院《じゐん》は女難《ぢよなん》あるか破《は》戒《かい》を主《つかさ》どる凶相《きようさう》なりと知《し》るべし。

○所以《ゆゑん》☴巽《たつみ》は先天《せんてん》の☱兌位《だゐ》なり。兌《だ》を金《かね》となす澤《さは》とす故《ゆゑ》に金《かね》。水《みづ》を生《しやう》じ水《みづ》重《かさ》なり旺《さかん》にして姦淫女難《かんいんぢよなん》を招《まね》く又《また》先天《せんてん》の☴巽位《そんゐ》は後天《こうてん》の☷坤位《こんゐ》なり。坤《こん》を土《つち》とす脾《ひ》胃《ゐ》となす則《すなは》ち木剋土《もくこくど》にして脾胃虚弱《ひゐきよじやく》。痳疾《りんしつ》。喘息等《ぜんそくとう》の病氣《びやうき》を發《はつ》す☴巽《そん》は洪範《こうはん》五行《ぎやう》は水《みづ》に屬《ぞく》す。水《みづ》と水《みづ》を重《かさ》ね長女《ちやうぢよ》の☴巽《そん》の木《き》。旺《わ》して氣《き》を得《え》て父《ちゝ》の家《いへ》を繼《つぐ》故《ゆゑ》に別家《べつけ》或《あるひ》は養子《やうし》をなす事《こと》を主《つかさ》どる又《また》☴巽《そん》を世間《せけん》とす水能《みづよ》く萬物《ばんぶつ》を養《やしな》ふ故《ゆゑ》に世間《せけん》の食客來《しよくきやくきた》り集《あつまり》て物《もの》入《いり》多《おほ》く且《か》つ巽《そん》は先天《せんてん》☱兌位《だゐ》。兌《だ》を刄《かたな》とす。金水《かねみづ》を生《しやう》じ氣《き》を洩《もら》す故《ゆゑ》に士官《しくわん》。文官《ぶんくわん》は役《やく》を過《あやま》る事《こと》多《おほく》油斷《ゆだん》ならず。寺院《じゐん》は兌澤《だたく》金水《きんすゐ》旺《わ》するが故《ゆゑ》に姦淫《かんいん》にて破戒《はかい》を招《まね》くと知《し》るべし。

○☴巽《たつみ》に大《だい》なる池《いけ》。堀等《ほりとう》あれば多《おほ》くは水難《すゐなん》或《あるひ》は溺死《できし》。鳥犬牛馬等《とりいぬうしうまとう》水《みづ》に墮入《おちい》る事《こと》を主《つかさ》どると知《し》るべし試見《ためしみ》よ。

○其理《そのり》は☳☴雷風相薄《らいふうあひうつ》る時《とき》は巽《そん》の氣《き》。震《しん》に通《つう》じ。高《たか》きより落《おち》て震《しん》の驚《おどろき》を招《まね》く故《ゆゑ》に水難溺死《すゐなんできし》或《あるひ》は鳥獸《てうじう》に至《いた》る迄《まで》水《みづ》に墮入《おちい》る事《こと》を發《はつ》するなり。

○辰《たつ》の水氣《すゐき》は家人《かじん》の發達《はつたつ》を止《とゞ》むるか或《あるひ》は病難《びやうなん》。刑剋《けいこく》の憂《うれひ》を招《まね》くなり。

○其理《そのり》は三合《がふ》五行《ぎやう》に水《みづ》は申《さる》に生《うま》れ。子《ね》に旺《わ》し辰《たつ》に墓《は》となる故《ゆゑ》に發達《はつたつ》を止《とゞ》む又洪《またこう》範《はん》五行《ぎやう》は水《みづ》に屬《ぞく》し用事《ようじ》五行《ぎやう》は土《つち》に屬《ぞく》し則《すなは》ち土剋水《どこくすゐ》となりて病難《びやうなん》を招《まね》く地理全書《ちりぜんしよ》に曰辰《いはくたつ》の水《みづ》。堂《だう》に到《いた》れば刑罰《けいはつ》を受《うけ》ると云《い》ふ一説《せつ》に辰《たつ》の水氣《すゐき》は墓《は》に終《をは》る故《ゆゑ》に喘息《ぜんそく》の者《もの》を出《いだ》すとある。

○巳《み》の水氣《すゐき》は其家大《そのいへおほい》に富榮遠福《とみさかええんぷく》來《きた》り金銀財帛《きんぎんざいはく》を旺《さかん》にして子孫長久《しそんちやうきう》無病健全《むびやうけんぜん》を主《つかさ》どる最大吉相《さいだいきつさう》なりと知《し》るべし。

○其理《そのり》は巳《み》は三合《がふ》五行《ぎやう》に金《かね》の長生《ちやうせい》にして能《よ》く水《みづ》を生《しやう》ず。洪範《こうはん》五行《ぎやう》は木《き》に屬《ぞく》して金《かね》より生《しやう》ずる所《ところ》の水《みづ》に養育《やういく》せらる故《ゆゑ》に家富榮遠福來集《いへとみさかええんぷくらいしふ》して金銀財帛盛《きんぎんざいはくさかん》にして無《む》病健全子孫長久《びやうけんぜんしそんちやうきう》を主《つかさ》どる最大吉相《さいだいきつさう》なり。

○凡《およ》そ二十四山方位《さんはうゐ》の内井《うちゐ》○泉《せん》○池《いけ》○堀等《ほりとう》の水氣大吉所《すゐきだいきつしよ》は但《たゞ》し亥《ゐ》の方《かた》○巳《み》の方《かた》○申《さる》の方《かた》にあるを大吉所《だいきつしよ》と爲《な》す其他《そのた》は皆大凶《みなだいきよう》なりと知《し》るべし研究《けんきう》を要《えう》す。

○坎《きた》之《の》水氣《すゐき》を論《ろん》ず

○☵坎《きた》の方《かた》に水氣《すゐき》あれば母方《はゝかた》。妻女或《さいぢよあるひ》は其他親族《そのたしんぞく》の家衰《いへおとろ》ひ因《よつ》て米錢《べいせん》を以《もつ》て扶助《ふじよ》する事《こと》を主《つかさ》どる又種々《またしゆ〴〵》の難厄損害《なんやくそんがい》を發《はつ》する事多《ことおほ》しと知《し》るべし。

○所以《ゆゑん》説卦傳《せつくわでん》に曰萬物《いはくばんぶつ》を潤《うるほ》す者《もの》は水《みづ》より無《なし》と☵坎《きた》は血脈《ちみやく》となし。祖先《そせん》となす故《ゆゑ》に親族《しんぞく》。妻女《さいぢよ》の家衰《いへおとろ》ふ因《よつ》て坎水《かんすゐ》を以《もつ》て潤《うるほ》し養《やしな》ふ象《かた》ち米錢《べいせん》を以《もつ》て扶助《ふじよ》する事多《ことおほ》きが故《ゆゑ》に心勞《しんらう》ありとす。

○右《みぎ》の家外見《いへぐわいけん》は宜《よろ》しく内福《ないふく》は大《おほ》に薄《うす》く主人神經衰弱《しゆじんしんけいすゐじやく》なす。

○其理《そのり》は外《そと》は水氣《すゐき》を以《もつ》て潤《うるほ》すと雖《いへど》も水《みづ》の位《くらゐ》に水《みづ》を重《かさね》て極陰《ごくいん》となり血脈《けつみやく》を乏《へら》すが故《ゆゑ》に陽氣《やうき》を得《え》て發生《はつせい》の道《みち》を失《うしな》ふ理《り》なれば外見《ぐわいけん》は有福《いうふく》の樣《やう》なれども内福《ないふく》は薄《うす》く主人神經衰弱《しゆじんしんけいすゐじやく》となるなり。

○☵北《きた》の水氣《すゐき》は家内不和《かないふわ》。主人《しゆじん》の心定《こゝろさだ》まらず。肺病《はいびやう》。腫物《はれもの》。濕病《しつびやう》。逆上《のぼせ》等《とう》の難病《なんびやう》を招《まね》く恐《おそ》るべし注意《ちうい》を要《えう》す。

〇其理《そのり》は彖《たん》に曰《いはく》☵坎《かん》は重險《ちうけん》なり水《みづ》は流《なが》れて盈《みた》ず。險《けん》に行《ゆき》て其信《そのまこと》を失《うしな》はず是《これ》は則《すなは》ち坎《かん》の德《とく》を云《い》ふなり其位《そのくらゐ》に井《ゐ》〇泉《せん》〇池《いけ》〇堀《ほり》あれば坎《かん》の流水《りうすゐ》其所《そのところ》に淀《よど》み盈《みち》て腐敗《ふはい》して坎水《かんすゐ》の德《とく》を失《うしな》ふ故《ゆゑ》に家內不和《かないふわ》にして主人《しゆじん》の心定《こゝろさだ》まらず又《また》說卦傳《せつくわでん》に曰《いはく》☵坎《かん》に勞《らう》すと坎《かん》は勞卦《らうくわ》なる上《うへ》に水氣《すゐき》を重《かさ》ね重險《ちゆうけん》の難《なやみ》ある故《ゆゑ》に肺病《はいびやう》を招《まね》く又《また》水《みづ》の位《くらゐ》に水《みづ》を止《とゞ》むるが故《ゆゑ》に腫物《はれもの》。濕病《しつびやう》となる☵坎《かん》の裏《うら》は☲離《り》。離《り》を火《ひ》とす火《ひ》を以《もつ》て水氣《すゐき》を煎《につめ》る意《い》にして逆上《のぼせ》等《とう》の難病《なんびやう》を招《まね》くと知《し》るべし。

〇壬《みづのえ》の水氣《すゐき》は亥《ゐ》に近《ちか》く五行化氣《ぎやうくわき》にも木《き》に屬《ぞく》す故《ゆゑ》に少《すこ》しは輕《かる》しと知《し》るべし。

〇癸《みづのと》の水氣《すゐき》は第一《だい》に足《あし》の病《やまひ》を發《はつ》するか。水難《すゐなん》。溺死《できし》の者《もの》を出《いだ》すか。

〇其理《そのり》は納甲《なふかふ》三合《がふ》に坎卦《かんくわ》癸《みづのと》を納《なふ》す洪範《こうはん》五行《ぎやう》は癸《みづのと》は土《つち》に屬《ぞく》す。納甲圓圖《なふかふゑんづ》☲離《り》火《くわ》は癸《みづのと》を納《なふ》す先天《せんてん》の☲離《り》は後天《こうてん》の☳震《しん》位《ゐ》なり。震《しん》を足《あし》とす癸《みづのと》の土《つち》。流《ながる》の水《みづ》を剋《こく》して循環《じゆんくわん》せず故《ゆゑ》に足《あし》の病《やまひ》を發《はつ》す又《また》☵坎《かん》の卦癸《けいみづのと》を納《なふ》し水位《すゐゐ》に水《みづ》を重《かさね》る事《こと》三倍《はい》なり故《ゆゑ》に水難《すゐなん》溺死《できし》の者《もの》を出《いだ》すなりと知《し》られよ。

○艮《うしとら》之《の》水氣《すゐき》を論《ろん》ず

○☶艮《うしとら》の方《かた》井《ゐ》○泉《せん》○池《いけ》○堀等《ほりとう》あれば大小《だいせう》に限《かぎら》ず甚《はなは》だ大凶《だいきよう》なり災害《さいがい》○疾病《しつぺい》○難厄《なんやく》連《れん》年《ねん》連《れん》月《げつ》に來《きた》る恐《おそ》るべきなり但《たゞ》し水氣泉《すゐきせん》。池《いけ》。堀《ほり》にても小《せう》なれば四十五歩隔《ほへだ》る者《もの》は忌《いま》ず水氣池《すゐきいけ》。堀等《ほりとう》大《だい》なる時《とき》は四十五間以上隔《けんいじやうへだ》たれば忌《いま》ず故《ゆゑ》に宅地《たくち》の外《そと》にありと雖《いへど》も四十五間以内《けんいない》にあれば必《かなら》ず災害《さいがい》ありと知《し》られよ。

○所以《ゆゑん》禮記月齡《れいきぐわつれい》に五日《か》を以《もつ》て一候《こう》となす又數《またすう》は九にて盡《つき》る者《もの》なり故《ゆゑ》に一候《こう》の五に老陽《らうやう》の數《すう》九を以《もつ》て五九四十五歩《ほ》又《また》は四十五間《けん》と定《さだ》めて是《これ》を用《もちゆ》規定《きてい》の方《はう》を轉《てん》ずる事《こと》も四十五日を經《へ》て方位《はうゐ》を定《さだ》むるも此法《このはふ》なり。

○☶艮《うしとら》の方《かた》に水氣《すゐき》あれば第《だい》一短命《たんめい》○變死《へんし》○破財《はざい》○損害《そんがい》○不忠不孝《ふちうふかう》○緣談《えんだん》の破《やぶれ》○女《によ》難《なん》○劍難《けんなん》○奴僕《ぬぼく》いつかず出奔《しゆつぽん》○亂心《らんしん》○手足《てあし》の病《やまひ》○痳疾《りんしつ》○痔漏《ぢろう》○腰《こし》の病《やまひ》○胃病《ゐびやう》○肺《はい》病《びやう》○癩病等種《らいびやうとうしゆ》々《じゆ》の難厄《なんやく》ありて終《つひ》に家名斷絶《かめいだんぜつ》なす恐《おそ》るべき大凶相《だいきようさう》なりと知《し》るべし。

○其理《そのり》は易曰《えきいはく》☶艮《こん》は止《とゞまる》なり止《とゞま》る時《とき》は則《すなは》ち止《とゞま》り。行時《ゆくとき》は行動靜《かうどうしづか》なれば其時《そのとき》を失《うしな》はず其道光明《そのみちくわうめい》なり說卦傳《せつくわでん》に曰《いはく》☶艮《こん》は東北《とうほく》の卦《けい》なり萬物《ばんぶつ》の終《をは》る所《ところ》にして始《はじめ》を成所《なすところ》なり史記《しき》に曰《いはく》丑《うし》は紐《むすぶ》なり萬物《ばんぶつ》厄紐《くちう》して未《いま》だ發《はつ》せず。寅《とら》は萬物《ばんぶつ》始《はじめ》て地上《ぢじやう》に出伸《いでのぶ》る所《ところ》に井《ゐ》○泉《せん》○池《いけ》○堀《ほり》等《とう》を穿《ほり》て水氣《すゐき》を貯《たくは》ふ時《とき》は地脈《ちみやく》通《つう》ぜず地氣《ちき》循環《じゆんくわん》せず故《ゆゑ》に短命《たんめい》○變死《へんし》○破財《はざい》○出奔《しゆつほん》○亂心《らんしん》○血液《けつえき》不順《ふじゆん》○頓死《とんし》○足腰《あしこし》の難病《なんびやう》を招《まね》く又《また》先天《せんてん》の☶艮位《こんゐ》は後天《こうてん》の☰乾位《けんゐ》なり乾《けん》を君《きみ》とし父《ちゝ》となす。先祖《せんぞ》となす水氣《すゐき》を以《もつ》て是《これ》を妨《さまた》ぐ故《ゆゑ》に不忠《ふちう》。不孝《ふかう》。家名《かめい》斷絶《だんぜつ》先祖《せんぞ》を辱《はづかし》む○☶艮《ごん》は山《やま》。裏《うら》は☱兌《だ》の澤《たく》なり☶☱山澤《さんたく》。氣《き》を通《つう》じ山《やま》の土澤《つちさは》の水《みづ》を剋《こく》して女難《ちよなん》となる劍難《けんなん》は☰乾《けん》の刄《やいば》より起《おこ》る後天《こうてん》は☶艮《こん》と☷坤《こん》は對冲《たいちう》なり坤《こん》を腹《はら》となす脾胃《ひゐ》とす。痳疾《りんしつ》。胃病《ゐびやう》。肺病《はいびやう》。癩病等《らいびやうとう》の難病《なんびやう》を發《はつ》す又《また》☱兌《だ》の澤水《たくすゐ》と井泉《ゐせん》。池《いけ》。堀《ほり》の水《みづ》と水氣《すゐき》重《かさな》り混亂《こんらん》なすが故《ゆゑ》に恐《おそる》べき難厄《なんやく》を招《まね》くと知《し》るべし。

○☶艮《こん》の方大《かただい》なる水氣《すゐき》あれば其人《そのひと》一代《だい》の中《うち》に多《おほ》く滅亡《めつはう》す。水氣《すゐき》小《せう》なれば二代或《だいあるひ》は三代《だい》の内《うち》に其家《そのいへ》必《かなら》ず滅亡《めつはう》に及《およ》ぶ。右《みぎ》の家《いへ》滅亡《めつはう》の跡《あと》に何人《なんびと》來《きた》りて住居《ぢうきよ》なすも久《ひさし》からずして又《また》家《いへ》を亡《ほろぼ》し幾世《いくせ》幾人《いくにん》替《かは》りて住居《ぢうきよ》なすと雖《いへど》も血脈《けつみやく》連續《れんぞく》して家《いへ》を全《まつた》ふする事《こと》能《あた》はず退轉《たいてん》滅亡《めつはう》の宅地《たくち》と號《かう》する大凶相《だいきようさう》なり。

○其理《そのり》は☶艮《ごん》は天運地脈循環《てんうんちみやくじゆんくわん》して萬物《ばんぶつ》の行止《かうし》。動靜終始《どうせいをはりはじめ》。紐演《ちうえん》をなす所《ところ》なれば井《ゐ》。泉《せん》。池《いけ》。堀《ほり》を穿地脈《ほりちみやく》を切斷《せつだん》なし水《みづ》を貯《たくは》へて天地《てんち》の氣《き》を閉塞《へいそく》するが故《ゆゑ》に斯如《かくのごと》き災害《さいがい》をなす所謂《ゆゑん》なり。

○右《みぎ》☶艮《ごん》に井《ゐ》○泉《せん》○池《いけ》○堀等《ほりとう》ある家《いへ》を予多年實驗《よたねんじつけん》するに前《まへ》に述《のぶ》る如《ごと》く少《すこ》しも違《ちが》ふ事《こと》なく恐《おそ》るべき者《もの》なれば其家族《そのかぞく》を他《た》に轉宿不在中《てんしゆくふざいちう》に開山立向《かいさんりつかう》の法《はふ》を以《もつ》て修方《しうはう》なし吉神《きつじん》の所在《しよざい》を待歸宅《まちきたく》なせば子孫長久《しそんちやうきう》なす事疑《ことうたが》ひなし則《すなは》ち前車《ぜんしや》の覆《くつがへ》るを見《み》て後車《こうしや》の戒《いましめ》を知《し》るは是《これ》なり研究《けんきう》を要《えう》す。

○丑《うし》に井《ゐ》。泉《せん》あれば腹病《ふくびやう》。中風《ちうふう》。損害《そんがい》。人牛馬鳥類溺死《ひとぎうばとうるゐできし》の恐《おそ》れあり此災害《このさいがい》は丑《うし》。未《ひつじ》の年月日時《ねんげつひどき》に來《きた》ると知《し》るべし。

○其理《そのり》は腹病《ふくびやう》。中風《ちうふう》。損害《そんがい》は前《まへ》に論《ろん》ずる艮《ごん》にある水氣《すゐき》と同論《どうろん》なり史記《しき》に曰丑《いはくうし》は紐《むすぶ》なり陽氣上《やうきのぼり》て下《くだら》ず萬物屈紐《ばんぶつくつちう》して未《いま》だ發《はつ》せず釋名《しやくみやう》に曰寒氣自屈紐《いはくかんきじくつちう》すと此所《このところ》に水氣《すゐき》溜《たま》りて陰《いん》を重《かさね》る故《ゆゑ》に人畜鳥類溺死《じんちくてうるゐできし》に及《およ》ぶ。未《ひつじ》は丑《うし》の對衝《たいしよう》なる故《ゆゑ》に丑《うし》。未《ひつじ》の年《ねん》月日時《げつひどき》に災害來《さいがいきた》ると知《し》るべし。

○丑《うし》の水氣《すゐき》は婦人《ふじん》は手足《てあし》の不仁《しびれ》。月水不順《つきやくふじゆん》。腹中《ふくちう》に塊物《くわいぶつ》の難病《なんびやう》を發《はつ》す。

○蠡海集《れいかいしふ》に丑《うし》を陰府《いんぷ》とす又《また》婦人《ふじん》となす其位《そのくらゐ》に水氣《すゐき》停滯《ていたい》なすが故《ゆゑ》に地脈《ちみやく》通《つう》ぜず因《よつ》て婦人《ふじん》手足《てあし》の不仁《しびれ》。月水不順《つきやくふじゆん》。腹《はら》に塊物《くわいぶつ》の難病《なんびやう》を招《まね》くなり。

○丑《うし》に井《ゐ》水《すゐ》ありて其邊《そのへん》に濁水《だくすゐ》停滯《ていたい》なし又《また》艮《こん》に厠《かはや》あれば火難《くわなん》。變死《へんし》の者《もの》を出《いだ》す。

○其理《そのり》は丑《うし》は極陰《ごくいん》の地《ち》となす厠《かはや》も又《また》極陰《ごくいん》なり洪範五行《こうはんごぎやう》には丑《うし》を土《つち》となす艮《こん》を木《き》となす丑《うし》の土《つち》は水氣《すゐき》を剋《こく》し。艮《こん》の木《き》より寅《とら》の火《ひ》を生《しやう》じて火難《くわなん》を發《はつ》す變死《へんし》は土《つち》の陰《いん》と厠《かはや》の陰《いん》と重《かさな》り極陰《ごくいん》たる所《ところ》より起《おこ》ると知《し》るべし。

○丑《うし》に井《ゐ》水《すゐ》ありて☵坎《きた》に井《ゐ》水《すゐ》あれば其家《そのいへ》より必《かなら》ず癩病《らいびやう》の者《もの》を出《いだ》す。

○其理《そのり》は☵坎《きた》の水氣《すゐき》。丑《うし》に屈紐《くつちう》して☶艮《こん》に止《とゞま》り。寅《とら》の演生《えんせい》に通《つう》ぜす氣《き》結ばれて坎《かん》の血《ち》停滯《ていたい》して腐敗《ふはい》す故《ゆゑ》に癩病《らいびやう》を發《はつ》するなり。

○寅《とら》に井《ゐ》。泉《せん》あれば其家《そのいへ》の發達《はつたつ》を妨《さまた》げ。色情《しきじやう》。女難《ちよなん》。破産《はさん》するなり。

○寅《とら》は萬物《ばんぶつ》の發生《はつせい》する所《ところ》なり其位《そのくらゐ》を井《ゐ》。泉《せん》。池《いけ》等《とう》を以《もつ》て地脈《ちみやく》を切斷《せつだん》なす故《ゆゑ》に發《はつ》達《たつ》を止《とゞ》む寅《とら》は三合《さんがふ》五行《ぎやう》に火《ひ》に屬《ぞく》す水氣《すゐき》を以《もつ》て剋《こく》す故《ゆゑ》に女難《ちよなん》。破産《はさん》となる。

○坤之《ひつじさるの》水《すゐ》氣《き》を論《ろん》ず

○☷坤《ひつじさる》の方《かた》に井《ゐ》○泉《せん》○池《け》○堀《ほり》等《とう》あれば第《だい》一脾《ひ》胃《ゐ》○虚弱《きよじやく》○腹《ふく》部《よ》の病《やまひ》○濕病《しつびやう》○身體《しんたい》不具《ぐ》○困窮《こんきう》○短命《たんめい》○母《はゝ》○妻女《さいぢよ》等《とう》に剋害《こくがい》多《おほ》く○縁邊《えんぺん》かわる或《あるひ》は子孫《しそん》不孝《ふかう》にして血脈《けつみやく》を絶《たや》す大凶相《だいきようさう》なりと知《し》るべし。

○其《その》理《り》は☷坤《こん》を土《つち》となす。腹《はら》となす。脾胃《ひゐ》とす其位《そのくらゐ》に水氣《すゐき》ある故《ゆゑ》脾胃《ひゐ》。虚弱《きよじやく》腹《ふく》部《よ》の難病《なんびやう》。濕病《しつびやう》等《とう》を發《はつ》す人《ひと》は地《ち》氣《き》を受《うけ》て生存《せいぞん》する者《もの》なるに其地《そのち》を穿《ほり》て地《ち》氣《き》を失《うしな》ふ故《ゆゑ》に身體《しんたい》不具《ふぐ》。困窮《こんきう》。短命《たんめい》をなす又《また》坤《こん》を母《はゝ》となす。妻女《さいぢよ》とす其位《そのくらゐ》を穿井《ほりゐ》。泉《せん》を置《おく》因《よつ》て母《はゝ》。妻女《さいぢよ》に祟《たゝ》り災害《さいがい》を招《まね》き離別《りべつ》等《とう》を主《つかさ》どる。坤《こん》は萬物《ばんもつ》を資生《たすけしやう》じ養育《やういく》なす所《ところ》を穿《ほり》て地脈《ちみやく》を切斷《せつだん》なすが故《ゆゑ》に子孫《しそん》不幸《ふかう》にして血脈《けつみやく》を絶《たや》すなり。

○☷坤《ひつじさる》に水《すゐ》氣《き》あれば血液《けつえき》不順《ふじゆん》。痢疾病《りしつびやう》。水腫《すゐしゆ》等《とう》の難病《なんびやう》を招《まね》くべし。

○其《その》理《り》☷☷地《ち》を穿《ほり》水《すゐ》氣《き》停滞《ていたい》なす故《ゆゑ》陰重《いんかさな》りて陽《やう》の助《たすけ》なきが爲《ため》に難病《なんびやう》を發《はつ》す。

○☷坤《ひつじさる》に大《だい》なる池《いけ》。堀《ほり》等《とう》あれば主人《しゆじん》家業《かげふ》を治《をさめ》ず他人《たにん》の事《こと》にのみ力《ちから》を盡《つく》し頼《たのま》れざるに世《せ》話《わ》をやき終《つひ》に我《わが》家《いへ》衰《おとろ》ふて貧困《ひんこん》なす。

○所以《ゆゑん》☷☷坤《こん》爲《ゐ》地《ち》の卦純陰《けいじゆんいん》の地《ち》なり池《いけ》。堀《ほり》を置貯水《おきちよすゐ》して地《ち》の位《くらゐ》を損《そん》す説卦傳《せつくわでん》に曰坤《いはくこん》の地《ち》は萬物《ばんぶつ》を養《やしな》ふ。所《ところ》を貯水《ちよすゐ》を以《もつ》て妨《さまた》げる故《ゆゑ》に生育《せいいく》の徳《とく》を失《うしな》ふ因《よつ》て主人《しゆじん》我《わが》家《いへ》の業務《げふむ》を捨《すて》て他人《たにん》の家《いへ》の養《やしなひ》をなすが爲《ため》に貧困《ひんこん》に迫《せま》ると知《し》るべし。

○☷☷坤《こん》に格別《かくべつ》に大《だい》なる池《いけ》。堀《ほり》あれば其家《そのいへ》の人《ひと》溺死《できし》なす者數人《ものすうにん》に及《およ》ぶ。

○其理《そのり》は人坤地《ひとこんち》の徳《とく》に因《よつ》て居住《きよぢう》する者《もの》なり所謂《ゆはゆる》坤《こん》に致役《ちやく》すとは養《やしなひ》を致《いた》す所《ところ》を云《い》ふ其地徳《そのちとく》を大《だい》なる池《いけ》。堀等《ほりとう》を以《もつ》て損《そん》ずるが故《ゆゑ》に其水中《そのすゐちう》に陷《おちい》りて溺死《できし》する事《こと》を主《つかさ》どる又他《またた》の池《いけ》。堀《ほり》にて溺死《できし》なすも同論《どうろん》なりと知《し》るべし。

○☷☷坤《こん》の方《かた》にて流水左右《りうすゐさいう》に分《わか》れ流《ながる》るは雙生《ふたご》を産《うむ》か或《あるひ》は姦淫不義《かんいんふぎ》を主《つかさ》どるなり。

○其理《そのり》は人《ひと》は父母《ふぼ》の氣血《きけつ》を受《うけ》て懷姙《にんしん》し月滿《つきみち》て出産《しゆつさん》なす卽《すなは》ち☷☷坤爲地《こんゐち》の象《しやう》なり其地《そのち》に水二《みつふた》つに分《わか》れ流《ながる》る故《ゆゑ》に雙子《ふたこ》を生《しやう》ず又水二《またみつふた》つに分《わか》れる故《ゆゑ》に妻女二心《さいぢよふたごゝろ》を生《しやう》じて姦淫不義《かんいんふぎ》をなすと知《し》るべし。

○未《ひつじ》の方《かた》に水氣《すゐき》あれば大概坤《おほむねこん》に同《おな》じ大凶相《だいきようさう》なり。

○申《さる》の方《かた》に水氣《すゐき》あれば大《おほい》に幸福《かうふく》を招《まね》き利潤《りじゆん》の萌《きざし》あり然《しか》れども家内《かない》に病難多《びやうなんおほ》しと知《し》

るべし試見《ためしみ》よ。

○其理《そのり》は申《さる》は方位《はうゐ》五行《ぎやう》。用事《ようじ》五行《ぎやう》っ皆金《みなかね》に屬《ぞく》し。洪範《こうはん》五行《ぎやう》。三合《がふ》五行《ぎやう》。皆水《みなみづ》に屬《ぞく》す故《ゆゑ》に金生水《きんじやうすゐ》の理《り》に合《あ》ふ因《よつ》て幸福《かうふく》利潤《りじゆん》を招《まね》くと知《し》るべし又坤《またこん》を藥《くすり》となす故水《ゆゑすゐ》氣《き》を以《もつ》て醫業《いげふ》。藥店《やくてん》は世《よ》に廣《ひろ》まる極《きはめ》て大吉相《だいきつさう》なり然《しか》れども史記《しき》に萬物《ばんよつ》を申賊《しんぞく》すといふ依《よつ》て病難《びやうなん》を免《まねが》れずといふなり。

○疊《たゝみ》總《そう》論《ろん》

○疊《たゝみ》の數《すう》を以《もつ》て吉凶《きつきよう》を論《ろん》ずる事《こと》。漢土《かんど》には曾《かつ》てなし其故如何《そのゆゑいかん》となれば。支那國《しなこく》は現今《げんこん》に至《いた》るも敷石或《しきいしあるひ》は瓦《かわら》の上《うへ》に牀《ゆか》を据《す》ゑ。又《また》は腰掛《こしかけ》を置《おい》て座《ざ》を設《まう》く故《ゆゑ》に疊數竝《たゝみすうなら》びに局續《まつゞき》の吉凶《きつきよう》を論《ろん》ずる事《こと》なし。

○我帝國《わがていこく》は貴賤《きせん》ともに其局毎《そのまごと》に疊《たゝみ》を敷《し》く故《ゆゑ》に局《ま》。續《つゞ》きにより吉凶《きつきよう》の斷定起《だんていおこ》るなり其疊《そのたゝみ》の數《すう》は五行《ぎやう》を以《もつ》て定《さだ》む。伏義《ふくぎ》八卦《くわ》。次序之圖《じじよのづ》に基《もとづ》く。邵康節曰《せうかうせついは》く☰乾《けん》は一の數《すう》にして金《かね》なり○☱兌《だ》は二《に》の數同《すうおなじ》く金《かね》○☲離《り》は三《さん》の數《すう》にして火《ひ》なり。☳震《しん》は四の數《すう》にして木《き》○☵坎《かん》は六の數水《すうみづ》○☶艮《ごん》は七の數土《すうつち》○☷坤《こん》は八の數《すう》にして同《おなじ》く土《つち》と定《さだ》め此《これ》五行《ぎやう》を以《もつ》て生剋《せいこく》の吉凶《きつきよう》を斷《だん》ずるなり○文政中《ぶんせいちう》江戸《えど》時代《じだい》太田《おほた》錦城先《きんじやうせん》生《せい》直《ちき》傳《でん》と號《がう》して龍背發祕《りうはいはつび》の書《しよ》あり倶《とも》に皆《みな》疊數《たゝみすう》を以《もつ》て吉凶《きちきよう》を論《ろん》ず。又《また》八卦《くわ》を以《もつ》て一疊《でふ》より八疊《でふ》まで五行《ぎやう》を定《さだ》め。九疊《でふ》より二十疊《でふ》。百疊《でふ》に至《いた》りて八を以《もつ》て除《はら》ふ者《もの》あり或《あるひ》は十を以《もつ》て除《はら》ひ殘《のこ》る數《すう》にて疊數《たゝみかず》を論《ろん》ずる者《もの》ありて其義《そのぎ》紛々《ふんく》として一ならず初學《しよがく》の人皆《ひとみな》之《これ》に迷《まよ》ふて其畔岸《そのはんがん》を知《し》らず○邵子《せうし》既《すで》に八卦《くわ》を以《もつ》て五行《ぎやう》に配《はい》す然《しか》ば八を以《もつ》て除《はらふ》を理《り》とすべし○九を八にて除《はら》ふ時《とき》は一となる則《すなは》ち☰乾《けん》の數《すう》にして金《かね》なり○十を八にて除《はら》ふ時《とき》は二となる☱兌《だ》の數金《すうかね》○又《また》四に八を加《くは》へ拾貳疊《でふ》となる則《すなは》ち☳震《しん》の數《すう》にして木《き》の局《ま》となる之《これ》を應用《おうよう》して吉《きち》と凶《きよう》と合《あは》せて活物《くわつぶつ》に的《あて》○其家《そのいへ》の吉凶禍福《きちきようくわふく》を論《ろん》ずれば能《よ》く的中《てきちう》すべし。なれども大家《たいか》の局數《ますう》多《おほ》き家《いへ》は盡《こと〴〵》く之《これ》を論《ろん》ずべからず。止主人《たしゆじん》の寢間《ねま》に接《せつ》する所或《ところあるひ》は家職事務《かしよくじむ》を辨《べん》ずる所《ところ》に接《せつ》す局《ま》を重《おもし》とすべし。

○宅内疊間取吉凶《たくないたゝみまどりきつきよう》を論《ろん》ず

○人《ひと》の住宅《ぢうたく》は各々《おの〳〵》天地陰陽五行《てんちおんやうぎやう》の理備《りそなは》りたる家《いへ》は何人《なんぴと》住居《ぢうきよ》なすも家福子孫《かふくしそん》に傳《つたは》る

家祿《かろく》のある吉相《きつさう》なり○若《も》し五行《ぎやう》の不足《ふそく》なす家《いへ》は何人《なんびと》住居《ぢうきよ》するも次第《しだい》に不幸《ふかう》を招《まね》き永住《えいぢう》する事能《ことあた》はず家祿《かろく》の無《な》き大凶相《だいきようさう》と知《し》るべし故《ゆゑ》に住宅《ぢうたく》の中央《ちうあう》には五の數《すう》ありて土《つち》に配《はい》す因《よつ》て金《かね》及《およ》び火《ひ》の疊數《たゝみすう》を配《はい》するを大吉《だいきち》とす則《すなは》ち土性金《どしやうきん》○火性土《くわしやうど》の相性《あひしやう》となる東《ひがし》は木《き》の主《つかさど》る所《ところ》なれば火《ひ》の數《すう》○水《みづ》の疊數《たゝみすう》を設《まう》くべし○南《みなみ》は火《ひ》の主《つかさど》る所《ところ》なれば土《つち》の數《すう》○木《き》の疊數《たゝみすう》を布《し》き○西《にし》は金《かね》を主《つかさど》る所《ところ》なれば水《みづ》の數《すう》○土《つち》の疊數《たゝみすう》を置《お》き○北《きた》は水《みづ》の主《つかさど》る所《ところ》なれば木《き》の數《すう》○金《かね》の疊數《たゝみすう》を配《はい》すべし又都合《またつがふ》惡《あし》き場合《ばあひ》は一疊《でふ》は板疊《いただゝみ》として○凶《きよう》を吉《きち》に轉《てん》じ或《あるひ》は比和《ひわ》の疊數《たゝみすう》となし凶《きよう》を除《のぞ》く法《はふ》あり○北向《きたむき》の住宅《ぢうたく》に表《おもて》の間《ま》に七疊《でふ》八疊等《でふとう》の土《つち》の疊數《たゝみすう》を備《そな》ひ○西向《にしむき》の家《いへ》の表《おもて》に三疊《でふ》或《あるひ》は十一疊《でふ》火《ひ》の疊數《たゝみすう》を配《はい》し○中央《ちうあう》に七疊《でふ》○八疊《でふ》などの土《つち》の疊數《たゝみすう》を置《おく》は則《すなは》ち中央《ちうあう》は土《つち》に屬《ぞく》して萬物《ばんぶつ》を生育《せいいく》する父母《ふぼ》たる位《くらゐ》なれば比和《ひわ》の數《すう》を布《し》き○建家《たていへ》の缺張《かけはり》によりて大凶相《だいきようさう》を疊《たゝみ》の剋數《こくすう》を以《もつ》て其凶《そのきよう》を制伏《せいふく》する法《はふ》あり然《しかれ》ども其理《そのり》繁雜《はんざつ》にして初學《しよがく》の人《ひと》は大《おほい》に誤《あやま》る恐《おそれ》あれば五行《ぎやう》の眞理《しんり》のみを示《しめ》す注意《ちうい》を要《えう》す。　口傳なり

○八方《はつぱう》疊數《たゝみかず》に因《よつ》て吉凶《きつきよう》を論《ろん》ず

○禮記《れいき》に曰《いは》く人生《ひとうまれ》て六歳《さい》にして方《はう》と數《かず》とを敎《をし》ゆ○繫辭傳《けいじゆでん》に曰《いは》く方《はう》は類《るゐ》を以《もつ》て聚《あつま》り者《もの》は群《ぐん》を以《もつ》て分《わか》れて吉凶《きつきよう》を生《しやう》ず又《また》曰《いは》く八卦《くわ》列《れつ》を成《なす》○象《しやう》其中《そのうち》に在《あり》と故《ゆゑ》に席薦《せきせん》の疊數《たゝみすう》八方《はう》に隨《したがふ》て生剋《せいこく》の斷《だん》あり且《か》つ板《いた》の局《ま》に於《おい》て數《すう》なしと雖《いへど》も其性情《そのせいじやう》を推《おせ》ば各《おの〳〵》吉凶《きつきよう》あり因《よつ》て八方《はう》の疊數《たゝみすう》と板局《いたま》の吉凶《きつきよう》を斷《だん》ずる事《こと》左《さ》に示《しめ》す。

○乾《いぬゐ》の方《かた》疊數《たゝみすう》の吉凶《きちきよう》を論《ろん》ず

○一疊《でふ》。九疊《でふ》は比肩格《ひけんかく》にして吉《きち》なり○然《しか》るに家《いへ》によりて不和《ふわ》を主《つかさど》る。

○二疊《でふ》は色情《しきじやう》の惱《なや》みあり○娘《むすめ》に養子《やうし》なるか又《また》は良家《よきいへ》へ嫁《か》するなり○妻女賢《さいぢよけん》にして慈悲心《じひしん》ありて貞女《ていぢよ》と人《ひと》に沙汰《さた》せらる。

○三疊《でふ》は不孝惡名《ふかうあくめい》を受《う》るか養子《やうし》を招《まね》く○奴僕《ぬぼく》不忠《ふちう》○眼病《がんびやう》○男子《だんし》は短命《たんめい》なすか或《あるひ》は放蕩無賴《はうたうぶらい》なり。

○四疊《でふ》は爭論《さうろん》○訴訟《そしよう》或《あるひ》は公難《こうなん》を招《まね》く○父子不和《ふしふわ》○疾病《しつぺい》絕《た》へず○長男短命《ちやうなんたんめい》なすか或《あるひ》は他出家《たしゆついへ》に居《をら》ず○先祖《せんぞ》は遠國《ゑんこく》より來《きた》る人《ひと》とす。

○五疊《でふ》は乾《いぬゐ》の方《かた》にて木《き》を伐《きつ》てより尾《を》の切《きれ》たる蛇《へび》來《きた》り宅地《たくち》に棲《すむ》時《とき》は凶《きよう》なり○遠方《ゑんはう》の

損失《そんしつ》又《また》は風難《ふうなん》○破船等《はせんとう》の恐《おそれ》あり。

○六○七○八疊《でふ》は富貴繁榮《ふうきはんえい》にして○夫婦和合《ふうふわがふ》して○奴僕忠實《ぬぼくちうじつ》なり○但《たゞ》し先祖《せんぞ》の本《ほん》國《こく》は水邊《すゐへん》にありて種々苦辛《いろ〳〵くしん》したる人《ひと》とす。

○若《も》し乾《いぬゐ》の方《かた》に板《いた》の間《ま》あるは主人偏屈《しゆじんへんくつ》にして他人集合《たにんしふがふ》の所《ところ》へ出《いで》る事《こと》を恐《おそ》るか或《あるひ》は家《いへ》の定紋《ちやうもん》を改《かへ》るか。

○兌《にし》の方疊數《かたたゝみかず》の吉凶《きつきよう》を論《ろん》ず

○一疊《でふ》九疊《でふ》は福力財帛《ふくりよくざいはく》集《あつま》る○妻女《さいぢよ》は系圖正《けいづたゞ》しき家《いへ》より來《きた》る賢女《けんぢよ》なり○なれども主人色情《しゆじんしきじやう》の爲散財《ためさんざい》の憂《うれひ》あり。

○二疊《でふ》は少女色情《せうぢよしきじやう》に迷《まよ》ひ家名《かめい》を穢《けが》すか或《あるひ》は家出出奔《いへでしゆつほん》なすか○家族《かぞく》に口舌絶《こうぜつたへ》ず○又《また》は爭論《さうろん》○不和《ふわ》を主《つかさ》どる。

○三疊《でふ》は婦人月血不順《ふじんげつけいふじゆん》なり○口中《こうちう》の病《やまひ》○妻縁再《さいえんさい》三かはるか○娘《むすめ》は文筆藝術《ぶんぴつけいじゆつ》あれども短命《たんめい》なすか或《あるひ》は不縹緻《ふきりやう》なり○爭論不和《さうろんふわ》を主《つかさど》る。

○四疊《でふ》は長男女難《ちやうなんぢよなん》を招《まね》く○或《あるひ》は馬鹿《ばか》○又《また》は他出《たしゆつ》して家《いへ》に歸《かへ》らず○願望妨《ぐわんもうさまたげ》あり○妻《さい》

縁《えん》四度《ど》に及《およ》ぶ其中《そのうち》再縁《さいえん》の女子《ぢよし》あれば密夫《みつぷ》の問題《もんだい》を招《まね》く。
○五疊《でふ》は女子《ぢよし》の口論《こうろん》絶《たへ》ずして世間《せけん》の風聲《ふうせい》惡《あし》くして○又本妻《またほんさい》○外妾《ぐわいせう》との爭論《さうろん》を發《はつ》す遠方《ゑんはう》の損害《そんがい》○難船《なんせん》の恐《おそれ》あり。
○六疊《でふ》は少女《せうぢよ》と奴僕《ねぼく》の姦通《かんつう》より種々《いろ〳〵》の風評《ふうひやう》を招《まね》き父母《ふぼ》辛苦《しんく》起《おこ》るか○或《あるひ》は賊難《ぞくなん》となるか○然《しか》るに家《いへ》によりて大《おほい》に幸福《かうふく》來《きた》るもあり。○口傳あり。
○七疊《でふ》は女子《ぢよし》尼僧《にそう》となるか○或《あるひ》は僧《そう》と淫《いん》し逃亡《たうばう》なすか○女子《ぢよし》の艷美《ゑんび》なる故《ゆゑ》金力《きんりよく》を以《もつ》て娶《めとる》か○少男少女《せうなんせうぢよ》と通《つう》ず○妻女《さいぢよ》偏屈《へんくつ》にして夫婦不和《ふうふふわ》。
○八疊《でふ》は幸福《かうふく》あれども○他家《たけ》へ嫁《かし》たる娘《むすめ》不縁《ふえん》となりて歸《かへ》るか○或《あるひ》は妻女《さいぢよ》難病《なんびやう》に罹《かゝ》り家内《かない》不調和《ふてうわ》の亂《みだれ》あるか。
○西《にし》の方板《かたいた》の間《ま》は色情《しきじやう》の惱《なや》み○女難《ぢよなん》の損害《そんがい》を注意《ちうい》あるべし。

○離《みなみ》の方疊數《かたたゝみすう》の吉凶《きつきよう》を論《ろん》ず

○一疊《でふ》○九疊《でふ》は不孝《ふかう》にして放蕩無頼《はうたうぶらい》の者《もの》を出《いだ》す○奴僕《ねぼく》不忠《ふちう》○主人《しゆじん》大望《たいもう》を企《くわだ》て金錢《きんせん》を費《つひや》す○或《あるひ》は賭博《とはく》の散財《さんざい》を主《つかさ》どるなり。

○二疊《でふ》は血液不順病《けつえきふじゆんびやう》○口中《こうちう》の病《やまひ》○親族《しんぞく》と不和《ふわ》○色情深《しきじやうふか》く官祿《くわんろく》を失《うしな》ふ○妻緣《さいえん》三度《ど》かわるとす○文筆《ぶんぴつ》を好《この》む密夫《みつぷ》あり。

○三疊《でふ》は主人《しゆじん》強氣《がうき》にして發狂《はつきやう》なすか○或《あるひ》は破財《はざい》なすか○大《だい》なる女難《ぢよなん》の爲《ため》に名譽《めいよ》を失《うしな》ふ○窒扶斯《ちふす》○眼病《がんびやう》○火難《くわなん》を主《つかさど》る。

○四疊《でふ》は藝道《げいだう》○文學《ぶんがく》に進《すゝ》み秀才《しうさい》の人《ひと》を出《いだ》す○願望成就《ぐわんもうじやうじゆ》なす○男子《だんし》健全《けんぜん》○武官《ぶくわん》は忠《ちう》義《ぎ》にして官祿昇進《くわんろくしようしん》す。

○五疊《でふ》は遠福《ゑんふく》を招《まね》くと雖《いへど》も○異腹《はらがはり》○異父《たねちがひ》の子《こ》あり○他《た》の女子《ぢよし》を愛《あい》し或《あるひ》は他所《たしよ》の女《をんな》に懷妊《くわいにん》さする事《こと》あり○婦女驕奢《ふぢよきやうしや》にて美服《びふく》を好《この》む。

○六疊《でふ》は色情強《しきじやうつよ》く女難《ぢよなん》を招《まね》き○口舌《こうぜつ》○爭論《さうろん》を主《つかさど》る○血液不順《けつえきふじゆん》の難病《なんびやう》○眼病《がんびやう》○腰下《こしし》の病《やまひ》○婦人《ふじん》は崩漏強《こしけつよ》く○密夫《みつぷ》○妻緣《さいえん》かはる。

○七疊《でふ》は中風《ちうふう》○身體不具者《しんたいふぐしや》○火爛《やけど》○疱瘡重《はうさうおも》く不縹緻《ふきりやう》の者《もの》を出《いだ》す○若《も》し大家《たいけ》なれば別莊《べつさう》あり此別莊《このしやしき》は多《おほ》くは寺院《じゐん》の舊跡《きうせき》にして無堀《からほり》○無水池《からいけ》ありて變事《へんじ》を招《まね》く時《とき》は必《かなら》す死骨《しこつ》の埋《うづ》れあるべし○又此家《またこのいへ》に二尺《しやく》一寸《すん》或《あるひ》は三尺《じやく》七寸《すん》の劍《けん》あれば最《もつと》も祟《たゝ》り烈《はげ》し

く大難《だいなん》を受《うく》る事《こと》あり。

〇八疊《でふ》は劍難《けんなん》を招《まね》き〇血《ち》を濺《そゝぐ》の患《うれひ》を發《はつす》る理《り》あり〇縊死《いし》〇溺死《できし》〇横難《わうなん》を主《つかさど》る〇女難《ぢよなん》にて大《おほい》に散財《さんざい》す。

〇離《みなみ》の方《かた》の板《いた》の間《ま》は吉《きち》なり〇願望成就《ぐわんもうじやうじゆ》の相《さう》とす。

〇震《ひがし》の方疊數《かたたゝみすう》の吉凶《きつきよう》を論《ろん》ず

〇一疊《でふ》〇九疊《でふ》は父子意志《ふしいし》合《あは》ず不和《ふわ》を主《つかさど》る〇長男生育《ちやうなんせいいく》せず若《も》し成長《せいちやう》すれば他出《たしゆつ》して家《いへ》に歸《かへ》らず〇故《ゆゑ》に養子《やうし》を招《まね》く〇願望《ぐわんもう》ならず失敗《しつはい》に終《をは》るなり〇高《たか》き所《ところ》より落《おち》る難《なん》あり〇或《あるひ》は頓死《とんし》の者《もの》を出《いだ》す。

〇二疊《でふ》は色情《しきじやう》の難《なん》を招《まね》く〇口舌《こうぜつ》〇爭論《さうろん》あり〇長男《ちやうなん》に災害《さいがい》あり〇妻縁《さいえん》に故障《こしやう》を發《はつ》す神經病《しんけいびやう》〇損失等《そんしつとう》を主《つかさど》るなり。

〇三疊《でふ》は文學《ぶんがく》を好《この》み高尚《かうしやう》なる人物《じんぶつ》を出《いだ》す〇書畫《しよぐわ》を愛《あい》し〇秀才《しうさい》の人《ひと》ありて其名《そのな》を四方《はう》に知《し》られ〇若《も》し小才《せうさい》の人《ひと》たりとも其所《そのところ》にて名譽《めいよ》を顯《あらは》す。

〇四疊《でふ》は奇才發明《きさいはつめい》の人《ひと》を出《いだ》し家名《かめい》を萬方《ばんはう》に轟《とゞろ》かす〇此家《このいへ》は寺院《じゐん》の舊跡《きうせき》なれども障《さはり》

なく○兄弟《きやうだい》の仲睦《なかむつま》しく○諸願成就《しよぐわんじやうじゆ》なす。

○五疊《でふ》は異腹《はらがはり》○異父《たねがはり》の子《こ》ありて○家内不和《かないふわ》を主《つかさど》り○神經痛《しんけいつう》○腦溢血《なういつけつ》○心臟病《しんざうびやう》○或《あるひ》は發狂《はつきよう》の者《もの》を出《いだ》す。

○六疊《でふ》は諸願成就《しよぐわんじやうじゆ》して幸福來《かうふくきた》るなり○男子皆孝心《だんしみなかうしん》ありて能《よ》く父母《ふぼ》の從《したが》ひ○兄弟《きやうだい》の仲睦《なかむつま》しく世間《せけん》の風聲大《ふうせいおほい》に良評《りやうひやう》なり○常《つね》に茶菓子《ちやくわし》○酒《さけ》○魚等家《さかなとういへ》に充分《じうぶん》ありとす○奢《しや》美《び》にして○鐘鼓管絃歌謠《しようこくわんげんかえう》を玩弄《ぐわんろう》して樂《たのし》む○偶公難《たまたまこうなん》ありと雖《いへど》も驚《おどろ》くべからず○又《また》嫡《そう》男《りやう》は至《いた》て明敏《めいびん》の人《ひと》なり。

○七疊《でふ》は目上《めうへ》の難《なん》に遇《あひ》○家內總《かないすべ》てに不安《ふあん》○異母《はらがはり》の兄弟《きやうだい》ありて常《つね》に不和《ふわ》を主《つかさど》る○長《ちやう》男《なん》は足腰《あしこし》の病《やまひ》あり○不具者《ふぐしや》○不幸《ふかう》を招《まね》く。

○八疊《でふ》は養子《やうし》を招《まね》くか○男子《だんし》あれば大酒《たいしゆ》を好《この》み不幸《ふかう》にして放蕩《はうたう》なりとす○此局《このま》の下《した》には尸《しかばね》の埋《うづもれ》ある理論《りろん》あり口傳《くでん》○常《つね》に疾病絶《しつぺいたえ》ず○邪魅《じやみ》の祟《たゝ》りに遇《あう》○此家《このいへ》の母《はゝ》偏屈《へんくつ》病《やまひ》あり○妻緣替《さいえんかは》り異腹《はらがはり》の子《こ》ありとす。

○震《ひがし》の方《かた》に板《いた》の間《ま》ある家《いへ》は常《つね》に爭論《さうろん》○或《あるひ》は驚《おどろ》く事《こと》を主《つかさど》る。

○巽《たつみ》の方《かた》疊數《たゝみかず》の吉凶《きつきよう》を論《ろん》ず

○一疊《でふ》○九疊《でふ》は海上風波《かいじやうふうは》の難《なん》に遇《あう》○破船《はせん》○溺死《できし》の者《もの》を出《いだ》す○肺病《はいびやう》○長男放蕩無頼《ちやうなんはうたうぶらい》或《あるひ》は短命《たんめい》なすか。

○二疊《でふ》は色情《しきじやう》より起《おこ》る女子《ぢよし》の口論《こうろん》○口舌《こうぜつ》絶《たえ》ず○本妻外妾《ほんさいぐわいせう》との不和《ふわ》にして内亂《ないらん》ありて常《つね》に費用《ひよう》多《おほ》し。

○三疊《でふ》は風雅《ふうが》を好《この》み高尚《かうしやう》にして○秀才《しうさい》の人《ひと》を出《いだ》し○軍人《ぐんじん》は遠國《ゑんこく》に重任《ぢゆうにん》を勤《つとめ》て大《おほい》に立身出世《りつしんしゆつせ》をなし名譽《めいよ》を得《う》る○又遠福《またゑんふく》來《きた》り資財集《しざいあつま》る○然《しか》れども火災《くわさい》を招《まね》くか○或《あるひ》は異母《はらがはり》の子《こ》あるか○嫉妬《しつと》強《つよ》く淫亂《いんらん》の女子《ぢよし》を出《いだ》ず恐《おそれ》あり。

○四疊《でふ》は家族《かぞく》の内《うち》に家《いへ》を出《いで》る者《もの》ありて驚《おどろ》きを主《つかさど》る○然《しか》れども遠方《ゑんはう》より扶助《たすけ》ありて總《すべ》てに都合《つがふ》よろしく○緣類皆和合《えんるゐみなわがふ》す。

○五疊《でふ》は諸事都合惡《しよじつがふあし》く發展《はつてん》せず○他《た》より妨害《はうがい》ありて取締《とりしまり》なく○花《はな》ありて實《み》を結《むすば》ざる○名《な》ありて形《かたち》なきの象《しやう》。

○六疊《でふ》は軍人《ぐんじん》は名聲《めいせい》ありて遠國《ゑんこく》にて立身出世《りつしんしゆつせ》なす○幸福遠方《かうふくゑんはう》より來《きた》り資財集《しざいあつま》る○

然《しか》れども養子《やうし》を招《まね》く事《こと》ありとす。

○七疊《でふ》は流産《りうざん》なすか○難産《なんざん》の患《うれひ》あり○住所《ぢうしよ》の敗亂《はらん》を起《おこ》すか○女難《ぢよなん》にて○爭論《さうろん》を招《まねく》か○或《あるひ》は少男少女《せうなんせうぢよ》の爲《ため》に怨恨《ゐこん》を受《う》るか○親族縁者《しんぞくえんじや》の厄介《やくかい》多《おほ》く費用《ひよう》ありて貧困《ひんこん》に迫《せま》るか○遠國《ゑんごく》の損害《そんがい》を主《つかさど》る○寺院《じゐん》なれば女難《ぢよなん》を招《まね》く。

○八疊《でふ》は妻女短命《さいぢよたんめい》にして後妻《ごさい》來《きた》る○故《ゆゑ》に異腹《はらかはう》の子《こ》ありとす○若《も》し母《はゝ》無事《ぶじ》なれば男《だん》子《し》生育《せいいく》せず○家業衰微《かげふすゐび》なすか或《あるひ》は養子《やうし》を招《まね》く。

○巽《たつみ》の方《かた》に板《いた》の間《ま》あれば住所《ぢうしよ》の移動《ゐどう》ありとす。

○坎《きた》の方《かた》疊數《たゝみすう》の吉凶《きつきよう》を論《ろん》ず

○坎《きた》の方《かた》に一疊《でふ》○九疊《でふ》は金《かね》の數《すう》にして金性水《きんじやうすゐ》の理《り》にして○第《だい》一家業繁榮財寶集《かげふはんえいざいほうあつま》る○孝心《かうしん》ありて父母《ふぼ》を敬《けい》し兄弟《きやうだい》の仲睦《なかむつま》しく○奴僕《ぬぼく》誠忠《せいちう》にして能《よ》く服《ふく》す○妻女賢《さいぢよけん》にして又少女《またせうぢよ》も素行正《そかうた》しく美人《びじん》なり。

○二疊《でふ》は金《かね》の數《すう》にして坎《かん》は水《みづ》なり故《ゆゑ》に金性水《きんじやうすゐ》なれば貲財《しざい》大《おほい》に集《あつま》り富《とむ》。然《しか》るに少女《せうぢよ》の淫強《いんつよ》く奴僕《ぬぼく》と姦通《かんつう》す○賊難《ぞくなん》を招《まね》き○下女《げぢよ》を本妻《ほんさい》となす故《ゆゑ》に家《いへ》の規律《きりつ》を亂《みだ》し○從《じう》者服《じやふく》さゞる恐《おそれ》あり。

○三疊《でふ》は火《ひ》の數《すう》にして水火《すゐくわ》の爭《あらそ》へなれば○第《だい》一色情《しきじやう》の惱《なや》み○盜難《たうなん》○火災《くわさい》の難《なん》を發《はつ》して○狂人逆上《きやうじんぎやくじやう》○眼病重《がんびやうおもき》は盲人《まうじん》を出《いだ》し○妻縁《さいえん》かはり○財祿《ざいろく》を失《うしな》ひ○妻女密夫《さいぢよみつぶ》あるか○主人婢女《しゆじんげぢよ》に迷《まよ》ふて女難散財《ぢよなんさんざい》を主《つかさど》るか○或《あるひ》は住所《ぢうしよ》に安定《あんてい》なし難《がた》く○常《つね》に住所《ぢうしよ》を替《かへ》んと思《おも》ふ事《こと》絶《たえ》ずとす。

○四疊《でふ》は木《き》の數《すう》にして水性木《すゐしやうき》の相生《さうしやう》なれば○萬事《ばんじ》願望成就喜《ぐわんもうじやうじゆよろこ》びありて○遠福來《ゑんふくきた》り財寶集《ざいほうあつま》る○男子秀才《だんししうさい》○賓客往來《ひんきやくわうらい》なす。

○五疊《でふ》も木《き》の數《すう》なれば○遠福來《ゑんふくきた》り貲財集《しざいあつま》る○然《しか》るに養子《やうし》を招《まね》くか○別腹《はらかはり》の子《こ》あるか或《あるひ》は遠方《ゑんはう》にて色情《しきじやう》を起《おこ》すか○口傳《こうでん》あり。

○六疊《でふ》は水《みづ》の數《すう》にして比和《ひわ》すと雖《いへど》も重陰《ちゆういん》なれば○第《だい》一夫婦和合《ふうふわがふ》なさず○濕病《しつびやう》常《つね》に絶《たえ》ず○家族《かぞく》に偏屈《へんくつ》の者《もの》を出《いだ》す。

○七疊《でふ》は土《つち》の數《すう》にして土剋水《どこくすゐ》なれば○居所《きよしよ》に永住《えいぢう》なし難《がた》く○怪事《くわいじ》多《おほ》く○或《あるひ》は變死《へんし》奴婢不忠《ぬひふちう》にして○心勞損失《しんらうそんしつ》を主《つかさど》る。

○八疊《でふ》も土《つち》にして土剋水《どこくすゐ》なり○主人短氣《しゆじんたんき》にして事《こと》を仕損《しそん》ず○口舌《こうぜつ》○爭論《さうろん》を招《まね》くなり○水難《すゐなん》○神經病《しんけいびやう》○住所安定《ぢうしよあんてい》ならず。

○艮《うしとら》の方疊數《かたたゝみすう》の吉凶《きつきよう》を論《ろん》ず

○一疊《でふ》○九疊《でふ》の間《ま》艮《うしとら》にあれば土生金《どしやうきん》の相生《さうしやう》にして○錢財集《せんざいあつま》り豐《ゆたか》なり○此局《このきよく》にて出生《しゆつしやう》したる男子《だんし》は成長《せいちやう》の後大量大勇《のちたいりやうたいゆう》ありて又孝心《またかうしん》にして父母《ふぼ》に從《したが》ふ○末子《すゑのこ》は必《かなら》ず賢英《けんえい》なり○主人篤實《しゆじんとくじつ》にて思慮深《しりよぶか》く決斷《けつだん》あり。

○二疊《でふ》も金《かね》にして土生金《どしやうきん》の相生《さうしやう》なれども○女子尼《ぢよしあま》となるか○或《あるひ》は僧《そう》と姦通《かんつう》して死《し》する恐《おそれ》ある理論《りろん》あり○但《たゞ》し妻女《さいぢよ》は福分《ふくぶん》あれども陰氣《いんき》にして常《つね》に病絶《やまひたへ》ず○然《しか》れども資財多《しざいおほ》く豐《ゆたか》なりとす。

○三疊《でふ》は火《ひ》にして火生土《くわしやうど》の相生《さうしやう》なれども○身體不具者《しんたいふぐしや》を出《いだ》すか○腫物《はれもの》○火燗《やけど》○疱瘡《はうさう》の難《なん》○主人短氣《しゆじんたんき》にして人《ひと》の異見《いけん》を用《もち》ひず。

○四疊《でふ》は木《き》にして艮《うしとら》の土《つち》を剋《こく》す則《すなは》ち木剋土《もくこくど》なれば○目上《めうへ》に反《そむ》き災厄《さいやく》を起《おこ》すか○常《つね》に家内不和《かないふわ》○異腹《はらかはり》の兄弟《きやうだい》ありとす。

○五疊《でふ》も木《き》にして木剋土《もくこくど》なり○故《ゆゑ》に女難《ちよなん》散財《さんざい》絶《たへ》ず○難産《なんざん》を招《まね》き○異母《はらかはり》の兄弟《きやうだい》ありて不和《ふわ》を主《つかさど》る○養子《やうし》來《きた》るか○妻縁《さいえん》かわるか○親族《しぞく》或《あるひ》は遠方《ゑんはう》の人《ひと》と不調和《ふてうわ》なり○且《か》つ資財《しざい》を破《やぶ》るとす。

○六疊《でふ》は水《みづ》にして艮《うしとら》の土《つち》を剋《こく》す土《ど》剋水《こくする》なれば○中風病《ちうふうびやう》○神經痛《しんけいつう》○又《また》☵坎《きた》☶艮《うしとら》の間《あひだ》に石碑《せきひ》の埋《うづも》れありて家族《かぞく》に祟《たゝ》り○或《あるひ》は深夜《しんや》に震動《しんどう》を感《かん》じて驚《おどろ》きあるか是柱《これはしら》に神社《じんじや》佛殿境内《よつでんけいだい》にありし樹木《じゆもく》を柱《はしら》となす者《もの》なり○故《ゆゑ》に居住《きよぢう》の人《ひと》に不幸《ふかう》絶《たへ》ず破財《はざい》なすか永《えい》住《ぢう》なし難《かた》く注意《ちうい》を要《えう》す。

○七疊《でふ》は土《つち》にして比和《ひわ》す大體《だいたい》障《さわり》なく吉《きち》とす。

○八疊土《でふつち》にして比和《ひわ》すと雖《いへど》も重陰《ぢゆういん》なれば○第《だい》一女子《ぢよし》の權威《けんゐ》強《つよ》くなりて家運《かうん》次第《しだい》に衰《おとろ》ふか○或《あるひ》は主人《しゆじん》夭壽《わかじに》して後室《こけ》家事《かじ》を主《つかさど》るか○男子《だんし》生育《せいいく》せず若《も》し成長《せいちやう》すれば不具《ふぐ》者《しや》又《また》は放蕩《はうたう》なすか○再三《さいさん》妻《つま》を娶《めとる》か。

○艮《うしとら》の方《かた》は板《いた》の間《ま》凶事《きようじ》多《おほ》し。

○坤《ひつじさる》の方《かた》疊數《たゝみかず》の吉凶《きつきよう》など論《ろん》ず

○坤《ひつじさる》は土《つち》にして一疊《でふ》○九疊《でふ》は金《かね》なれば則《すなは》ち土性金《どしやうきん》の相生《さうしやう》にして○住居人篤實《ぢうきよにんとくじつ》なり又謹深《またつゝしみふか》し○夫婦和合《ふうふわがふ》○富貴《ふうき》にして豐《ゆたか》なり。

○二疊《でふ》も金《かね》にして土生金《どしやうきん》なれば大體吉《だいたいきち》なり○然《しか》るに妻女《さいぢよ》に病氣《びやうき》多《おほ》く○或《あるひ》は他家《たけ》へ嫁《か》したる少女不緣《せうぢよふえん》となる理《り》あり○なれども家内《かない》に福分《ふくぶん》ありとす。

○三疊《でふ》は火《ひ》にして火生土《くわせいど》の相生《さつしやう》なれども○大《おほい》に理論《りろん》ありて口傳《くでん》あり○故《ゆゑ》に女難《ぢよなん》を發《はつ》して○劍難《けんなん》○縊死《いし》○死別《しべつ》ありとす。

○四疊《でふ》は木《き》にして木剋土《もくこくど》なれば○第《だい》一酒食《しゆしよく》に因《よつ》て内亂《ないらん》を起《おこ》す○短氣《たんき》にして損害《そんがい》を招《まね》く○實子《じつし》あれば放蕩無賴《はうたうぶらい》にして不孝《ふかう》なり○母子不和《はゝこふわ》○或《あるひ》は母《はゝ》早《はや》く死亡《しばう》なすか○又宅内《またたくない》に死骨《しこつ》の埋《うづも》れありとす。

○五疊《でふ》も木《き》にして木剋土《もくこくど》なり○故《ゆゑ》に偶遠福來《たまたまゑんぷくきた》る事《こと》もあると雖《いへど》も手《て》に入難《いりがた》し○主人《しゆじん》の心定《こゝろさだま》らず○家内不和《かないふわ》を主《つかさど》り○常《つね》に損害絶《そんがいたへ》ず○費用《ひよう》多《おほ》き住宅《ぢうたく》なり○古墓《ふるはか》の埋《うづ》れありて祟《たゝ》あり○又《また》は古寺古墓《ふるてらふるはか》の跡《あと》とす。

○六疊《でふ》は水《みづ》にして土剋水《どこくすゐ》なれば○公難《こうなん》を發《はつ》し費用《ひよう》多《おほ》く○或《あるひ》は女難《ぢよなん》にて損害《そんがい》を招《まね》く

か○家族《かぞく》に病難《びやうなん》多《おほ》く○爭論《さうろん》○夫婦《ふうふ》不和《ふわ》を主《つかさど》り○神經病《しんけいびやう》。

○七疊《でふ》は土《つち》にして比和《ひわ》すと雖《いへど》も重陰《ちゆういん》なれば生育《せいいく》の氣《き》を失《うしな》ふ○故《ゆゑ》に第《だい》一養子《やうし》を招《まね》く神經痛《しんけいつう》○中風病《ちうふうびやう》○血液不順《けつえきふじゆん》の難病《なんびやう》を主《つかさど》り○短氣《たんき》にして人《ひと》の異見《いけん》を用《もちゐ》ず失敗《しつはい》を招《まね》くか○或《あるひ》は發狂《はつきやう》の人《ひと》を出《いだ》す。

○八疊《でふ》も土《つち》にして重陰《ちゆういん》なれば○家族《かぞく》に濕毒《しつどく》絶《たへ》ず腫物《はれもの》の難《なん》あり○女子《ちよし》は帶下《こしけ》○常《つね》に下《しも》の病《やまひ》○再緣《さいえん》○義理《ぎり》の親《おや》あり。

○坤《ひつじさる》の方《かた》は板《いた》の局《ま》あれば親族《しんぞく》の妨《さまたげ》ありとす。

○大樓《たいろう》之《の》中央《ちうあう》疊數《たゝみかず》の吉凶《きつきよう》を論《ろん》ず

○本宅《ほんたく》の中央《ちうあう》に一疊《でふ》九疊《でふ》は金《かね》の數《すう》にして中央《ちうあう》は土《つち》なれば土生金《としやうきん》の相生《さうしやう》にして○主人《しゆじん》思慮《しりよ》深《ふか》く家内《かない》能《よく》治《をさま》り和合《わがふ》なす○資財《しざい》集《あつま》り豐《ゆたか》なりとす。

○二疊《でふ》も金《かね》の數《すう》にして土生金《としやうきん》なれども少女《せうちよ》の位《くらゐ》なり○故《ゆゑ》に多《おほ》くは妻室《さいしつ》は家《いへ》の少女《せうちよ》にして主人《しゆじん》は養子《やうし》なりとす○若《も》し實子《じつし》の主人《しゆじん》なれば多病《たびやう》にして妻女家事《さいちよかじ》を治《おさ》め牝雞《ひんけい》の晨《あした》するの理あり。

○三疊《でふ》は火《ひ》の數《すう》にして火生土《くわしやうど》なれども○主人《しゆじん》短氣《たんき》にして人《ひと》の諫《いさめ》を用《もちゐ》ず○腸窒《ちやうち》扶《ふ》斯《す》○神經病《しんけいびやう》○逆上《ぎやくじやう》○爭論《さうろん》○中風《ちうふう》○變死者《へんししや》を出《いだ》す。

○四疊《でふ》は木《き》にして木剋土《もくこくど》なれば主人《しゆじん》の心定《こゝろさだま》らず住宅《ぢうたく》或《あるひ》は家業《かげふ》を替《かへ》んとす。故《ゆゑ》に損害《そんがい》絶《たへ》ず○短氣《たんき》○神經病《しんけいびやう》或《あるひ》は衰弱《すゐじやく》なす○口舌《こうぜつ》爭論《さうろん》を招《まね》く○又《また》再縁《さいえん》○養子《やうし》を招《まね》く○此宅地《このたくち》は多《おほ》く神《かみ》の社跡《やしろあと》とす。

○六疊《でふ》は水《みづ》にして土剋水《どこくすゐ》なれば家族《かぞく》に病難《びやうなん》多《おほ》し若《も》し六疊《でふ》の左《さ》。右《いう》は八疊《でふ》の局《き》あれば其下《そのした》に水氣《すゐき》の埋《うづも》れあり○痔疾《ぢしつ》の難病《なんびやう》○神經痛《しんけいつう》○痳疾等《りんしつとう》の難病等絶《なんびやうとうたへ》ずとある。

○七疊《でふ》は土《つち》にして中央《ちうあう》も土《つち》なれば比肩格《ひけんかく》なり吉《きち》となる理《り》もあれども重陰《ぢういん》にして生氣《せいき》を失《うしな》ひ妻縁《さいえん》替《かは》るか○子孫《しそん》に乏《とぼ》しとす。

○八疊《でふ》も坤《こん》の土《つち》にして同重陰《おなじぢういん》なれば○七疊《でふ》と同論《どうろん》なり。

○疊《たゝみ》數《かづ》吉《きつ》凶《きよう》判斷《はんだん》之《の》祕訣《ひけつ》

○右疊數吉凶《みぎたゝみすうきつきよう》の判斷《はんだん》は門戸《もんこ》或《あるひ》は宅地《たくち》○住宅《ぢうたく》八方《はう》張缺《はりかけ》の如《こと》く至《いたつ》て緊《きび》しき者《もの》に非《あら》ざれば局《き》續《つゝき》の疊數《たゝみかず》を略《りやく》す○然《しか》れども五行《ごぎやう》を以《もつ》て其理《そのり》を論《ろん》ずれば○外《ほか》に門戸《もんこ》の助《たす》けなく○

又宅地《またたくち》○建家《たていへ》の吉相《きつさう》の扶《たす》け無《な》き時《とき》は○疊數《たゝみすう》の判斷《はんだん》も亦逸々《またちく》的中《てきちう》せずと云《い》ふ事《こと》なし故《ゆゑ》に初學《しよがく》の人《ひと》は○第一《だいいち》宅地《たくち》○建家《たていへ》○門戸《もんこ》の吉凶《きつきよう》を研究《けんきう》し四維《ゐ》八干《かん》に心《こゝろ》を寄《よせ》て其形《そのけい》勢《せい》を窺《うかゞ》ひ善惡《よしあし》を斷《だん》じ凶《きよう》を吉《きち》に轉《てん》ずる事《こと》を專用《せんよう》なりと知《し》るべし。

○生年《うまれとし》により伊勢《いせ》神宮參拜《しんぐうさんはい》の凶吉《きつきよう》を論《ろん》ず

○予《よ》の先代《せんだい》白龍子《はくりうし》先生《せんせい》の相傳《さうでん》に曰《いは》く神宮參拜《しんぐうさんはい》の後大《のちおほい》に幸福《かうふく》を授《さづか》り一家和樂《かわらく》なす人《ひと》あり○參拜後《さんはいご》立所《たちどころ》に火難《くわなん》○盜難《たうなん》○病難《びやうなん》○水難《すゐなん》○一家《か》死亡《しはう》○或《あるひ》は終身《しうしん》貧窮《ひんきう》に迫《せま》る人《ひと》あり○予多《よた》年實驗《ねんじつけん》する所《ところ》○不測《ふしぎ》を感《かん》ず○寅《とら》○卯《う》の年《とし》に生《うま》れたる人《ひと》○子《ね》○丑《うし》○辰《たつ》○巳《み》○午《うま》の年《とし》に參拜《さんはい》なせば大吉《だいきち》にして幸福《かうふく》ありて長命《ちやうめい》とす○若《も》し寅《とら》○卯《う》○未《ひつじ》○申《さる》○酉《とり》○戌《いぬ》○亥《ゐ》の年《とし》に參拜《さんはい》なす者《もの》は皆貧窮《みなひんきう》○夫婦《ふうふ》共水難《ともすゐなん》にて死亡《しはう》○其年《そのとし》死亡《しはう》○年々《としく》惡《あく》事來《じきた》るとある試見《ためしみ》るに疑《うたがひ》なし。

○其理《そのり》如何《いかん》となれば○人《ひと》に生《うま》れ忠《ちう》○孝《かう》○信《しん》○義《ぎ》○禮《れい》の五《いつゝ》を守《まも》り始《はじめ》て人道《にんだう》備《そなは》る因《よつ》て親《おや》の死去《しきよ》なす時《とき》は喪中《もちう》と云《い》ふて日々《ひゞ》の勤《つとむ》る官所《くわんしよ》學校《がくかう》會社《くわいしや》等《とう》に至《いた》る迄《まで》遠慮《ゑんりよ》し重《おもき》は一箇《いつか》年間《ねんかん》神社《じんじや》に參拜《さんはい》なさず禮《れい》を守《まも》るを常《つね》とす○又太陽《またたいやう》には日蝕《につしよく》あり月《つき》には月《げつ》

蝕《しよく》ある如《ごと》く○人《ひと》には知《し》らず〳〵身體《しんたい》大《おほい》に穢《けがる》る年《とし》あり其年《そのとし》に我帝國《わがていこく》の皇祖《くわうそ》天照皇《あまてらす》大神宮《おほかみみや》に穢《けがれ》たる身《み》を以《もつ》て參拜《さんぱい》なし靈地《れいち》の尊《たつと》きを穢《けが》す時《とき》は○神靈《しんれい》の加護《かご》なく○惡《あく》神集合《じんしふがふ》して祟《たゝり》をなす故《ゆゑ》に取返《とりかへし》のつかぬ不幸《ふかう》に不幸重《ふかうかさな》りて○却《かへつ》て神佛《しんぶつ》を怨《うら》むに至《いた》る是不敬《これふけい》なり○人《ひと》には生氣《せいき》を得《う》る年《とし》又死氣《またしき》を受《うけ》る年《とし》あり○生氣《せいき》の年《とし》に參拜《さんぱい》なす人《ひと》は諸願成就大吉《しよぐわんじやうじゆだいきち》なり○死氣《しき》の年《とし》に參拜《さんぱい》なす人《ひと》は身體《しんたい》の血《ち》穢《けがれ》て靈地《れいち》の尊《たつと》きを穢《けが》し神德至《しんとくいた》らず不幸《ふかう》に不幸《ふかう》を招《まね》く○故《ゆゑ》に假《かり》に十二運《うん》を以《もつ》て論《ろん》ずれば俗《ぞく》に有氣《うけ》○無《む》氣《け》の運《うん》と稱《しよう》するは是《これ》なり○胎《たい》○養《やう》○長生《ちやうせい》○沐浴《もくよく》○冠帶《くわんたい》○建祿《けんろく》○帝旺《ていわう》に當《あた》る年《とし》を有氣《うけ》の運《うん》と名《な》づけ○衰《すゐ》○病《びやう》○死《し》○墓《は》○絶《ぜつ》に當《あた》る年《とし》を無氣《むけ》の運《うん》と稱《しよう》し○俗人《ぞくじん》は有《う》氣《け》の運《うん》に入《い》るを喜《よろこ》び俄《にはか》に天《てん》より幸福《かうふく》の授《さづか》る如《ごと》く思《おも》ふは大《だい》なる間違《まちがひ》なり其有氣《そのうけ》と雖《いへど》も運《うん》に旺弱《わうじやく》あり○無氣《むけ》の運《うん》にも弱運《じやくうん》あれば此運《このうん》を地支《ちし》の五行《ごぎやう》に配《はい》して人世《じんせい》生死《しやうし》の運命《うんめい》○興衰《こうすゐ》に象《かたど》りたる者《もの》を單純《たんじゆん》に示《しめ》す○其始孕《そのはじめはらむ》を胎《たい》と云《い》ふ○宿《やどり》て生出《うまれいづ》る迄《まで》を養《やう》と云《い》ふ○生《うまる》る者《もの》を長生《ちやうせい》と云《い》ふ○生《うまれ》たるを沐浴《もくよく》と稱《しよう》す○成長《せいちやう》して仕官職業《しくわんしよくげふ》を納《をさま》る時《とき》は位冠束帶《ゐくわんそくたい》なり故《ゆゑ》に冠帶《くわんたい》と云《い》ふなり○立身昇級《りつしんしようきふ》し食祿《しよくろく》を賜《たまは》るを建祿《けんろく》と

稱《しよう》す○業務《げふむ》の旺盛《わうせい》なる時《とき》を帝旺《ていわう》と云《い》ふ然《しかる》に物理《ぶつり》は盛《さかん》なる者《もの》は必《かなら》ず衰《おとろ》ふ故《ゆゑ》に衰《すゐ》と云《い》ふ○病《びやう》と云《い》ふ○死《し》と云《い》ふ○死《し》を葬《はうむ》る所《ところ》を墓《はか》と云《い》ひ○墓土《ぼど》は化《くわ》して絶《ぜつ》に終《をは》る則《すなは》ち地支《ちし》一周《しう》して十二運《うん》なり○此運《このうん》の旺弱《わうじやく》を詳細《しやうさい》に解説《かいせつ》し運毎《うんごと》に吉凶《きつきやう》の差異《さい》あれば運氣《うんき》の區別《くべつ》を左《さ》に論《ろん》ず。

○十二運《うん》の吉凶區別《きつきやうくべつ》を論《ろん》ず

○胎《たい》の運《うん》

○胎《たい》の年《とし》に當《あた》る時《とき》は物《もの》の初《はじめ》とす故《ゆゑ》に多年繼續《たねんけいぞく》の業務《げふむ》を替《かへ》るか或《あるひ》は新《あたら》しき事業《じげふ》を始《はじめ》るか○家《いへ》○屋敷《やしき》○地所《ぢしよ》○別宅等總《べつたくとうすべ》て新《あたらし》く事《こと》をなすか又《また》は妾《めかけ》に何《なに》か開業《かいげふ》を成《な》さしめ○他所《たしよ》に事《こと》をなす運氣《うんき》を云《い》ふなり。

○養《やう》の運《うん》

○養《やう》の年《とし》に當《あた》る時《とき》は人《ひと》を養《やしな》ひ○人《ひと》を助《たす》け○人《ひと》の敬愛《けいあい》を受《う》けるか○養子《やうし》に行《ゆ》くか○希望《きはう》ありて名《な》を替《かへ》るか○別宅《べつたく》に住居《ぢよきよ》するか○他國《たこく》に行《ゆき》て名《な》を擧《あげ》るか○學藝《がくげい》を勵行《れいかう》する者《もの》は藝術《げいじゆつ》に長《ちやう》じ美名《びめい》を海外《かいぐわい》に輝《かゞやかす》か○然《しか》るに變《へん》じて不幸《ふかう》にして早《はや》く親《おや》に

離《はなる》る人《ひと》もある○老年《らうねん》の人《ひと》は色情《しきじやう》の爲《ため》に大損害《だいそんがい》を受《うけ》る運氣《うんき》を云《い》ふなり。

○長《ちやう》　生《せい》　の　運《うん》

○長生《ちやうせい》の年《とし》に當《あた》る時《とき》は先祖《せんぞ》の跡《あと》を繼續《けいぞく》なすか○親《おや》の業務《げふむ》を受繼《うけつぐ》か○或《あるひ》は師匠《ししやう》の跡《あと》を繼《つ》ぎ家業繁昌《かげふはんじやう》する運氣《うんき》を云《い》ふなり。

○沐《もく》　浴《よく》　の　運《うん》

○沐浴《もくよく》の年《とし》に當《あた》る時《とき》は親《おや》の遺産《ゐさん》を破《やぶ》り竝《ならび》に職業《しよくげふ》ともに失敗《しつぱい》なすか○自分《じぶん》は我意《がい》強《つよ》く義理《ぎり》を忘《わす》れ○他人《たにん》及《およ》び一族《ぞく》の愛《あい》を失《うしな》ひ何事《なにごと》を爲《な》すも敗《やぶ》れ愁事《うれひごと》起《おこ》り○父母兄《ふぼきやう》弟《だい》皆離散《みなりさん》し○孤獨貧窮《こどくひんきう》となりて短命《たんめい》なすか○兄弟《きやうだい》と爭《あらそ》ふか○妻縁《さいえん》變《かは》るか無祿《むろく》の人《ひと》となる運氣《うんき》を云《い》ふなり。

○冠《くわん》　帶《たい》　の　運《うん》

○冠帶《くわんたい》の年《とし》に當《あた》る時《とき》は我《われ》に位《くらゐ》の定《さだ》まる年《とし》なれば種々《いろ〳〵》の苦勞困難《くらうこんなん》ありと雖《いへど》も自然《じぜん》に人《ひと》の頭《かしら》と成《な》り高名《かうめい》を發《はつ》す○文官《ぶんくわん》○武官《ぶくわん》は昇級《しようきふ》し○常人《つねびと》は財寶《ざいほう》集《あつま》るなり○但《たゞ》し定期《ていき》の類《るゐ》又《また》は賭《と》博等《はくとう》は凶《きよう》なり偶々《たま〳〵》勝利《しようり》を得《う》るも後《のち》必《かなら》ず失敗《しつぱい》を招《まね》く恐《おそ》れある運氣《うんき》

を云《い》ふなり。

○建《けん》祿《ろく》の運《うん》

○建祿《けんろく》の年《とし》に當《あた》る時《とき》は方策《はうさく》を立《た》て○我《われ》に特權《とくけん》を得《う》る事《こと》を爲《な》し○所得《しよとく》と成《な》る事《こと》を考《かんが》へるか○藝能《げいのう》を以《もつ》て俸祿《ほうろく》を受《うけ》る事《こと》を招《まね》き○常人《つねびと》も芳名《はうめい》を得《え》て子孫《しそん》に迄《まで》發展《はつてん》を傳《つた》ふる運氣《うんき》を云《い》ふなり。

○帝《てい》旺《わう》の運《うん》

○帝旺《ていわう》の年《とし》に當《あた》る時《とき》は先祖《せんぞ》の家《いへ》に位階《ゐかい》を賜《たまは》るか○或《あるひ》は財寶《ざいほう》大《おほい》に集《あつま》り繁昌《はんじやう》なすか○藝能《げいのう》ある人《ひと》は百民《ひやくみん》撫育《よいく》の徳《とく》顯《あらは》る○故《ゆゑ》に學者《がくしや》○醫士《いし》○僧侶《そうりよう》○神職《しんしよく》○文官《よんくわん》○武官《よくわん》等《とう》皆《みな》祖先《そせん》の名《な》を顯《あらは》し○財祿《ざいろく》を受《う》け住居《ぢうきよ》安全《あんぜん》に名譽《めいよ》海外《かいぐわい》に迄《まで》轟《とゞろ》かす○常人《つねびと》も人《ひと》も頭《かしら》と成《なつ》て美名《びめい》を知《し》らる○但《たゞ》し女子《ぢよし》は帝旺《ていわう》の年《とし》は多《おほ》く夫《をつと》に崇《たゝ》り災害《さいがい》を招《まね》くなれども常《つね》に神佛《しんぶつ》に誓《ちかつ》て信仰《しんかう》ある人《ひと》は變《へん》じて立身出世《りつしんしゆつせ》なすもある運氣《うんき》を云《い》ふなり。

○衰《すゐ》の運《うん》

○衰《すゐ》の年《とし》に當《あた》る時《とき》は祖先《そせん》の遺産《ゐさん》○財寶《ざいほう》悉《こと〴〵》く破産《はさん》し○家内《かない》に難病《なんびやう》の者《もの》を出《いだ》し○諸《しよ》

所《しよ》に奔走《ほんそう》し百般《ひやくはん》の辛酸《しんさん》を嘗《な》め○出稼《でかせぎ》勞働《らうどう》なすも功《こう》なく自暴自棄《じばうじき》を起《おこ》し終身《しうしん》運名《うんめい》を得《う》る事能《ことあた》はず妻子《さいし》迄《まで》を辱《はづかし》むるに至《いた》る運氣《うんき》を云《い》ふなり。

○病《びやう》の運《うん》

○病《びやう》の年《とし》に當《あた》る時《とき》は家内《かない》に難病《なんびやう》の者《もの》を出《いだ》し○職《しよくっ》業務《げふむ》に種々《いろく》の迷起《まよひおこ》り○夫婦不和《ふうふふわ》となるか死亡《しばう》なすか或《あるひ》は離別《りべつ》を招《まね》くか○住所變《ぢうしよかは》るか○親子《おやこ》の意志合《いしあは》ずして家内亂《ないみだ》れ○兄弟不和《きやうだいふわ》となり互《たがひ》に力《ちから》を得《え》ず○血族死亡《けつぞくしばう》なす運氣《うんき》を云《い》ふなり。

○死《し》の運《うん》

○死《じ》の年《とし》に當《あた》る時《とき》は祖先《そせん》の家《いへ》を無理《むり》に立《たて》んすれども成《な》らず○常《つね》に心痛烈《しんつうはげ》しく百《ひやく》事《じ》に働《はたら》く事《こと》も成難《なりがた》く○分別《ふんべつ》あるも勇氣《ゆうき》なく○事《こと》を好《この》み富人《とむひと》も損害多《そんがいおほ》く○働事《はたらくこと》を厭《いとひ》て親《おや》に不幸《ふかう》となり○他人《たにん》に迄《ま》で飽《あか》れ且《か》つ數度《すうど》の失敗《しつはい》を招《まね》き○男《をとこ》は女《をんな》を好《この》み○女《をんな》は男《をとこ》を好《この》み○夫婦《ふうふ》の緣變《えんかはる》か○親《おや》に死別《しにわか》れ遠《とほ》くに行《ゆく》か○兄弟死亡《きやうだいしばう》するか故《ゆゑ》に薄命《はくめい》を悟《さと》り自《みづか》ら神佛《しんぶつ》に誓《ちかへ》信仰《しんかう》なす人《ひと》なれば厄難《やくなん》を遁《のがる》る者《もの》ある運氣《うんき》を云《い》ふなり。

○墓《はか》の運《うん》

○墓《はか》の年《とし》に當《あた》る時《とき》は兩親《りやうしん》に離《はな》るか死亡《しばう》なすか大《おほい》に不幸《ふかう》あり○或《あるひ》は大損害破財《だいそんがいはざい》なすか○夫婦《ふうふ》の縁變《えんかは》るか○兄弟不和《きやうだいふわ》となるか○養子《やうし》となるか○然《しか》るに女子《ぢよし》は長男《ちやうなん》の妻《さい》となるも夫婦《ふうふ》の縁變《えんかは》る運氣《うんき》を云《い》ふなり。

○絶《ぜつ》の運《うん》

○絶《ぜつ》の年《とし》に當《あた》る時《とき》は父母《ふぼ》に反《そむ》き○兄弟不和《きやうだいふわ》○夫婦離別《ふうふりべつ》を主《つかさど》り○先祖《せんぞ》の遺産全部《ゐさんぜんぶ》を破財《はさい》し○故郷《こきやう》を去《さ》り○行先《ゆくさき》にて身上不如意《みのうへふによい》となり○自暴自棄《じばうじき》短氣《たんき》にて且放任《かつはうにん》主義《しゆぎ》となり○物事《ものごと》に頓著無《とんちやくな》く人《ひと》に飽《あか》れ遂《つひ》に身《み》を隱《かく》すに至《いた》る○然《しか》れども藝能《げいのう》ある人《ひと》には浮沈《ふちん》あれども住所《ぢうしよ》の定《さだ》まる運氣《うんき》を云《い》ふなり。

○參考《さんかう》

○右十二運《みぎじふにうん》に述《のよ》る他《た》に陰陽變通《いんやうへんつう》の運氣《うんき》あれば常《つね》に神佛《しんぶつ》に誓《ちか》ひ信仰《しんかう》あれば善神《ぜんじん》は生氣《せいき》にして生育《せいいく》を守《まも》り大《おほ》に幸福《かうふく》を授《さづ》け賜《たも》ふ○惡神《あくじん》は死氣《しき》にして殺伐《さつばつ》の氣《き》尖《するど》く災厄《さいやく》を集《あつ》め重《おもき》は人命《じんめい》を亡《ほろぼ》すなり故《ゆゑ》に善神《ぜんじん》の守護《しゆご》を願《ねがふ》には精進潔齋《しやうじんけつさい》して神靈《しんれい》を穢《けが》さぬ様注《やうちう》意《い》を要《えう》す因《よつ》て我帝國《わがていこく》の皇祖天照皇太神宮參拜《くわうそてんせうくわうたいじんぐうさんぱい》なす年《とし》は龜山氏《かめやまし》の相傳《さうでん》によるべし吉《きつ》

凶《きよう》を左《さ》圖《づ》に示《しめ》す。

うまれどしによりい

○寅卯《とらう》の年《とし》に生《うま》れたる人《ひと》は

子年《ねどし》 大吉事あり	辰年《たつどし》 福來る	申年《さるどし》 あしく
丑年《うしどし》 長命にして福きたる	巳年《みどし》 六箇年の内によき事あり	酉年《とりどし》 夫婦共水なんにて死す
寅年《とらどし》 貧になりて死す	午年《うまどし》 福來る	戌年《いぬどし》 大に惡事來る
卯年《うどし》 男女共あし	未年《ひつじどし》 同年死す	亥年《ゐどし》 大に惡事を招く

○丑辰未戌《うしたつひつじいぬ》の年《とし》に生《うま》れし人《ひと》は

子年《ねどし》 福來る長命	辰年《たつどし》 家内にて人死亡す	申年《さるどし》 萬事成就
丑年《うしどし》 三箇月の内に死す	巳年《みどし》 富み榮え大によろし	酉年《とりどし》 福來り命長し
寅年《とらどし》 年内に死す	午年《うまどし》 家内に病難あり	戌年《いぬどし》 長命にして福來る
卯年《うどし》 財寶來るべしよろし	未年《ひつじどし》 患《うれひ》事あり萬事凶	亥年《ゐどし》 とん死する

○亥子《ゐね》の年《とし》に生《うま》れし人《ひと》は

子年《ねどし》 大に惡し
辰年《たつどし》 家內をやぶる
申年《さるどし》 大に惡事來る

丑年《うしどし》 大に惡き事來る
巳年《みどし》 あしき事出來る
酉年《とりどし》 大によろし長命

寅年《とらどし》 禍來り大によろし
午年《うまどし》 牛馬死す
戌年《いぬどし》 病難出來る

卯年《うどし》 大に吉事きたる
未年《ひつじどし》 家をうしなふ
亥年《ゐどし》 病難來る

○巳午《みうま》の年《とし》に生《うま》れし人《ひと》は

子年《ねどし》 夫婦共短命
辰年《たつどし》 年內に惡事出來
申年《さるどし》 萬事に惡しく

丑年《うしどし》 七年の內に禍來る
巳年《みどし》 年內に男女共に惡事出來
酉年《とりどし》 男女子迄死す

寅年《とらどし》 上下共あんかんなり
午年《うまどし》 病難あり大に惡し
戌年《いぬどし》 大によろし

卯年《うどし》 佛神加護あり萬よし
未年《ひつじどし》 初よく後あし
亥年《ゐどし》 年內に男女共死す

○申酉《さるとり》の年《とし》に生《うま》れし人《ひと》は

子年《ねどし》 惡事いてきたり
辰年《たつどし》 うれひ事あり大に惡しく
申年《さるどし》 惡事出來る

丑年《うしどし》 貧にして死す
巳年《みどし》 五年內にわづらふ惡し
酉年《とりどし》 家かずたちて禍きたる

寅年《とらどし》 夫婦共大に惡し
午年《うまどし》 家を失ひ死す
戌年《いぬどし》 いのち長し

卯年《うどし》 家を失ない身を亡す
未年《ひつじどし》 萬事凶うれひ事あり
亥年《ゐどし》 大吉事出來

○伊勢《いせ》神宮《じんぐう》參拜《さんぱい》は人《ひと》一代《だい》の運《うん》定《さだ》めなり右《みぎ》は先代《せんだい》白龍子《はくりうし》先生《せんせい》多年《たねん》の苦辛《くしん》實地《じつち》研究《けんきう》せし相傳《さうでん》なれば固《かた》く守《まも》るべし。

○地相《ちさう》家相《かさう》の根元《こんげん》は三元《さんげん》九星《きうせい》より定《さだ》まる相《もの》なれば九星《きうせい》本位《ほんゐ》並《ならび》に年《とし》の上元《じやうげん》。中元《ちうげん》。下元《げげん》。月《つき》の三元《げん》等《とう》を左《さ》圖《づ》に示《しめ》す。

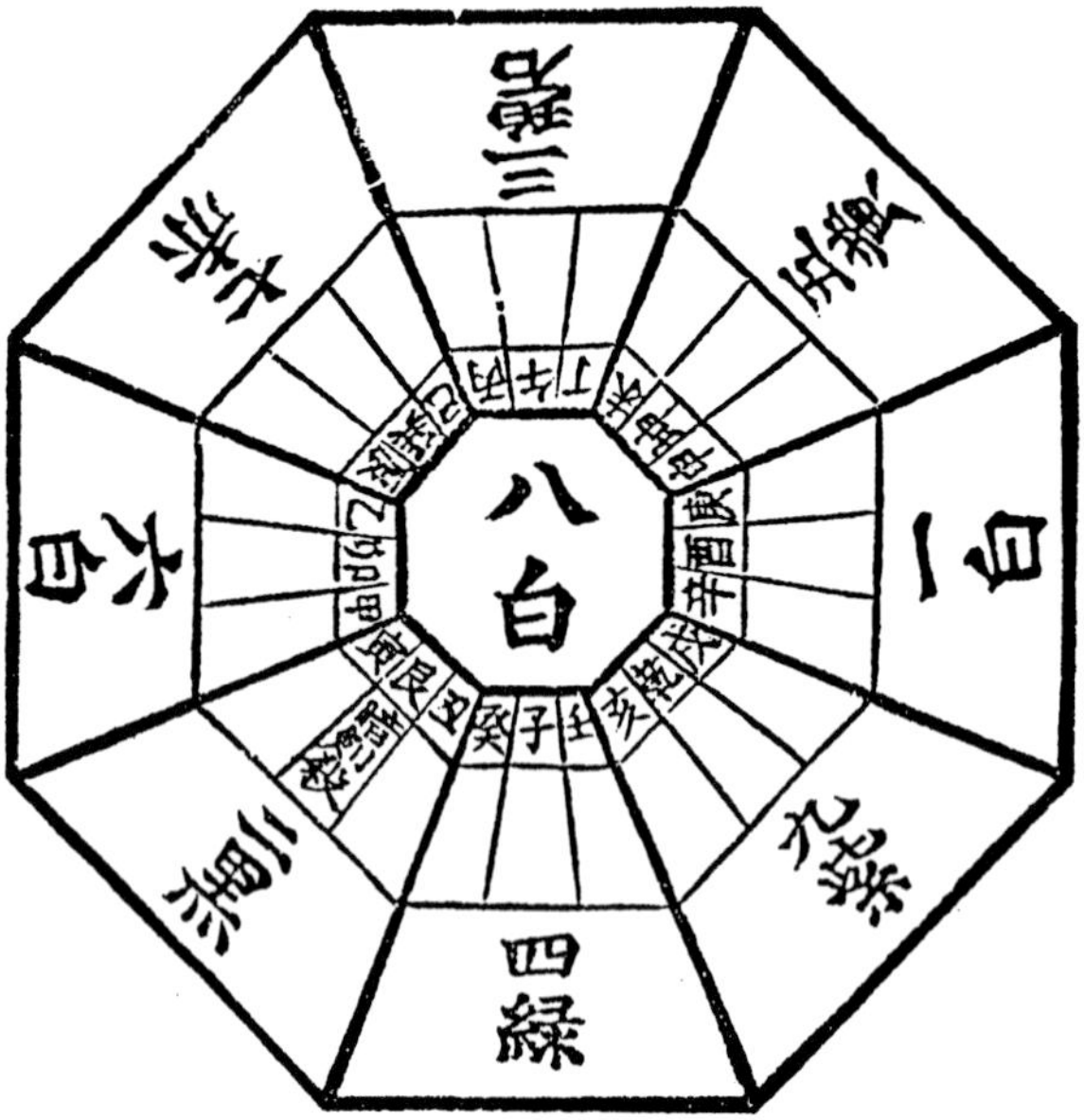
八白
四緑
三碧
一白
九紫
二黒
六白
七赤
五黄

九紫
五黄
四緑
三碧
七赤
一白
六白
二黒
八白

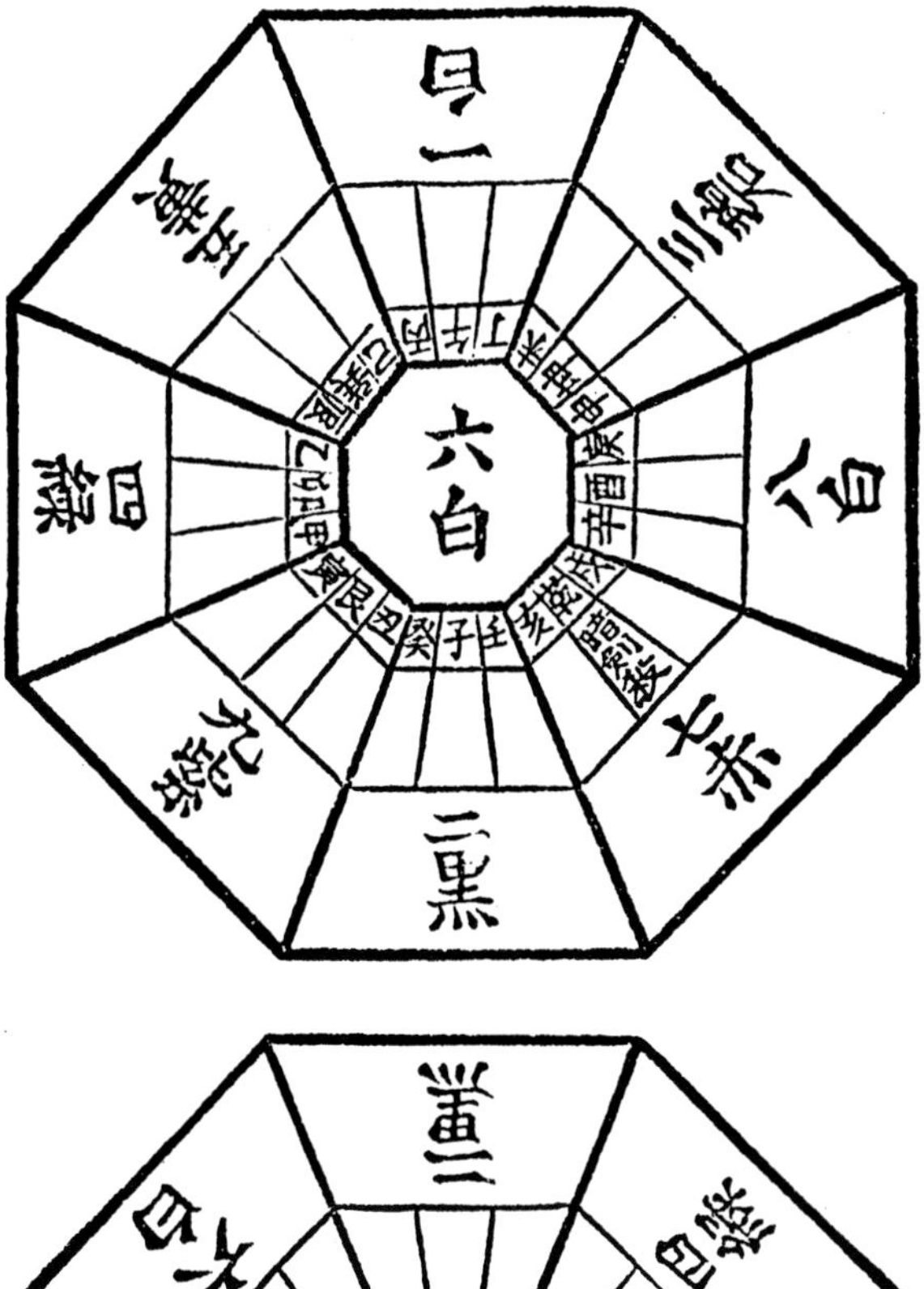
六白
一白
三碧
八白
七赤
二黒
九紫
四緑
五黄

七赤
五黄
九紫
三碧

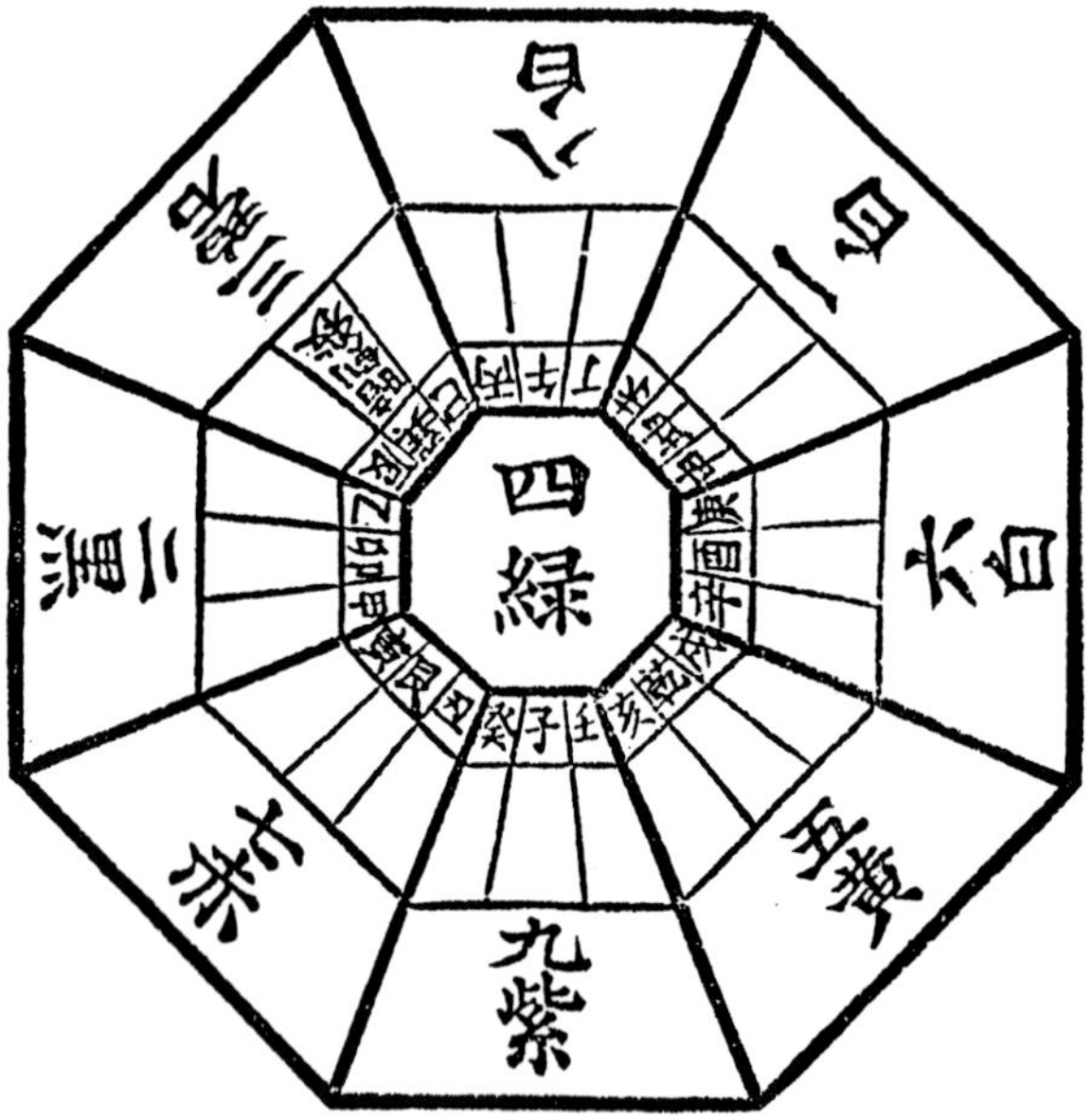
四緑
八白
一白
六白
五黄
九紫
七赤
二黒
三碧

五黄
九紫
二黒
七赤
六白
一白
八白
三碧
四緑

二黒
六白
八白
四緑
三碧
七赤
五黄
九紫
一白

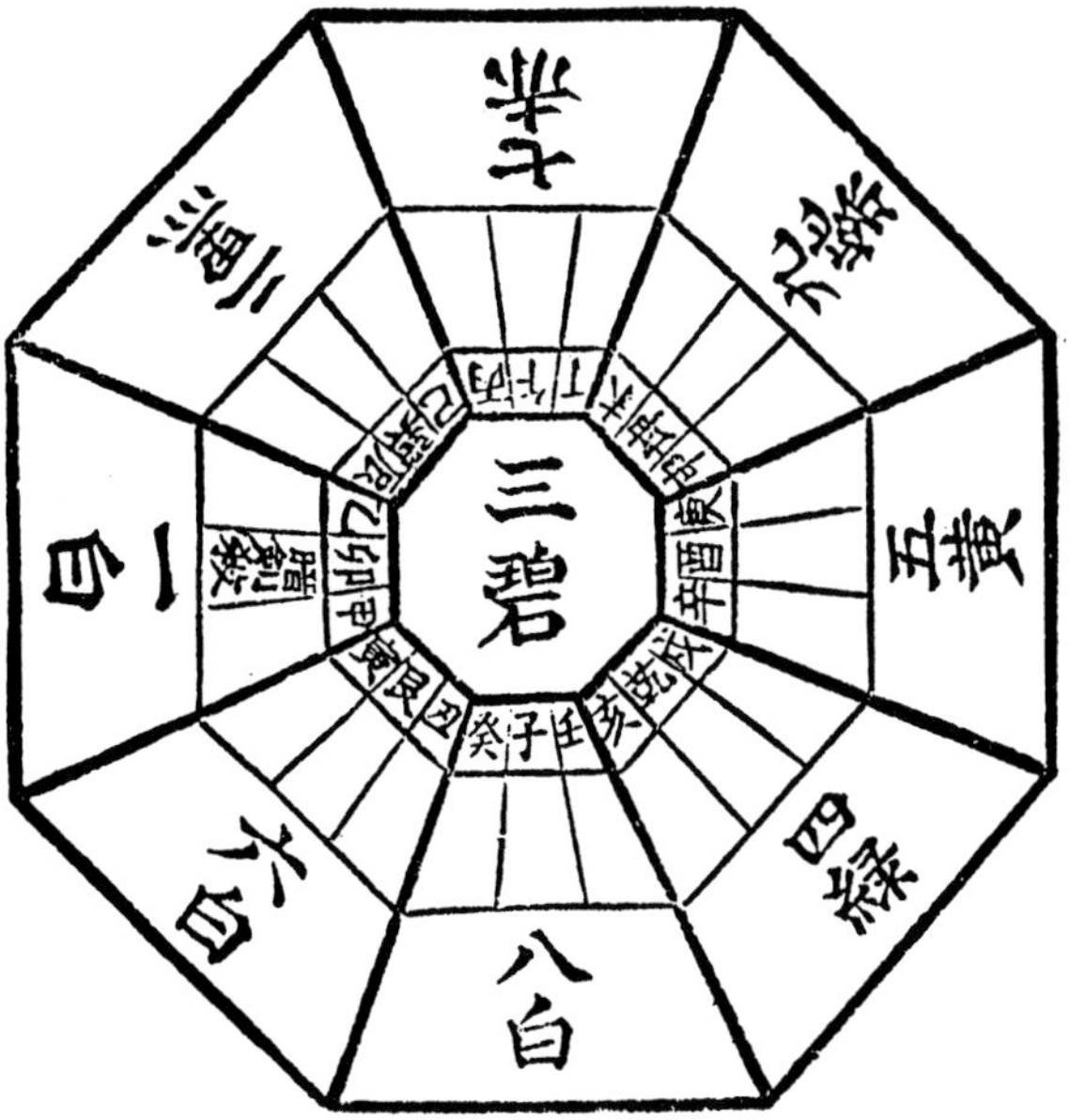
三碧
七赤
九紫
五黄
四緑
八白
六白
一白
二黒

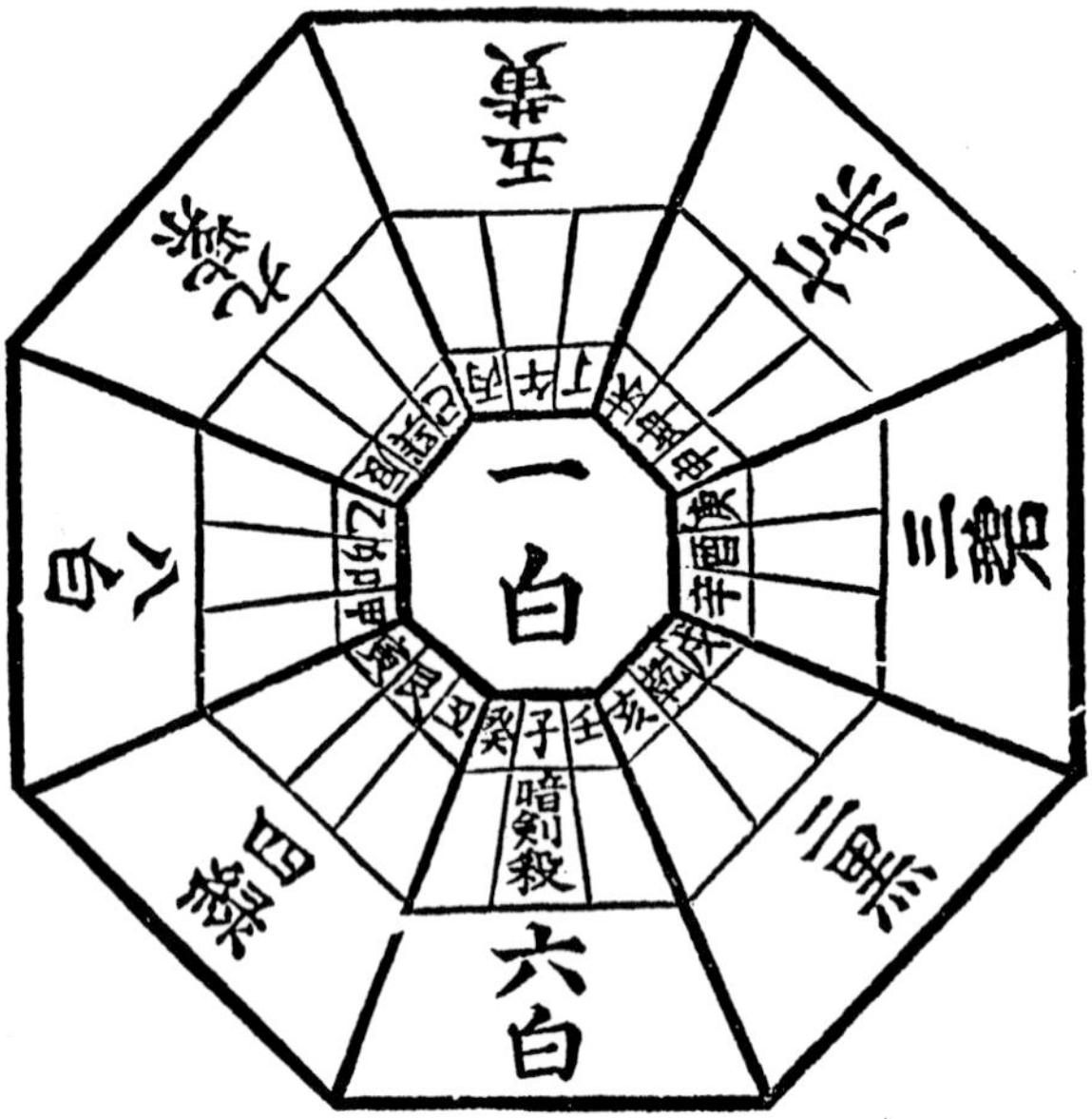
一白
五黄
七赤
三碧
二黒
六白
四緑
八白
九紫
暗剣殺

中央
五黄土屬
北
坎
一白水屬
東
震
三碧木屬
南
離
九紫火屬
西
兌
七赤金屬
乾
六白金屬
艮
八白土屬
巽
四緑木屬
坤
二黒土屬

○抑《さく》我朝《わがてう》にては人皇《じんわう》三十四代《だい》推古天皇《すゐこてんわう》の御宇《ぎよう》に至《いた》つて。方鑑《はうかん》已《すで》に行《おこな》はれ三《さん》元《げん》次《し》第《だい》に環《めぐ》り来《きた》り近時《きんじ》は元治元年《げんじぐわんねん》甲子《きのね》の年《どし》より上元《じやうげん》となり。向《むこふ》六十年間《かん》癸《みづのと》亥《ゐ》の年《とし》を過《すぐ》る迄《まで》なり。其翌《そのよく》甲子の年《とし》より中元《ちうげん》となる。後年之《こうねんこれ》に倣《ならふ》て三元の圖《づ》を見《み》て差別《さべつ》を知《し》られよ。

○何歳《なんさい》之人《ひと》何星《なにせい》に當《あたる》を見出《みだす》祕訣《ひけつ》

○其人《そのひと》の干支《かんし》何《なに》にして何星《なにぼし》に當《あたる》を知《し》らんと欲《ほつ》せば上中下《じやうちうげ》の表中《へうちう》に其改年《そのかいねん》の干支《かんし》何《なに》にして何星《なにぼし》に當《あたる》を見出《みいだ》し。それより後《あと》へ年《とし》の數《かず》だけ。くれば干支《かんし》何《なに》にして何《なん》の星《ほし》なる事《こと》を知《し》らるべし。注意新年中元《ちゆういしんねんちうげん》にある時は中元より後《あと》へ上元をくり而《しか》して上元より後《あと》へ下元とくりかへせば何千何百《なんぜんなんびやく》何十何年《ねん》は何《なに》年《どし》なることを見出《みだ》す事を得《う》る術《じゆつ》なり左圖《さづ》に示《しめ》す

○上中下元《じやうちうげげん》並《ならび》に納音配當《なういんはいとう》の圖《づ》

納音名稱《なついんめいしよう》	上元の部		中元の部		下元の部	
海《かい》中《ちうの》金《きん》	甲子生	一白星	きのえね	四緑	甲子	七赤
	乙丑生	九紫星	きのとうし	三碧	乙丑	六白
爐《ろ》中《ちうの》火	丙寅生	八白星	ひのえとら	二黒	丙寅	五黄
	丁卯生	七赤星	ひのとう	一白	丁卯	四緑
大《たい》林《りんの》木	戊辰生	六白星	つちのえたつ	九紫	戊辰	三碧
	己巳生	五黄星	つちのとみ	八白	己巳	二黒
路《ろ》傍《ばう》土《ち》	庚午生	四緑星	かのえうま	七赤	庚午	一白
	辛未生	三碧星	かのとひつし	六白	辛未	九紫
劍《けん》鋒《ほの》金《かね》	壬申生	二黒星	みつのえさる	五黄	壬申	八白
	癸酉生	一白星	みつのととり	四緑	癸酉	七赤
山《さん》頭《とうの》火《ひ》	甲戌生	九紫星	きのえいぬ	三碧	甲戌	六白
	乙亥生	八白星	きのとゐ	二黒	乙亥	五黄
澗《たに》下《かはの》水《みつ》	丙子生	七赤星	ひのえね	一白	丙子	四緑
	丁丑生	六白星	ひのとうし	九紫	丁丑	三碧
城《じや》頭《とうの》土《つち》	戊寅生	五黄星	つちのえとら	八白	戊寅	二黒
	己卯生	四緑星	つちのとう	七赤	己卯	一白
白《はく》蠟《らうの》金《かね》	庚辰生	三碧星	かのえたつ	六白	庚辰	九紫
	辛巳生	二黒星	かのとみ	五黄	辛巳	八白
楊《やう》柳《りうの》木《き》	壬午生	一白星	みつのえうま	四緑	壬午	七赤
	癸未生	九紫星	みつのとひつし	三碧	癸未	六白
泉《せん》中《ちうの》水《みつ》	甲申生	八白星	きのえさる	二黒	甲申	五黄
	乙酉生	七赤星	きのととり	一白	乙酉	四緑
屋《いへの》上《うへの》土《つち》	丙戌生	六白星	ひのえいぬ	九紫	丙戌	三碧
	丁亥生	五黄星	ひのとゐ	八白	丁亥	二黒
霹《へき》靂《れきの》火《ひ》	戊子生	四緑星	つちのえね	七赤	戊子	一白
	己丑生	三碧星	つちのとうし	六白	己丑	九紫
松《ま》柏《かしは》木《き》	庚寅生	二黒星	かのえとら	五黄	庚寅	八白
	辛卯生	一白星	かのとう	四緑	辛卯	七赤
長《ちやう》流《りうの》木《みつ》	壬辰生	九紫星	みつのえたつ	三碧	壬辰	六白
	癸己生	八白星	みつのとみ	二黒	巳	五黄

砂《しや》中《ちうの》金《かね》	甲午生	七赤星	きのえうま	一白	甲午	四緑
	乙未生	六白星	きのとひつじ	九紫	乙未	三碧
山《さん》下《かの》火《ひ》	丙申生	五黄星	ひのえさる	八白	丙申	二黒
	丁酉生	四緑星	ひのとゝり	七赤	丁酉	一白
平《へい》地《ちの》木《き》	戊戌生	三碧星	つちのえいぬ	六白	戊戌	九紫
	己亥生	二黒星	つちのとゐ	五黄	己亥	八白
壁《へき》上《じやうの》土《つち》	庚子生	一白星	かのえね	四緑	庚子	七赤
	辛丑生	九紫星	かのとうし	三碧	辛丑	六白
金《きん》箔《はくの》金《かね》	壬寅生	八白星	みつのえとら	二黒	壬寅	五黄
	癸卯生	七赤星	みつのとう	一白	癸卯	四緑
覆《ふく》燈《とう》火《ひ》	甲辰生	六白星	きのえたつ	九紫	甲辰	三碧
	乙巳生	五黄星	きのとみ	八白	乙巳	二黒
天《あまの》河《がわの》水《みづ》	丙午生	四緑星	ひのえうま	七赤	丙午	一白
	丁未生	三碧星	ひのとひつし	六白	丁未	九紫
大《だい》驛《ゑきの》土《つち》	戊申生	二黒星	つちのえさる	五黄	戊申	八白
	己酉生	一白星	つちのとゝり	四緑	己酉	七赤
釼《けん》釧金《かね》	庚戌生	九紫星	かのえいぬ	三碧	庚戌	六白
	辛亥生	八白星	かのとゐ	二黒	辛亥	五黄
桑《くわ》柘《しやく》木《き》	壬子生	七赤星	みつのえね	一白	壬子	四緑
	癸丑生	六白星	みつのとうし	九紫	癸丑	三碧
大《だい》溪《けいの》水《みづ》	甲寅生	五黄星	きのえとら	八白	甲寅	二黒
	乙卯生	四緑星	きのとう	七赤	乙卯	一白
沙《しや》中《ちうの》土《つち》	丙辰生	三碧星	ひのえたつ	六白	丙辰	九紫
	丁巳生	二星	ひのとみ	五黄	丁巳	八白
天《てん》上《じやうの》火《び》	戊午生	一白星	つちのえうま	四緑	戊午	七赤
	己未生	九紫星	つちのとひつし	三碧	己未	六白
石《じや》榴《くろの》木《き》	庚申生	八白星	かのえさる	二黒	庚申	五黄
	辛酉生	七赤星	かのとゝり	一白	辛酉	四緑
大《だい》海《かいの》水《みづ》	壬戌生	六白星	みつのえいぬ	九紫	壬戌	三碧
	癸亥生	五黄星	みつのとゐ	八白	癸亥	二黒

○參《さん》考《かう》

○子《ね》午《うま》卯《う》酉《とり》の年《とし》の人《ひと》は一白《いつぱく》。四緑《しろく》。七赤《しちせき》より他《た》の星《ほし》には生《うまれ》ざるものなり
○丑《うし》辰《たつ》未《ひつじ》戌《いぬ》の年《とし》の人《ひと》は三碧《さんぺき》。六白《りくはく》。九紫《きうし》より他《た》の星《ほし》には生《うまれ》ざるものなり
○寅《とら》巳《み》申《さる》亥《ゐ》の年の人は二黑《じこく》。五黄《ごわう》。八白《はつぱく》より他《た》の星《ほし》には生《うまれ》ざるものなり

○本命星《ほんめいせい》を定《さだ》むる秘訣《ひけつ》

○本命星とは上元《じやうげん》甲子《きのえね》の年《とし》は一白中宮に起《おこ》る故に此年生《このとしうま》れの人は一白を以て本命星と爲《な》す而《しか》して。北《きた》は一白の原宮《げんきう》なるを以《もつ》て其人《そのひと》一代《いちだい》の本命宮《きう》と爲《な》すなり。抑《そもそも》本命星と云《い》ふは。彼《か》の三元九星。年々《とし〴〵》交々《かはる〴〵》中央《ちうわう》に巡《めぐ》り入《い》る者《もの》にて。是即《これすなは》ち一歳中《いちねんちう》の主星《しゆせい》にして能《よ》く時令《じれい》を行《おこな》ひ其年《そのとし》の吉凶《きつきよう》を主《つかさ》どる。此主《このしゆ》星《せい》の氣《き》を稟《うけ》て生《うまれ》る人々《ひと〴〵》の本命星《ほんめいせい》と爲《な》す。此本命《このほんめい》星を體《たい》として八宮に巡《めぐ》る所《ところ》の星《ほし》に相對《あいたい》し相生相尅《さうせうさうこく》によりて吉凶《きつきよう》を生《しよう》ずる者《もの》なれば。年《とし》の交節《せつがはり》に生《うま》れたる人《ひと》は其時間《そのじかん》の前後《ぜんご》を審《つまびらか》にし其本命《そのほんめい》星を認定《にんてい》する事綿密《めんみつ》ならざれば方位《はうゐ》も

論《ろん》すべからす。吉凶《きつきよう》も斷《だん》ずべからず必《かなら》ず大《だい》なる間違《まちがひ》を起《おこ》し重《おも》きは人命《じんめい》を損《そん》する恐《おそ》れあれば注意《ちゆうい》を要《えう》す。故《ゆゑ》に其人《そのひと》の生《うま》れ年月日時《としつきひどき》を審《つまびらか》にし。節分を標《ひよう》準《じゆん》となし節分前《まへ》の生《う》れの者は前年部《ぜんねんぶ》に入《い》れて本命星を定《さだ》められよ。

○月之《つきの》三元《さんげん》九星《きうせい》の起例

○三元《さんげん》とは萬物《ばんぶつ》を生《しやう》ずる自然《しぜん》の數《すう》にして造化功用《ざうくわこうよう》極《きはま》りなきの稱《とな》へにして。月《つき》の三元九星は子午卯酉《ねうまうとり》の年《とし》は新一月《しんいちげつ》九紫星中宮《きうしせいちうきう》に入《い》る。丑未辰戌《うしひつじたついぬ》の年は新一月六白星《りくはくせい》中宮に入《い》る。寅申巳亥《とらさるみゐ》の年は新一月三碧《さんぺき》の中宮に入《い》る者《もの》なればば人々《ひと〳〵》の生月《うまれつき》を知《し》らんと欲《ほつ》せば第一《だいいち》に十二支《じふにし》は何《なに》なるやを先《さき》に調《しら》べ而《しか》して三元《さんげん》の圖《づ》を見《み》て。子年《ねどし》。卯年《うどし》。午年《うまどし》。酉年《とり》に生れたる人《ひと》は左圖《さづ》の如《ごと》く一月《いちがつ》生《うま》れは九紫《きうし》の月と知《し》るべし餘《よ》は之《これ》に倣《なら》へ其月々《そのつき〳〵》の星《ほし》に依《よつ》て運氣《うんき》に合《あは》せて調《しら》べ見《よ》よ

○月之《つきの》三元《さんげん》九星《きうせい》生月《うまれつき》を知《し》る圖《づ》

上元 子《ね》卯《う》午《うま》酉《とり》の年は	
○新一月	九紫
○二月	八白
○三月	七赤
○四月	六白
○五月	五黄
○六月	四緑
○七月	三碧
○八月	二黒
○九月	一白
○十月	九紫
○十一月	八白
○十二月	七赤

中元 丑《うし》辰《たつ》未《ひつじ》戌《いぬ》の年は	
○新一月	六白
○二月	五黄
○三月	四緑
○四月	三碧
○五月	二黒
○六月	一白
○七月	九紫
○八月	八白
○九月	七赤
○十月	六白
○十一月	五黄
○十二月	四緑

下元 寅《とら》巳《み》申《さる》亥《い》の年は	
○新一月	三碧
○二月	二黒
○三月	一白
○四月	九紫
○五月	八白
○六月	七赤
○七月	六白
○八月	五黄
○九月	四緑
○十月	三碧
○十一月	二黒
○十二月	一白

地相家相大全坤之巻 終

地相家相大全

大正十四年八月　十　日　初版発行（大洋社出版部）
平成十五年五月十五日　復刻版初刷発行
令和　七　年六月二十四日　復刻版第二刷発行

著　者　小林白龍子

発行所　八幡書店
東京都品川区平塚二―一―十六
KKビル五階
電話　〇三（三七八五）〇八八一
振替　〇〇一八〇―一―四七二七六三

ISBN978-4-89350-592-7 C0014 ¥4000E